트라우마의 제국

L'empire du traumatisme: Enquête sur la condition de victime
by Didier FASSIN & Richard RECHTMAN

Copyright © Editions Flammarion, Paris, 2011 (première édition 2007)
Korean translation copyright © Bada Publishing Co., 2016

All rights reserved.

This Korean edition published by arrangement with Editions Flammarion
through Shinwon Agency Co.

이 책의 한국어판 저작권은 Shinwon Agency를 통해
저작권자와 독점 계약한 바다출판사에 있습니다.
저작권법에 따라 한국 내에서 보호를 받는 저작물이므로
무단전재와 무단복제를 금합니다.

트라우마의 제국

트라우마는 어떻게
우리 시대 고통을 대변하는 말이 되었나

L'empire du traumatisme

디디에 파생 · 리샤르 레스만   최보문 옮김

바다출판사

목차

트라우마의 제국 20년 후 6
서문 – 새로운 언어로 사건을 말하다 18

1부　　　　　　　　　　　　　　　　　　　　　　　　진실의 반전

1장　이중의 계보 53
논란의 의의 | 트라우마의 탄생 | 노동법

2장　오랜 추적 76
겁쟁이냐 죽음이냐 | 잔혹한 치료법 | 전쟁이 끝난 후 | 프랑스의 역사

3장　모두 고백하라, 내밀한 것까지 102
전쟁정신분석 | 돈벌이 신경증 | '전쟁영웅'의 진실 | 살아남은 자의 죄책감

4장　의심의 시대는 끝났는가 131
여성운동, 아동보호운동, 따로 또 같이 | 비정상적인 사건을 원인으로 봉헌하다
마지막 증인, 전쟁범죄 가해자 | 베이비킬러도 휴머니티를 가지고 있다!

2부　　　　　　　　　　　　　　　　　　　　　　　　배상의 정치

5장　피해정신의학 174
피해자 권리운동 | 프랑스 정신의학계의 무관심 | 피해학, 태생적 모호함
피해학은 독립된 분야인가

6장　툴루즈 203
모든 일이 트라우마로 귀결되다 | 응급심리지원은 꼭 필요한가
불평등과 배제 | 위로와 보상

3부   증언의 정치

7장   인도주의 정신의학 255
하나의 기원, 두 개의 설명 | 시작은 정신의학이 아니라 인도주의였다
전쟁의 경계선에서 | 인도주의 실천의 선구자들

8장   팔레스타인 293
증언의 필요성 | 고통의 연대기 | 팔레스타인인이든 이스라엘인이든 피해자는 피해자이다
역사성 없는 역사들

4부   입증의 정치

9장   추방자의 심리외상학 347
이민자의 위치, 원주민과 외국인 사이 | 수용소의 진료관행
패러다임의 변화 | 몸이 보여주는 증거

10장   난민 383
난민 | 트라우마는 증거가 될 수 있는가 | 진단서는 진실을 말하는가
언어의 무게에 관하여

결론 – 트라우마의 도덕경제 421
옮긴이의 말 437
참고문헌 449
찾아보기: 인명 및 지명 469
찾아보기: 주제 472

트라우마의 제국 20년 후

20년 전 이 책의 출간으로 이어지게 되었던 연구를 시작했을 때, 우리는 트라우마(외상성 증상, traumatism)가 현대 세계의 주요 기표가 되었다고 확신했다. 폭력적 사건이 개인의 정신에 남긴 흔적에 이름을 붙이기 위한 것이든—직접적 타격을 받은 사람뿐만 아니라 그 사건을 목격한 사람, 심지어 가해자에게도—집단적으로 경험한 비극적 사건의 기억을 떠올리기 위한 것이든—때로는 여러 세대가 지난 후에도—트라우마는 정신의학의 새로운 지식과 은유적 일상언어 모두에서 세상에서 전례가 없는 관계를 표현하게 되었다. 강간과 집단학살, 고문과 노예무역, 테러 공격과 자연재해 등 모든 것이 이 단 하나의 기표로 그 의미를 표시했다. 불운으로서의 트라우마가 고통받는 개인 안으로, 상처받은 사회 안으로도 통합되어 들어온 것이다.

이 기표에는 역사가 있으나 겨우 수십 년밖에 되지 않는다. 그것은 시간과 피해자에 대한 새로운 인식을 만들었다. 한편에서는 과거가 사라져 버리는 대신 현재에 지울 수 없는 흔적을 새겨 망각을 규탄하고 시간성을 재구성하는 일종의 살아 있는 흉터를 형성했다. 다른 한편으로 관련된 개인이나 집단이 합법적으로 인정을 받게 되었다. 사고의 피해자들은 오랫동안 묵살되거나 심지어 오명을 뒤집어썼으나 이제 그들은 의료적 돌봄, 금전적 보상, 법적 지위, 보호법률 제정의 형식으로 사회적 인정을 받게 되었다. 이렇게 우리가 트라우마의 도덕경제라고 부르는 것이 등장하게 된 것이다. 즉, 피해자 됨 victimhood의 조건을 정의하고 범위를 정하는 가치와 감정들의 배치, 순환, 전유, 또는 주장이 그것이다.

그러나 이러한 도덕경제가 격동과 반대, 오해를 겪지 않고 만들어진 것은 아니다. 그것은 정신과의사, 환자, 재향군인, 성학대 피해 여성들이 벌인 투쟁의 결과였다. 그것은 사건에 얼마나 근접해 있었는지와 무관하게 누군가에게는 가시성을 부여했고, 다른 누군가에게는 사건에 죄가 없음을 보증하길 거부함으로써 비가시성을 부여했다. 또한 다양한 자원을 제안하는 더 합의적으로 성립된 법인체로 사람들을 끌어들여 정치적 쟁점들을 무력화시켰다. 그것은 [트라우마 증상을] 설명하는 임상적 현실보다는 오히려 기대하는 바를 말하게 하려는 욕구가 분명하게 드러나는 상황에 더 좌우되었다. 그것은 우리가 했던 세 가지 조사 연구가 보여주었듯이 진실, 공감, 의혹의 분배를 조율했다.

툴루즈에서 AZF 공장 폭발 후, 트라우마는 피해자들이 피해자 공동체를 구성할 수 있게 했는데, 현장 노동자와 정신병원 환자는 거기에서 배제되었다. 팔레스타인에서 제2차 인티파다 당시, 분쟁 양측의 피해자들은 같은 고통을 공유함으로써 평등하게 처우할 수 있었고, 그것으로 폭력의 역사는 소거될 수 있었다. 프랑스에서 난민 신청 심사에는 트라우마가 신청자를 구별하는 작업에 사용되었는데, 당했던 박해와 일치하는 정신장애를 제시하는 자를 우선시하고, 겉보기에 아무 탈이 없는 자는 손해를 겪었다. 바로 이것이 우리의 관심사였다. 트라우마가 어떻게 인구 집단 사이를 구별하는 도구가 되어 누구는 쉽게 권리에 접근하게 하고 누구는 배척하는지, 그리고 누군가는 딴 방법으로는 거부당했던 승인의 기회를 어떻게 잡으려고 하는지, 반대로 누군가는 탈정치화되었다고 생각되는 범주의 거짓된 중립성을 어떻게 거부하는지를 이해하는 것이었다. 그러므로 우리가 선택한 것은, 트라우마의 정신병리 연구의 긴 목록에 또 한 페이지를 추가하거나 누가 이 진단에 해당하는지 그렇지 않은지를 논쟁하는 것이 아니었다. 우리는 새로운 언어가 어떻게 출현하여 비극과의 관계성을 표현할 수 있게 되었는지 이해하고 복합적 맥락에서 그 사회적 용법을 연구하기로 결정했다. 그러나 우리가 이 길에 접어들었을 때, 인문사회과학 분야에서 점차 새로운 목소리가 들려오기 시작했다. 불행의 경험과 세상의 무질서가 트라우마의 관점으로 훌륭히 해석할 수 있게 되는 동시에 이와 대조적으로, 폭등하는 트라우마 진단의 남용과 해악을 고발하는 소리가 커졌다. 이는 의료계뿐만 아니라 사법 분야, 정치계, 공공 영역에서도 점점 더 많은 수의 피해자들을 인정하게 되는 결과를 낳았다.

그렇다면 산업재해부터 심각한 분쟁, 종교적 박해부터 성학대에 이르는 다양한 영역에서 우리가 보아왔던 징후인, 이 도덕경제를 이해하기 위해 어떤 입장을 취해야 했을까? 트라우마에 사로잡히지 않는 방법들을 제시해야 했을까? 사람들을 수동적 피해자의 입장으로 위축시킬 위험성을 비판해야 했을까? 아니면 반대로, 잊혔던 수천 명의 피해자들을 이제 치료할 수 있게 되었을 뿐만 아니라 흔히 무시된 불의와 대의를 소리높여 말할 수 있게 된 사실을 축하해야 했을까? 우리는 이 두 갈래 길을 모두 거부했다. 비난하기 위해 아니면 찬양하기 위해 트라우마의 도덕경제를 도덕화시키는 것에 해당하기 때문이었다. 그것은 윤리적 입장이라기보다는 인식론적이고 방법론적인 전제인데, 트라우마의 언어는 항상 '우리가 말해주길 원하는 것'을 말하게 한다는 것을 보여주었다. '우리'는 때에 따라 전문가, 피해자, 판사, 정치인, 예찬자, 비방자, 미디어로서 요컨대 사회를 대표했다. 궁극적으로 트라우마는 부유하는 기표로 생각될 만했으며, 그 다양하고 가변적인 의미들은 맥락과 그 용법의 도구화에 긴밀하게 좌우되었다. 그 사회적 표현은 부인되어서는 안 될 심리적 현실과는 대체로 독립되어 전개되었다.

우리가 정신분석에서 트라우마를 떼어낸 것도 아니고 정신의학에서 외상 후 스트레스 장애를 떼어내어 그 분야에 폭력을 저지른 것도 아니었다. 우리는 단지 하나의 사실을 확인했을 뿐이다. 즉, 오랫동안 그 해석을 두고 대립했던, 정신분석가와 정신과의사의 전유물이었던 트라우마가 변호사부터 언론인, 인도주의 단체부터 인권 기구, 그리고 심지어는 피해자들 자신에 이르기까지 수많은 행위자에 의해 전유되었고, 마침내 일상언어에 자리를 잡았다는 사실을 말이다.

그러나 이렇게 트라우마가 진부해지고 그에 따라 피해자가 합법적 인정을 받게 되었으나 그 양상은 명료하지 않았다. 이는 번갈아가며, 심지어 동시적으로 정치적 갈등을 회피하거나 반대로 이념을 방어하기 위해 권위적 자원에 의존했음을 의미할 수 있었다.

우리가 처음 조사한 이후 20년이 지난 지금까지도, 트라우마는 여전히 "고통, 폭력, 상실의 경험에 이름을 붙이고 생각을 전개하는 지배적 서사"일까, 당시 우리가 주장했듯이? 몇 가지 변화가 일어났다는 것에는 의심할 여지가 없다. 트라우마에 관한 최근 역사와 그것이 불러일으키는 논쟁은, 견딜 수 없는 것을 표현하기 위해 피해자 의식의 조건을 구체화시킬 설명의 보편화와, 맥락에 따라 다른 논리를 따르고 다른 목적을 가진 지역적 변형 사이의 긴장을 여전히 반영하고 있다. 세 가지 예가 이를 잘 보여준다.

· · ·

지난 수십 년 사이에 점차 관심을 받는 개념이 '간접적으로 트라우마 겪기vicarious traumatization'이다. 이 단어는 끔찍한 사건에서 생존한 난민을 돌보는 사람들의 심리적 고통을 기술하기 위해 사용되었다. 참상에 관한 이야기를 듣고, 피해자를 진정시키고 위로하려고 애쓰면서, 돌보는 사람 자신이 외상 후 스트레스 장애와 유사한 악몽과 플래시백을 겪는데, 자신이 돌본 사람들의 경험을 거의 환각으로 재경험하는 것이다.

임상적으로 간접적 트라우마는 직접 피해자가 경험하는 외상 후 스트레스와 구별되지 않았다. 간접적 트라우마는 심지어 시공간적으로 멀리 떨어져 있는 청취자나 방관자라 할지라도, 비극적 사건과 대면한 사람이라면 그 누구도 아무 일 없이 지나갈 수 없음을 보여줌으로써 트라우마의 확산에 기여했다. 사회적으로 참을 수 없는 것, 즉 극단적 폭력과, 심리적으로 불가능한 것, 즉 외상 후 스트레스의 임상 증상 사이의 직접적 연결을 확립함으로써 트라우마의 거대한 상징적 전당을 완성한 것이다. 다시 말해, 사회가 용납할 수 없다고 제재하는 것에 심리적으로 견딜 수 없는 것이 상응하게 된 것이다.[1] 이 개념은 돌보는 인력뿐만 아니라 판사, 변호사, 그리고 어떤 식으로든 심리적으로 견딜 수 없다고 가정되는 극단적 폭력의 이야기나 이미지에 직면했던 모든 이들을 위한 다양한 돌봄 및 지원 장치를 탄생시켰으며, 이는 사실상 그것들을 사회적으로 용납할 수 없는 것으로 만들었다. '11월 13일 테러 공격' 재판이 그 예시를 보여준다. 특정 증거들, 특히 바타클랑 극장의 구덩이 이미지를 법정에 제시할지 말지를 결정할 때 시민들과 청중에게 이차 트라우마를 유발할 위험성이 어김없이 제기되었다. 그러한 예방책은 과거에는 이렇게 명시적으로 표현되지 않았다.[2] 이는 역전된 현상인데, 참을 수 없는 것인지에 관한 사회적 규범을 심리적 규범이 확인해주는 현상이기 때문이다.

사회적으로 참을 수 없는 것과 심리적으로 믿기 어려운 것 사이의 이 연결은 '외상 전 스트레스pre-traumatic stress'라고 불리는 것의 출현으로도 알 수 있다.[3] 2000년대 초 미국에서 닥쳐올 생태학적 재앙 앞에서 젊은 남녀들의 불안 상태를 묘사하기 위해 나타난 이 범주

---

[1] Richard Rechtman, "Mémoire et anthropologie. Le traumatisme comme invention sociale", in Denis Peschanski, Denis Maréchal (éd.), *Les Chantiers de la mémoire*, Bry Sur Marne, INA Éditions, 2013, p. 98-114.

[2] 예를 들어 뉘른베르크 재판을 생각해보라. 그 목적은 가능한 한 많은 이미지를 제시하여 피고인을 혼란스럽게 하고 그들의 반응을 관찰하는 것이었다.

[3] Charlie Kurth et Panu Pihkala, "Eco-anxiety : What it is and why it matters", *Frontiers in Psychology*, 13, 2022; Marianne Hrabok, Aaron Delorme et Vincent Agyapong, "Threats to mental health and well-being associated with climate change", *Journal of Anxiety Disorders*, 76(102295), 2020.

는 외상 후 스트레스 장애와 유사한 양상이지만 그 차이는 트라우마적 사건이 아직 일어나지 않았다는 점이다. 기후 변화, 특히 폭염의 엄습 이후, 프랑스에서 선호하는 용어인 '생태 불안'에 대한 상담 건수가 증가했다.[4] 이러한 환경 현상이 불안을 유발한다는 것을 부인하지는 않는다. 그러나 외상 전이라는 개념은 사건의 성격이 주관적으로 참을 수 없는 것으로 특징지어짐을 정확히 지목한 것이다. 다가올 사건을 트라우마적이라고 기술하는 것은 심리적 역치가 심리적 결과를 넘어설 수 있음을 가리키는 것이다. 예기된 트라우마는 공적 행동의 필요성을 정당화하기 위해 이 같은 진단 영역을 더욱 확장할 추가적 수단이 되어가고 있다.

2015년 이후 유럽에서의 난민 수용은 트라우마가 고통의 보편적 언어로서 보호받을 절대적 권리를 정당화해준다는 주장에 이의를 제기하는 것이다. 우리가 연구한 난민 신청 심사에서, 외상 후 스트레스 장애는 박해의 실제를 입증하는 궁극적 증거로 사용되었다. 그러나 폭력을 겪었음에도 불구하고 심리적 증상을 보이지 않는 사람들과 모국으로 돌아갈 경우 위험에 처해질 것을 당연히 두려워하는 사람들의 신청 모두를 무효화시킬 위험이 있었고, 이는 1951년 난민 지위에 관한 제네바협약의 정의와도 모순되었다. 그런데 새로운 임상 범주가 이 도식을 복잡하게 만들고 있다. '외상 후 성장 posttraumatic growth'이 그것이다.[5] 비극적 사건의 경험을 극복한 일부

---

4 Hélène Jalin, et al., "Appréhender l'éco-anxiété : une approche clinique et phénoménologique", *Psychologie française*, 69(1), 2024, p. 35-47.

5 외상 후 성장은 "매우 어려운 삶의 상황 이후에 발생하는 긍정적인 변화의 경험"으로 정의되며 특히 "삶 전반에 대한 감사의 증가, 더욱 의미 있는 대인 관계, 개인적 강인함의

피해자들의 능력을 설명하기 위해 이 용어가 도입되었는데, 트라우마적 경험 이후 더 강해진 역설적 능력으로 특징지어진다. 그에 따라 사회에 재정착할 수 있는 능력을 근거로 난민 신청자를 선별할 가능성이 열렸고, 이는 국제법 원칙보다는 수용할 사회의 이익을 우선시하는 것이다. 실제로 이 관행은 프랑스의 국립난민법원이 사회에 통합될 전망에 방점을 두어 승인을 언도한 일부 결정에 이미 포함되어 있다.[6] 스웨덴 법원은 한걸음 더 나아가 외상 후 스트레스 장애의 존재를 난민 지위 획득에 불리한 조건으로 만들었다. 고통의 존재는 박해의 실제를 증명하는 데 더 이상 유용하지 않고 도리어 보호받을 가능성을 축소시킨다.[7] 트라우마 경험과 관련하여 때로 사회적 '이점'이라고 불리던 법적 탄원은, 따라서 과거에 이민자를 선별할 때 생산력을 가진 자를 선택하고, 산재사고 합병증을 겪은 사람을 특별히 배제하던 논리를 부활시키고 있다. 예나 지금이나 정신건강은 과거에는 이주노동자를, 이제는 난민 신청자를 분류하는 기준으로 사용된

강화, 우선 순위의 명확화, 더욱 풍요로운 실존적이고 영적인 삶"으로 나타난다. Richard Tedeschi et Lawrence Calhoun, "Posttraumatic growth: conceptual foundations and empirical evidence", *Psychological inquiry* 15(1), 2004, p. 1-18; Baptiste Alleaume, Nelly Goutaudier et Damien Fouques, "Résilience et croissance post-traumatique. Enjeux théoriques et cliniques", *L'Évolution psychiatrique*, 88(2), 2023, p. 312-323.

6 Didier Fassin et Carolina Kobelinsky, "Comment on juge l'asile. L'institution comme agent moral", *Revue française de sociologie*, 53(4), 2012, p. 657-688.

7 Mayssa Rekhis, *Surviving Trauma in Exile and the Integration-Conundrum. Navigating therapy and the imperatives of a host(ile?) society*, Paris, EHESS, 2022. 저자는 부제에서 '호스트'(주류 사회를 의미)라는 용어를 사용하는데, 이는 난민 신청자에게 '적대적'이라는 의미를 내포한다.

다.⁸ 그렇지만 난민 신청자의 경우, 사례에 따라서는 트라우마의 존재는 누군가를 수용하는데 진실의 증거로 사용될 수 있고, 반대로 누군가의 경우에는 더 잘 통합될 수 있다고 생각되는 사람들의 이익을 위해 거절하는 데 이용된다.

트라우마의 임상은 이런 식으로 다양한 목적에 사용된다. 임상 진단이 기호학적이고 정신병리학적 통일성을 가진 반면, 그 사회적 실상은 정치적 필요성과 도덕적 조정에의 적용으로 이루어져 있다. 궁극적으로 보면, 트라우마가 말해주길 원하는 것을 트라우마로 하여금 말하게 만드는 것이다. 그 가단성可鍛性은 다른 여러 시간대와 다른 의미에 맞추어 사용되게 한다. 2009년 텍사스 포트 후드에서 미 육군 정신과 군의관이 군인 13명을 사살하고 여럿을 다치게 했던 비극적 사건이 이를 잘 보여주었다.⁹ 그의 행동을 설명하기 위해 전문가들은 외상 후 스트레스와 외상 전 스트레스, 직접적 트라우마와 간접적 트라우마를 모두 언급했다. 그는 한 총격범에 의해 32명이 살해당한 대학에서 공부했는데, 이것이 그에게 영향을 주었을 수도 있다. 그의 부모는 팔레스타인인이었고, 9.11 사건 이후 동료들의 이슬람 혐오 발언과 차별의 대상이 되어 깊이 상처를 받았다. 그는 이라크와 아프가니스탄에서 참사를 겪은 후 생긴 정신장애 환자들을 치료했고, 이것이 이차적 트라우마를 유발했을 수 있다. 끝으로 그는

---

8 Abdelmalek Sayad, *La Double Absence. Des illusions de l'émigré aux souffrances de l'immigré*, Paris, Le Seuil, 1999. 산업재해를 겪은 후 발생하는, '시니스트로시스(sinistrosis)'라는 정신장애는 이민자 출신 노동자들의 정당한 요구를 폄하하는 데 쓰였다.

9 Didier Fassin, "De l'invention du traumatisme à la reconnaissance des victimes. Genèse et transformation d'une condition morale", *Vingtième siècle. Revue d'histoire*, 123, 2014, p. 161-171.

자신과 같은 무슬림에 대한 군사 작전에 참여하기 위해 중동 전선에 파견될 것이라는 것을 알게 되었고, 이것이 예기적 트라우마를 일으켰을 수 있다. 트라우마의 이렇게 다양한 징후는 만약 그렇지 않았다면 테러 행위로 간주되었을 행위를 달리 해석할 수 있게 해주었다. 그러나 언론의 해설자가 트라우마를 예로 입에 담는 것은 다른 차원의 일이다. 그럴 경우, 그것은 더 이상 가해자 개인에 국한되는 것이 아니라 자국 방위 범위 내에서 일어난 대량 학살에 충격을 받은 미국 사회 전체와 관련되는 일이 되기 때문이다. 트라우마는 다시 또 임상 범주에서 은유적인 것으로, 따라서 개인적인 것에서 집단적인 것으로 이동을 했다.

이 두 개의 수준—임상적인 것과 은유적인 것, 개인적인 것과 집단적인 것—사이에서 또렷이 말한다는 것은, 작금의 세상에서 아마도 트라우마의 극심한 다의성을 전 지구적 규모로 드러내는 것일 것이다. 그것은 트라우마 인정의 불평등한 배분을 의미한다. 20년 전에 이미 우리는 이를 확인했고 오늘날 더욱 뚜렷해졌다. 중동의 작전에 배치된 미군은 폭력의 피해자로서, 목격자로서, 심지어 가해자로서 자신의 트라우마를 주장할 수 있었지만, 외국 군대와의 교전 중에 또는 그 지역 전투원의 공격으로 가족이 살해된 아프간과 이라크 시민들에게는 트라우마의 진단과 치료가 배제되었다. 문제의 범위를 파악하고 지원 기구를 확립하기 위한 체계적인 역학 조사도 이뤄지지 않았다.[10] 10월 7일 이스라엘 테러에서 살해되거나 납치당한 사람

---

10 Nadia Abu El Hadj, *Combat Trauma. Imaginaries of War and Citizenship in post 9/11 America*, Londres, Verso, 2022.

들의 부모들과, 더 넓게는 이스라엘 사회 전체의 트라우마 경험에 대해서는 과학적 연구와 치료적 대응이 적법하게 실시되었다. 가자 전쟁 동안, 팔레스타인인은 수개월간 맹렬한 폭격하에서 집과 동네가 파괴되는 것을 지켜보았고, 가까운 사람들의 죽음을 목격했고, 점령군에 의한 억압을 겪었고, 감옥과 수용소에서 고문을 당했다. 그러나 이들에게는 인도주의 단체들의 몇몇 보고서를 제외하고는 트라우마의 후유증에 대해서는 거의 언급되지 않았다. 긴급조치가 상처 입고 절단되고 영양실조에 걸린 육신을 우선시함은 이해될 만했지만, 심리적 고통은 방치되었다.[11] 트라우마 인정의 이러한 비대칭성은 일반적 사실이다.

이는 일종의 불공정 원칙으로, 실제로 수단에서 시리아까지, 키부에서 쿠르디스탄까지, 티그레족에서 로힝야족까지, 하자라족에서 위구르족에 이르기까지, 피압제자들과 소수자들의 목소리가 거의 들리지 않게 하고 있다.[12] 트라우마는 두 가지 이유로 대부분의 인류가 거의 접근할 수 없는 범주로 남아 있다. 실제적인 이유로는 트라우마를 진단하고 치료할 수 있는 정신건강 전문가가 부족하기 때문이고, 정치적인 이유로는 폭력의 피해자가 지배적인 집단이나 국가

---

11 Yossi Levi-Belz, Yoav Groweiss et Carmel Blank, "PTSD, depression and anxiety after the October 7, 2023 attack in Israel: a nationwide prospective study", *eClinical Medicine*, 68(102418), 2024. 2023년 11월 이후 이스라엘에서는 트라우마에 대한 많은 작업이 진행되었고 트라우마를 겪은 사람들을 위한 치료를 제공하는 일이 늘어났지만 가자에서는 전쟁이 시작된 지 9개월이 지났는데도 이에 상응하는, 팔레스타인 사람들을 위한 연구나 지원은 없었다.

12 Richard Rechtman, "Silence ou indicible dans les expériences de violence extrême", *A contrario*, 2(34), 2022, p. 173-180.

일 경우 감내하고 있는 고통을 확인하는 일에 관해서는 거의 접근하기 어렵기 때문이다.

    이 글은 트라우마가 단순히 임상적 범주일 뿐만 아니라 권력관계와 정당화에 얽혀있고 현대사회의 도덕경제의 일부분임을 최종적으로 상기시키려는 것이다.

디디에 파생, 리샤르 레스만, 2024년 7월

| 서문 | 새로운 언어로 사건을 말하다 |

2001년 9월 11일, 세계무역센터가 무너졌다. 붕괴된 지 채 며칠이 지나지 않아 전국의 정신건강 전문가들이 의료서비스를 자원하고 나섰다. 9,000여 명에 달하는 지원자 중에는 700명의 정신과의사가 포함되어 있었다.[1] 사건 한 달 후 뉴욕의학회 New York Academy of Medicine 가 조사한 바에 따르면, 맨해튼 남부 거주인 1,000명 중 설문에 응한 사람의 7.5%가 외상 후 스트레스를 겪고 있다고 답했다. 9.7%는 우울 증상이 있거나 술을 더 많이 마시고, 더 자주 정신건강 의료서비스를 찾았으며, 더 많은 양의 약물을 복용하는 것으로 집계되었다. 이 양상은 대졸 이상의 백인 집단에서 더 두드러졌다.[2] 곧이어 미국 전체 인구를 대상으로 한 대규모 조사에서는 4%만 외상 후 스트레스를 겪는 것으로 나왔는데, 이는 9.11 사건과 상관없이 평상시의 예

---

1 Richard Gist & Grant Devilly(2002), *Lancet*.
2 Sandro Galea et al.(2002), Joseph Boscarino et al.(2004), *NEJM*.

상 통계수치이다. 즉 9.11 사건 이전에도 트라우마는 항시 일정 비율로 존재해왔던 셈이다. 그러나 쌍둥이빌딩 붕괴 장면을 오랜 시간 텔레비전으로 시청한 사람의 외상 후 스트레스 지수가 훨씬 높게 나타났다.[3] 이런 조사가 진행되는 사이, 심리요법을 전문으로 한다는 웹사이트가 우후죽순으로 생겨나고, 기존에 있던 웹사이트들은 사건에 맞게 개편되었다. 사건 3년 후, 검색어 '9월 11일'과 '트라우마'로 인터넷을 검색하자, 그 결과는 150여만 개에 달했다. 미국 정치계 또한 발 빠르게 움직였다. 조지 부시 대통령과 도널드 럼스펠드 국무장관이 안보기구를 통해 미국의 국제적 권위를 한층 더 강화시킨 사실은 널리 알려져 있다. 그러나 공감과 확신에 찬 언설로써 정권의 정당성을 미국 내에서도 홍보한 사실은 덜 알려졌다. 2002년 12월, 정신문화연구재단the Foundation for Psycho-cultural Research 주최로 외상 후 스트레스 장애(이하 PTSD) 학회가 로스앤젤레스에서 열렸을 때, 개회사를 한 사람은 당연히 전 뉴욕 시장인 루돌프 줄리아니였다. 그는 9.11 사태로 위기에 처한 도시를 성공적으로 관리했다 하여 갈채를 받았기 때문이다. 그리하여 다음과 같은 결론이 도출되었을 때 모두 한 마음으로 고개를 끄덕인 것은 당연했다. 정치인도, 피해자를 치료한 심리상담사도, 심리적 후유증 조사를 담당한 역학자도, 인터넷 웹 디자이너도 모두 동의한 것은, 생존자와 목격자는 물론 이 사건을 접한 텔레비전 시청자와 미국 내 모든 시민이 고통받고 있으며, 이들은 대부분 정신과 치료가 필요하다는 점이었다.

   9.11 사태로 인한 후유증 중에서 가장 뚜렷하고 지속적이며 논쟁

---

3 W. E. Schlenger et al.(2002).

의 여지가 없는 것은 심리적 충격이라고들 했다. 애도가 끝나도 트라우마는 지속된다고 했다. 게다가 '트라우마'라는 단어는 정신건강 분야 전문용어로도, 일상적 단어로도 이미 사용되고 있던 참이었다. 언론은 이 두 가지 의미를 아무런 구별 없이 사용했고, 심지어는 한 문장 안에서도 서로 다른 두 가지 의미를 섞어 사용했으며, 더 나아가 은유로도 표현했는데, 이러한 사용방식에는 주목해야 할 점이 있다. 맨해튼 거주인 혹은 미국 국민 대다수가 심리적 충격을 받았지만, 그럼에도 과연 모두에게 전문가의 치료가 필요했는지에 관해서는 아무도 의문을 갖지 않았다는 점이다. 트라우마는 그 자체로 진실이라는 생각이 공유되고 있었던 것이다. 또한 비극의 현장에 그토록 많은 심리상담사와 정신과의사가 있는 것에 아무도 놀라워하지 않았다. 이 현상 또한 지극히 당연하다고 간주되고 있었던 것이다. 9.11 사태의 폭력성을 직접 경험했든 혹은 텔레비전 영상을 통해 간접 경험을 했든 간에 모든 사람의 경험을 트라우마 개념으로 받아들이면서, 사회가 개인에게 치료를 제공하는 것은 미국 사회가 진일보하고 있음을 보여주는 증거라고 생각했다.

세계무역센터 사건에 대한 미국 사회의 반응은 독특하다. 트라우마의 실재實在를 강하게 확신한다는 점에서 독특하고, 사회 전반에 걸쳐 일어난 현상이었다는 점에서도 그러하다. 트라우마가 언급되는 장소는 다양하다. 프랑스에서도 불행한 사건의 현장에 응급의료-심리지원서비스가 제공되었다. 2004년 5월 23일 샤를드골 공항 터미널에서 발생한 비행기 폭발사고 때도 그러했고, 2004년 11월 8일 프랑스 시민이 진주만에서 긴급 철수했던 때, 2004년 12월 3일 이집트 샤름엘셰이크Sharm el-Sheikh의 비행기 추락사고 당시, 또한 2004년 12월 26일 남아시아 쓰나미 생존자 귀국 당시에도 그러했다. 따로 특별히 마련한 사각상자 모양 방에서 정신과 의사들과 심리상담사들은 사건을 직접 경험한 사람들과 공항에서 기다리던 가족들에게 '디브리핑debriefing'[4]과 예방적 응급상담을 했다.[5] 마찬가지로 2001년 솜Somme 강이 범람했을 때, 2002년 가을 가르Gard 지역에 홍수가 났을 때, 2001년 세르지Cergy의 쇼핑센터 인질극이 벌어졌던 당시, 2005년 클리시Clichy 초등학교 자살 사건이 일어났을 때, 심지어는 생센드니Seine-Saint-Denis에서 교사를 모욕하는 그라피티가 발견되었을 때도 응급의료-심리지원 조치가 취해졌다. 심폐소생 전문가와 구급대원이 현장으로 향할 때 그 구급차에는 심리외상학psychotraumatology 전문가도 타고 있었다. 이들은 현장에서 피해자와 목격자의 '디퓨징defusing'[6]을 담당하는 정신건강 전문가로서, 위기관리 훈련을 받은 사람들이다.[7] 마찬가지로 '세계의의사들Medicins

---

4 [역자주] 디브리핑(debriefing, 외상 후 스트레스 관리)은 직접 혹은 간접 피해자 모두를 대상으로 하여, 사건 발생 후 며칠 이내에, 주로 그룹 단위로, 서로 소개하는 단계에서부터 자기관리법에 관한 교육에 이르기까지 여러 단계로 이루어진 외상 후 스트레스의 관리방법이다.

5 Louis Crocq et al.(1998), Francois Ducrocq et al.(1999). '디브리핑(debriefing)'기법에 관한 것.

6 [역자주] 반면 디퓨징(defusing, 위기진정)은 단어의 뜻 그대로 '퓨즈를 제거하는 것'을 의미하며, 사건 직후에 직접적인 피해자에게만 적용하는 위기진정방법이다. 사건의 충격 후 나타나는 다양한 반응은 정상적이라는 점을 알려주고, 발현 가능한 증상을 설명해주고, 긴급 연락처 등을 알려주며 지원기관의 도움을 어떻게 받을 수 있는지 일러주는 초단기 위기관리 방식이다. 위기진정은 직접 피해자 개인을 대상으로 사건 당일, 피해자가 자기 전에 실시한다.

7 Louis Crocq et al.(1998), Francois Ducrocq et al.(1999). '디퓨징'기법에 관한 것.

du monde'[8]과 '국경없는의사회Medicins sans frontieres'[9] 소속의 정신과 의사 및 심리상담사팀은 다양한 현장을 지원해왔다. 멀리 아르메니아와 이란의 대지진 생존자, 보스니아와 체첸 분쟁의 생존자, 중국의 걸인아동, 루마니아의 고아 등 자연재해와 전쟁 및 참사 피해자가 그 대상이다. 전쟁 또한 그 현장이다. 전장에 있는 병사의 심리적 문제는 군 명령체계를 뒤흔드는 심각한 문제로 간주되었다. 1991년 이라크 전쟁 참전병사들의 '걸프전 증후군'이 그 예이다. 2003년 제2차 이라크 전쟁에서는 시민과 관련된 문제가 불거졌다. 제1차 걸프전 후 참전미군들이 보이는 기이한 증상의 원인을 밝혀내기 위해 미국은 2억 5,000만 달러를 쏟아 부으며 수백 개에 달하는 연구 프로그램을 가동했다. 그러나 수긍할만한 원인은 밝혀지지 않았고, 참전미군들을 결국 행동요법과 심리요법 등으로 치료할 수밖에 없었다. 바그다드 공습으로 제2차 걸프전이 시작되자, 권위 있는 한 미국 잡지는 약 57만 명의 이라크 어린이가 외상 후 스트레스를 겪을 수 있고, 따라서 심리치료가 필요하게 되리라는 기사를 실었다.[10] 이렇듯 다양

---

8 [역자주] 세계의의사들(MDM) : 국경없는의사회(MSF) 창립인 중 한 사람인 베르나르 쿠슈나르(Bernard Kouchner)가 국경없는의사회와 갈등을 빚다가 탈단하여 1980년 결성한 의료봉사단체로 열다섯 명의 프랑스 의사가 창립자이다. 중립적 입장인 MSF와 달리 현지의 정치, 종교, 민족 등과 관련하여 뚜렷한 입장을 취하며, 더 적극적인 활동(대외적 증언, 지지하는 편에 폭탄을 이송해주는 등)을 한다. 이에 미국 CIA의 은밀한 조사를 받은 바 있다. 이 책에서는 세계의사회(World Medical Association, WMA)와 구별하기 위해 '세계의의사들'로 번역했다.

9 [역자주] 국경없는의사회(MSF) : 1971년 프랑스에서 결성된 자발적 의료봉사단체로서, 70여 개국에 지부를 두고 있고, 의사 및 간호사를 포함하여 각종 전문가와 자원봉사자가 3만여 명에 이른다. 재정의 80%가 개인 기부금에서 나온다. 1999년 노벨평화상을 받았다. 정치, 종교, 민족 등의 현지 문제에 중립적이고, 의료봉사에만 집중한다.

10 Ensenrink(2003), *Science*.

한 상황에서 나타나는 것이 외상 후 스트레스와 트라우마라면, 트라우마는 미국정신의학협회가 규정한 의학적 진단범주에 속한다기보다는 보르헤스 식의 '중국식 백과사전'에 더 가깝다. 다시 말해서, 비극적 사건과 그 심리적 흔적을 공통분모로 가지고 있는 그 무엇이라고 볼 수 있다는 이야기이다.

• • •

전쟁, 재난 등의 비상상황이든, 아니면 일상적 폭력상황이든, 정신과의사와 심리상담사의 현장개입을 현대사회는 당연하다고 간주한다. 이들이 진료실이나 상담실을 벗어나 '정신적으로 상처받은 사람들'의 스트레스를 관리하는 것이 아무에게도 놀랍지 않은 것이다. 개인적으로든 집단적으로든 고통스러운 사건을 겪으면 마치 몸에 상처가 난 후 '상흔'이 남듯 마음에도 흔적을 남긴다는 견해는 무리 없이 인정되고 있다.[11] 이 견해가 사실이라면, 사건 피해자가 정신적 트라우마에 대한 보상금을 요구하는 것은 전적으로 합법이다. 단지 사건을 목격한 것에 지나지 않을지라도 트라우마를 입었다고 인정해야 한다는 말이다. 고문이나 박해를 당한 사람이 난민 자격을 얻기 위해 PTSD 진단명으로 진단서를 제출하면 타당한 증거로 인정된다. 학대와 그 후유증은 귀책歸責과 필연성必然性으로 연결되어야 한다는 인식

---

11 클로드 바루아(Claude Barrois)는 자신의 책에서 이렇게 말했다(1998). "거의 모든 상해는 상흔을 남긴다. 삶이 거의 전복되는 것과 같은 경험을 한 사람은 결코 상처 없이 제자리로 돌아오지 못한다. 신체적 부상이 잘 나았다 하더라도 상흔은 결코 지워지지 않는다." 이 말은 은유(metaphor)가 아니라 환유(metonymy)에 가깝다.

이 점진적으로 확립되어왔기 때문이다.

불과 25년 전만 해도 이러한 연관관계는 확실하지 않았다. 정신의학계나 심리학계 등 일부 전문분야를 제외하고는 아무도 트라우마에 관심을 가지지 않았다. 드물게 법원이 의사의 전문가 의견을 요청할 때 외에는 비극적인 현장에 정신과의사와 심리상담사가 나타나지 않았다. 설사 분쟁이나 산업재해현장에 나타났다 하더라도, 이들은 피해자가 말하는 증상이 과연 실재하는지 의심부터 했다. 병사의 '신경증'도 전방으로 복귀하지 않으려고 꾸며대는 것이라고 하고,[12] 작업장에서 사고를 당한 노동자의 '시니스트로시스sinistrosis(정신신경증적 반응)'[13]도 보상금 욕심을 감추기 위한 것이라고 했다. 사실 '피해자'라고 여기지도 않았지만, 피해자로 나서는 것도 허용되지 않았고, 트라우마는 그저 의심쩍은 단어에 불과했다. 그러나 시대의 변화는 그들이 '피해자'임을 인정하기에 이르렀고 트라우마는 합법적 지위를 얻게 되었다. 이 책의 주제는, 트라우마 개념이 확립되면서 만들어진 '피해자 됨victimhood'이라는 새로운 상태이다.

미셸 푸코는 말년에 이렇게 썼다. "내가 가진 의문은, 진리의 생산을 통해 어떻게 사람이 통치되는지에 관한 것이다." 또 이렇게 덧붙였다. "진리를 생산한다 함은 진실한 말을 함이 아니라 참과 거짓을 규정하고 서로 대립되는 영역을 설정함을 의미한다."[14] 이 책의 전제

---

[12] José Brunner(2000).

[13] Sayad(1999). 이 논문에 따르면, 1960년대와 1970년대에는 산업현장에서 사고를 당한 이민 노동자가 순전히 보상금을 받으려고 나타내는 심리적 증상에 국한해서 이 용어를 사용했다고 한다.

[14] Foucault(1994).

가 바로 이것이다. 필자들의 질문은, 극적 사건을 겪은 사람이 외상 후 스트레스로 과연 얼마나 괴로워하는지 묻고자 함도 아니고, 과연 치료 혜택과 금전적 이득을 얼마나 누리는지를 물으려는 것도 아니다. 이 책의 목표는, 상처받은 병사나 노동자가 보이던 증상의 진정성이 의심받던 시대에서 보상과 공감이 당연시될 정도로 더는 의심받지 않게 된 현 시대에 이르기까지 어떤 과정을 거쳤는지 이해하려는 것이다. 의심의 대상에서 증거가치가 있는 것으로, 거짓이었던 것이 참으로 어떻게 변환되어왔는지를 파악하고자 한다. 그리하여 마침내 의심의 시대가 종지부를 찍던 그 역사적 순간을 포착하려 한다.

변환은 양쪽 무대에서 거의 동시적으로 일어났다. 한쪽 무대는 정신의학과 심리학 전문가집단이 차지하고 있는데, 이들은 특히 참전군인과 폭력 피해여성이 피해자 권리를 주장하던 사회운동에서 실질적인 영향을 받았다. 전문가집단과 시민운동단체가 서로 수렴되고 동맹을 맺음으로써 '외상 후 스트레스 장애'라는 진단범주가 생산되고, 이것이 다시 새로운 진리를 생산하는 쐐기돌 역할을 했다. 이를 배경으로 피해정신의학psychiatric victimology이 발전하고 인도주의 정신의학humanitarian psychiatry이 출현했다. 다른 쪽 무대에서는, 트라우마는 반박의 여지가 없는 실재라는 더 보편적이고 전 지구적인 생각이 연민의 감정과 결합하여 현대사회의 도덕공간으로 확산되어갔다. 이 세계적 추세는 PTSD가 다른 문화권에서도 사건의 후유증을 설명하는 데에 타당성이 있느냐는 문제와는 별개로 일어난 일이었다. 사실 PTSD 진단명이 미국 중심적 심리주의라는 비판의 목소리가 있었으나, 이런 비판을 하는 사람조차도 트라우마의 도덕적 중요성에는 의문을 던지지 않았다. 그리하여 PTSD는 서로 다른 두 가지 차원에서 그 자격을 부여받았다. 하나는 과학과 의학의 역사와 연관된 것이고, 다른 하나는 감성과 가치관의 인류학적 관점과 연관된 것이다. 트라우마에 관한 대부분의 저작물, 특히 북미의 것은 첫 번째 차원의 것으로, PTSD라는 새로운 정신질환을 생산하기에 이른 연구와 논쟁에 초점이 맞추어져 있다.[15] 그러나 이 두 차원의 관점은 모두 중요하다. 의학적 진단범주의 계보와 도덕규범의 계보, PTSD의 발명과 피해자의 인식, 정신의학이 말하는 트라우마와 언론 및 지지 집단이 말하는 트라우마는 모두 더불어 고찰해야 할 주제이다. 지금 트라우마는 정신의학 전문용어에 국한되지 않고 일상의 단어로 자리 잡았다. 사건을 설명하는 새로운 언어가 탄생한 셈이다.

  이 책은 구성주의 관점으로 읽을 수 있다. 정신건강 전문가와 피해자 권리 옹호자를 동원하여 트라우마 개념을 생산해온 방식을 파헤치고자 했다는 점에서 구성주의적이며, 넓은 의미로는 트라우마 개념을 생산하기 위하여 불행과 기억, 주관성의 관계를 정의하는 우리 사회의 인지적, 도덕적 기반이 재구성되는 방식을 고찰하였다는 점에서도 구성주의적이다. 필자의 접근법은 본질주의와는 전혀 다르

---

15 트라우마의 사회과학에 지대한 기여를 한 것은 앨런 영(Allan Young)의 저서 《환각의 하모니》(The Harmony of Illusions, 1995)이다. 영은 PTSD 진단명의 역사를 추적하면서 정신과 병동에서 이 진단명이 사용되는 방식을 사회학적으로 분석했다. 이와 병행하여, 이언 해킹(Ian Hacking)은, 기억과 관련된 정신장애의 재분류, 특히 다중인격장애의 출현을 분석한 저서를 여러 편 저술했다. 미국에서는 캐시 캐루스(Cathy Caruth, 1996)와 루스 레이스(Ruth Leys, 2000) 등이 대표적인 문학 연구자로, 트라우마와 연관된 이론적, 실천적 분야, 특히 정신분석 연구에 주요 역할을 했다. 이들 연구는 정신의학 및 심리학 연구와도 연관된다. 정신건강 전문가들, 특히 베셀 반 데어 콜크(Bessel van der Kolk, 1996)처럼 트라우마 개념을 적극 지지하든, 아니면 패트릭 브래컨(Patrick Bracken, 1998)처럼 트라우마의 보편성에 반론을 제기하든, 이들 연구들은 상호 영향을 미쳤다.

다. 본질주의는 트라우마를 무의식에 새겨진 정신적인 어떤 흔적으로 해석하는 정신분석이나 뇌에 남겨진 물리적 흔적이라고 보는 생물정신의학 패러다임을 의미한다.[16] 이 책에서 필자들은 다른 인식론적 접근방식을 선택했다. 우리의 관심사는 인식의 범주가 어떻게 바뀌어왔는지, 또 진리라는 것이 어떻게 등장했는지에 있다. 우리는 트라우마의 보편성을 반박하거나 문화적 다양성을 주장하려는 의도는 가지고 있지 않다. 트라우마는 이미 보편적으로 용인되고 있고 다양한 문화권에서 사용되고 있는 참이다. 또한 의학적으로도, 사회적으로도 트라우마가 이미 사용되고 있는 지금, 그것이 의학적으로든 사회적으로든 적절한 개념인지 묻고자 하지 않았다. 다시 말해서, 암묵적으로든 명시적으로든 트라우마가 과연 실재하는지에 의문을 던짐으로써 그 개념에 의혹을 제기하는 상대주의 관점을 취한 것도 아니고, PTSD 용어가 무분별하게 사용되고 있음을 비판하는 도덕적 관점을 가진 것도 아니며, 트라우마를 부풀리는 경향[17]이 크게 확산되어가는 작금의 역설적 상황을 지적하는 냉소주의 입장도 아니다. 방금 말한 관점들은 각기 나름의 논리를 가지고 있겠으나 이 책의 관점은 아니다. 필자들은 인류학적 의의가 있다는 점에서 사회적 전환점인 트라우마의 생산 과정을 이해하고, 어떻게 기존의 지식체계와 가치관을 흔들고 새로운 진리를 생산하게 되었는지를 이해하고자 한다. 즉 현대의 '도덕경제moral economy'[18]가 어떻게 재정비되었는지를

---

16 Van der Kolk & Van der Hart(1995).

17 이와 관련하여, 필자 중 한 명인 파생(2004a)은 '잘 조합된 구성주의'가 되려면 적절한 농도의 '실재'가 섞여야 한다고 말했다.

18 [역자주] 에드워드 파머 톰슨(Edward Palmer Thompson)은 18세기 말 영국의 농민폭동

이해하려는 것이다.

사회과학이 유용한 점이 있다면, 그것은 비판을 제공하는 데에 있다. 사회과학의 비판은 세상을 보는 시각과 세상을 변화시킬 수단을 제공한다. 그 개념과 수단은 때로는 사용하는 사람에게 보이지도 않고 따라서 인식되지 않을 때가 있다. 따라서 트라우마에 대하여 비판적 분석을 하려면, 그 개념이 만들어진 것이 아니고 자연적이라는 생각을 배격해야 한다.[19] 불과 20여 년 사이에 사건현장에 정신건강 전문가를 파견하는 일이 관례로 정착되었다는 이 단순한 사실도 실은 숙고해야 할 주제이다. 참상을 경험한 사람을 진료해온 우리의 경험과 이들에 대한 민족지학적 연구를 통하여 알게 된 사실은, 고통스러운 과거는 다른 형태의 폭력이나, 혹은 가면을 쓴 양태로 몸과 마

이 단순히 식량 부족과 곡물 가격 상승에 대한 반발로 일어난 것이 아니라, 공동체의 암묵적 약속을 위반하고 불공정한 폭리를 취하는 상인에 대항해 일어난 것으로 보았다. 공동체 내의 사회적 약속이란, 지배계급은 피지배계급의 생존윤리(subsistence ethics)를 지키고, 피지배계급은 생산성과 질서를 지키며, 농민들 사이는 호혜성과 재분배의 원칙을 지키는 것이었다. 톰슨은 이러한 전근대적 전(前)자본주의 경제활동을 도덕경제라고 칭했다. 당시 명확히 정의되지 않았던 이 개념은 인류학, 사회학, 법학, 경제학 등 여러 분야에서 차용하면서 다양한 의미로 사용되기 시작했고 적용 범위도 확대되어, 심지어 중국 이민자의 조상경배행위, 유럽의 줄기세포 문제, 인터넷상의 파일 공유에까지 이르렀다. 저자 중 한 명인 디디에 파생은 역사적 기원이 말하는 도덕경제에는 '경제'와 '도덕'의 두 차원, 즉 한편에는 재화와 서비스의 생산과 순환이, 다른 한편에는 사회적 규범과 책임의 차원이 통합되어 있다고 보고, 이를 시장경제 및 정치경제(political economy)의 대척점에 놓았다. 이 책에서 저자는 톰슨과 제임스 스콧(James Scott)의 해석(가치관과 정서적 반응을 추가)을 통합하여, 비록 그 대상이 피억압집단에 한정되지는 않지만 '도덕'적 차원에는 규범과 책임, 가치관과 분노 등의 정서적 반응이 포괄되어 있다고 보았다. 따라서 저자들이 말하는 트라우마의 도덕경제는 고통에 대한 사회적 책임과 가치관, 그리고 사람들의 분노가 배상의 정치와 어떻게 연관되는지를 지적하는 것이다.

19 Rechtman(2002).

음에 다시 나타난다는 것이다.[20] 이 현상이 확인되고 인정받는 현 시대에 우리가 질문하고자 하는 것은, 이러한 변화가 오늘날 사람들의 세계관과 역사관, 그리고 인간 사이의 관계에 어떠한 변화를 일으켰는지이다. 악몽과 플래시백에 시달리는 참전군인이 더는 꾀병 환자도 영웅도 아니고 단지 심리적으로 상처받은 사람이라고 인식될 때 전쟁에 대한 우리의 인식은 어떻게 달라졌는가? 산업재해 피해자가 트라우마의 이름으로 보상을 요구할 때 근거를 채택하고 손해를 처리하는 방식은 어떻게 바뀌었는가? 심리상담사의 사례 보고서를 근거로 팔레스타인인들이 곤경의 경험을 증언할 때 팔레스타인 운동을 변호하는 데에는 어떤 영향을 미치는가? 망명인의 증언보다 PTSD를 입증해주는 진단서를 더 신뢰할 때 법은 어떻게 작동되며 망명인 개인은 어떻게 행동하는가? 이 책에서 우리가 풀어나갈 주제는 이런 질문들이다. 필자들은 답을 트라우마의 정치성이라 부르고자 한다.

• • •

1부에서는 '외상 후 스트레스'가 처음 발명된 19세기 말부터 이를 재발견하는 20세기 말까지 두 개의 계보를 따라 내려온 트라우마의 역사를 추적한다. 하나의 계보는 정신의학, 심리학 및 정신분석 영역으로, 이론과 실천, 양방향에서 진행되었다(실천 분야는 특히 법의학의 전문가 증인expert witness[21]과 식민지 의학에 적용되었는데, 이 책의 주요 관심분야는 아

---

20 Fassin(2007), Rechtman(2000).
21 [역자주] 판결과 관련된 사람들(배심원, 판사 등)이 '사실을 알아내는 데에' 도움이 되도록, 해당 분야의 전문지식과 술기 및 경험이 검증된 사람에게 해당 주제를 교육하거나 평가

니다). 다른 하나는, 비극적 사건과 피해자에 대한 사회적 인식의 계보이다. 호소하는 고통의 실재성에 대한 신뢰가 어떻게 변화되었는지 특히 중점을 두어 분석했다. 트라우마에 관한 여태까지의 연구 대부분이 첫째 계보인 정신의학에 초점을 맞추지만, 트라우마 개념이 생성되는 데에는 다른 계보인 사회적 인식 역시 똑같은 무게로 작용했다. 이 두 가닥의 역사가 상호영향을 주고받으며 흘러내려온 과정이 이 책에서 가장 관심을 두는 부분이다. 20세기 어느 특정 시기에 트라우마는 아무런 거부감 없이 현실적 가치와 결합하게 되는데, 우리는 그 특정 시기에 발생한 사례들을 찾아낼 수 있었다. 어떻게 트라우마가 받아들여지게 되었는가? 제1차 세계대전과 제2차 세계대전 사이에 트라우마는 어떻게 변화했는가? 그리고 북미 페미니스트에서 베트남 참전군인에 이르기까지 트라우마 개념의 변화에 영향을 미친 것은 무엇인가? 의학 이론과 일상의 진료는 질병분류법과 사회규범의 변화에 어떻게 상응하며 바뀌었는가? 왜, 그리고 어떻게 트라우마는 철저하게 서로 상반되는, 그러나 동등한 무게의 이중의 가치관을 품게 되었는가? 과학에 관한 것이며 동시에 도덕에 관한 것이기도 한 이 이중의 계보를 면밀히 관찰하면, 각 계보마다 극적인 전환점을 짚어낼 수 있다. 1부는 PTSD가 보편적으로 인정되는 시점에서 끝난다. 흔히들 인정하는 역사는, 피해자에게 드리워졌던 의심이 사라지고 갑자기 새로운 시대가 시작됨으로써 트라우마 개념의 역사는 불연속적이라고 보는 것이다. 그러나 우리는 불연속성의 겉모습

하도록 한 제도이다. 교육을 맡은 전문가 증인 외에도, 법정에서 증언을 하는 전문가 증언, 증언은 하지 않는 전문가 증인, 보고서만 제출하는 전문가 보고서 등 여러 형식이 있다.

뒤에 존재하는 연속성을 더 강조하고자 한다. 정신적 트라우마는 인간성의 궁극적 진리를 확인해주고 있으나, 다른 한편으로는 달리 해석될 가능성을 배제시켜버림으로써 그 연속성이 유지되고 있음을 논증하고자 한다.

1980년대 말부터 뚜렷이 가시화된 사회적 변화를 배경으로, 트라우마의 현대적 정치성을 상징적으로 보여주는 사례를 필자들은 찾을 수 있었다. 첫 번째 사례는 2001년 9월 21일 프랑스 툴루즈의 AZF 화학공장 폭발 사건(2부)으로, 이를 통해 피해정신의학이 발전하게 된 과정과 사건현장에 정신의학이 어떻게 개입하게 되었는지를 살펴보고자 했다. 툴루즈 사고를 계기로 소위 응급의료-심리지원활동의 중요성이 공감을 얻게 된 과정을 조명했다. 두 번째 사례는 '국경없는의사회'와 '세계의의사들'을 필두로 지진현장과 전쟁, 난민촌과 재활센터 등에서 인도주의 정신의학활동이 급격히 활발해진 현상과 연관된다. 우리가 초점을 맞춘 사건은, 아마도 가장 많은 인력이 투입되고 정치적으로도 가장 큰 이해관계가 걸려 있던, 이스라엘-팔레스타인 분쟁에 관한 것이다. 2000년 9월부터 시작된 제2차 인티파다 Intifiada(아랍인 반란)[22]를 배경으로 인도주의 정신의학이 지원했던 특별한 사례에 초점을 맞추었다(3부). 세 번째 사례는 망명신청인과 고문피해자를 지원하는 피해정신의학 분야에서 이루어지는 NGO활동에

---

22 [역자주] 인티파다는 '봉기', '반란'을 뜻하는 아랍어로, 팔레스타인들의 반이스라엘 투쟁을 총칭한다. 요르단 강 서안과 가자지구, 동예루살렘 등 이스라엘 점령지구에 거주하는 팔레스타인들이 이스라엘 통치에 저항하는 활동으로, 궁극적으로는 독립을 지향하는 운동이다. 우리나라에서는 '아랍인 반란'이라 부른다. 이 단어는 역사적 사실과 정치적 균형의 문제를 고려한 표현이라기보다는 이스라엘의 입장을 대변하는 표현으로 오인될 수 있으므로, 이 책에서는 '인티파다'라고 번역하고 괄호 안에 통상적 번역어를 넣었다.

관한 것이다. 프랑스 이민자의 보건의료를 담당하는 주요 행정기관인 망명의료위원회Medical Committee for Exiles의 활동 또한 그 대상이다(4부).

이 책에서 살펴보게 될 위 세 가지 현장은, 첫 번째는 프랑스 국내 현장, 두 번째는 해외, 세 번째는 프랑스에서 공식 신분을 얻고자 하는 외국인 망명자로서 첫 번째와 두 번째 사이에 위치한다. 이 세 종류의 공간은 국내, 국제, 다국적인 것으로 바꿔 말할 수 있다. 이러한 다양성이 보여주는 것은 국내 사건에서부터 세계적 사건에 이르기까지, 또 대규모 재난에 관한 정신건강 의료체계에서부터 사회적 관리에 이르기까지, 도처에서 작동되는 트라우마의 현대적 정치성이다. 이 속에서 새로운 분야 세 종류가 개화했는데, 피해정신의학, 인도주의 정신의학 그리고 망명인을 대상으로 하는 심리외상학이 그것이다.[23] 이들 세 현장은 전 지구적 차원에서 트라우마 개념의 영역을 정의하는 것으로서, 그 정의는 불과 10년 사이에 세워졌다. 이와 함께 정신건강 의료서비스도 중요한 전환점을 맞이한다. 중요하다고 보는 이유는, 참여하는 주체가 급격히 증가했고 과거와는 다른 성격의 활동이라는 점 때문이다. 참여주체 중 특히 심리상담사는 사회적 고통의 현장에서 가장 많이 활동하고 있고, 이들의 활동범위는 트라우마에 국한되지 않는다. 그 대상도 과거와는 완전히 달라졌다. 예컨대

---

23 [역자주] 그 분야의 주체에 따라 번역했다. 'humanitarian psychiatry'의 경우 정신의학이 주체이므로 '인도주의 정신의학'으로, 'psychiatric victimology'는 피해자를 주요 대상으로 하는 정신의학이므로 '피해정신의학'으로 번역하였다. 'psychotraumatology'는 국내 심리학 분야에서 이미 '심리외상학'으로 번역하여 사용하고 있으므로 그대로 표기했는데, 주로 심리학이 참여한다.

정신과의사의 경우 그 대상은 정신과 환자가 아니라 갑작스러운 사건으로 타격을 받은 사람이다. 따라서 우리는 이중의 사회적 혁신이 일어났음에 주목한다. 하나는 새로운 지식과 실천 영역의 발명이고, 다른 하나는 새로운 환자군##과 치료 주제의 발견이다.

각각의 세 영역에서 트라우마 피해자라고 주장하는 사람들을 돌볼 때면 저마다 다른 문제가 제기되곤 했다. 공통적인 문제, 예를 들어 진단명의 타당성과 심리상담을 위한 적절한 설비 등은 당연한 문젯거리이지만, 재난, 전쟁, 박해와 관련된 사회적 조건을 배경으로 한 특수한 정치적 질문은 전혀 다른 문제였다. AZF 사고 피해자와 관련된 핵심 주제는 손상된 것을 회복시키는 일이었고, 이때의 트라우마 개념은 사고 피해자로서 사회에서 인정을 받기 위한 중요한 수단이었다. 제2차 인티파다는 팔레스타인은 물론 이스라엘에게도 곤란한 사건이었는데, 이때 오래전부터 잠복해 있던 갈등이 인도주의 정신의학 내부에서는 물론, 후원자들 사이에서, 또 대중사회에서도 드러난 바 있다. 이제 트라우마는 이념과 편견을 표현하는 새로운 단어가 되어버렸다. 또한 망명자의 정당성이 의심될 때 트라우마는 박해를 입증하려는 심리외상학자의 수단이 된다. 배상의 정치, 증언의 정치, 입증의 정치. 이 세 과정에서 트라우마는 고통의 원인일 뿐만 아니라, 권리 주장을 지탱해주는 수단이 되었다. 트라우마가 이렇듯 다양한 방도로 사용된다는 것은 그 공리주의적 성격을 말하는 것인데, 특히 트라우마를 적극적으로 동원하는 곳이라면 그 성격을 더욱 뚜렷이 보여준다. 그렇다고 해서 이 진단명이 어떤 목적으로든 조작되었다는 식의 냉소적 논쟁은 우리의 목표가 아니다. 또한 우리가 적극적으로 피하고자 하는 일은, 트라우마의 사회적 의의가 어디에서나 누구에게나 동일하다는 따위의 말을 해서 그 개념을 고착화해버리는 일이다. 도리어 우리는 트라우마 개념이 정신의학과 관련될 때는 비교적 자율성을 가지고 있어서 공식 진단범위 너머로 사용되기도 한다는 사실을 보여주려 한다. 현재 트라우마를 수단으로 보는 상황은 단순히 이론적 문제에 그치지 않는다. 트라우마가 전략적으로 주장될 때는 관여하는 주체들의 사회적 지성social intelligence[24]을 확인할 수 있다는 점에서 트라우마는 또한 윤리적 주제이다.

・ ・ ・

15년 전, 우리는 각자 다른 주제의 연구를 시작했다. 하나는 고통의 정치성과 관련된 연구였고, 다른 하나는 트라우마의 발명과 관련된 것이었는데, 어느 날 공통된 주제로 만나게 된 자리에서 트라우마의 정치성을 연구해보자고 서로에게 제안했다. 우리는 실제 현장조사를 통해 연구를 검증하고자 했다. 이렇게 해서 2000~2005년 사이에 공동연구를 하게 되었다. 광범위한 의무기록을 참조했고, 관련 기관의 수많은 기록을 열람했으며, 상기 기술한 세 가지 영역에서 온 사람들을 면담했고, 관련 분야의 주체 및 단체에 참여했는데, 이때 필자들은 참여관찰자participant observation가 아닌, '관찰자적 참여자observant participation'였다.[25] 이 연구를 도와준 박사과

---

24 [역자주] 집단적 의사소통을 통해 상호주관적으로(inter-subjectively) 공유하는 지성을 말하며 소통적 합리성에 기반을 둔다.

25 '참여 관찰자'를 거꾸로 하여 '관찰적 참여자'라고 하는 이유는, 참여하되 객관적인 입장에서 관찰하는 인류학적 방법론을 썼기 때문이 아니라 우리가 관련 분야에서 주된 역할

정 학생들에게 고마움을 전한다. 사회과학고등연구원École des hautes études en sciences sociales에서 사회학을 전공하는 에스텔 달루앵Estelle d'Halluin, 파리고등사범학교École normale supérieure에서 사회과학 학위를 받으려고 준비 중인 스테판 라테Stéphane Latté가 그들이다. 이 책의 프랑스판 출판을 수락한 실비 펜차크Sylvie Fenczak, 영어판 출판을 지원해준 프레드 아펠Fred Appel, 영어 번역을 한 레이철 고메Rachel Gomme, 또한 이 책의 영어판 만드는 데에 조언을 아끼지 않은 에바 자운젬스Eva Jaunzems에게도 감사의 마음을 전한다.

우리는 이 책에서 사회적 주체―정신과의사, 심리상담사는 물론 사고 피해자, 난민, 법조인, 시민운동가―들이 트라우마와 PTSD의 개념을 어떻게 이용하고 전유하고 다시 공식화하는지, 그리고 심지어는 그 개념을 왜곡하기까지 하는지를 보여주려 한다. 이 책은 우리에게 자신들의 활동을 숨김없이 보여준 모든 주체 덕분에 가능했고, 또한 그들이 돕고자 하는 사람들에게 이 책이 도움이 되기를 희망하는 우리의 소망으로 만들어졌다. 그럼에도 이 책에 대한 비판은 오롯이 우리 몫이다.

을 해왔기 때문이다. 우리 중 한 명인 파생은 NGO인 국경없는의사회 이사회 임원이었다가 이후 부회장이 되었고, 망명의료위원회에서는 이사회 임원으로 있다가 이후 이사회장이 되었다. 레스만은 사회부(the Ministry of Social Affairs)에서 여러 연구분과의 회원으로 활동하고 있다. 그 주제는 심리적 응급, 고문 피해자 치료, 정신과 전문가 증언 및 정신건강과 폭력에 관한 것 등이다. 이는 우리에게 분명 어려운 입장이기는 하나, 정치적 영역과 과학적 영역에 관여하고 있음을 애초에 분명히 하였다.

1부 　　　　　　　　　　　　**진실의 반전**

지난 25년간 트라우마 개념이 형성되어온 과정은 독특하다. 역사의 자취를 전용專用하는 방식도 그러하고, 과거를 해석하는 주요 방식 중 하나라는 점도 독특하다. 여태껏 트라우마에 대한 관심의 초점은 대개 PTSD의 '발명'에 맞추어져 있었으나, 그것은 의학사보다는 사회적 영역에서 더 중요하다. 개인과 공동체 사이의 경계는 항상 뚜렷하지 않으며, 특히 집단폭력을 경험한 개인에게서 더욱 모호해진다는 점에서 트라우마는 개인과 공동체 모두의 주제이다. 고통스러운 과거의 기억을 탐색하는 일은 현대사회에서 두드러진 인류학적 현상[1]으로 볼 수 있다. 이 작업은 다양한 자원의 역사자료와 관련되어 동시적으로 확장되어가고 있다. 미국의 경우, '문화적 트라우마'라는 개념이 노예제도, 홀로코스트, 9.11 등에 적용되고, 이것이 집단기억에서는 상처로 간주되고 있어서 다양한 사회적 집단, 예컨대 아프리

---

1 Veena Das et al.(1997, 2000, 2001).

카계 미국인, 유대인, 심지어는 모든 미국인의 정체성의 한 구성요소가 되었다.[2] 과거를 재구성하는 현상은 시대적으로는 비교적 국한된 시기의 사건에 한정되지만, 공간상으로는 한계가 없다시피 해서, '역사적 트라우마'라는 개념이 지난 한 세기동안 전 세계로 퍼져나갔다. 라틴아메리카와 아프리카의 식민지화, 히로시마와 나가사키의 원자폭탄, 남아프리카의 인종격리, 팔레스타인의 인티파다, 리투아니아의 소비에트 지배, 북아일랜드 분쟁Troubles, 스리랑카의 시민전쟁, 인도 보팔이나 우크라이나 체르노빌의 산업재해 등이 그 예이다.[3] 이 사건에 관한 집단기억은 과거를 트라우마로 표현하는데, 폭력의 경험을 집단 모두 공유하고 있음을 인식함으로써 스스로를 피해자로 규정한다. 맥락은 서로 달라도 표면적으로 드러나는 도덕의 틀은 같다. 즉 고통이 명분의 근거가 되고, 사건은 역사의 재해석을 요구한다는 틀이다.

"과거의 역사를 말한다는 것은 '있는 그대로의 과거'를 인식하는 것이 아니다. 위험했던 순간에 대한 찰나의 기억을 잡아채는 것을 의미한다." 이 말을 한 발터 벤야민Walter Benjamin은 환자가 재구성한 과거보다는 폭력적으로 각인된 기억에 더 큰 의미가 있다고 했다.

---

2 Alexander et al.(2001). 닐 스멜서(Neil Smelser)는 문화적 트라우마를 다음과 같이 정의했다. "관련 집단이 용인하고 공적으로 신임한 기억으로, 부정적 감정을 야기하고 지워지지 않으며 관련 집단사회의 존속을 위협하거나 그 사회의 문화적 근본 전제를 침해하는 것으로 간주되는 기억이다."

3 역사적 트라우마라는 단어는 도미니크 라카프라(Dominick LaCapra, 2001)의 신조어이다. Taussig(1987), Mbembe(2000), Todeschini(2001), Fassin(2005), Collins(2004), Skultans(1998), Feldman(1991), Petryna(2002).

이 말은 마치 지금의 논란을 예견이라도 한 듯하다.[4] 벤야민의 '계시적 이해'에 따라 트라우마를 정의하자면, 위험했던 순간의 기억이 갑작스럽게 튀어나오는 것으로 정의할 수 있다. 실제로 그의 예언적인 글을 읽으면, 상처의 기억이 피정복자의 역사에서 어떻게 나타나는지 쉽게 이해할 수 있을 것이다. 라인하르트 코젤렉Reinhart Koselleck이 한 말처럼, 피정복자의 역사는 승리자의 역사에 필연적으로 자신의 것을 강요하게 되는데, 그 이유는 전자가 '역사의 경험'[5]을 더 정직하게 표현하기 때문이다. 노예, 피식민지인, 종속된 자, 억압받는 자, 생존자, 사고 피해자, 난민 등은 모두 피정복자의 구체적인 이미지이고, 이들의 역사는 사라지기는커녕 그 후손에게서 생생히 되살아난다. 그리하여 론 아이어맨Ron Eyerman이 아프리카계 미국인의 정체성 형성에 관해 말한 것처럼, 이러한 정체성은 노예로 산 자들보다는 선조의 고통과 굴욕의 역사를 전해들은 후손이 갖게 된다.[6] 달리 말해서, 집단기억에 일종의 잠복기 같은 것이 있다고 보는 것이다. 이 말은 PTSD의 임상증상에서 비롯된 생각인데, 그 특징은 고통스러운 경험 이후 일정 기간이 지나서 첫 증상이 발현되기 때문이다. 프랑스 역시 예외가 아니어서, 최근 몇 년 동안 일어난 다양한 사회적 징후는 그동안 묻혀 있던 언급되지 않은 역사를 회복시키려는 움직임이

---

4 1940년 짧은 논문 〈역사의 개념에 대하여〉(On the concept of history)를 쓴 직후 벤야민은 자살했다. 논문은 사후인 1942년에 출간되었다. 나치로부터 도망가면서 쓴 이 논문에서 그는 승자의 역사와 억압받는 자의 전통을 대비했다.

5 Reinhart Koselleck(1997).

6 론 아이어맨은 "개인의 신체적, 심리적 트라우마와는 반대로, 문화적 트라우마는 어느 정도 응집력이 있는 집단의 사람들에 작용하여 촘촘한 사회 구조를 찢고, 정체성과 의미의 극적 상실로 이어지게 하는 것을 의미"한다고 했다(2001).

라 할 수 있다. 노예 매매와 식민지 폭정, 아이티Haiti 제재, 알제리 전쟁의 고문, 비시Vichy 정권의 부역 강요, 베트남 디엔비엔푸Điện Biên Phủ 시의 패배, 1945년 알제리 세티프Setif에서 일어난 무자비한 보복, 1961년 파리 데모에 참여한 알제리인 대학살 등 숨겨져 왔던 이 모든 아픈 역사의 피해자가 이제 그들을 인정해줄 것을, 때로는 배상해줄 것을 요구하는 것이다.

프랑스 역사가들은 이 기억을 용인하지 못하고 있다. 적어도 최근까지는 그러하다. 역사가들이 '역사의 경험'으로 간직된다고 보는 개념은, 피에르 노라Pierre Nora의 '기억의 터'와 프랑수아 아르토 François Hartog의 '역사성의 지배' 등이다.[7] 단적으로 말해, 프랑스 역사가들은 피정복자의 소리를 거의 들어본 적이 없다. 이 점에서 북미와 유럽은 크게 대조된다. 누군가는 트라우마에 과도한 관심을 쏟는 미국의 사회과학을 비판하지만, 한편으로는 트라우마 담론이 아예 부재한 프랑스의 역사기록학에 주의를 기울이지 않는다. 따라서 몇몇 지식인이 주장하는 '망각할 권리'는 아직은 미숙한 단계라고 볼 수밖에 없다. 츠베탕 토도로프Tzvetan Todorov처럼 '기억의 남용'을 비난하고 마르크 오제Marc Auge가 말한 '망각의 필요성'을 옹호하기

---

7   피에르 노라는 과거의 어두운 면을 조명하지 않은 역사를 기념행위 등으로 강화하는 것을 묘사했다(1997). '기억의 터'를 재구성하는 것은 광대한 작업이고 이중으로 계발적(啓發的)적이다. 피정복지에 식민역사를 부여하지 않거나, 영웅 이야기를 체계적으로 심어서 트라우마 기억을 말살시킴으로써 정복자는 계발의 목적을 달성한다. 프랑수아 아르토는 시대적 경험의 다양성에 더 주목했다. 그가 말한 '역사성의 지배(regimes of historicity)'는 기념물과 전승에 국한되어 있어서 '다르게 기억되는' 비극적 측면을 파악하지 못했다. 과거의 비극적 측면을 파악하려 하지 않고 현재에만 초점을 맞추는 경향을 분석했다(2003).

전에, 최소한 무슨 일이 벌어졌는지 말할 여지는 남겨두어야 한다.[8] 인류학은 타인의 관점을 이해하는 것을 목적으로 하므로 이러한 도전적인 일에 적합하다. 어찌되었든 간에 사회적 맥락이 인류학을 그러한 방향으로 밀고 나아가게 하고 있다.

현대사회에서 홀로코스트의 기억이야말로 집단 트라우마가 공적 영역에서 나타나게 된 시발점임은 명백하다. 잘 알다시피, 제2차 세계대전이 끝나고 인종말살 수용소가 발견되자마자 홀로코스트의 기억이 등장하지는 않았다.[9] 집단적 회상은 점진적인 과정이다. 생존자들의 초기 저술(주로 프리모 레비Primo Levi의 저술이나, 증언 기록 모음(학계 연구자를 대상으로 한 예일대 소장 포춘오프Fortunoff 비디오, 일반 대중을 위해 제작된 클로드 란즈만Claude Lanzmann의 작품 등)을 통해 이루어진다. 그리고 역사기록 연구를 통해서도 진행되는데, 이러한 연구 중 어떤 것(예를 들어 라울 힐버그Raul Hillberg, 다니엘 골드하겐Daniel Goldhagen의 연구)에는 강력한 이의가 제기되기도 했다. 때로는 논란이 되는 영상물(예를 들어 〈홀로코스트〉 텔레비전 시리즈, 〈쉰들러 리스트〉Schindler's List 영화)도 있고, 마지막으로는 뒤늦게 만들어진 기념 절차가 있다. 2005년 아우슈비

---

[8] 츠베탕 토도로프는 부풀려진 기억은 피해자의 신분에 과도한 권리를 부여한다(1995). "피해자가 된다는 것은 불평불만을 터뜨릴 권리를 획득하는 것이고, 항의하고 요구할 권리를 수여받는 것이다." 마르크 오제는 기억의 과잉이 현대사회에서 현재를 누리지 못하게 하고, 심지어는 기억의 진실마저도 박탈하고 있다고 했다(2001). "개인에게도 사회에게도 망각은 필요하다. 현재를, 순간을, 희망을 충분히 누리기 위해서는 잊는 방법을 알아야만 한다. 기억 자체는 망각을 필요로 한다."

[9] 정신분석가 도리 라우브(Dori Laub)는 이렇게 말했다(1995). "전쟁이 끝난 후 홀로코스트에 대해 침묵했던 것은 전쟁동안 유지되던 권력이 그때까지도 작동되고 있다는 망상 때문일 것이다……." 그리하여 유대인 말살을 부정하고, 그 일에 관해 말하는 사람을 불신임했다. 심지어 유대인 사회에서도 그러했다.

츠 수용소 해방 60주년 기념식, 그리고 베를린에서 열린 살해된 유럽 유대인 추모식은 집단적 회상의 과정을 마무리 짓는 의례이다. 미하엘 폴락Michael Pollak이 칭한 "말할 수 없었던 것을 다루는 일the management of the unspeakable"[10]은 길고도 고통스러운 과정이다.

그리하여 홀로코스트의 기억은 다음 두 가지 점에서 트라우마의 패러다임이 되었다. 첫째, 홀로코스트가 폭력의 극한을 나타내고, 그럼으로써 모든 아픔과 고통, 즉 트라우마 경험의 기준점이 되었기 때문이다. 홀로코스트를 부정할 때조차 역설적이게도 가장 적나라한 역사적 거짓말을 드러냄으로써 폭력의 극한을 강조하게 된다. 둘째, 홀로코스트의 기억은 일정 기간의 침묵 후에 모습을 드러냈다는 점이다. 사건이 대중의 시선에 드러나는 시기는 사건이 일어나고 얼마간 지난 후이며, 이 지연되는 시간이 트라우마의 특징 중 하나이다. 이 두 가지 측면이 집단과 개인 사이의 연결고리를 만드는데, 지그문트 프로이트Sigmund Freud는 《인간 모세와 유일신교》Moses and Monotheism[11]에서 이 연결성에 관해 설명한 바 있다. 하나의 고리는 건국신화로서, 집단으로서의 유대민족에 유효하며 이것이 다시 유대인 개개인에게 작용하면서 개인과 집단을 이어준다. 다른 하나는 사

---

10 미하엘 폴락은 "억류된 자의 침묵이 얼마나 쉽사리 왜곡되고 망각될 수 있는지를 극단적으로 보여주는" 예를 나치 수용소에서 생존해 나온 여자들을 통해 제시했다(1990).

11 [역자주] 프로이트가 《인간 모세와 유일신교》(1939)에서 유대민족의 근원에 대해 설명한 이론. 모세와 함께 이집트에서 도망친 소수의 사람은 모세에 대항하여 음모를 꾸미고 결국 모세를 죽이고 만다. 사막을 방황하던 이들은 유일신앙을 가진 부족과 조우하여 결합된다. 모세의 살해 이후 유대민족의 존립이 시작된 것이다. 그러나 모세 살해의 집단적 기억은 사라지지 않고 탄식과 후회 속에서 메시아 신앙으로 만들어졌다고 프로이트는 해석했다. 그들이 살해한 근원적 아버지인 모세와의 합일을 향한 소망이 메시아 신앙으로 나타나고, 세대를 통해 전해진 집단적 죄의식이 강력한 종교심으로 표출된다고 보았다.

건이 집단에게는 집단기억으로, 개인에게는 신경증 증상으로 나타나는데, 모두 얼마간의 잠복기간을 거친다는 점이다. 그리하여 정신분석에서 말하는 유비類比, 즉 집단 수준에서 일어나는 일과 개인 수준에서 일어나는 일의 유비가 문화와 정신을 연결하고, 이 연결고리가 바로 오늘날 트라우마 정치의 핵심에 놓이게 되는 것이다. 집단의 사건은 트라우마의 실질적 내용을 공급하고, 이는 다시 개인적 경험으로 이야기되고, 개인의 고통은 다시 집단적 사건의 트라우마를 증언하는 식이다.

이러한 기반 위에서, 홀로코스트의 기억은 트라우마의 보편적 주형鑄型이 되어 누구에게나 적용된다. 특별한 사람이든 보통 사람이든, 독특한 경우이든 극단적인 경우이든, 그 어떠한 개별적 조건도 상관없다. 현대사상에서 이 보편화는 서로 다른 두 가지 형태로 나타났다. 첫 번째는 공감, 즉 트라우마로 교감을 한다는 가정이다. 공감의 원칙을 옹호한 캐시 캐루스는 '증언하기'와 '트라우마의 자리에서 말하고 귀 기울이기'가 절실히 필요한 이유는 "단지 서로를 알아가기 위해서가 아니라, 트라우마로 가득 찬 과거에 대해 아직 알지 못하기 때문"이라고 했다.[12] 또 "재앙의 시대에 트라우마는 문화 사이를 연결하는 고리를 제공"한다고 덧붙였다. 따라서 세상의 불운에 대한 우리 시대의 감수성은, 알지 못했던 과거의 상처를 앎으로써 성장하게 된다. 그리고 우리는 그들의 경험이 아닌, 우리 자신의 경험에 기대어 그들을 이해하게 된다. 두 번째 보편화는 비판적 형태로 나타나는데, 트라우마는 공통된 근원에서 비롯된다는 생각이 그것이다. 이

---

12 Cathy Caruth(1995).

견해는 슬라보예 지젝Slavoj Žižek[13]의 주장인데, 그는 유대인집단 수용소를 이렇게 표현했다. "홀로코스트, 굴락 수용소 등과 같은 구체적 이미지에 부속시키려는 갖가지 시도는, 우리가 현재 문명사회에 '실재하는 것들'을 대하고 있다는 사실을 교묘하게 잊게 만든다. 이렇게 빠져나간 기억은 어느 사회에서나 핵심 트라우마로 되살아난다." 서로 다른 형태와 모습의 근원에는 항상 동일한 심연이 있다고 지젝은 말한다.

오늘날 지배적인 두 가지 관점인 휴머니스트humanist 혹은 급진주의radicalist 어느 쪽 입장을 취하든, 트라우마를 보편화하는 순간 트라우마는 사소한 것으로 전락해버린다. 두 관점에서 보면, 과거의 트라우마로 고통받는 것은 모든 사회와 모든 개인이다. 폭력의 성질도, 사회와 개인의 역사마저도 모두 지워져버려서, 인종말살 생존자와 강간 피해자가 다를 바가 없어지는데, 이것이야말로 의학적 관점이다. 그런데 우리는 과연 이런 식의 해석에 만족할 수 있을까? 역사기록학과 정신분석학의 경계에서 홀로코스트를 연구해온 도미니크 라카프라는 과거와 기억의 연결고리에 주목했고, 증언과 해석의 관계, 고통과 배상의 관계에 주목했다.[14] 라카프라는 "통사적通史的, 구조적 트라우마를 자기기만적으로 대면"하지 않으려면, 트라우마 경험을 "역사적, 사회적, 정치적 특수성"으로 들여다보아야 한다고 주장했다. 이렇듯 역사화를 주장하는 입장과 보편화 입장 사이에 긴장이 흐른다는 것은, '트라우마' 개념이 현 시대에 고통—개인의 고통이

---

13 Slavoj Žižek(1989), Gioegio Agamben(1997).
14 Dominick LaCapra(2001).

든 집단의 고통이든—을 표현하는 일반적 방법으로 정착되어왔음을 시사한다.

정신분석적으로 볼 때, 개인의 트라우마는 그 개인이 속한 집단의 트라우마로 흘러들어가고, 내밀한 상처는 상처의 기억으로 돌아오며, 더 나아가 인간의 상처는 인간이 아닌 것의 상처로까지 남게 된다. 이렇게 보면, 트라우마는 괴로운 경험의 후유증으로만 해석되는 것이 아니라 사건의 증언이기도 하다. 그 증언은 인간성을 말살하려는 극한적 상황에서도 인간임을 유지했던 사람들의 증언이다. 나치 수용소처럼 비인간적 행위가 비극의 극단으로 치달았을 때도 인간성의 어떤 요소는 나치의 인간성 말살에 끈질기게 저항했으며, 따라서 생존자의 트라우마는 바로 이 인간성을 증명하는 것으로 해석된다. 트라우마는 비인간적인 것을 경험한 결과물이기도 하고, 또한 그것을 견뎌낸 사람들의 인간성을 증명하는, 두 가지 역할을 떠맡게 된 것이다. 과거에 도덕의 어법으로 이야기되던 것이 이제 현대에 와서는 트라우마 개념으로 새롭게 이야기되는 것이다. 프랑스 일간지 〈르몽드〉가 폴 오사레스Paul Aussaresses 장군[15]이 알제리 전쟁 당시 고

---

[15] 2000년 11월 23일 〈르몽드〉지의 플로랑스 보제(Florence Beaugé)와의 인터뷰에서 오사레스 장군은 알제리 전쟁이 일어나는 동안 프랑스군이 저지른 고문을 시인하고 정당화하려고 했다. 이는 2000년 6월 6일 〈르몽드〉의 보도가 논란에 불을 지핀 일의 연장선에 있다. 당시에도 보제가 인터뷰를 맡았는데, 알제리해방전선(Algerian National Liberation Front)의 젊은 여자대원이 알제리에 주둔하던 프랑스군 특수부대원에게 3개월간 고문당했다고 폭로했다. 6월 22일 마르셀 비제아(Marcel Bigeard) 장군은 처음에는 이 사실을 부인했다가, 바로 당일에 자신의 말을 철회했다. 자크 마쉬(Jacques Massu) 장군이 사실을 시인하고 책임을 통감한다고 말했기 때문이다. 논란이 계속된 이유는, 비제아 장군과 달리 오사레스 장군은 전혀 가책을 느끼지 않는다고 말했기 때문이다. 이 사태에 관한 보제의 조사 내용과 사설이 〈르몽드〉 12월 28일 자에 실렸다.

문을 처음으로 인정한 사실을 보도한 지 한 달 만에 다시 신문 한 면과 사설을 통해 알제리 전쟁 참전군인의 현실을 보도했다. "35만 알제리 참전군인, 전쟁 관련 심리적 장애로 고통받다"라는 감명적인 제목 아래, 30년이 지난 그때까지도, 때로는 군인들 스스로 공모하였거나 참여하기도 했던, 끔찍한 장면을 악몽과 환상으로 재경험하는 고통을 겪고 있다고 했다. 이렇듯 "정신적으로 상처받은" 참전군인들을 치유하기 위해서, 프랑스 정부는 "과거와 진실한 관계"를 확립하여 "알제리 전쟁의 트라우마"를 극복할 수 있게 해야 한다고 사설은 주장했다. 미국의 베트남 참전군인과 마찬가지로, 트라우마는 피해자에게만 나타나는 것이 아니었다. 트라우마는 잔혹한 범죄를 저지른 자에게도 나타났다. 정신분석가 알리스 셰르키Alice Cherki는 〈르몽드〉 보도와 거의 동일한, 그러나 미묘하게 다른 논조로, 고문을 행한 자들도 트라우마를 안고 있다고 인정했다. 그녀는 알제리해방전선의 동조자이고 프란츠 파농Frantz Fanon과 가까운 동료였다(파농의 저서 《대지의 저주받은 사람들》의 서문을 쓰기도 했다). 알제리 전쟁 참전군인의 심리적 증상에 갑작스럽게 관심을 보였다 하여 그 이면에 다른 의도가 있는 것은 아니었다. 잔혹행위를 저지른 자들의 면책을 주장한다거나(오사레스 장군이 법정 소송에서 보여준 것과 같은), 또는 일부가 주장하듯이 그 행위를 정당화하려는 것도 아니었다. 도리어 고문을 자행하면서도 이들은 여전히 인간이었음을 긍정하려는 의도였다. 여기에도 트라우마의 기억이 자리 잡고 있다. 오늘날 트라우마 개념은 홀로코스트 모델로는 불가능했던, 피해자를 인정하는 것과 신분을 부여하는 일에까지 적용된다. 폭력의 피해자, 폭력을 자행한 자, 폭력을 목격한 자까지 모두 하나로 동일하게 분류됨으로써, 트라우마 개념은 인간성에 관한 도덕의 틀을 크게 변형시키고 있다.

트라우마라는 진단범주의 성공과 그 인류학적 함의를 이해하려면, 트라우마는 비극적 사건이 남겨놓은 가장 현저한 흔적이라는 생각이 확립되기까지의 역사적 흐름을 이해해야 한다. 더욱이 이 변화의 흐름은 요소들끼리 상호영향을 미치면서, 이언 해킹Ian Hacking이 말한 '연결고리 효과looping effect'[16]를 만들어왔다. 대중이 개인의 트라우마는 물론 민족의 트라우마도 믿고 있다는 사실에 정신분석가와 베트남 참전군인, 그리고 심리학자와 페미니스트들은 초점을 맞추었다. 그리하여 이들은 PTSD를 실체를 가진 질병으로 규정하고 정당화하는 데에 홀로코스트와 히로시마 생존자의 경험을 활용할 수 있음을 알게 되었다. 이렇게 호명되고 진짜라고 입증받은 이 새로운 실체는, 고통스러운 사건을 직간접적으로 경험한 사람들의 주장과 요구에 되먹임되어 이들의 고통과 호소를 변형시키는 동시에 합법적인 것으로 만들어준다.

20세기 말 'PTSD'를 대하는 우리의 태도는 19세기 말 '트라우마신경증'을 대하던 것과는 근본적으로 달라졌다. 진단기술이 발달했기 때문이 아니다. 그것은 대중과 정신건강 전문가의 견해차가 줄어들고, 도덕경제와 의학 이론 사이의 간극이 좁아졌기 때문이다. 기억의 심리화라는 것은 일방향적으로 전개되는 명료한 과정을 말하는데, 필자들은 이런 식의 설명보다는 도리어 경험의 외상화 traumatization라는 표현이 정확하다고 생각한다. 달리 말해서, 과거의 사건을 아픈 상처로 개념화하는 것이 대중에게는 더 잘 인식되고 의

---

16 Ian Hacking(1998).

료현장에서도 구별하기 쉽기 때문이다. 개인의 경험을 트라우마로 이해할 때, 그리고 집단의 기억을 상처로 이해할 때, 인간성에 대한 우리의 생각은 어떻게 달라질까? 사회적 대응을 치유—정신분석 용어든 정치적 은유이든 간에—로 설명한다면 우리는 세상과 어떻게 관계를 맺게 될까? 우리가 탐색하려는 주제가 바로 이것이다.

오늘날 트라우마가 가장 괴로운 고통의 이미지를 체현한다면, 그리고 트라우마가 인간이란 무엇인지에 관한 본질적인 어떤 것을 상징한다면, 한편으로는 '다시는 그런 일이 벌어지지 않아야 한다'는 지극히 가상적인 미래를 보장하기 위해 피해자의 몸에 그 흔적이 보전되어야 하는 것이라면, 그 이유는 의사들이 피해자가 원하는 명분을 수용했기 때문이 아니다. 사실 PTSD의 역사에서 의사들의 역할은 과대평가되어왔다. 의사가 한 일은 거대한 사회적 변화에 기껏해야 촉매제 정도 역할을 했을 뿐이다. 한때는 단순한 피해자에 불과했던 트라우마 생존자들은 오늘날에 와서는 우리 시대의 끔찍한 참상을 증언하는 역할을 맡고 있다.

따라서 이 책의 목적은 트라우마의 의학적 개념이 타당한지를 묻는 것이 아니다. 피해정신의학이나 인도주의 정신의학, 혹은 심리외상학 등을 비난하려는 것은 더욱 아니다. 이들을 폄하하는 사람들도 있지만, 이들의 활동이 아니었더라면 내버려졌을 많은 사람에게 위로를 주고 고통을 경감시켜주었다. 그렇다고 해서 정신의학화 psychiatrization 현상을 비난하려는 것 또한 아닌데, 이 현상에 대한 반감은 사회적 변화를 대하는 하나의 징후에 지나지 않기 때문이다. 끝으로 한 가지 더 말하자면, 흔히 현대의 인간은 고통과 동정 혹은 참회 등의 수동적 태도에 안주하고 있다고들 하는데, 그 말도 이 책의 의도와는 거리가 멀다. 우리는 그러한 규정적이고 도덕주의적인 입장과는 거리를 두고자 한다. 우리가 이해하고자 하는 것은, 불과 20년 만에 심리적 트라우마라는 개념이 사회에 그 존재감을 과시하면서 폭력의 핵심적 실체로 부상하게 된 바로 그 현상이다.

정신분석을 거쳐 정신의학으로부터 유래된 하나의 개념이 어떻게 사회적 담론에 침투하여 과거에는 말할 수 없었던 것들을 임상의사에게 말하게 한 것일까? 필자들은 이 질문에 답을 찾고자 한다. 트라우마의 제국은 흔히 과학 발달에 의해 확립되었다고 말하지만, 우리는 이것이 사회적 역사의 산물이기도 함을 강조한다. 다시 말해서, 지식의 진보에 의해서가 아니라 도덕의 풍조가 변화하면서 나타난 현상이다. 시대마다 각기 다른 윤리적 목표를 표현하기 위해 정반대의 가치관을 연관 지었다. 불명예와 명예, 사기와 진실, 비겁함과 용기, 수치와 자만, 죄와 무죄, 불평등과 정의, 그리고 무의미함과 근본적 의미 등이 집단기억을 말할 때 가치의 쌍으로 등장한다. 상반되는 이 가치의 쌍들은 이 책의 연구단계를 상징적으로 설명하며, 이를 통해 현대의 사회적 문제에 대응하기 위해 심리적 진실이 어떻게 구성되어왔는지를 이해하고자 했다. 사회적 문제가 심리학과 정신의학에 던지는 물음은, 트라우마가 어떻게 나타났는지 혹은 어떤 심리적 기전으로 설명될 수 있는지가 아니었다. 트라우마라는 생각이 출현할 때부터, 트라우마가 있다는 사람들은 도대체 어떤 사람인가의 문제였다. 이 책의 주제는 트라우마도 아니고, 트라우마를 일으킨 사건도 아니다. 필자들의 관심사는 개별자로서의 인간이자 나약한 인간이다. 과거 한 세기동안 트라우마로 고통받는 사람들은 남들과는 다른 존재로 분류되곤 했다. 나약하고, 부정직하고, 어쩌면 가짜이고, 부당

이득을 취하는 사람이었다. 그러나 불과 몇 십 년 만에 이들은 인간성의 핵심을 체현한 사람으로 인식되기 시작했다. 하나의 진실이 다른 진실로 바뀌고, 의심으로 가득 찬 영역에서 확실성이 검증된 영역으로 이동한 일, 이것이 우리가 분석하려는 대상이다.

1장 이중의 계보

2001년 1월 3일 자 《브리티시 메디컬 저널》British Medical Journal에는 정신과의사 데릭 서머필드Derek Summerfield의 논문 〈PTSD의 발명〉[1]이 실렸다. 관련 전문가들과 환자들은 즉각 강력한 반론을 제기한다. 당일 BBC 뉴스 웹사이트에는 서머필드의 비판적 견해가 보도되었고 곧이어 대규모 공개토론 자리가 마련되었다. 논문이 게재된 지 6개월 만에, '브리티시 메디컬 저널'의 온라인 저널 웹사이트에만 대응 논문이 58개 이상 발표되고,[2] 온라인 토론장과 게시판을 통해 논쟁이 확산되었다. 트라우마 전문 정신과의사들에게는 논평 요청이 쇄도했다. 그런데 서머필드가 이런 식으로 난투극을 벌인 것은 이번

---

[1] Summerfield(2001) 또는 http://news.bbc.co.uk/1/hi/health/114078.htm 참조.

[2] http://bmj.bmjjournals.com/cgi/eletters/322/7278/95#29143 참조. 2년 후인 2003년 서머필드 식의 논란이 재점화되었다. 서머필드의 주장에 더하여, 미국정신의학협회(APA)가 정치적 목적으로 '거짓된' 개념(PTSD)을 의도적으로 발명하는 데에 일조했음을 강조했다. 오스트레일리아의 정신과 전문의이면서 의료인류학자인 욜란드 루시르(Yolande Lucire)는 음모론의 새 장을 열었다.

이 처음은 아니다.

런던 세인트조지St. George 대학병원에서 선임강사이자 인도주의 정신의학 전문가인 서머필드는 이미 세계 각지를 다니며 여러 NGO와 활동한 경력이 있다. 덕분에 지구상의 거의 모든 전쟁 지역과 난민 수용소에서 임상의사로 잘 알려졌다. 영국 내에서는 망명신청인들을 진료하기도 했다. 런던에 있는 고문피해자의료재단Medical Foundation for Care of Victims of Torture에서 일하던 1997년, 의학 전문지 《랜싯》The Lancet에 강력한 논조의 글을 게재하면서 그는 두각을 나타냈다.[3] 그 글의 요지는, PTSD란 근본적으로 서구적 구성물로, 전쟁 상황에서 겪는 고통에 의학적 모델을 적용한 것이고, 결과적으로 트라우마 산업으로 이어져 다른 문화권으로 수출되었다는 것이다. 비판의 근거는 다음 세 가지이다. 첫째는 역사적인 근거로서, PTSD가 북미의 베트남 전쟁과 긴밀히 연관되어 있다는 것이다. 둘째는 정치적 함의로서, PTSD가 이례적으로 급속하게 확산되면서 경제적 파급 효과가 막강하다는 점이었다. PTSD는 정신질환 중에서 즉각적으로 보상금 권리를 받을 수 있는 유일한 병명이고, 이에 따라 이를 인증해주는 정신의학적 전문가 보고서를 합법화하여 활성화시켰다고 그는 주장했다. 또한 PTSD의 확산은 관련 전문가, 즉 변호사나 의사, 치료사, 심리외상학 상담가 등의 다양한 직종을 성장하게 했다고 했다. 셋째는 윤리적 측면이다. 서머필드는 전쟁과 망명을 정신의학 영역으로 끌어들인 것을 비난했는데, 군인과 시민을 구별하지 않고 단

---

[3] 서머필드의 1997년 논문은 PTSD 확산에 기여한 세력이 누리는 이득에 대해 정면으로 공격한 것인데, 드 프리스(de Vries)가 첫 반응을 보이면서(1998) 논란이 이어졌다.

순하게 하나의 질병명으로 환원시키기 때문이라고 했다. 그러나 엄밀하게 말하면 그의 주장은 새롭지는 않았다.[4] 이듬해 패트릭 브래컨Patrick Bracken과 셀리아 페티Celia Petty[5]가 편집한, 전쟁 트라우마 에세이집이 출간되었는데, 여기에도 서머필드의 글이 실렸다. 이 책에는 PTSD에 대한 당시의 비판적 시각이 실려 있었고, 이 개념이 국제 정신의학계에서 널리 사용되고 있음을 반영하는 것이었다.

새로울 것도 없었던 2001년의 그 짧은 글이 대중적 논란을 일으킨 까닭은 무엇이었을까? 그 이유 중 하나는 트라우마 생존자들이 이 글을 개인적 공격으로 받아들였다는 데에 있다. 그러나 서머필드의 글은 강하게 비판적이기는 했지만, 정작 그 비판은 피해자를 겨냥한 것이 아니었다. 피해자들이 존재하지도 않는 고통을 꾸며낸다고 비난하지도 않았고, 질병을 도피처로 삼기 위해 의식적이든 무의식적이든 불운을 소망했을 것이라고 암시하지도 않았다. 오히려 그 반대로, 그는 동시대인으로서 인도주의 진영의 의사라는 권위를 기반으로 분연히 피해자의 편에 서서 그 명분을 옹호하고 피억압자를 위

---

[4] 1980년 PTSD가 나타나면서 상대주의적 비판이 표면에 떠올랐다. 심지어 미국정신의학협회 질병분류 개정3판(DSM-III)에 등재되기 전부터 정신의학계 내에서는 다른 문화권에서도 이 개념이 타당할 것인지에 관한 토론이 있었다. 《브리티시 메디컬 저널》의 사설은, PTSD가 확산된 까닭이 재난 사건이 많아졌기 때문이거나, 혹은 트라우마 상황과 스트레스를 더 잘 인식하게 되었기 때문이거나, 그것도 아니면 부적절하게 남용되기 때문일 것이라고 지적했다(Jackson, 1991). 마찬가지로 사회학자(Scott, 1993)와 인류학자(Young, 1995) 들도 PTSD가 정치적으로 이용되는 현실을 분석, 비판했다. 《미국 정신의학 저널》(American Journal of Psychiatry)의 편집인인 낸시 앤드리아센(Nancy Andreasen)의 윤리적 논쟁은 오늘날 보기에도 놀라운데, PTSD는 아마도 환자가 좋아하는 유일한 정신과 병명일 것이라고 온건하게 표현한 바 있다. 경멸의 감정을 야기하는 다른 정신질환명과 달리, PTSD 진단은 역설적이게도 '정상'이라는 표식을 달아주는 것이기 때문이라고 했다.

[5] Bracken & Petty(1998).

해 증언했으며 억압하는 자들의 숨겨진 이면을 고발해왔다.[6] 서머필드가 주장한 것은, 트라우마가 북미의 영향 하에 이루어진 가장 은밀한 서구적 지배방식이라는 점이었다. 현대 정신과의사들이 트라우마를 진단해주고, 분류하고, 치료하기 위해 사용하고, 남용하기도 하는 이 진단범주가 유례없이 확산된 사실이 혹시나 피해자 이외의 다른 이익에 기여하기 때문은 아니었는지 서머필드는 질문했다. 전쟁지역을 지배하는 서구의 숨은 의도를 경계하기 위해서, 심리외상학이라는 기획의 성공으로 과연 누가 이득을 얻고 있는지, 또 배후에서 이를 조종하는 것이 무엇인지 밝혀야 한다고 주장했던 것이다.

논란의 의의

관심의 초점이 되었던 것은 한 손으로도 꼽을 수 있는 트라우마 전문가들의 감정적 반응이 아니었다. 새로운 진단범주의 개발에 관여했던 일반인들의 양심선언도 아니었고, 민주적 절차를 거쳐 제정된 진단범주를 폄하했다고 분노한 사람들도 아니었으며, 이런 '폭로된 사실'은 이미 널리 알려져 있는 것임을 지적한 과학역사가들의 점잖은 지지 표명도 아니었다. 관심의 초점은 서머필드가 '피해자의 이름으로' 말했다는 사실에 분노한 피해자들에게 모아졌다. 피해자들은 지난 20년 동안 정착되어온 PTSD가 의혹의 대상이 되자 스스로 협잡꾼 같이 느껴졌다고 했다. 피해자들은 힘들게 얻은 권리를 방어하기

---

6 Derek Summerfield(2004).

위해 서머필드의 주장을 비난했을 뿐만 아니라 서머필드가 자신들을 거론할 자격이 있는지 물고 늘어졌다. 이 중 한 사람은 다음과 같이 항의했다. "내가 앓고 있는 모든 고통, 그러니까 집요하게 파고드는 생각이나 플래시백, 악몽 등을 당신도 앓아봐야 한다고 요구하지는 않겠다. 폭력을 당하거나 목격한 다른 사람도 나와 똑같은 증상을 앓는다고 말하지도 않겠다. 사람들이 뉴스에 어떤 반응을 보일지도 다 알고 있는 것처럼 말하는 당신은 대체 누구인가?" 그는 자신의 고통을 증거로 내세우며 정신과의사인 서머필드의 권위에 의혹을 제기했다. 다른 피해자는 정신건강 전문가들 사이에 일어난 논쟁의 내용을 잘 알고 있다면서 다음과 같이 주장했다.

서머필드는 《미국 정신의학 저널》에 나왔던 말을 인용해서, 정신과적 진단을 받고 좋아하는 사람이 있다면 그건 틀림없이 PTSD라고 말한 바 있다. 그런데 서머필드는 환자가 말하는 끔찍한 악몽과 플래시백에 귀 기울여본 적은 있는가? 환자의 창백한 얼굴과 붉어진 눈시울, 물어뜯은 손톱을 본 적이 있는가? 이런 걸 보고 듣고도 그저 언론매체의 과장된 선전일 뿐이라고, 보상금 목적의 신경증 증상일 뿐이라고 말할 수 있겠는가? 아마도 그는 운이 좋아서 전공의 수련 기간에 사고를 당한 적도, 목격한 적도 없고, 악몽으로 남을만한 일을 당한 적도 없는 듯하다. 그렇지 않다면 그의 행태를 달리 설명할 길이 없기에 하는 말이다.[7]

---

7 http://bmj.bmjjournals.com/cgi/letters/322/7278/95#11900

오늘날 서머필드의 관점은 받아들여지지 않는다. 누구도 피해자를 대신해서 말할 자격이 있다고 여겨지지 않고, 그것은 매일 임상현장에서 피해자를 진료하는 의사도 마찬가지다. 트라우마 산업을 공공연히 비난하는 동안, 뜻밖에도 피해자를 위로하는 게 아니라 도리어 피해자를 비난하는 억압적 도덕질서를 대변한 셈이 되었음을 그는 대가를 치르고 나서야 깨달았다. 아무리 부인해도 그의 주장은 이해받지 못했다. 왜냐하면 트라우마 환자와 유가족을 위한 심리치료 방식에 의혹을 제기한 것이 피해자의 기본 권리를 공격하는 것처럼 보였기 때문이다.

서머필드 사례는 패러다임의 중대한 전환을 시사한다. 지난 몇 십 년 동안 일어난 패러다임 전환에는 두 가지 요인이 작용했다. 첫째 요인은, 피해자의 신분으로 말하려면 트라우마 사건에 근접해 있어야 한다는 것이다. 이 조건은 트라우마의 과학적 담론과 대중적 담론의 성격과 형식을 규정하기 위해 1980년대에 확립되었다. 서머필드의 논변은 피해자로서는 받아들일 수 없었다. 그의 주장은 한편으로는 피해자의 명분을 옹호한다고 하면서, 다른 한편으로는 트라우마 모델이 본질적으로 서구의 산물이라며 비난하는 것이었기 때문이다. 그의 주장은 의도치 않게도, 고통의 실재에 대한 의심을 부활시켜서 지난 세기동안 팽배했던 회의적 시각으로 되돌아갈 연결고리를 마련해준 셈이었다. 서머필드는 오직 의학 지식에 근거한 진실임을 주장함으로써, 인도주의 정신과의사와 심리학자들의 운동가적 증언과는 거리를 두고자 했다. 패러다임 전환의 두 번째 요인은 훨씬 더 예견치 못했던 일이다. 피해자 지원단체의 포부와 일단의 정신과의사들의 지향점이 조우하게 되었기 때문이다. 사회운동과 정신건강 전문가의 편익이 의외로 쉽사리 결합함으로써, 도덕적 전제에 기초한 일종의 의학적 권위를 피해자의 말에 부여하게 되었다. 의사가 피해자를 대변해야 했던 것이 아니라 피해자가 스스로 의사의 의견을 말하게 된 것이다.

이러한 변화는 복합적 요인이 작용한 결과이다. 그 요인을 열거하자면, 피해자단체의 영향력이 커지고, 전문적 의료체계가 강화되고, 사회적 지지층이 확산되었으며, 재난 생존자를 위한 심리 지원에 대해 언론의 관심이 증폭되었고, 응급의료-심리지원체계가 확립되었으며, 피해자 인권부서가 설립된 일 등이다. 심지어 2004년에는 한 장관이 나서서(오래 자리를 보전하진 못했지만) 무죄 추정의 원칙에 따라 '선의 추정의 원칙'을 법률로 명시하자고 나설 정도로 피해자의 말에 무게를 두고자 했다. 반대 증거를 제시하지 않는 한, 피해자 증언의 진정성에 의문을 표하지 않게 하자는 것이었다. 이렇듯 피해자를 대하는 태도의 전환은 미국에서는 1980년대부터, 프랑스에서는 1990년대부터 시작된 일이다. 이는 피해자의 이익과 정신과의사의 이익이 일치하는 유례없는 일이 벌어지면서 나타난 반전 현상이다. 더욱 괄목할 일은 트라우마가 피해자의 말을 확인해주는 핵심 증거가 되었다는 것인데, 정신병리학의 개념 전개상 증상이 그 자체로 증거가 된다는 것은 결코 예측할 수 없던 일이기 때문이다. 그 원인이 정신의학 및 심리학의 발전에서 기인한 것임이 아님은 명백하다. 도리어 그 반대로, 사회질서 및 가치관의 변화가 비록 의학계의 혁신까지 끌어내지는 못했지만, 이 반전을 가능하게 했다.

따라서 트라우마와 피해자의 관계에는 두 개의 계보가 있었던 셈이다. 하나는 트라우마의 정의와 관련된 과학의 계보를 통해서, 다른 하나는 피해자를 이해하는 데에 초점을 맞춘 도덕의 계보를 통해서 그 관계성이 재구성되었던 것이다. 이 변화 속에서 트라우마가 진실을 증언한다고 간주됨에 따라 피해자는 정당성을 얻게 된다. 양 계보 모두 19세기 말 유럽에서 시작되었다. 과학의 계보는 20세기 초 정신의학과 심리학의 위대한 인물들, 특히 장 샤르코Jean Charcot, 프로이트, 피에르 자네Pierre Janet 등을 따라 이어져왔다. 이들은 각자 서로의 이론에 동의하기도 하고 반박하기도 하면서 트라우마의 실체를 구축해왔고, 만들어진 실체는 이후 각자의 후속 이론의 핵심축이 되었다.[8] 더 나아가 신경증에서 외상 후 스트레스로의 개념적 변환도, 유혹이론seduction theory에서 판타지가설fantasy hypothesis로의 변환도 다 정신의학의 계보에 뿌리를 두고 있다. 그리하여 계보를 추적해나가다 보면 하나의 연속선이 그려짐을 알 수 있다. 열차사고 생존자의 기록에서 출발하여, 이어 19세기 말의 전상자들이, 그리고 20세기 말에는 성학대와 고문 피해자를 포함하는 더 넓은 무대 위의 대상으로 연속적으로 이어지는 것이다. 흔히 역사가들은 과학이 발달하면 뒤이어 집단감수성이 변한다고 말한다.[9] 트라우마와 피해자를 대하는 태도가 집단감수성의 한 예이다. 그러나 실제로는 이렇듯 일방향적이지 않다. 도덕의 계보는 과학의 계보와 병행한다. 가치관과 규범을 정의하는 사회의 집단적 과정이 도덕의 계보를 만들고, 개인은 이를 구현한다. 이 집단적 과정을 통해 트라우마가 설명되고, 그 설명 방식에 따라 오랫동안 피해자로 간주되지 않았던 자들을 피해자로

---

8 Young(1995), Hacking(1995), Ruth Leys(2000).

9 Claude Barrois(1988), Louis Crocq(1999).

인정하거나 보상하거나 혹은 배제하거나 비난해왔다. 그 역사는 무엇보다도 더 잔인하게 고통받는 사람들 사이에 차별을 만들어온 위계와 불평등의 역사이다. 누군가의 고통이 어떻게 보일지는 그 사람의 지위와 사회적 유용성에 따라 결정된다. 따라서 트라우마의 역사는 인간에 대한 생각이, 인간과 국가의 관계가, 그리고 사회가 장애인에 대해 가져야 할 연대의식이 가장 구체적인 형태(산재사고나 전상에 재정적 보상을 하거나 폭력 피해자에게 치료를 제공하는 것)로, 공개적으로든 감춰진 채로든 표현해온 역사이다. 따라서 트라우마를 둘러싼 지성의 역사와 더불어 그 사회사를 살펴볼 필요가 있다.

트라우마의 탄생

정신의학에서 트라우마로의 문을 연 사람은 샤르코이다. 그는 1866년에서 1870년 사이에 발생한 열차사고가 신경계에 미친 영향에 관해 기술한 런던 의사들의 초기 기록에 지대한 관심을 가지고 있었다. 열차사고 생존자의 임상증상을 최초로 기록한 의사는 외과의사 존 에릭센John Erichsen인데, 당시 임상기록에는 '트라우마신경증'이라는 용어는 없었고 심리적 병인론을 암시하는 말도 없었다. 막연히 신경계에 미친 타격이 원인일 것이라고 짐작했을 뿐, 당시에 확인할 방법은 없었으나 장차 검사기술이 발달하면 밝혀지리라 여겼다. 열차사고로 생긴 척수의 미세병소가 신경계에 병증을 만든다고 생각하여 초기에는 '철도 척추'라고 부르다가, 병인론의 가설을 수정하면서 '철도 뇌'라고 부르게 되었다. 독일 정신과의사 오펜하임Oppenheim

이 현재 잘 알려진 '트라우마신경증'이라는 명칭을 이 증후군에 붙였다. 샤르코가 여기에 관심을 둔 이유는 열차사고 후유증을 깊이 알기 위함도 아니고, 이를 심리적 영역으로 확장하려는 의도에서 그런 것도 아니었다. 트라우마신경증의 특성에 대해 고민하던 샤르코는 이 병증을 애초부터 '히스테리아' 진단에 포함시켜야 한다고 주장했다. 후일 이언 해킹이 지적한 바, 샤르코는 트라우마 모델을 이용하여 자신의 히스테리아 가설(특히 남자에게도 히스테리아가 생길 수 있다는)을 확인코자 했고, 그리하여 히스테리아를 부인과 영역에서 신경학과 영역으로 옮기고자 했다. 트라우마신경증은 샤르코의 과학적 관심사가 아니라, 단지 히스테리아에 병발하는 몇 가지 증상이자, 히스테리아가 남녀 모두에게 생길 수 있음을 증명하는 데 유용한 개념에 불과했던 것이다. 히스테리아는 여성화된 남자에게도, 가장 남성적인 남자에게도 생길 수 있음을 증명하고자 했을 뿐이다.

트라우마 이론에 정신적 원인론을 도입한 사람은 프로이트와 자네인데, 이 둘의 분석은 샤르코의 주장과는 정반대되는 것이었다. 트라우마 신경증은 히스테리아의 원인이 오직 심리적인 것임을 확인시켜주는 계기였을 뿐, 사고 피해자의 삶이 어떻게 전개되어 갈지에 대해서는 관심이 없었다. 이들에게 중요한 주제는 다른 것이었다.

자네는 일찍이 심리적 자동증psychological automatism[10]으로 철학 논문을 쓸 때부터, 히스테리아는 정신적 트라우마에서 유래한다고 생각했다. 트라우마신경증은 아동기에 일어난 사건의 후유증이 성인기에 나타난 것으로 보았다. 자네는 이제 샤르코가 가정했던 해부학

---

10 Janet(1889).

적 연관성을 넘어서, 히스테리아의 원인이 외적 사건에 대한 심리적 반응이라고 생각했다. 그런데 히스테리아를 심리적 질환으로 보면 트라우마의 성격에 문제가 생기게 된다. 그는 논문에서 트라우마란 심리적 소인素因을 가진 사람이 충격을 받았을 때 생기는 순수한 기계적 심리 반응이며, 신경학적 반응은 아니라고 적었던 것이다. 그리하여 자네는 심리적 소인을 가진 사람에게 외적 충격이 가해졌을 때, 어린이의 경우 히스테리아 증상으로, 성인의 경우에는 트라우마신경증으로 나타난다고 주장했다.

프로이트는 샤르코의 이론에서 아이디어를 얻었다. 외적 요인이 정신에 침투하여 히스테리아와 유사한 증상을 일으킨다는, 당시 잘 알려져 있던 트라우마신경증 원인론에서 개념을 차용하여, 독자적인 히스테리아이론을 구성했다. 유혹이론으로 알려진 이 첫 번째 이론은 히스테리아를 유아기의 성적 트라우마와 연결한 것이다.[11] 트라우마신경증과의 유사성이야말로 그가 이론을 정립하는 데에 필수적이었다. 그의 주장에 따르면, 성인기 때 겪는 어떤 사건이 히스테리아와 유사한 증상을 일으킨다는 사실은, 히스테리아 증상들의 핵심 분모가 아동기에 일어난 사건의 트라우마 병리임을 입증한다는 것이다. "이런 신경증과 가장 유사한 질환은 최근 전쟁으로 인해 많이 발생하는 이른바 트라우마신경증이다. …… 트라우마신경증은 대개 우리의 치료 대상인 보통 신경증과는 근본적으로 다르다. …… 그러나 한 가지 점에서 두 상태가 일치한다는 사실은 유의할만하다. 트라우마신경증은 트라우마를 야기한 재앙이 생겼던 순간에 고착된 데에

---

11 Freud & Breuer(1956).

그 뿌리가 있음을 분명히 보여준다. 환자들은 꿈에서 트라우마 상황을 다시 경험한다. 히스테리아의 분석치료에서 알게 된 사실은 그 발작 증상이 트라우마 상황으로의 완전한 전이에 가깝다는 것이다."[12] 프로이트는 이렇게 신경증에 관한 일반적 이론에 서서히 트라우마를 통합시켜갔다. 증상이 존재한다는 것은 억압되어 있던 트라우마의 실재를 나타내는 근거라고 주장함으로써 프로이트는 전통적인 이해를 뒤집었던 것이다. 그럼에도 1897년 자신의 첫 번째 이론을 폐기하기 이전부터 프로이트는 이미 아동기 트라우마에 대해 다른 생각을 하고 있었다. 새로운 이론에 따르면, 히스테리아는 어린 시절의 성적 트라우마로 발생하는 것이 아니다. 어린 시절 학대를 경험한 사람에게는 성적인 것 자체가 이미 트라우마가 되어버려 히스테리아를 유발하게 된다는 것이다. 프로이트는 히스테리아 환자가 학대를 경험하기 이전부터 성적 문제를 가지고 있다고 믿었다.

그리하여 프로이트의 이론에는 서로 상반되는 두 종류의 트라우마 개념이 공존하게 된다. 첫 번째인 고전적 개념은 외부 사건(아동기 성학대)을 트라우마의 원인으로 본다. 이 이론은 트라우마신경증의 관찰 결과에서 영향을 받았고, 그보다 더 크게는 당시 국제적 명성을 얻고 있던 프로이트의 라이벌인 자네의 가설에 영향을 받았다. 프로이트는 트라우마를 성적 영역으로 국한했던 반면, 자네는 트라우마를 일으킬만한 모든 잠재적 사건을 발생 요인으로 보았다. 두 번째 개념은 프로이트의 첫 이론에서 이미 그 싹을 보였는데, 훨씬 대담하고 더 내밀한 성질의 것이었다. 모든 성적인 것은 무의식에서 이미

---

12 Freud(1920)[1916].

트라우마로 받아들여진다는 개념을 전제로 했기 때문이다. 충격적인 사건만이 원인이 아니다. 자네의 견해와 마찬가지로, 사건은 트라우마를 표면 위로 떠오르게 할 뿐이다. 프로이트는 한걸음 더 나아가, 심리적 원인을 최초로 '트라우마' 개념에 부여했다. 심리적 트라우마는 외부 사건에 대한 유기체의 반응일 뿐만 아니라, 정신 기능에 필수적인 요소라는 것이다.[13] 따라서 정신분석적으로 해석하면, 사건으로 인해 증상이 튀어나오기 이전부터 이미 본래의 트라우마가 존재하고 있었다는 말이 된다. "트라우마성이라는 표현은 '정신의 경제적 운용'을 의미할 뿐이고, 발현된 증상은 정신 에너지를 운용하는 데에 평생 문제를 일으킬 것이다. 트라우마성 경험이란, 사건의 강도를 짧은 시간 내에 엄청나게 증폭시키므로 정상적으로 그 경험을 이해하거나 분석하는 것은 거의 불가능하다."[14] 이 말은 프로이트이론의 근본적 전환을 의미한다.

---

[13] 프로이트이론에서 '트라우마'는 억압 기전과 연관되고, 억압은 그의 작업 전부를 꿰뚫는 키워드이다. 초기 이론에서는 억압과 무의식이 구별되지 않고, 무의식은 본질적으로는 억압된 표상이라고 보았다. 이 사실은 특히 프로이트와 빌헬름 플리스(Wilhelm Fliess)와의 서신(Freud, 1979)에서 드러난다. 그의 저서 《꿈의 해석》에서 프로이트는 자신의 초기 이론을 수정하여, 무의식은 단순히 억압된 기억으로 축소되지 않는다고 하였다(Freud, 1900[1913]). 이후 트라우마와의 연결성은 유지한 채 프로이트는 이 개념을 더 다듬는다. 예를 들어, 정신이 감당하기 어려운 내적 흥분 상태가 되면 정신의 통합을 유지하기 위해 억압이라는 방어기전이 즉각적으로 작동하여 의식에 도달하는 것을 차단한다. 따라서 억압의 기전은 감당하지 못하는 흥분이 정신적 표상으로 의식계에 떠오르지 않게 하는 것이고, 이때 감당하지 못하는 정서는 원래의 표상과 분리된다. 억압은 표상으로부터 분리시키되 표상에 동반된 정서는 제거할 수가 없다. 프로이트의 견해로는, 트라우마가 되는 것은 '정신경제'를 깨뜨리는 강력한 정서이다. 원래의 표상으로부터 떨어져 나온 정서는 보통은 무해하고 의식계가 수용할만한 다른 표상에 달라붙게 된다. 그리하여 정신적 고통의 근원이 되어 증상으로 나타나고, 원래의 대상은 인식되지 않게 되는 것이다.

[14] Freud(1920).

유혹이론을 폐기하고 판타지가설로 대체한 이유는 바로 이 두 번째 개념 때문인 듯하고, 이로써 외적 원인론을 대신하려 했음이 명백해졌다.[15] 1900년 출간된 《꿈의 해석》에서 프로이트는 자신의 직관력을 처음으로 화려하게 과시했다. 그에게는 꿈이 사실상 의심의 여지가 없는 확실한 재료였다. 환자의 말이 진실인지 아닌지는 더는 문제되지 않았고, 무의식적 욕구로 인해 과연 수치스러운 일을 실제로 저질렀는지도 문제되지 않았다. 꿈은 그에게는 실질적 재료였다. 꿈은 증명할 수 있는 것이 아니므로 환자가 하는 말이 참인지 거짓인지는 문제가 되지 않았고, 무의식적 욕구가 수치스러운 일을 저지르게 했는지 여부도 문제가 아니었다. 도리어 '무의식 속에 있는 생각' 자체가 증상의 근원이거나 혹은 잠재되어 있던 증상의 고삐를 풀어버린다는 것을 증명하는 것이 문제였다. 프로이트가 과학의 영역에 끼워 넣고자 애썼던 '정신적 실재psychic reality'란 무의식에서는 실체로 나타나고, 무의식보다는 덜하지만 의식에도 어느 정도 영향을 미친다. 프로이트가 트라우마를 결정적으로 정신 영역 안으로 끌고 들어옴으로써 이후 정신분석 저술에서 사용된 '트라우마'라는 용어는 외부 사건이 아니라 내적 정신활동을 의미하게 되었다. 이 내적 활동은 실제로든 환상으로든 특정 사건을 겪게 되면 병리적 증상을 유발하고 이는 정신의학의 증후학으로 설명된다는 것이다. 자네와 마찬가지로 프로이트에게도 사건은 트라우마신경증을 여는 열쇠가 아니었다.[16]

---

15 프로이트가 외부로부터 압력을 받지 않았다면 판타지가설로 대체하기 위해 유혹이론을 폐기할 이론상의 이유가 없었다고 주장한 제프리 메이슨(Jeffrey Masson, 1984)과 반대로, 우리는 프로이트의 첫 번째 이론에 이미 두 번째 이론의 씨앗이 들어 있었다고 본다.
16 앨런 영(1995)과 이언 해킹(1995)은 프로이트와 자네는 기억에 관한 개념을 중심으로 대

이 두 사람이 똑같이 견지한 신념은, 트라우마신경증 연구가 정신병리학의 일반적 개념을 개발하는 데에 완벽한 기반이 되리라는 생각이었다.

제1차 세계대전 이후 트라우마신경증 이론이 우세했던 것을 보면 승자는 프로이트이다. 그러나 1980년 PTSD 진단명의 등장과 뒤이은 개념 전환은 역설적이게도, 트라우마에 대한 생각이 자네의 이론으로 회귀했음을 뚜렷이 보여준다.[17] 1960년대에 나타나 서서히 형성되기 시작한 방식이 말 그대로 프로이트이론을 뒤집어버린 것이다. 그리하여 누구나 고통받는 '트라우마 성性'이 원인이라는 생각에서 벗어나, 가해자에게 학대를 받아 '트라우마를 가지게 된 성'이라는 생각으로 바뀌어버린 것이다. 따라서 트라우마신경증의 원인은 고스란히 외부 학대자의 어깨에 놓이게 되었다. 그러나 20세기 초 트라우마 치료의 임상현장을 좌우한 것은 과학적 논쟁보다는 더 사소한 주제, 특히 고용과 관련된 보상 문제였다.

척점에 있다고 주장했다. 기억은 트라우마신경증의 핵심 요소이다. 그 중요성을 부정하지는 않으나, 그럼에도 기억은 당시 사회적 실천 방식에는 큰 영향을 미치지 않는 것으로 보였다. 당시 시간에 대한 개념도 트라우마를 기억의 병으로 보는 것과 동떨어져 있었고 집단기억은 더더욱 언급조차 되지 않았었다.

17 현대 정신의학에서 프로이트와 자네의 라이벌 관계는 PTSD에 국한되지 않는다. 이언 해킹(1998)과 셰릴 멀런(Sherill Mulhern, 1991)의 연구는 갑작스럽게 증가한 다중인격장애가 '인격의 분열'이라는 자네의 초기 가설이 없었다면 존재할 수 없는 증상이었음을 보여준다. 알랭 에렌베르그(Alain Ehrenberg, 1998)는 최근의 우울증 진단의 유행 현상 역시 자네가 그 중심에 있다고 분석했다.

노동법

트라우마신경증이라는 개념은 과학 이론을 논쟁하는 고매한 학자 집단에서 나온 것이 아니라 다른 분야에서 만들어져 반세기 이상 그 분야에서만 사용되었다. 그 서두는 1866년 환자 상태에 관한 최초의 기록에서 시작되었다. 보이지 않는 해부학적 병소가 있든 없든, 혹은 그 증상이 히스테리아의 이차적 증상이든 독립된 병이든, 또 그 증상이 신경학적인 것이든 심리적인 것이든 간에, 한 가지 확실한 것은 이 증상이 사고 후에 발생한다는 것이었다. 특히 발생하는 빈도로 보나 여태껏 알려지지 않은 증상이라는 점을 보나 새로운 사건인 열차사고와의 관련성을 의심하게 되었고, 이는 당시 떠오르던 보험 산업을 배경으로 보상을 요구할 수 있는 것이었다. 의사들은 처음에는 사고 충격으로 인한 신경심리학적인 이상 소견으로 보았다. 에릭센은 신체적 상해가 전혀 없어도 보상금을 지불해야 한다고 보험회사와 싸우기도 했다.[18] 19세기 말 트라우마신경증의 일차적 배경은 결국 재정적 보상이었다. 정신질환은 시대마다 원인론도 달랐고 외적 요인도 고려되지 않는데, 트라우마신경증은 이와는 달리 원인의 특성에 따라 보상권을 받을 수 있다는 경험적 기반이 생긴 셈이다.

이렇게 선구적인 성과를 끌어낸 정신과의사와 심리학자들은 트라우마 전문가로서 '전문가 의견'을 제공하는 데에 특화되었으나 환자를 위로하는 역할은 하지 않았다. 1898년 산업재해법이 적용되면서 새로운 분야가 확립된다.[19] 법정신의학 forensic psychiatry 이 그것인

---

18 Hacking(1995).

데, 그 전까지는 강력범이나 '비정상적인 죄수'를 평가하는 일만 했던 분야가, 트라우마신경증의 부상으로 드디어 영역을 확장할 기회를 잡게 된 것이다.[20] 이는 주목해야 할 점이다. 심리외상학 내부에서만 공유되는 믿음과는 정반대로, 트라우마신경증은 피해학의 등장 이전에도 군정신의학에 국한되지는 않았다.[21] 정신의학 일반 교과서에는 트라우마신경증이 거의 언급되어 있지 않았지만, 주요 법정신의학 교과서에는 상당 부분 자세하게 설명되어 있었다. 이 시점에서 사회가 트라우마에 적극적으로 관여하려 한 최초의 시도를 찾아보아야 한다. 그리고 거기에서 사회적 개념이 트라우마의 규범, 개인의 가치, 생명의 값어치를 결정하는 데에 어떤 영향을 미쳤는지 가늠해볼 수 있을 것이다. 그리고 바로 이 시점에서, 왜 노동자가 노동으로 국가에 봉사하기보다는 환자가 되길 '선호'하는지 그 모호한 이유를 설명하려는 정신의학 이론과 처음 대면하게 될 것이다. 그리고 이 대목에서 위기에 처한 국가를 수호하길 거부하는 병사를 겨냥한, 의심의 시대가 몇 년 후에 열리리라는 것을 예견할 수 있다.

    샤르코, 프로이트, 자네 시대에서 출발하여 이제 여기까지 왔다. 이들은 환자의 증상, 성격 성향 및 행동특성을 상세하게 연구하여 지

---

19 코스테도트(Costedoat)는 프랑스에서 열린 제19차 법의학 총회에서 다음과 같이 말했다(1935). "트라우마신경증은 열차와 함께 태어나서 1898년 산재법이 발효되면서 성장했다."

20 Foucault(1999), Marc Renneville(2003).

21 프랑스에서 트라우마신경증에 관한 저술은 대부분 군 정신과의사가 쓴 것이다. 그들은 자신들이 풍부하게 경험했으므로, 이 질병과 관련된 분야는 오직 군대뿐이라고 단언했다. Barrois(1988), Crocq(1999), Crocq, Sailhan, Barrois(1983), Vaiva, Lebigot, Ducrocq, Goudemand(2005).

식발전의 초석을 놓은 사람들이다. 법의학 연대기를 살펴보면, 한줌의 사례가 이 선구적 개념을 확립하는 데에 도움을 주었고 또 현대의 트라우마 문헌에도 널리 인용되고 있는데, 이와 더불어 개인적 이야기의 수많은 조각이 발견된다. 20세기 초에 산재사고, 열차사고, 공장화재, 작업장에서 받은 정서적 충격 등을 경험한 노동자들은 자신을 보호하고 보상금을 받게 해주는 법이 동시에 '트라우마를 가진 히스테리아 환자'라는 모멸적인 명찰도 부여한다는 것을 알게 되었다. 트라우마신경증은 그 어떤 정신질환보다도 더 심한 사회적 편견을 조장하여 경멸과 의심을 부추김으로써 국가의 도덕적 가치관과 갈등하기에 이르렀다.

열차사고는 공론의 주요 주제였기 때문에 한동안 트라우마 논란의 중심에 있었다. 이 운송수단의 신기함, 난생 처음 탄다는 불안감, 열차 운행 초기의 몇몇 대형사고 등을 생각하면, 기차는 과학기술의 발달이 초래하는 큰 위협을 상징하기에 충분했다. 당시 신체적 부상을 입지 않은 사람에게까지 두드러지게 정신적 후유증이 나타나자 대중의 공포는 커져갔고 피해자들에게는 동정심이 쏠렸다. 그러나 가장 많이 트라우마신경증 진단을 받을만한 사람은 열차사고 피해자가 아니었다. 급속한 경제 발달의 그늘에는 열악하고 위험한 노동환경과 아직 규정되지 않은 노동자 권리 문제가 있었다. 하지만 트라우마신경증은 대부분 산재사고 피해자에게 진단되었다.[22] 20세기 초, 열차사고 피해자보다 노동자에게 사회는 덜 호의적이었으므로, 산재사고가 노동자에게 미치는 정신적 영향을 설명하기 위해 새로운 개

---

22 Georges Vigarello(2005).

념을 등장시킨다. 그 목적은 열차사고와 산재사고 피해자의 증상을 구별하여 1898년 산재보상법의 대상을 최대한 줄이려는 것이었다.

'시니스트로시스'는 1907년 12월, 제4회 센시민법정회의소The Fourth Chamber of the Civil Tribunal of the Seine에서 에두아르 브리소 Édouard Brissaud가 소개한 용어이다. 샤르코의 제자였던 브리소는 오텔되Hôtel Dieu 병원 의사로, 파리 대학교 의대교수였다.[23] 그는 1908년 《콩쿠르메디컬》Le Concours Médical에 실린 논문에서 그 개념을 다시 거론했고, 이 논문 덕분에 '시니스트로시스'는 진단명으로 등장하게 되었다. 이는 한동안 합법적으로 사용되었으나 1970년대 중반에 폐기되었다.[24] 그 소논문의 첫 문장을 보면 전체 논조가 다 들어 있다.

산재보상금을 지급하는 모든 국가에서 '보험에 적용되는' 부상은 '보험에 적용되지 않는' 부상보다 회복되는 데에 더 오랜 시간이 걸린다. 시니스트로시스 문제는 논쟁의 여지가 없는 명확한 사실 하나로 귀결된다. 시니스트로시스는 유독 선한 의지만 억압된 병적 상태라는 것이다.

그럼에도 브리소는 환자를 위로하는 태도를 유지하면서, 자신은

---

[23] Costedoat(1935).

[24] Brissaud(1908). 제2차 세계대전이 끝날 때까지도 시니스트로시스와 트라우마신경증은 똑같은 취급을 받고 있었다. 전쟁 후 트라우마신경증이 점차 사회적 인식을 얻어간 반면, 시니스트로시스는 의지박약자로 낙인찍혀 희화화될 정도였다. 1950년대와 1960년대 시니스트로시스는 노동자의 영역에서 북아프리카에서 오는 이민자의 영역으로 옮겨간다. '프랑스 정부의 관대함을 불법적 방법으로 얻으려는 이민자'가 흔히 받는 진단명이 되었다. 1970년대에는 고도로 정치화된 이민 관련 정신의학(Berthelier, 1994; de Almeida, 1975)이 등장하면서, 이 개념은 이민자를 착취하기 위한 인종주의자의 도구라고 비난받았다.

시니스트로시스를 꾀병이나 히스테리아로 보지 않고, 보험회사 의사들이 이 상태를 혼동한 것은 계획적인 일이라며 유감을 표했다. 산업화 시대에 노동자 특유의 질환인 시니스트로시스는 때로는 사소하기도 한 산재사고 후에 발병하는데, 신체적 부상이 다 치료된 후에도 보상금을 받지 않는 한 무조건 작업장 복귀를 거부하는 것이 특징이라고 주장했다. 증상은 피로, 악몽, 가성 마비, 신경학적 원인을 찾을 수 없는 전신적 통증으로, 히스테리아와 유사하다고 했다. 또한 트라우마신경증과도 유사했다. 브리소는 1898년 법이 보상금 권리를 부여함으로써 노동자들을 이른바 '실업수당 청구병Claimant's disease'으로 퇴행시킨다고 강변했다. 치료적 암시나 자극, 심지어는 '강력한' 치료법에도 반응하지 않다가 보상금만 받으면 증상이 사라졌기 때문이다. 어떤 방법으로도 안 되는 완전 회복을 기대하기보다는 보상금 지급을 신속히 결정해줄 것을 촉구했다. 한꺼번에 전액을 다 지불하되, 그 액수는 적절한 수준으로 조정해야 한다고 했다.[25] 브리소는 결론적으로 지적하기를, 시니스트로시스 발병 가능성은 이론적으로는 중산층과 육체노동자가 동일하지만, 작업환경을 고려하면 육체노동자가 더 자주 사고를 당한다고 했다.

당시 전문가들은 브리소의 진단과 보상금의 해석에 동의하지는 않았지만, 시니스트로시스가 트라우마신경증의 변종으로 히스테리아에 속한다는 주장만은 인정했다.[26] 시니스트로시스와 트라우마신경증, 이 두 가지는 다른 면도 있으나, 둘 다 과장된 보상금 요구라

---

25 Costedoat(1935).

26 Héacan(1954).

는 핵심 병리를 가졌다는 점 때문에 급속하게 연결되었다. 법의학 전문가들이 보기에 실로 이 둘은 모두가 '보상금 청구 신경증claim neurosis'이었던 것이다. 소위 시니스트로시스 환자의 거짓행동은 트라우마신경증의 행태와 같았고, 집중적으로 치료해도 낫지 않는 것을 보면 환자에게 회복할 의지가 없음을 입증하는 것이었다. 둘 다 그 원인이 꾀병이거나 타고난 나약함일 것이라는 의심은 이들 대다수가 보상금을 기대한다는 사실로 인해 더 확고해졌다. 또한 이들이 노동 능력을 상실하여 작업장으로 돌아갈 수도 없고 국가에 봉사할 수도 없다고 하자 의심은 더욱 증폭되었다. 치료되지 않는 이들 문제를 해결하는 방법은 일정 금액의 보상금을 빨리, 그리고 확실히 지급하여 이차적 이득의 악순환을 끊고 가능한 빨리 일터로 복귀시키는 것이었다. 그러므로 보상이 주요 쟁점이 되었고, 전문가들은 애매한 처지에 놓이게 되었음을 깨닫게 된다. 원칙적으로 보면 이들의 거짓행태가 두드러지게 눈에 띄고, 원래 심리적으로 나약했기 때문에 시니스트로시스이든 트라우마신경증이든 간에 보상금은 지불하지 않아야 마땅했다. 그러나 1898년 법이 길을 열어줌에 따라 보상금만이 이들의 불평을 멈추게 될 것이었다. '진정으로 아프든 아픈 척 가장하든 간에' 이들을 보는 사람들의 결론은 똑같았다. 국가의 가치를 존중하지 않으므로 경멸받아 마땅하다는 것이다. 신경내과의사인 조제프 바빈스키Joseph Babinski 역시, "이제 완치되었다고 말해줘도 수긍하지 않는 이 히스테리아 환자들은 일단 '숨은 의도'를 가지고 있다고 의심해봐야 한다"고 말했다.[27]

---

27 Costedoat(1935).

이리하여 제1차 세계대전이 발발하기 몇 년 전부터 꾀병이나 '숨은 의도', 보상금 등에 대한 의심이 이미 트라우마신경증을 에워싸고 있었다. 열렬한 애국심으로 태어난 군정신의학은, 신경증 환자라고 주장하는 노동자에게 검증되었던 진단 및 치료방식을 군 내부로 끌고 들어와 더 과격한 방식으로 바꾸었다. 이 길을 열어놓은 것이 바로 법정신의학이다. 트라우마신경증에 관한 주류 역사 기록은, 현재의 개념이 19세기 말의 최초 기록에서 유래했다고 말하지만, 사실은 그 반대이다. 트라우마의 의학적 개념과 사회적 사용법의 역사는, 지금과 같은 피해자 권리를 얻기 위해 달려온 험난한 투쟁의 역사가 아니다.[28] 임상범주는 최초의 기록 이후 증후학적으로 달라진 것이 없는 반면, 트라우마의 병인론에 대한 생각은 급격하게 변화해왔다. 때로는 개념들 사이가 단절되고, 반전되기도 하고, 모순과 갈등을 겪으면서 지금에 이르게 된 것이다. 그러나 이 변화는 정신의학이나 정신분석학의 인식론적 흐름에 기인한 것이 아니다. 도리어 사회적 감수성의 변화와 정치, 경제 구도의 변화에서 비롯된 것이다. '보상금 청구 신경증'의 역사는 특정 집단에 영향을 미쳤다. 처음에는 노동자들이, 이후 이민자들이, 이어서 (장교보다는) 일반 병사들이 영향을 받았는데, 이들은 급속히 확장하는 산업사회의 일꾼들이자, 굵직한 국제 분쟁의 총알받이들이었다. 이들은 사회가 요구하는 역할을 수용하지 못했다는 이유로 증상의 진실성을 의심받아온 것이다.

오늘날 트라우마는, 고통받는 사람들에게 사회적 지위나 사건의 성격과 상관없이 '고통받는 인간성'이라는 운명을 공유하게 해주는

---

28 Rechtman(2002).

단어이다. 그럼에도 위계와 불평등은 여전히 굳건하고, 필자들은 이 현실을 보여주려고 한다. 이제 트라우마가 법정신의학에 도입된 시점으로 돌아가서, 트라우마의 고고학을 들추어내고, 이어서 관점을 확대하여 트라우마의 역사를 군정신의학에서부터 살펴보려 한다.

2장

오랜 추적

제1차 세계대전을 기록한 대부분의 역사가는 애국심을 찬양하는 것이 군인의 전투의지를 북돋우는 주요 수단이었다고 말한다.[1] '조국을 위해 싸우다 죽는' 궁극적 희생을 최고의 이상으로 장려했으나,[2] '1914~1918 대학살'이 벌어지는 동안 현실은 전혀 달랐다. 최전방에서 마주한 양 진영의 참호 속에는 투지가 아니라 공포가 만연해 있었다. 군 당국의 강력한 영웅주의 선전에도 군대를 지배한 정신은 공포였다. 공포는 다른 얼굴로도 다가왔다. 불운한 일을 당한 동료에 대한 불타는 전우애도, 적을 습격한 후 벌어지는 축하의 건배도, 심지어 고삐 풀린 '광적 살인충동'도, 개인이든 집단이든 간에 모두가 영웅주의를 대신한 공포의 얼굴이었다.

《검열받은 전쟁》The Censored War에서 프레데리크 루소Frédéric

---

1 Keegan(1998), Wahnich(2002).

2 Kantorowicz(2004).

Rousseau는 전쟁의 공포와 매일 마주해야 하는 병사의 일상을 생생하게 묘사했고, 이는 대중이 가진 전쟁 이미지를 바꿔놓았다.

그 어떤 전쟁보다도 제1차 세계대전은 죽음의 습관적인 묘사방식에 문제를 제기했고, 특히 전장의 죽음을 그리는 방식을 바꾸어놓았다. 수백만 병사의 눈가리개가 벗겨지고, 산 자의 시선을 가로막던 장막 뒤에서 어떤 사건이 벌어지고 있는지 낱낱이 드러낸 것이다. 기나긴 전쟁 기간 동안 사방에서 죽음이 보이고 죽음의 냄새가 나고 죽음의 소리가 들려왔다. 이것은 사람들이 알고 있던 전쟁이 아니었다. 틀에 박힌 전쟁의 개념이 깨지고 수세기를 이어온 규약도 산산이 부서졌다. 전쟁의 추문은 바로 이 미증유의 광경에 있었다. 죽음의 공포에 대한 근대적 방어기전은 이 전쟁 앞에서 무용지물이었다. 20세기 초, 어느 누구도, 군인마저도 그러한 참상과 맞닥뜨릴 준비가 되어 있지 않았다. 바로 이전 세기에 서구인들은 고문과 학살의 문화에서 확실히 해방되었다고 생각했다. 피로 얼룩진 잔혹사에 대한 혐오, 고통과 참상에 대한 감수성, 그리고 그러한 부당함을 용납할 수 없는 태도가 그 어느 때보다 팽배하던 시기였다. 그런데, 병사들이 직면해야만 했던 것이 바로 그것이었다.[3]

제1차 세계대전의 전장에 던져진 병사들에게 세계는 혼돈이었고, 공포는 당연했다. 다치는 것에 대한 공포, 밤과 낮을 가리지 않는 공포, 공격에 나설 때도, 적의 공격을 기다릴 때도 이어지는 공포. 공포

---

3 Rousseau(1999).

는 공기와 같았고, 시체와 그 주위를 맴도는 포식동물에 대한 공포와 자신의 몸에 대한 두려움이 병사들을 지배했다. 병사들은 세상으로부터 멀리 떨어져 단절되어 있었다. 장교들은 전쟁 진행상황과 공격 규모에 대해서는 단편적으로 알려줄 뿐, 병사들을 빈틈없는 고립상태에 둔다. 병사들과 세상의 접점이라고는 겨우 수십 미터 앞에 웅크린 보이지 않는 적이고, 이들은 작은 움직임만 보여도 공격할 참이다. 병사들의 뒤에는 탈영병을 즉시 처형하려는 헌병이 버티고 있다. 당신이라면 불타오르는 영웅심으로 죽음에 몸을 던질 것인가, 아니면 겁쟁이로 전락하여 아군의 손에 죽임을 당할 것인가? 조국을 위해 죽는다는 것은, 때로 단순한 선택에 달려 있을 때가 있다. 적의 손에 죽을 것인지, 동지의 손에 죽을 것인지.

겁쟁이냐 죽음이냐

용맹하게 죽을 것인가, 탈영해서 죽을 것인가. 불가피한 선택 상황에서 때로는 의학적 문제로 후송되는 것만이 유일한 탈출구가 될 수도 있었다. 이때 군의관이 결정적인 역할을 하며, 그 역할은 전쟁 동안 유례없이 확장될 수밖에 없었다.[4] 수술과 투약 및 감염 예방 등의 진료는 최전선 바로 뒤에서 이루어졌다. 그래야 신속하게 응급조치를 할 수 있을 뿐만 아니라, 특히 후방으로 대피시킬 병사의 수효를 줄일 수 있기 때문이다. 그리고 '운 좋은 병사(심각하지 않은 부상병)'를 최

---

4 Sophie Delaporte(2003).

대한 빨리 전투에 재투입시킬 수도 있었다. 누구를 후방으로 보내고 누가 전방에 복귀할 만큼 회복되었는지 결정하는 일은 철저하게 군 당국의 통제 하에 있었다. 의사는 눈앞에 있는 부상병의 운명을 그 자리에서 결정하는 무거운 짐을 져야 했다. 부상의 범위와 병사의 향방을 신속하게 진단해야 했다. 이것이 전투로 인한 진짜 부상인가, 아니면 자해로 인한 은밀한 탈영행위로 봐야 할 것인가? 꾀병 환자를 색출하는 것이 의학적 검진의 핵심 목표가 되어버렸다.

자해가 의심되지 않는 한 부상병의 영웅심은 의심받지 않았지만, 심리적 상해의 경우 경멸까지는 아니라도 좋게 보지는 않았다. 심리적 상해를 가진 병사는, 전방으로 돌아가지 않으려고 자해를 하거나 치료를 거부하는 병사와 동일한 부류로 의심받아야 했다.[5] 이들은 전 군의 경멸 대상이었다. 일반 병사나 장교는 물론 의사까지도 이들을 경멸했다. 그러나 정신적 문제를 가진 병사라고 다 그런 불명예를 떠안은 건 아니다. '전쟁광기combat madness'는 달랐다. 이는 오랜 참호생활에 지칠 대로 지쳐서 나타나는 불안과 공황 증상이다. 이 살인적 광기는 비록 무분별한 심리 상태이지만, 용감한 행위로 비쳐졌다. 이 광기는 극단적 희생행동으로 분출되어 적에게는 죽음의 공포를 안겨주었다. 광기에 사로잡혀 싸우다 죽는 행동은 절망에 빠진 군인들의 열정을 되살리는 모범적 죽음이 되기도 했고, 전투의지를 부활시켜 기습공격으로 적을 혼란에 빠뜨릴 수도 있었다. 자살행동이 영웅주의의 정수를 상징하게 되어서, 공포에 쫓겨 폭발적으로 터져 나오는 불합리한 행동이 용맹함으로 변질된 것이다. 자살행동은 병사의 희

---

5 Delaporte(2003), Brunner(2000).

망을 되살리고 군의 열정을 재점화시켰으며 찬양의 대상이 되었다.

'트라우마광기trauma insanity'는 전쟁광기와는 전혀 달랐다. 이런 병사는 동료로부터 고립되었다. 이들은 공포와 괴로움에 비루하게 굴복한 자들이었다. 투사의 위엄을 갖추기는커녕 동료들에게 불명예를 안겨주었다. 사기를 고양시키기는커녕 위축시킬 뿐이었다. 애국심을 고취하기는커녕 목숨을 부지하려 국가를 팽개치는 자로 비춰졌다. 남자라면 기꺼워하는 희생의 본질인 죽음에 등 돌리는 이러한 비논리적 행동은 군대와 그 구성원 모두를 위험에 빠뜨릴 수 있었다. 따라서 집단의 명예를 회복하려면 이들을 본보기로 징계해야 했다. 군 당국은 트라우마신경증이 '조국을 위한 죽음'의 정반대편에 있는 비참한 양태라고 정의함으로써 이들의 해석과 치료를 위한 배경을 마련해놓았고, 이후 전쟁이 벌어지는 내내 이 정의가 피아를 막론하고 군을 지배했다. 트라우마신경증은 의식적이든 무의식적이든 간에, 적의 포화를 회피하려는 이기적 욕구라고 재구성되어 불명예의 전당 무대 중앙을 차지하게 되었다. 이제 병사들은 면밀한 분석의 대상이 되었다. 애국자로서의 확신, 의무감, 양심의 동요와 무의식적 욕구의 영향력 등이 면밀하게 분석되고, 판단되고 때로는 비난받았다. 이렇게 의심이 진단과 치료에서 기본 기조로 자리 잡은 것이다.

전쟁신경증에 대한 의심은 시니스트로시스라고 확인되는 순간부터 생리병리학적, 병인론적 해석을 오염시켰던 의심과 매우 유사했다. 보상금을 청구하면 자동으로 의심받았다. 제1차 세계대전 당시, 잠시나마 교묘한 사기성 보상금 청구는 줄어들었으나,[6] 더 불리한 죄

---

6   Clovis Vincent(1997).

명을 쓰게 되었다. 그것은 겁쟁이라는 비난이었다. 20세기 초에 이미 시니스트로시스와 트라우마신경증을 겁쟁이와 연관 짓곤 했다. 꾀병은 최악의 경우 사기꾼으로 몰리게 했고, 그나마 나은 것은 상상의 고통에 굴복하기 쉬운 인격적 결함으로 몰리는 것이었다. 전쟁은 이 경향을 증폭시켰다. 꾀병은 일종의 '심리적 탈영'으로 분류되어 이중으로 비난받았는데, 애국주의의 이상에 순응하지 못한데다가 군의 사기를 꺾을 수 있다는 두 가지 이유 때문이었다. 이리하여 전쟁신경증은 일종의 이해상충 한가운데에 놓이게 되었다. 병사는 전쟁신경증으로 죽음이 난무하는 참호에서 벗어나길 원했고, 군은 목숨을 희생할 정도로 충실한 병사 개개인의 애국심이 군의 사기를 좌우한다고 주장했기 때문이다. 이러한 상황에서는 공포가 뼛속 깊이 스며들지라도 전쟁의 참상을 증언할 곳은 그 어디에도 없었다.

잔혹한 치료법

제1차 세계대전 당시 정신과의사가 한 역할에 대해 조사한 역사가들은 똑같은 현상을 접하게 된다.[7] 개전한 지 채 한 달이 지나기도 전에 심리적 상해 증상을 가진 병사들이 쏟아져 나왔고, 참전국 어느 나라도 이들을 진료할 준비가 되어 있지 않았다는 점이다. 더 놀라운 점은, 현대전의 심리적 위험을 경고하는 과학 데이터가 이미 있었음에도 그러했다는 사실이다. 1904~1905년 러일전쟁의 정신과적 후유

---

7 Brunner(2000), Delaporte(2003), Rousseau(1997, 1999).

증에 관한 보고서가 이미 널리 유포되어 있었다. 여러 언어로 기술된—그중에는 1912년 프랑스 정신의학 주요 학술지에 게재된 것도 있다—보고서에는 "정신이상 병사를 치료하기 위한 특별부대"[8]를 설립할 정도로 심리적 병증으로 인한 손실이 막대했다는 사실이 적혀 있다. 역사가들의 설명에 따르면, 대비책이 없었기에 군 의료체계가 혼란에 빠졌고, 이들 심리적 상해환자를 대하는 정신과 진료방식도 자애롭지 않고 심문하는 방식이 되어버렸다고 했다.

당시의 정신과적 폭력에 관해서 역사가들은 더 심층적인 설명을 제시했다. 전쟁 초기부터 만들어진 정신과 치료법은 결코 호세 브루너José Brunner가 말한 오스트리아-헝가리군의 사례에서 파생된 것도 아니고, 소피 델라포르트Sophie Delaporte와 프레데리크 루소가 말하듯이 오펜하임, 샤르코, 프로이트, 자네의 전쟁신경증 이론에서 나온 것도 아니었다. 트라우마신경증의 연대기적 역사기록을 고수하는 이 역사가들은, 애국주의 이상을 구현해야 하는 전쟁정신의학이 군 당국의 기대에 부응하기 위해 트라우마의 초기 이론을 수정해야만 했다고 말한다.[9] 이 해석에 따르면, 전쟁은 트라우마신경증의 역사에서 샛길로 빠진 시간이었고, 그 시기는 때로는 잔혹하기까지 한 극단적인 진단법과 치료법으로 점철되어 있었다.[10] 군 사령부의 감독 하

---

8 Cygielstrejch(1912).

9 전시 동안 거의 고문에 가까운 치료법을 사용했던 정신의학 전체를 면죄해주기 위하여, 고전적 역사는 당시 몇 안 되는 소수의 정신과의사에게 그 책임을 전가하는 식으로 기술되어 있다. 대표적인 인물이 전쟁 말기 시작된 비엔나 소송에 휘말린 바그너 폰 야우레크(Wagner von Jauregg)로, 이미 소송으로 잘 알려져 희생양으로 삼기에 적절했기 때문이다. Brunner(2000), Barrois(1988), Crocq(1999).

10 독일 역사가 게오르게 모세(George Mosse)는 1914~1918년에 병사에게 가해진 행위를

에서 전쟁정신의학은 그들의 기대에 부응할 수밖에 없었다. 이런 시각으로 보면, 클로비스 뱅상Clovis Vincent의 유명한 전기자극법인 '전기어뢰electrical torpedo'와 심리적 강요, 설득 등은 군부의 압력에 수동적으로 순응한 결과물일 뿐이다. 게다가 전쟁의 정신적 피해 범위를 예상하지 못했기에, 진짜 질병인지 꾀병인지를 감별해야 할 필요성이 커졌다.

    사실 이 주장은 전혀 입증되지 않았다. 전쟁정신의학의 잔혹함은 예상치 못했던 엄청난 수의 환자와 군 당국의 압력에 의해 일어난 일종의 사고일 뿐이라고 설명되지만, 필자들은 이와는 반대로 해석한다. 그것은 일시적 일탈이 아니었다. 잔혹한 치료법은 과학적 개념과 윤리적 이상이 수렴되면서 만들어진 것이고, 그 이상을 실현하려는 실천행위는 1920년대까지 지속되었다는 점 때문이다. 제1차 세계대전 당시, 전쟁으로 트라우마를 가진 병사의 이미지는 애국주의적 수사의 한계를 드러낸다. 트라우마 병사에게는 애국주의적 자긍심 결여, 나약한 성격, 의심쩍은 의학적 상태 등의 도덕적 성질을 부여했고, 이에 따라 전시의 사회적 반응과 의학적 대응방식이 결정되었다. 정신과의사가 생각하기에 전쟁이라는 무서운 사건은 일종의 창문과 같아서 그 창문을 통해 타고난 나약함이 튀어나오는 것이다. 나약함은 질병보다도 더 무가치하다. 이런 의미에서 전쟁정신의학의 계보는 20세기 초의 이론에서 나온 것이 아니다. 프로이트의 초기 이론은 프랑스에 전혀 영향을 미치지 못했고, 오스트리아에는 적어도 전쟁

'잔혹한 것으로 개념화(brutalization)'한 사람이다(1990). 이 개념을 델라포르트가 이어받아 프랑스 전체 군 의학에 적용했다(2003).

초기에는 별 영향력이 없었다. 영국의 경우 1917년 무렵이 되어서야 첫 정신분석가들이 진료를 시작했는데, 이들이 기록한 내용을 보면 이론에 얼마나 무심했는지 알 수 있다. 자네의 이론도 아무런 권위가 없었다. 앞서 본 대로, 그 이론은 히스테리아에 관한 실험심리학에 국한되어 있었고, 오랜 후에야 트라우마신경증을 히스테리아와 연관 지었기 때문이다.

1914년 전쟁신경증에 관한 정신의학의 생각은 여전히 법의학 패러다임이 지배적이었고, 트라우마나 히스테리아, 시니스트로시스, 꾀병에는 모두 이득을 꾀하려는 동기가 있다고 의심했다. 따라서 전쟁정신의학을 이 계보—법의학적 치료방식의 계보—내에 위치시킨다면, 전쟁정신의학이 생각의 주요 전환점이었다는 가설은 유효하지 않게 된다. 오히려 반대로, 여러 군 의료서비스 모델은 산재사고 트라우마신경증에 관한 전문가 보고서의 연장선에 놓이게 된다. 이렇게 해석한다면, 유럽 군 의료체계가 트라우마 병사를 치료할 준비가 미흡했던 것이 아니라 도리어 철저하게 준비되어 있었다고 보아야 한다.[11] 그것도 정신적으로 상처받은 병사가 아닌, '심리적 탈영병'을 처리할 준비가 되어 있었던 것이다. 신속하게 세워진 의료 전략이 이를 입증한다. 더구나 러일전쟁의 보고서가 제시하는 데이터는 이미 그 방향성을 암시하고 있었다.

1912년 발간된 아담 치기엘스트레흐Adam Cygielstrejch는 두 편의 논문에서 병사들에 대한 의심을 기본으로 하고, 여기에 트라우마신경증에 관한 일반인 전문가의 경험을 결합시켜 만든 의료 전략의 원

---

11 Cygielstrejch(1912).

칙을 뚜렷이 제시했다. 치기엘스트레흐는 러시아인들이 수집한 자료를 분석하여 자연재난처럼 뜻밖의 사건을 당했을 때 보이는 반응과, 러일전쟁이나 러시아 혁명과 같은 장기간의 '사회적 격변'을 겪을 때의 반응을 비교했다. 지금 잘 알려졌듯이, 트라우마의 핵심은 반응성 정신질환의 발생에 사건이 어떤 역할을 했는지 평가하는 것이다. 그런데 치기엘스트레흐는 결코 사건 자체가 트라우마의 원인이 될 수 없고, 사건에 놀란 것이 원인이라고 했다. 자연재해가 개인의 소인素因과 상관없이 누구에게나 병증을 일으키는 데 반해, 사회적 격변은 정신적 문제를 안고 있던 사람만, 심지어 직접 격변을 겪지 않은 사람도 증상을 일으키므로, 사건 자체가 원인이 될 수 없다고 주장한 것이다. "모스크바 혁명의 피해자는 기존의 정신병리적 소인 때문에 피해자가 될 운명을 가진 사람일뿐이다. 이 사람들에게는 다른 어떤 물리적, 도덕적 자극도 동일한 결과를 초래할 것이다. 정치적 격변은 트라우마의 결정적 원인이 아니고, 단지 일개 유발인자라고 보아야 한다." 치기엘스트레흐가 보기에 전쟁의 충격만으로는 트라우마를 설명할 수 없었다. 병사들은 항상 극한 상황을 예상하고 준비되어 있어야 한다. 개중에는 불안을 떨쳐버리고자 전쟁에 조급해지는 병사도 있다. 따라서 사건 자체나 사건의 충격이 원인이 될 수는 없다. 충격은 결국 상대적인 것이기 때문이다. 고요한 시간일지라도 어느 한 순간에 폭탄이 떨어질 수 있다는 사실은 군인이라면 다 알고 있다. 1905년 러시아 혁명 기록을 보면, 혁명적 이상에 헌신한 투사일수록 병적 반응에 덜 취약했음을 보여준다. 여기에서 확고하게 자리 잡은 생각을 읽어낼 수 있다. 높은 사기와 애국심, 전쟁의 정의로운 명분에 대한 병사 개인의 헌신 등이 궁극적인 승리에 필수적일 뿐만 아니라 정신질환자의 발생도 감소시킨다는 생각이 그것이다. 이 이론의 핵심 요소는 치기엘스트레흐의 마지막 말에 드러난다. "신경증 환자는 거의 대부분 장교로서, 교육받은 세련된 사람들이라고 흔히 생각한다. 주로 소작농이나 농부 중에서 모집된 일반병사들은 이런 혼란에 저항력이 강해서 신경성 질환에 걸리지 않는다고 간주된다. 신경증은 일반병사에게는 극히 드물게 나타나기 때문에 의사들의 주목을 끌지 못했으리라는 오래전부터의 생각을 이 결과가 확인해준다." 이 말은 20세기 초 정신의학계에 널리 퍼져 있었던 생각을 숨김없이 보여준다. 순수하게 반응성으로 나타나는 신경성 질환은 오직 교육받은 사람에게만 나타난다는 생각이 그것이다. 교육을 많이 받은 사람만이 총체적으로 상황을 분석할 수 있고, 위험을 감지하고 평가하며, 위험의 결과를 처음엔 지성으로 나중에는 감성으로 느낄 수 있어서 온몸이 굳어버릴 정도까지 공포를 느낄 수 있다는 것이다. 이 이론에 따르면, 교양이 부족한 병사들은 이런 분석능력이 없다. 일반병사들은 직면한 문제를 총체적으로 파악할 능력이 없기 때문에, 그들의 공포반응은 단지 체질적 문제이거나 비난받아 마땅할 이기심을 가지고 있거나 투지 결여에서 기인할 뿐이라고 보았던 것이다. 따라서 트라우마신경증은 일반병사에서 나타나는 정신질환의 전형에 끼지도 못했다. 그럼에도 트라우마신경증 환자의 발생 수는 모든 예상을 뒤집어버렸다.

전쟁 기간 내내 군정신의학이 파악하고자 했던 것은, 어떤 종류의 사건이 장기적 병리 증상을 초래하는가라는 문제는 아니었다. 문제는, 어떤 병사가 군인 신분에 부적절한 증상을 나타내는가였다. 애국심으로 무장하지 않은 이는 누구인가? 전쟁이라는 사건 자체가 유일한 원인이 아닐진대, 이들의 나약함은 무엇 때문인가? 누군가는 불안과 공포를 못 이겨 정신질환까지 생기는 반면, 왜 누군가는 똑같은 곤경에서도 스스로 투지를 불태워 부대의 사기를 드높이는가? 동지들과 나란히 싸우지 않고 질병으로 도피하여 고귀한 자기희생을 거부하는 이들 병사는 대체 어떤 사람인가? 군 당국이 전쟁정신의학에 내놓은 이 질문들은 더 중요한 다른 질문을 수반했다. 이들이 자칫 병사들의 사기를 저하시키지는 않을 것인가? 다른 병사들에게 공포를 전염시켜서 부대 전체를 공포에 휩싸이게 하지는 않을 것인가? 공포를 차단하려면 이들을 부대에서 제외해야 하는가, 아니면 가능한 신속하게 최전선으로 돌려보내 다시 무기를 들게 해야 하는가? 당시 모든 군에서 시행되던 정신과 진료방식을 들여다보면 이러한 질문이 어떻게 처리되었는지 알 수 있다. 진료의 초점은 병사가 처했던 상황보다는 개인에게 맞추어져 있었다. 애국심에 대한 의혹은 꾀병이나 겁쟁이로 몰면 해결되었다. 의사들은 이들이 전쟁에 나오기 이전부터 트라우마신경증을 가지고 있었을지 모른다고 주장했다. 히스테리아와의 유사성도 근거로 사용되었다. 이리하여 꾀병을 밝혀내고, 겁쟁이임을 폭로하며, 공포에 질린 자를 위협하고, 환자를 모욕하고, 그리고 무엇보다도 다른 병사들이 전쟁터를 벗어나려고 똑같은 방법을 쓰지 못하게 할 의학적 무기가 고안된 것이다. 가장 널리 사용된 치료법은 피부에 전류를 통하게 하는 '감응전류요법faradism'이었다.[12] 애초에 근육마비 치료법으로 개발된 이 전기요법은 '히스테

---

12 오스트리아-헝가리의 경우 Eissler(1986), Brunner(2000), 프랑스의 경우 Porot & Hesnard(1919), Rousseau(1997), 영국의 경우 Rivers(1918).

리성 가성假性 마비'의 진단과 치료에 이차적으로 사용되었는데, 전류가 꾀병을 벗겨내고 기능성 마비를 개선한다고 알려져 있었다. 동일한 원리로, 전쟁신경증의 '정신성 부동不動 상태psychic immobility'에 전기자극을 주면, 꾀병 환자가 자백하게 되리라고 여겼다. 전기자극은 고통스러운 방법이었다.

프랑스에서는 뱅상이 '설득법'으로 급속하게 유명세를 탔다. 그는 툴루즈 지역 요새의 군의관 수장이었는데, 통상적 치료에 반응이 없는 환자라면 소속 부대에 상관없이 다 받았다. 뱅상은 고강력 직류 사용을 주창한 장본인이다. 환자가 증상에서 회복되지 않으려 하면 강제하거나 때론 위협도 하면서 전류요법을 사용했다. 그가 말하는 "무자비한 고군분투merciless struggle"가 환자와 의사 사이에 벌어지고 나면 어김없이 치료 효과가 신속하게 나타난다고 자랑했다. 여기서 말하는 고군분투는 기본적으로 심리적인 것이어서, 전류법을 사용해서 의사가 얼마나 단호한지를 보여주어야 한다고 말했다. 회복을 '거부'하는 환자는 강력하게 설득해서, 마침내는 자신의 나약함을 시인하고 회복된 것에 감사와 기쁨을 나타내는 것 외에는 다른 선택의 여지가 없음을 알게 해야 한다고 말했다. 1916년 프랑스 신경학회French Neurological Society 강연에서 뱅상은 자신의 치료법을 이렇게 소개했다. "우리가 치료한 많은 만성 히스테리아 환자가 회복하여 기쁨을 표했습니다. 직전만 해도 회복되지 않기 위해서라면 뭐든지 할 태세로 의사에게 대들던 사람들이었거든요." "그런 환자를 다잡으려면 진짜 싸움을 벌여야만 했습니다. 한 시간씩, 가끔은 두 시간씩 다그쳐야 했는데, 온갖 방법—이리저리 말을 바꾸어서 수천 번씩 반복적으로 훈계하기, 때로는 부당하게 모욕주기, 맹세시키기, 다양하게 분노 표출하기 등—을 직류전기 자극과 함께 동원했습니다. 이렇게 하는 동안 우리가 받은 인상은, 그들이 회복되기를 거부하고 있다는 것, 어떤 대가를 치르더라도 증상을 놓지 않을 것이라는 것이었습니다. 의사는 결국엔 지쳐버려서 모든 수고가 허사로 돌아갔다고 느끼는데, 그때가 이들이 꾀병을 드러내는 순간입니다. 그러나 종국에는 환자들도 좋아하게 됩니다." 회복되었는지 여부는, 환자 스스로 좋아졌다고 시인하고 전방으로 돌아가길 원할 때 의학적으로 판단하는 것이라고 말했다.

뱅상은 통상적인 것보다 훨씬 강한 전류가 흐르는 전기기계를 발명하여 중증 환자에게 활용했다. '전기어뢰'라고 알려진 이 기계는 병사들에게 공포의 대상이 되었다. 병사들은 이것을 써보자는 말을 듣자마자 증상에 관해 입을 다물었다. 그러나 의료계 내에서 이 기계에 문제를 제기하는 사람은 없었고, 심지어 중증 전방굴곡증 camptocormia 을 가진 병사가 이 치료법을 대상으로 오랫동안 소송을 벌일 때도 '전기어뢰'의 명성에는 흠집이 나지 않았다.[13] 이 병사는 '전기어뢰' 치료를 받던 어느 날, 전기자극에서 벗어나기 위해 의사에게 주먹질을 하기도 했다. 몇몇 전문가가 강력한 전류 사용에 신중한 태도를 표했지만, 수많은 저서를 내고 대중의 인기를 누리는 명사였던 뱅상에게 감히 도전장을 내지는 못했던 것이다.[14] 그 사건은 신

---

13 진행성 요추 후만증(後彎症). 요추 척추골 주위를 둘러싼 근육에 지방성 퇴화가 일어나면서 주변 근육이 무력해지므로 서 있을 때 허리가 굽는다. 흔히 60대 노인 여성에게서 잘 나타난다. 제1차 세계대전 당시에 이 증상이 근육 이상에서 기인된다는 사실이 알려져 있지 않았으므로, 젊은 층에서 나타나는 경우 꾀병이나 히스테리아로 간주되었다.
14 제1차 세계대전 당시 의사들에 관해 기록한 델라포르트의 책(2003)에 나온 사례로, 1916~1917년 동안 신문의 헤드라인을 채운 바 있다. 프랑스 보병인 데샹(Deschamp)은

문에 일면기사로 보도되기도 했으나, 마치 이상적 애국심의 대명사와 같은 이 용감한 의사를 프랑스 전체가 지지하는 것처럼 보였다.

그러나 모든 의사가 이 방법에 의지했던 것은 아니다. 대개는 낮은 강도의 전류를 사용했고, 그 목적은 고통을 유발하기 위함이 아니었다. 일차적 의도는 꾀병을 밝혀내고, 반복적 치료 시간과 권위주의적 논쟁을 통해 이 '나약한' 남자들로 하여금 자신이 소망하는 모든 것을 내던지고 애국의 임무에 헌신케 하는 것이었다. 감응전류요법이나 설득, 그 어느 것도 병사들의 고통―악몽, 불안, 가성마비 등―을 치료하려는 목적이 아니었다. 치료의 초점은 보통 병사들과 달리 나약하기 짝이 없는 환자 병사가 왜 그렇게 되었는지 그 원인을 성격과 결점 등에서 들춰내는 것에 맞추어져 있었다.

그런데 전류요법에 관계없이, 전쟁정신의학은 군 당국이 제시한 질문에 답과 해결책을 내놓아야 했다. 군 당국은 이렇게 묻고 스스로 답했다. 이들은 누구인가? 이들을 다시 전장에 돌려보내려면 어떻게 해야 하는가? 전류요법과 함께 권위적 설득법으로 '보통 사람보다 나약한' 병사를 승리에 굶주린 진정한 투사로 변모시킬 수 있으리라, 전쟁정신의학은 심신에 폭력적 훈육을 가함으로써 히스테리성 트라우마 희생자를 건강한 군인으로 바꿀 수 있으리라고 자부하고 있었다. 즉 '남과 다른' 사람을 보통 사람으로 만들 수 있다고 믿었던

이 치료법을 거부하고 장교를 폭행했다는 이유로 고발되었다. 당시 이러한 행위는 탈영과 똑같은 무게로 처벌받아서 사형이 언도되었으나, 데상의 경우 상관폭행죄만 적용되었다. 의료계 의견은 둘로 나뉘었는데, 전기어뢰 치료로부터 도망치려 했을 뿐이지 의도적 폭행은 아니라는 동정적인 의견과, 한편으로는 뱅상에게 꾀병을 벗겨내라고 한 뒤 엄중하게 처벌해야 한다는 의견이 있었다. 대중도 똑같이 이분되어 있었다. 판결은 데상에게 유리하게 나와서 군역 면제를 받고 연금도 받도록 했으나, 단 의료 감호는 받아야 했다.

것이다. 참호쇼크 트라우마는 정상인에게는 발생하지 않는 병증이라고 정의되기 때문이었다. 트라우마 병사가 치료되면 도덕적 가치가 승리했다고 간주되었다. 증상에 관한 어떠한 설명도 장기적 부작용에 관한 설명도 없었다. 진단 단계에서 늘 왈가왈부하던 증후학은 치료 결과를 평가할 때는 도리어 침묵했다. 새로운 가치관을 습득하여 회복된 병사들은 마치 트로피처럼 전시되어 애국을 위한 심신의 훈육이 승리했음을 증명하는 듯했다. 다시 말하지만, 고통을 주는 것이 이 치료법의 목적이 아니었다. 뱅상과 소수의 의사만 이 치료법의 본질은 고통과 공포에 있다고 주장했으나, 전쟁정신의학에 끌려온 대부분의 의사는 이 치료법의 부작용에 대해 개탄해 마지않았다.[15] 하여간 이 치료에서 결정적인 것은 고통을 유발하는 것이 아니라 자백을 받아내는 데에 있었고, 그리하여 환자로 하여금 애국적 도덕관과 양립할 수 없는 이기적 동기를 확실하게 포기시키는 데에 목적이 있었다.

전쟁이 끝난 후

오스트리아 군 의료계는 이 치료법에 깊이 관여했고, 의사들은 저마다 다른 강도의 전류를 사용했다.[16] 그런데 전류요법이 도전받은 곳 또한 오스트리아이다. 1920년 율리우스 바그너 폰 야우레크Julius

---

[15] Eissler(1986).

[16] Brunner(2000).

Wagner von Jauregg 교수를 상대로 비인간적인 기술 사용을 문제 삼은 소송은 유명한 법정 사례다. 전쟁신경증의 역사상 치료법에 대한 가장 과격한 도전이었다. 쿠루트 이슬러Kurt Eissler가 법정기록물 원본을 충실하게 재기술했는데,[17] 이 기록은 세계대전 당시에 트라우마신경증을 둘러싸고 있던 쟁점을 비중 있게 전달한다. 그러나 오스트리아 정신의학계에서 가장 존경받던 인물 중 하나에게 소송을 걸어 재판이 열렸다는 사실은 오스트리아가 역사적으로 특수한 여건에 있었음을 증명하는 것이고, 이 여건을 이해해야 그 재판이 왜 트라우마 역사에서 지대한 중요성을 지니는지 알 수 있다.

여러 가지 요인이 바그너 폰 야우레크 재판에 결정적인 역할을 했다. 첫째, 1918년 패전은 오스트리아-헝가리 제국을 지탱하던 국가적 이상의 실패와 제국의 몰락을 초래했다. 이러한 상황이 되자 비로소 애국주의를 직시하고 문제화할 수 있게 되었는데, 애국주의야말로 잔혹한 치료법을 정당화했던 것이기 때문이다. 동시에 패전의 굴욕을 겪은 병사들의 재정적 보상이라는 긴박한 문제가 걸려 있기 때문에 꾀병과 트라우마신경증의 문제는 중요한 주제였다. 둘째, 전류요법이 가장 널리 적용된 곳이 오스트리아와 독일 군대였는데, 바로 이 두 국가에서 처음으로 잔혹한 치료법에 이의가 제기되었고, 이를 정신분석법으로 대체해야 한다는 주장이 나왔기 때문이다. 전쟁 중에도 군 내부로부터 공격받던 오스트리아 정신의학은 따라서 외부

---

17 이슬러는 1950년 뉴욕에 프로이트 기록보관소를 만들어서 1980년까지 소장을 맡았다. 프로이트가 증인으로 나온 야우레크의 재판 기록을 정리한 이유이다. 또 다른 이유는 제2차 세계대전 당시 미국 정신과 군의관으로 근무하면서 전쟁쇼크에 관심을 가졌다는 데에도 있다(1992).

로부터의 정신분석 유입에 취약할 수밖에 없었다. 그렇다고 해서 야우레크 교수와 더 나아가 오스트리아 정신의학 전체에 대한 비난 때문에 정신의료가 붕괴될 위험까지는 없었다. 프로이트와 그의 제자들이 틈새에 비집고 들어가 자리를 잡았기 때문이었다. 그러니까 대체할 방도를 가지고 있었던 셈이다. 결과적으로 이 재판이 열렸다고 해서 정신의학이라는 전문직 전체가 '자살'하는 결과까지 초래되지는 않았다는 뜻이다.

야우레크는 유명한 빈 신경정신의학 클리닉Vienna Neuropsychiartic Clinic 소장으로서, 조발성 치매dementia praecox 치료법을 개발하기 위해 여러 방식의 접종을 시도한 임상연구로도 널리 알려졌다. 이 연구로 그는 1927년에 노벨의학생리학상을 받았다. 그의 재판에는 프로이트가 증인으로 출석했다. 프로이트는 법정에서 서서 전류요법은 효과도 없고 비윤리적인 것이라는 반대 입장을 견지하면서도, 자신의 동료이자 친구인 피고의 명예를 옹호했다. 프로이트의 말은 이러했다. "야우레크 교수가 고통을 주기 위해 전류요법을 쓴 건 아닙니다. 단지 참호쇼크 트라우마의 원인을 잘못 생각하고 전류요법의 효능을 진심으로 믿었기 때문에 벌어진 일이었습니다. 전쟁신경증의 원인은 병사의 의식계에 있지 않습니다. 괘씸하게도 전투를 회피하려는 욕구가 있었던 것은 더 아닙니다. 원인은 그들의 무의식계에 있습니다. 무의식은 스스로 파악할 수 없지만, 그럼에도 증상의 의미와 기능을 확고하게 결정합니다." 프로이트는 결론적으로 말하기를, 야우레크 교수가 정신분석에 완강하게 반대하고 있었기 때문에 이런 원칙을 몰랐다는 것이다.

이 유명한 법정에서 프로이트는 동료의 명예를 보호하면서도 동시에 전류요법을 비난하고, 정신분석 반대자의 원인가설을 붕괴시켰으며, 순진하기까지 한 신경증의 심리학 개념을 조롱했다. 동시에, 신경증에 관한 자신의 전반적 이론의 핵심을 차지하는 트라우마신경증과 히스테리아의 연관성을 보존했다.[18] 프로이트는 이 모든 것을 진술 몇 마디로 해결하며 독창성을 입증한 셈이다. 외상 후 스트레스에 관한 최근의 역사 기록은 이 재판에 상당한 의미를 부여하여 그 결과를 과장하는 것 같은데, 그 이유는 잔혹한 치료법이 자행되던 전시의 변칙적 시대와 정신분석의 도약 시기(1916~1920년)를 분리하려는 의도가 있기 때문이다. 그러나 이런 식의 역사기술은 두 가지 요점을 놓친 것이다. 첫째, 야우레크 재판과 같은 일은 유럽 어디에도 전무했고, 당시 기록을 찾아봐도 이 재판이 다른 나라에 영향을 미쳤다는 흔적은 없다. 둘째, 그 후로도 수년 동안 트라우마신경증에 대한 사회의 의심은 계속되었다. 트라우마에 대한 정신분석 개념이 굳건히 자리 잡은 시기는 1920년에서 한참 지난 때이기 때문이다.

위 사건과 비슷한 시기인 1917년부터, 영국의 정신과의사들은 이미 트라우마 병사들을 낙인찍는 행태에 대해 문제제기를 하기 시작했다. 그러나 종전이 되어서야 이들의 의견이 널리 수용되기 시작했고, 특히 미국에서 그러했다. 이를 가장 강력하게 옹호한 사람은 윌리엄 리버스William Rivers로, 그는 남인도 및 멜라네시아의 민속지학적 연구로 이미 잘 알려진 심리학자이자 인류학자이다. 그는 정신분석기법을 공부했는데, 프로이트와 약간 다른 의견을 가지고 있었으

---

18 여러 전문가의 보고서를 읽어도 신경증과 꾀병을 구별하기 어려웠던 수석판사가 짜증스럽게 질문하자, 프로이트는 이렇게 답했다. "모든 신경증 환자는 꾀병 환자입니다. 부지불식간에 병을 흉내 내는 것이야말로 바로 그들의 병입니다." Eissler(1992).

나 그의 이론만은 인정하고 있었다.[19] 1914년부터 1917년 말 사이에 리버스는 크랙록하트Craiglockhart 군병원에서 영국 병사들을 치료할 기회를 가졌는데, 애국심과 용기를 의심받을만한 병사들은 아니었다. 리버스는 장교이자 전쟁시인으로 유명한 지그프리드 사순Siegfried Sassoon에 주목했다. 리버스는 사순의 사례를 들며 참호쇼크는 가장 용맹한 군인에게도 나타날 수 있고, 평화주의가 반드시 겁쟁이의 특성은 아니라고 말했다. 1917년 12월 4일, 왕립의학아카데미the Royal Academy of Medicine 정신의학분과에서 했던 그의 강연 내용 전체가 이듬해 2월 《랜싯》[20]에 수록되었다. 여기에서 그는 당시의 주류 이론에 반대 의견을 밝히면서, 전쟁 공포 이면에 있는 것이 병사들과 그들의 상관 모두가 공유하는 인간성, 연대의식, 용기임을 강조했다. 군인의 용감함은 애국심에서 나오는 것도 아니고, 전투의지도 아니며, 적에 대한 증오심에서 비롯된 것도 아니고, 오히려 병사와 장교 모두를 연결시켜주는 형제애에서 나온다고 말했다. 그리고 가까운 동료가 희생되었을 때 이들을 취약하게 만드는 것 또한 이 강력한 감정일 것이라고 했다. 그러나 그의 휴머니스트 이론과 병사에 대한 공감은 영국 의료계에서 지지받지 못했다. 트라우마 환자는 그 후로도 오랫동안 탈영병에 비유되고 때로 탈영병의 비극적 운명, 즉 사형으로 귀결되곤 했다.

프랑스에서는 오스트리아와 달리 이 치료법에 대해 어떠한 공식적 비난도 없었고, 또 영국과 달리 프랑스 정신과의사들은 치료법의

---

19 Pulman(1986).

20 Rivers(1918).

폭력성에 대해 이의를 제기하지도 않았다. 전쟁정신의학을 비판하지 못하고 양심과 타협했다고 볼 수밖에 없는 이 현상은 프랑스의 독특한 상황에서 비롯된 것이다. 프랑스에서는 군정신의학과 법정신의학, 그리고 나중에 식민지정신의학이라고 불리게 될 분야가 서로 연결되어 있었기 때문이다. 전쟁신경증의 역사에서 잘 알려지지 않은 이 사실은, 이후 낙인찍기를 뛰어넘는 새로운 이론적 관점이 등장했음에도 오랫동안 지속되던 의심의 시대를 이해하는 데에 필수적이다. 히스테리아와 참호쇼크는 1920년대 말부터는 더는 수치와 불명예가 아니었다. 그러나 모든 사회 분야에서 그러했던 것은 아니었다. 두 집단에서만은 예전의 고정관념에 변화가 없었다. 한 집단은 산재 사고 환자로서, 트라우마신경증이나 시니스트로시스 어느 쪽으로 진단을 받아도 오명은 여전했다. 다른 한 집단은 프랑스령 식민지 원주민으로서, 특히 북아프리카의 '무슬림'과 사하라 남부 아프리카의 '흑인'이 그러했다. 이제 그들은 어떠했는지 살펴볼 차례이다.

프랑스의 역사

프랑스에서 애국주의 이상은 종전 후에도 여전했다. 승리한 국가에서 참호쇼크 치료법을 사용했던 군의관은 패전국의 군의관보다 훨씬 더 큰 명성을 얻었고, 상처 입은 자들을 치료하느라 헌신한 고된 세월 덕분에 도덕적, 과학적 권위를 누리고 있었다. 몇 년 뒤, '전상자 보상'이라는 분야를 거머쥔 의사들도 바로 이들이었다. 이들은 심리적 트라우마로 고통받는 사람들에게는 여전히 더 가혹했다. 이들 중

제대한 군의관 일부는 당시 급속히 확장되던 식민지정신의학에 뛰어들었다. 앙투안 포로Antoine Porot와 안젤로 에스나르Angelo Hesnard는 1919년 전쟁의학에 관한 그들의 저술에서, 꾀병을 밝혀내고 히스테리아-트라우마 환자의 치료에 전류요법을 사용하는 것이 여전히 정당하다고 적었다. 그러나 이 병증의 원인에 대해서는 비판적이었다. 사건이 원인이 되는 경우는 급성 반응성 정신병일 뿐이고, 이 환자들만이 전쟁연금을 수혜할 자격이 있다고 그들은 주장했다. 전후가 되어도 달라진 것이 없어서, 트라우마 환자에게는 성격적 나약함, 이기주의, '허약하게 만드는 신체적 결함', 그리고 이번에는 애국심의 결여라는 낙인 대신에 공동체의식의 결여라는 비난의 낙인이 찍혔다. 그도 그럴 것이, 이제 목표는 병사를 전방으로 돌려보내는 것이 아니라, 전쟁연금 혜택을 줄이는 것이었기 때문이다.[21] 1919년 발간된 조르주 뒤마Georges Dumas의 군의학 축약본[22]에도 똑같은 성격적 소질의 목록이 되풀이해서 수록되어 있다. 그리고 이것이 1950년대까지 트라우마신경증에 대한 표준 교과서가 되었다.

1925년 이후로 프랑스 정신의학에서 정신분석의 영향력이 차츰 증가하면서, 히스테리아와 신경증 전반에 새겨진 낙인은 점차 희미해지기 시작했다. 프로이트의 영향력 하에 있던 정신의학계는 트라우마신경증의 위치를 군정신의학의 잔재와 히스테리아의 실험모델의 중간 어딘가에 위치시키고 더는 관심을 두지 않았다. 그러나 트라우마 이론은 정신분석과 더불어, 특히 1920년 죽음에 대한 욕동death

---

21 Porot & Hesnard(1919).
22 Dumas(1919). 소르본의 실험심리학 교수인 뒤마는 자네의 제자로서 몇 년간 프랑스에서 지배적이던 반(反)정신분석파의 견해를 극단적으로 주장하던 대표적 인물이다.

drive 개념이 소개된 이후 더욱 풍성해졌다. 죽음 욕동으로 트라우마신경증의 특징인 악몽을 설명할 수 있게 되었고, 꿈의 해석 원칙과도 그리 동떨어지지 않았다.[23] 1930년대 이후로 트라우마에 관한 한 프로이트이론이 공식 정신의학계의 주요 참조자료가 되었다. 정신의학의 주요 패러다임은 폭력적 사건에 의해 트라우마신경증이 발생한다는 설명으로부터 멀어져갔다. 대중적으로도 트라우마는 현실의 사건과 상관없는 개념이 되어버렸다. 드디어 트라우마는 더 폭넓은 일반 정신병리학 영역에 자리를 잡게 되었다. 프로이트의 두 번째 히스테리아이론에서 물려받은 설명에 의하면, 트라우마는 더는 사건 자체가 원인이 되지 않고, 사건의 정신적 후유증도 아니었다. 정신의 경제적 운용상 적응 능력을 초과한 잘못된 과정일 뿐이었다. 무엇에 적응하기 위한 것이었든 간에 그것이 신경증의 근원이라고 했다. 비극적 사건은 여러 근원 중 하나에 불과했고, 참호쇼크는 단지 특정 사례에 지나지 않게 되었다. 이러한 개념이 법정신의학과 식민지정신의학에 적용됨에 따라 학문적 논의는 사라져갔고, 대중의 언어에서도 트라우마는 멀리 떠나갔다.

그러나 한편에서는 트라우마신경증의 의료전문화 과정만은 계속되어서, 법정신의학 학회에서 수차례나 주제로 삼을 정도로 확장되었다. 정신분석이 침투할 수 없었던 법정신의학은 보상금 추구행위를 비난하고 도덕적 자질과 공동체의식에 문제가 있다며 의심하는 중심 세력이 되었다. 그 뒤 이어진 법정신의학 학회도 내내 같은 양

---

[23] 프로이트가 죽음의 욕동 개념을 소개한 책은 《쾌락 원칙을 넘어서》(Beyond the Pleasure Principle, 1920)였다. 꿈의 해석상 처음으로 꿈이 해석 원칙(욕구의 인식)이 아니라, 거꾸로 반복 강박에 의해서도 해석될 수 있음을 말했다.

상이었다. 트라우마신경증을 시니스트로시스 및 히스테리아와 동일시하는 양상이 지속되었는데, 1954년 민사소송 보고서를 보면 소송이 진행되는 내내 이러한 의심이 드리워져 있다.[24] 의심의 대상은 사고 피해자의 성격이었다. 이들은 대개 형편이 좋지 않은 사회계층이어서 사고로 인한 장애를 핑계로 노동을 면제받거나 아니면 보상금을 받으려 한다고 보았다.

다른 한편에서는, 새롭게 떠오르는 식민지정신의학이 군의 유산을 계승했는데, 거기에는 당시 열대 지역 의사들에게 흔했던 문화차별주의culturalism와 인종차별주의가 가미되어 있었다. 모든 식민지에서 공중보건이 전개되고, 아프리카에서는 최초로 식민지정신의학이 등장했다.[25] 중심인물에는 알제Algiers 학교를 세운 앙투앙 포로가 있다. 전쟁 중에 그는 프랑스령 북아프리카 지역의 '유색인종' 연대에 소속된 병사들을 검진할 기회가 있었다. 1918년에 출간된 그의 저서 《무슬림 정신의학에 관한 소고》Notes on Muslim Psychiatry는 탈식민지화되기 이전까지 권위 있는 참고서로 사용되었다. 그 에세이집에서 무슬림인의 정신 상태를 묘사하기를, 교양 있는 남자라면 마땅히 져야 할 책임으로부터 회피하기 위해, 히스테리아에 걸리거나 보상금을 타내려 하거나 꾀병을 부리고 속임수를 쓰기 쉽다고 했다. 1919년 전쟁정신의학에 관한 논문에서 포로는 똑같은 식으로 전시의 정신이상 원인을 설명했고, "무슬림인은 정서적 활동량이 매우 적어서 고작해야 기초적 본능의 범위 내에서만 정서반응이 나타난다"고 주

---

24 Evrard(1954), Ajuriaguerra(1954).
25 Rene Collignon(2002), Richard Keller(2001).

장했다. 바로 이러한 이유로 그들은 전투의지가 부족하고 전쟁터에서 도망가기 쉽다고 설명했다. 전쟁터를 벗어나지 못하는 상황에서는 도리어 불안해하지도 않고 '전쟁이 촉발하는 정서'에 무심한 태도를 보인다고 했다.[26] 이들 원주민의 태도는 전쟁터에서 보통 사람과 다른 것 같았다고 말했다.

　이상에서 보듯이, 트라우마의 지성사는 프로이트와 자네를 포함한 저명한 정신과의사, 심리학자, 정신분석가 사이의 불꽃 튀는 논쟁으로 가득하다. 이와 동시에 일상의 정신과 진료도 이어져서, 법정신의학과 식민지정신의학은 과학적 방언(계급차별 등)과 편견(인종차별주의 등)을 근거로 들이대며 트라우마 환자를 진료했다. 이 두 분야는 프랑스 정신의학계에서 어느 정도 자율적인 분야인데, 이 둘이 의견 교환을 하면서 동시적으로 소통하는 한편, 또한 그 의견들이 대물림되면서 통시적으로 소통해왔다는 사실은 거의 알려져 있지 않다. 이는 주목해야 할 점이다. 또한 법정신의학과 군정신의학은 도덕적 가치와 사회적 판단도 공유하고 있어서, 국가의 기대에 부응하지 못하는 병사들을 한 목소리로 폄하했다. 다른 한편으로, 군정신의학이 시대적, 공간적으로 전환된 것인 식민지정신의학의 시각 또한 마찬가지였다. 원주민 병사들은 단지 이국적인 것에 대한 임상적 호기심의 대상으로서, 트라우마를 가진 경우 더욱 꾀병을 확신케 하는 이유이자 식민지인에 대한 경멸을 더욱 고착화하는 매개체일 뿐이었다. 탈식민지화 이후 프랑스로 귀국한 식민지정신의학은 법정신의학과 다시 조우하게 된다. 그리고 이때도 중심주제는 트라우마와 시니스트로시스였

26　Porot & Hesnard(1919).

는데, 단지 그 대상이 노동자와, 이제는 이민자가 된 과거 식민지인이라는 사실이 달라졌을 뿐이다. 나중에 프랑스 트라우마 역사상 최고의 아이러니인 이 문제를 되짚어볼 것이다. 그에 앞서 과학자와 일반대중의 관점을 바꾸어놓은 정신분석의 활약상을 살펴보기 위해 다시 제1차 세계대전으로 돌아가 보자.

3장   모두 고백하라, 내밀한 것까지

1960년대 중반, 인식의 대전환이 일어난다. 이를 이해하기 위해서는 1900년대 초반 정신분석의 영향력이 어떠했는지 살펴볼 필요가 있다. 제1차 세계대전이 발발하자 프로이트는 모든 사람이 전쟁에 참여해야 한다고 확신했다. 자신이 진료하던 신경증 환자에게 병역면제 진단서를 발급해주는 것도 거부했다. 환자도 다른 사람과 똑같이 국가에 봉사해야 한다고 생각했고, 환자의 증상이 병역의무를 행하지 못할 정도는 아니라고 판단했기 때문이었다. 이차적 이득에 관한 프로이트의 이론 또한 이를 뒷받침한다. 증상으로 인한 괴로움보다 증상이 주는 잠재적 이득이 더 클 경우 그 병은 무한정 지속될 수 있다고 보았다. 이차적 이득은 의식적으로 추구하는 동기, 예컨대 보상금 등과는 전혀 다른 것이다. 환자는 명백히 병이 주는 이득을 알지 못하고 심지어 병에 대해 불평하기도 한다. 이차적 이득은 증상의 심각성을 과장하는 것과도 다르다. 그러나 의사는 증상으로 생기는 부차적 이득을 알고 있고, 이로 인해 병적 상태를 유지하려는 경향, 더 나아가 병적 상태가 현실과 안정적으로 균형을 이루어 끝없이 지속되려는 경향을 차단해야 한다. 이런 관점에서 의사들은 병역면제 진단서 발급을 거부하고, 국가의 부름에 응하도록 환자를 격려하는 것이 치료법이라고 생각했다.

그럼에도 1920년 야우레크 재판에서 프로이트가 공식 증언을 하기 이전까지는 전쟁신경증에 대한 프로이트의 영향은 미미했다. 프로이트보다 더 강력한 영향력을 발휘하던 사람은 프로이트의 제자 네 사람이었는데, 카를 아브라함Karl Abraham, 산도르 페렌치Sándor Ferenczi, 에른스트 짐멜Ernst Simmel, 그리고 빅토르 타우스크Victor Tausk가 그들이다. 비록 각자 다른 방식으로 프로이트이론을 끌어들였다 해도,[1] 이들 네 명의 정신분석가는 정신적 트라우마에 관한 현대적 이론의 창시자로 알려져 있는데, 이들의 영향은 이론에 국한되지 않았다. 역사에는 이 네 사람이 전쟁신경증 병사들에게 치료의 이름으로 행해지던 만행에 최초로 제동을 걸었다고 기록되어 있다. 암시와 위협에 기반을 둔 권위적 정신치료법을 신봉하던 정신분석가들은 정신치료만 하는 것이 전기자극보다 치료 효과가 좋다고 믿었다. 치료의 목표는 이기심에서 비롯된 증상과 병을 환자가 인정하게 하고, 증상을 포기하고 집단의 가치관을 받아들이게 하는 것이었다. 당시 오스트리아-헝가리군 소속이었던 이 네 사람은 이러한 억압적 치료에 제동을 걸고, 그 대신 정신분석 치료법을 적용할 것을 제안했다. 이들이 기여한 바는 중요했지만, 그 의의는 종전 후에야 뚜렷해진다. 그러므로 피해자를 향한 의심의 시선이 비록 사라지지는 않았

---

[1] Otto Fenichel(1953).

지만 정신분석의 영향 하에 어떻게 변화되었는지 이해하기 위해서, 이제 이에 관한 역사와 제2차 세계대전 이후까지 지속된 사회적 여파를 살펴보려 한다.

전쟁정신분석

오스트리아에서 비인간적인 잔혹한 치료방식에 관해 논쟁이 벌어졌을 때, 정신분석가들은 강력한 존재감을 드러낸다. 이들은 정신적으로 상처받은 사람을 설득하거나 위협하던 치료방식을 비난하고, 오직 환자가 말하는 것에만 귀를 기울여야 한다고 주장했다. 현대 역사가들의 해석은 두 가지로 나뉜다. 이 치료법이 예전 관행에서 진정으로 전환된 것인지 아니면 그저 여러 종류의 치료법 중 하나에 불과한지에 대해 이견이 있기 때문이고, 또 누군가는 당시 의료 관행이었던 잔혹한 치료법을 공개적으로 반대할 만큼 대담했던 몇몇 정신분석가에게 찬사를 보내기 때문이다.[2] 아브라함과 타우스크는 기소된 탈영병을 옹호하면서 군의 관점에서 보면 괘씸하겠지만 탈영병의 행동은 상황에 따른 반응이라고 주장했다.[3] 이 두 사람이 보기에는 탈영병이나 꾀병 환자에게는 책임이 없음을 보여주는 것이 중요하다고 보았던 것이다.

1916년 3월 냉트 벨그레이드Ninth Belgrade 의학강좌에서 타우스

---

2 Rousseau(1997, p.27), Brunner(2000).

3 Trehel(2006).

크는 탈영병의 심리에 관한 이색적이고도 매우 논쟁적인 강연을 벌였다.[4] 탈영병은 전장에서 즉결 처분하는 것이 규범이고, 탈영을 시도했던 병사에 대한 군 법정의 판결은 몹시 가혹한 경우가 많았다. 타우스크는 관대한 처분을 호소하기 위하여, 처했던 상황과 성격 구조에 따라 탈영병을 분류하고 그들의 탈영 동기를 이해하고자 했다. 그의 주장은 군 고위계층이나 군의관의 관심을 끌지 못했다. 그러나 타우스크가 정신과의사가 되기 전에 전공했던 법조계는 그의 주장을 밀어주었다. 조국을 지키는 일이 아닌, 동료를 고발하고 경멸하는 이른바 애국심이라는 것에 의문을 던지는 타우스크의 주장에 힘을 실어준 것이다. 전쟁쇼크 병사와 탈영병 사이의 유사점을 치밀하고도 섬세하게 설명하는 강의에서 타우스크가 결론적으로 주장한 것은 그들은 겁쟁이가 아니라는 것이었다. 이들이 가진 증상은 의식적으로 지어낸 것도 아니고 사건 자체에 의한 것도 아닌, 도리어 무의식적인 것, 즉 의지력보다 더 강력하여 스스로 통제할 수 없는 그 무엇 때문에 발생했다는 것이다. 따라서 그 행동에 책임을 지워서는 안 되며, 이들을 재판정에 세우는 것은 정의가 아니라고 주장했다. 권위적이고 가혹하기까지 한 치료방식은 오직 의지적 행동을 대상으로 하기 때문에 의지와 상관없는 이들의 행동에는 효과가 없다고 했다. 그 주장의 핵심은 신경증을 가진 병사들의 무죄를 호소하기 위해 무의식적 동기를 드러내는 것에 있었다. 이 시점에서 목표가 재설정되었다. 그 목표는 군정신의학의 억압적 치료 관행을 고발하는 것이고, 한편 유죄가 될 수 없는 무의식의 동기를 밝혀내기 위해서 병사의 내적 심

---

4 Tausk(1916).

리 상태를 파헤치는 것이었다.

　동시에 이 시점은 정신분석의 모호함이 극적으로 노출되는 순간이기도 했다. 무의식을 문제 삼는 것은 전쟁신경증 환자를 불명예에서 벗어나게 할 방도였지만, 정신과의사에게도 이득이 있었다. 그러나 이 방도는 의심의 대상을 무의식으로 돌리게 한 것일 뿐, 증상의 기능에 대한 해석은 전통 정신분석과 다를 바 없었다. 전쟁쇼크가 더는 꾀병이나 비겁함으로 분류되지 않는다 하더라도 의혹은 남아 있었다. 그 병사들은 왜 그렇게 기를 쓰고 전장을 피하려 하는가? 게다가 정신분석 관점에서 보아도 무의식적 동기는 의식적 동기와 그리 무관해 보이지 않았다. 정신분석가들조차도 오직 전쟁 때문에 증상이 시작되었다고 보지 않았다. 왜냐하면 똑같은 상황에 있는 병사 대부분이 심리적으로 큰 상처를 받지 않았다고 알려졌기 때문이다. 군인에게 항상 요구되는 규범은 전쟁 상황을 견디는 것이다. 신경증 병사를 강력하게 옹호하는 가장 진보적이고 대담한 타우스크와 같은 사람들의 생각도 똑같았다. 즉, 전장을 회피하려는 무의식적 욕구에 의해 증상이 생겼다는 것이다. 심지어 몇몇 독일 정신분석가[5]는 이들 병사가 전쟁을 겪은 후유증으로 트라우마가 생긴 것이 아니라, 애초에 전쟁을 직면하지 않으려는 욕구 때문에 트라우마가 생겼다고 주장하기까지 했다.

　무엇 때문에 그들이 무의식적으로 질병을 피난처로 삼게 되었을까? 정신분석은 무의식 깊은 곳을 탐사할 수 있고, 트라우마와 관련된 무의식적 욕구와 갈등을 설명하는 데에는 다른 어떤 이론보다 탁

5　Brunner(2000).

월했으나, 정신분석가들 또한 정신과의사들이 가진 도덕적 편견을 가지고 있었다. 아브라함은 참호쇼크 병사들이 전쟁의 공정한 원칙을 준수하지 않는 것은 내적 갈등 때문이라는 견해를 피력했다. 조국을 위해 자신이 죽는 것도, 남을 죽이는 것도 꺼리는 이 나약한 남자들을 움직이게 하는 최우선의 동기는 과잉 발달된 자기애라면서, 아브라함은 참호쇼크의 정신분석에 관한 기조 강좌에서 다음과 같이 말했다.

전쟁 발발 후 징병되어 전장에 나갔던 한 병사는 1914년 8월 12일 부상을 당했다. 완치되기 직전 군병원을 몰래 빠져나가 전선으로 돌아간 그 병사는 곧 두 번째 부상을 입었고, 또 몇 개월 후에 세 번째 부상을 입었다. 또 다시 전선으로 돌아갔을 때, 이번에는 폭발로 인해 참호에 매몰되어 이틀 동안 의식을 잃었다. 네 번째 부상 이후 그 병사는 조금 감상적인 모습을 보이긴 했으나, 그렇다고 불안이나 우울, 초조함 등의 신경증 증상을 보이지는 않았다. 전선에 나간 다른 한 병사는 야간 전투 당시 구덩이에 빠졌는데 어떠한 부상도 입지 않았다. 그러나 이 병사는 곧 극심한 떨림을 동반한 중증 신경증 증상을 나타냈다. 이러한 차이를 어떻게 설명할 수 있을까?[6]

답은 무의식에서 찾을 수 있다.

이들을 심층적으로 분석해보면, 어떤 사람은 왜 정신적으로 신체적으

---

6 Abraham(1923, pp.60~61).

로 극심한 전쟁의 고난을 겪고도 잘 지내는지, 다른 어떤 사람은 왜 작은 사건에도 중증의 신경증 반응을 보이는지 이해할 수 있다. 항상 변함없이 발견할 수 있는 사실은, 신경증은 전쟁 트라우마(정식 명칭이 정해지기 전까지는 당분간 흔히 사용되는 것으로 지칭하겠다)를 겪기 이전부터 잠재되어 있어서 정서적으로 불안정하고, 특히 성과 관련되어서는 더욱 그러했다. 누군가는 일상생활에서도 불안정하고, 누군가는 일상생활에 큰 문제는 없을지라도 수동적이고 동기가 약했다. 이러한 병사들은 모두 성활동이 제한되어 있었고, 리비도libido는 고착fix된 채 억압되어 있었다. 많은 전쟁신경증 환자는 전장에 서기 이전부터 성적 능력에 문제가 있거나 제한이 있었다. 리비도 발달상 자기애 단계에 부분적으로 고착되어 있어서 이성 관계에 문제가 있었다. 자기애 단계에 얼마나 빠져 있는지에 따라 이들의 사회적, 성적 기능에 차이가 났다.

전시에는 평소와는 전혀 다른 강력한 외적 요구에 부응해야 한다. 공익을 위해 무조건적으로 자신을 희생하도록 항상 준비되어 있어야 하는 것이다. 또한 모든 자기애적 특권을 포기할 줄 알아야 한다. 건강한 사람은 자기애의 발현을 억제할 수 있다. 사랑하는 마음을 남에게 전할 수 있듯이 공동사회를 위해 자아ego를 희생할 수 있어야 한다. 이 관점에서 볼 때, 신경증에 걸리기 쉬운 이들은 건강한 자에 비해 뒤처진 사람들이다. 이들의 수동성은 자아 욕동ego drives 영역은 물론 성 욕동 영역에서도 동일한 수준으로 나타난다. 자기애가 뚫고 나오면, 공동체를 위해 희생하는 것과 같은 리비도의 전환 능력은 사라지고 만다.[7]

---

7 Abraham(1923, pp.61~62).

"이렇듯 참호쇼크는 그 개인의 일상생활에서 비롯된다. 전쟁과 같은 극단적 사건이 신경증을 발현시키기는 하나, 그 원인은 아니다. 환자에게 문제가 있는 것이지 전쟁 자체가 문제되는 것이 아니다." 이러한 주장은 당시 전쟁신경증 병사를 의심하고 비난하던 대부분 사람이 취하던 태도와 유사하다. 이 유사성이 알려주는 점은, 다시 말해서 전쟁정신분석가의 이론은 당시 사회적 관습에 따라 만들어졌다는 사실이다.

모두가 이렇게 확고한 태도를 취한 것은 아니었다. 페렌치는 덜 비판적이었다. 전선으로 돌아가지 않기 위해 신경증 증상이 계속될 수도 있고, 이차적 이득도 군역 면제에서부터 연금에 이르기까지 다양할 수 있다고 인정하기는 했지만, 반드시 그런 이유로 증상이 발생하는 것은 아니라고 그는 생각했다. 전쟁신경증 환자는 대부분 과잉 발달된 자기애를 보인다고는 하나, 아브라함과 달리 누군가는 자기애로 강한 투지를 보일 수 있고, 누군가는 공적을 쌓아 명예를 얻으려는 욕구를 나타낼 수 있다고 보았다. 여태껏 자기 능력을 과대평가해온 사람들이 트라우마적 사건에 직면하여 그동안 지켜온 자기애에 상처를 입었을 때 증상이 생긴다는 것이다.[8] 이처럼 자기애라는 동일 요인을 아브라함은 원인으로, 페렌치는 반응으로 해석하였다. 그렇지만 두 사람 모두 전쟁 자체가 결정적 요인이라고 생각하지는 않았다. 제1차 세계대전에 참전했던 모든 병사가 트라우마신경증에 걸린 것이 아닌 만큼, 기존 성격이 주된 역할을 한다는 데에 두 사람의 의견은 일치했다. 성격에 더하여 개인의 역사, 성활동, 내적 갈등, 그리

---

8 Ferenczi(1918, 1978).

고 애국심, '선', 의무, 희생, 소속집단 등에 관한 개인의 생각이 큰 역할을 한다는 것이었다. 어떤 상황에서 반드시 해야 하는 윤리적 선택을 감당해내지 못할 때 비정상적인 사람에게서 트라우마가 나타난다고 보았던 것이다. 여타 정신과의사들과 달리, 이 둘은 병사를 비난하지 않는 도덕적 평가를 했다는 공통점이 있다.

전쟁정신분석가들은 애국주의와 적당히 타협한 것으로 보인다. 그러나 필자들은 이들을 비난하지 않는다. 제1차 세계대전은 모든 유럽인에게 애국주의 이상을 한 마음으로 품게 했던 역사적 사건이어서 단지 정신분석가들만이 그 이상을 고수했다고 상상하는 것은 순진하고도 시대착오적 태도이다. 그러나 놀라운 점은 전쟁정신분석가의 이론적 가정이다. 그들이 어떤 태도로 전쟁신경증 환자를 대했든 간에, (페렌치와 타우스크의 동정적인 태도, 아브라함의 비판적 태도 등) 전쟁의 공포를 생생하게 목격한 증인으로 환자를 대하지는 않았다. 그들은 환자를 전쟁이라는 역사적 사건의 산물이 아니라, 본래 성향으로 인하여 증상이 생긴 사람으로 보았던 것이다. 전쟁정신분석가들이 환자를 치료하기 위해서는 환자가 다른 병사와 어떻게 다른지 파악하고 구별해내야만 했다. 환자의 문제점을 찾아내고, 무의식적 욕구를 들춰내야 하고, 환자 개인의 역사 중 어느 부분에서 전장의 공포와 비겁한 태도가 비롯되었는지 탐색해야 했다. 왜 환자가 트라우마를 입었는지, 왜 다른 병사들과 달리 일반적 사회의 가치관에 따라 행동하지 않는지, 환자를 위협하거나 강제하지 않으면서 환자 스스로 인정할 수 있게 해야만 했다. 꾀병이라는 의심에서 벗어나기 위하여 환자는 내밀한 모든 것을 고백하는 길고도 고통스러운 정신분석 과정을 거쳐야 했다. 환자 개인의 역사에서 트라우마가 비롯되었음을 인정받기 위해서는 반드시 치러야 할 과정이었다.

이 자기고백은 당시 오스트리아-헝가리 의료서비스에서 의심을 해소하기 위해 실행하던 절차에 딱 들어맞았다. 물론 병사에게 훨씬 더 인간적인 처우를 제공했지만, 동시에 군 당국의 요구와 그리 동떨어진 것은 아니었다. 사실 의심의 시선은 전쟁 기간 동안 치료적 잔혹함으로 표출되었을 뿐만 아니라, 일반 시민 대상의 전문가가 더 지속적인 다른 치료방식을 개발하는 데에 기여했다. 이제 치료라는 것은 내적 나약함을 인정하는 것이 되어버렸고, 이기적 성향을 가지고 있음을 스스로 폭로하고, 무의식적 욕구가 드러날 수준까지 죄책감을 시인하는 것이 되어버렸다. 개인의 역사와 심리적 동기, 그리고 궁극적으로는 자기고백을 체계적으로 분석하여 대상화하는 과정을 치료라고 불렀고, 개인적 요인이 사건의 성질보다 더 중요했다. 전기충격요법과 가혹한 치료방식으로 시작되었던 군정신의학은 한때 정신분석가들에 의해 인간적인 모습으로 탈바꿈되는 듯했다. 그러나 결국 자기고백 방식은 모든 종류의 트라우마로 그 대상을 확대하게 된다. 자기고백이 트라우마 서사의 중심 주제가 된 것이다. 이 서사에서 사건은 단지 구실에 지나지 않았다. 왜냐하면 트라우마는 이미 개인의 역사에 존재했던 것이고, 사건의 충격을 설명하는 것은 이 기존의 트라우마적 성격 구조이기 때문이었다.

돈벌이 신경증

"이제 트라우마신경증과 참호쇼크의 이상적 치료법에 대해 달리 생각해야 할 때가 왔습니다. 전쟁이 끝나면 심각한 경제적 혼란이 뒤따를 것입니다. 국가재정이 취약할 때 나랏돈을 좀먹는 수천 명의 기생충 때문에 나라를 위험에 빠뜨릴 수는 없습니다. 우리가 미리 조심하고 올바른 계획을 세우지 못한다면, 병약자로 군 면제를 받은 자로 이루어진 그릇된 재향군인회를 보게 될 것입니다. 의사인 우리의 임무는 그러한 재정 남용으로부터 사회를 지키는 일입니다." 정신적 상처를 받았다고 주장하는 병사들에게 전쟁연금을 지급해서는 안 된다는 애국심에 가득 찬 이 경고는 1916년에 발표되었는데, 뒤이어 트라우마신경증을 양산하는 사회적 요인에 대한 정밀한 고발이 잇따랐다. 이 수사적 연설은 웅변가도, 군 정신과의사도 아닌 마르셀 모로 Marcel Moreau 의 말이다. 그는 산재사고 피해자 배상소송에서 국가와 민간보험 편에 서서 탄탄한 경력을 쌓아올린 벨기에 전문가이다. 그는 사회에 대한 노동자의 원한을 잘 알았고, 트라우마가 '일하지 않고도 돈을 받는 방법'으로 이용된다는 사실도 알았다. 사고 피해 보상으로 얼마나 많은 재정이 소모되는지도 잘 알았기에 그는 전시戰時를 이용한 '돈벌이 가짜 신경증'의 유행 가능성을 벨기에 변호사와 판사, 그리고 보건 당국에 경고한 것이다. 그러나 프랑스 동료들과는 달리 모로는 트라우마신경증의 개념 자체를 부정하지 않았고, 산재환자들이 꾀병을 부린다고 생각하지도 않았다. 전쟁쇼크 병사가 전쟁을 회피하려는 의도가 있다거나 그들의 고통이 허구라고 비난한 것도 아니다. 병을 가진 모든 아픈 사람과 마찬가지로 그들도 의사의 돌봄과 사회적 관심을 받을 권리가 있다고 보았다. 그러나 그가 말한 권리는 보상금을 의미한 것은 아니었다.

이것이 문제의 핵심이었다. "트라우마신경증은 때로는 무능 상태에 빠지는 진짜 정신질환으로, 환자는 물론 환자를 감당해야 할 주변 사람까지 고통스럽게 한다. 직장을 잃고 수입도 없어지며 완전히 나태한 상태에까지도 이를 수 있는 질병이다. 그러나 사고 자체는 이 병의 원인이 아니고, 도리어 보상금을 받을 수 있다는 사실이 증상을 초래한다." 이러한 이유로 모로는 '돈벌이 신경증profitable neurosis'이라는 단어를 사용했다. 다른 정신질환자와 조금도 다를 바 없는 이 전쟁신경증 환자들에게 왜 사회는 보상금을 주어야 하는가? 기껏해야 유발인자에 불과한 사건을 원인으로 보는 인과론은 틀렸으며, 이를 근거로 국가에 책임을 묻거나 보험회사에 책임을 떠넘기는 일은 정당화될 수 없다. 산업재해에서 배상을 정당화하는 법이 확립되지 않는 한, 전쟁 경험은 환자의 책임도 아니거니와 국가의 책임도 아니다. 이러한 자기주장을 증명하기 위해, 모로는 독일의 의학 관련 저술들을 근거로 내세웠다. 즉, 트라우마신경증은 피해자가 배상을 요구할만한 자격이 없거나, 피해자가 보상금에 관심을 가지지 않을 정도로 사회적 전문가 계급일 때는 나타나지 않는다는 것이다. 숙련된 기술자나 회사 간부 혹은 노년기 공무원들은 국가재정을 축내기보다는 자신의 일을 즐기고 계속하기를 원한다는 것이다. 기대할만한 이득이 없을 때는 트라우마신경증이 생길 동인動因이 없기 때문에 발생하지 않는다고 그는 믿었다.

    모로는 정신질환 분류법을 발전시킨 에밀 크레펠린Emil Kraepelin[9]

---

9 에밀 크레펠린은 정신질환의 증상과 경과를 세밀하게 관찰하고 기록함으로써, 가설과 이론을 세우기보다는 질병의 실제 양상을 파악하고 파악된 양상에 따라 질병을 분류하는 방식인 기술정신의학(descriptive psychiatry)을 시작했다. 그는 현대 정신의학의 창립자라고 불린다. 이 전통을 이어받은 것이 신기술정신의학(Neo-Kraepelian)이다.

을 인용하여 주장하기를, 트라우마신경증이 많이 발생하는 나라를 살펴보면, 산재배상법이 제정된 이후에 그러한 현상이 나타났다고 했다. 독일의 경우, 1889년 오펜하임이 '트라우마신경증'이라는 용어를 만든 지 4년 만에 산재배상법이 제정되었다. 일본에서는 법 제정 1년 만인 1911년부터 신경증이 증가했다. 19세기 말부터 20세기 초 사이에 노동자 권리를 지원하는 법이 발효된 모든 나라―프랑스, 스위스, 스웨덴, 덴마크, 이탈리아, 호주―에서 모두 동일한 현상이 나타났다. 모로는 이 급격한 증가 현상이 환자에게만 책임이 있는 것은 아니라고 보았다. 환자에게 동정적인 의사, 보험금을 타내려는 가족, 그리고 진짜 의도를 숨긴 노동자들의 시위에 지나치게 관대한 나라 전체가 공동의 책임을 지고 있다고 보았다. 모로는 트라우마신경증은 전적으로 의학적 문제이지 재정적 보상의 문제는 아니라는 입장을 고수했다. 전문가들, 특히 정신분석가들이 환자의 완전 회복을 보증할만한 징후를 찾아내려고 계속 시간을 끌자, 모로는 다음과 같이 비꼬았다. "신경증을 완치시킬 신속하고도 혁명적인 방법은 보상금 신청은 모조리 다 기각하는 것이다."

제1차 세계대전 당시 정신의학계에는 의심의 분위기가 만연했고, 이를 당시의 특징이라고까지 말할 수 있다. 유럽이 또 다시 유혈전쟁에 휩쓸려 들어가던 1942년에 《벨기에 신경학 및 정신의학 저널》The Belgian Journal of Neurology and Psychiatry[10]에 의심의 글이 다시 실렸다. 그러나 이전과 비교했을 때 두 가지 차이점이 있었다. 첫째, 트라우마신경증을 실재하는 질환으로 인정했다는 점이다. 산재사고 피해

---

10 Moreau(1942).

자들과 20여 년 넘게 협상하며 얻은 경험으로 법의학은 마침내 피해자의 정신병리를 확인했다고 주장했다. 트라우마신경증은 꾀병이 아닌 독립된 임상범주로서 사고와 연관된 진짜 질병이기는 하지만, 사고 자체가 원인은 아니라고 했다. 물론 모로처럼 보상에 대한 기대가 원인이라는 과격한 주장도 있었지만, 사고 피해 후 나타나는 환각 증상이 정신병의 특징과 유사함에 주목한 많은 사람은 더 진중한 견해를 가지고 있었다. 두 번째 차이점은 피해자 신분과 연관된다. 이 견해 역시 일반인의 트라우마를 진료하던 정신건강 전문가들이 내놓았는데, 그들은 일부 피해자의 심리적 특징으로 트라우마가 나타난다고 보았다. 비록 트라우마가 사고 자체에 의한 것이라기보다는 이득을 기대할 때 발생한다고 보았음에도 피해자는 보상을 추구할 권리가 있다고 주장했다. 모로가 반박한 것이 이 두 번째 견해이다. 여태까지는 사고 이전에 이미 존재하던 요인—피해자의 성격과 기존의 트라우마적 심리 구조—이 원인이라고 간주되었으므로 사고 경험과 증상을 연관시킬 수 없었고 피해자의 정당성도 무시되었다. 그러나 이제는 사고 이후가 초점으로 등장하게 된다. 즉, 의식적이든 무의식적이든 기대되는 이득이 증상을 지속시키는 요인이라고 보게 되었고, 역설적이게도 이로 인해 비로소 간접적으로나마 사고와 증상을 연결시킬 수 있게 된 것이다.

'전쟁영웅'의 진실

트라우마신경증이 보상을 추구한 결과라는 개념들은 제2차 세계대전 당시에도 군정신의학에 확립되어 있었다. 그러나 정신분석 개념이 실제로 군정신의학에 미친 영향은 전통 역사기록학이 말하는 것보다는 덜 주요했다. 군의관인 클로드 바루아와 루이 크로크Louis Crocq, 역사가인 엘리자베트 루디네스코Elisabeth Roudinesco와 같은 대부분의 프랑스 전문가는 제2차 세계대전이 트라우마 개념의 획기적인 전환점이었다고 보고, 이미 제1차 세계대전 이후부터 정신분석의 영향 하에 그 변화가 시작되었다고 기술한다. 그러나 제1차 세계대전에 관한 이 언급이 부정확함을 우리는 여태까지 살펴보았다. 제2차 세계대전이 전환점이었다는 말은 기만적이기까지 하다. 왜냐하면 근본적으로 서로 다른 두 갈래의 전개 과정을 혼돈한 것이고, 나치 수용소가 해방된 지 수년이 지난 후까지도 알려지지 않았던 개념을 전쟁정신분석의 공적으로 치부하는 것이기 때문이다.[11] 1920년 프로이트가 죽음에 대한 욕구를 소개한 후여서, 개념화된 트라우마의 병인론은 사실 전쟁 트라우마의 치료와 예방에서 그리 중요한 주제가 아니었다. 정신분석이 영향을 미치기 시작한 곳이면 어디에서나, 조기 정화요법(쌓여 있던 감정을 분출하고 언어화함으로써 정서적 스트레스를 감소시키는 방법)에 기반을 둔 정신치료 모델이 일반 트라우마 환자의 치료로 널리 사용되고 있었고, 최면기법과 재적응readaptation 기법 또한 지배적인 치료법이었기 때문이다.

---

11 Barrois(1998), Crocq(1999), Roudinesco(1986). 피해정신의학은 자신들의 역사적 연속성을 입증하려는 시도 중 하나로 트라우마 개념의 연속성을 주장하여 정신의학계 내에서 정당성을 얻고자 한다. 동시에 몇 명 안 되는 트라우마 전문가가 피해자 권리에 기여했다고 말하는데, 앞으로 살펴보겠지만 피해자 권리는 단순히 과학 정보를 정책화한 것이 아니고 여러 세력이 훨씬 복잡하게 관여하여 이루어진 것이다.

이렇듯 이론과 실천 사이의 괴리는 영국에서도 그 예를 찾을 수 있다. 영국의 참전이 결정된 순간부터 군 당국은 정신의학의 개입을 확대하여, 몇몇 정신분석가를 초빙해서 병사를 모집하고 배치하는 과정에 참여하게 했다. 심리학 전문가에게는 간부급 군인 후보자를 선별해줄 것을 청했다. 군인 간부를 선별하고 훈련시키려면 통상적으로 서너 달이 걸리지만, 성격검사 및 정신분석가가 관찰하는 집단역할극을 통해서 성격 특성, 책임감, 리더십 등을 판단함으로써 몇 시간 만에 간부 후보를 구별해낼 수 있다고 했다. 동시에, 북미의 정신분석 유행에 고무되어 그룹치료도 시작되었다. 그러나 이러한 실험은 그 영향력도 제한적이었고 여타 유행과 마찬가지로 오래가지 않았다. 오히려 지배적이던 관행은 꾀병을 가려내고, 참호쇼크 환자는 치료해서 최전방으로 복귀시키는 것이었다. 이들 환자는 여전히 동기를 의심받고 있어서 전상자戰傷者의 지위도 누릴 수 없었다. 나약한 인격을 가졌다고 간주되었을 뿐이다.

라캉은 당시 런던에서 겨우 3개월 머물다가 돌아와서는 영국군의 관행에 열렬한 지지를 표명한다. 그는 정신분석의 효험이 증명되었다며 영국군의 치료방식이 혁신적이라고까지 찬양했다. 격정적으로 써내려간 그의 글에는 두 명의 위대한 선구자에 대한 칭송이 적혀 있는데, 존 릭먼John Rickman과 윌프레드 비언Wilfred Bion이 그 두 사람이다. 이들은 노스필드Northfield 병원에서 미래의 군 간부를 선별하는 심리검사와 새로운 방식의 그룹정신치료를 하고 있었다. 자아ego 강화를 목표로 하는 그룹치료를 한다는 사실은 정신분석의 영향으로 영국 정신의학이 변화되었음을 반영하는 것이라고 열성적으로 주장하면서도 그 치료법이 금방 종결된 사실은 생략하고 언급하지 않았다.[12] 비언의 전기작가가 쓴 내용에 따르면, 비언은 군정신의학계 내에서 항상 방관자였다고 한다. 제1차 세계대전 당시 혁혁한 공로를 세웠음에도 책임 있는 직책은 주어지지 않았다. 아마도 비언은 제2차 세계대전 동안 기억되지 않았던 유일한 정신과의사일 것이다. 노스필드 병원에서 시행했던 실험적 그룹정신치료가 실패로 끝나고 6주 만에 전근을 가게 되었는데 그 이유는 알려져 있지 않다. 오랜 시간이 지나 치료공동체가 흔한 치료법이 되어 널리 쓰이고, 비언의 실험적 방식이 표준으로 인식되면서 미국을 포함한 여러 나라에서 이를 따라하게 된다.[13] 전시동안 영국은 새로운 방법에 거의 폐쇄적이었다.

미국의 군에서도 상황은 마찬가지였다. 전시에 나타나는 트라우마 반응을 조기에 발견해서 정신분석적 방법으로 치료해야 한다는 에이브러햄 카디너Abraham Kardiner의 저술은 미국 정신의학에 이론적 영향을 끼쳤다.[14] 그러나 미국에서 지배적이었던 생각은 트라우

---

12 Lacan(1947). 라캉이 열정적으로 했던 강의에서 알 수 있는 사실은, 그가 전시동안의 영국 정신과 관행에 무지했다는 것과, 프랑스 정신분석을 옹호하려는 열의에 차 있었다는 사실이다. 또한 20쪽이 넘게 쓴 글에서는 참호쇼크에 관해서 실질적으로 말한 것이 없고, 어쩌다 한번 언급한 때는 비하적이며 의심에 가득 찬 표현을 썼다.

13 Bléandonu(1990).

14 Kardiner(1941). 1923년 비엔나에서 프로이트와 함께 정신분석을 경험한 그는 미국으로 돌아와 뉴욕 보훈병원에서 일하면서 정신분석 이론을 트라우마 환자에게 적용하고자 했다. 참호쇼크에 관한 그의 설명은, 프로이트의 가르침에 충실하게도, 마치 정신분석 이론으로 도배를 한 것 같았다. 그러나 그는 전이 신경증(transference neurosis)에 비해 참호쇼크는 비교적 저절로 생긴다는 것을 강조했다. 또한 리버스의 견해에 가까워서 트라우마 병사의 애국적 전투정신에 의혹을 표하는 것에는 반대했다. 비록 그가 환자 병사의 기존 성격이 트라우마의 결정적 요소라는 원칙은 유지했지만, 그의 견해는 제2차 세계대전 동안 미국 정신의학계의 인정을 받았다.

마 병사의 진실성을 가려내는 것이었고, 군의사의 관심사도 꾀병 환자를 뿌리 뽑는 것이었다.[15] 정신적으로 망가진 병사의 이미지는 미국인의 시각으로 보면 용납할 수 없는 일이었다. 미국 군인은 자유를 위해 싸우는 영웅으로서 노쇠한 유럽을 구해내고 승리의 영광을 안고 귀향해야만 했다. 그러나 초췌한 얼굴로 귀향한 병사들은 악몽에 시달리고, 전쟁터도 아닌 자신의 고향에서 공포에 질려 식은땀에 흠뻑 젖어 있었던 것이다.

군 당국도 이 현실을 똑바로 인식하고 있었다. 영화감독 존 휴스턴John Huston에게 전쟁 트라우마 병사의 치료에 관한 홍보용 기록물을 만들어달라고 요청했던 군 당국은 기록물이 만들어지자 방영 금지는 물론 배급조차 금지했다. 1946년 제작된 〈거기에 빛이 있으라〉Let There Be Light는 제2차 세계대전에 참전한 미군 전투부대를 기념하는 3부작이다. 완벽을 추구하는 휴스턴 감독은 총 3부에 달하는 이 기록물에서 정치성을 배제하고 철저한 객관성을 고수했다. 그는 롱아일랜드의 메이슨Mason 통합병원에 입원한 참전군인들의 일상을 3개월에 걸쳐 기록에 담아냈다. 펜타곤이 요구한대로 이들의 용기와 희생정신은 확실히 묘사되었으나, 동시에 확실하게 묘사된 또 다른 것은, 이들 중 몇몇이 명백하게도 말 그대로 부서져 있었다는 사실이다. 기록물은 이들의 공포, 수치심, 눈물은 물론, 군 당국이 어떤 모욕을 가했는지조차 여실히 드러냈다. 또한 군 정신과의사의 거만함과 잔인함도, 정신과 치료법의 잔혹성도 그대로 드러냈다. 1981년 칸 영화제에서 세계 초연初演되었을 때, 관객과 평론가는 침묵했다. 군 당

---

15 Kurt Eissler(1986).

국과 군의 의료 관행이 새롭게 폭로되길 예상했던 관객의 당시 기대에 못 미쳤기 때문이다.[16] 그때쯤에는 이러한 과거 사실이 이미 다 알려져 있었던 것이다. 전쟁은 병사를 죽이는 것만이 아니고 생존한 병사의 삶을 파괴하고 평생 심리적 상처를 끌어안고 살아가게 만든다는 사실이 그것이다.

트라우마에 관한 과거의 해석과 현재의 해석을 비교해보면, 전쟁과 그 피해자에 관한 시각이 어떻게 변화했는지 알 수 있다. 1946년에는 전쟁의 참상을 표현한다 해도 자유를 위해 싸우는 병사의 정신적 고통을 보여주어서는 안 되었다. 이 불운한 병사들은 용감한 증인과는 거리가 멀었다. 이들이 괴로워하는 모습은 영웅주의와도 멀었다. 인간으로서는 감당할 수 없는 참상 속에서 그나마 남아 있던 인간성마저 고통스러운 광기에 먹혀버리는 모습을 그려내서도 안 되었다. 이들의 악몽은 전쟁의 집단적 기억을 대변하지도 못했고, 다시는 이런 일이 일어나게 해서는 안 된다고 권력자들을 설득할만한 힘도 없었다. 1946년, 전쟁으로 정신이 허물어진 참전군인들의 고통은 그저 전쟁의 현실을 희미하게 투사하는 그림자에 지나지 않았고, 이들은 대중의 시선으로부터 차단되어야 했다. 전쟁의 공포를 감추기 위해서가 아니라, 이들이 보통 사람보다 나약한 사람들이므로 전쟁에 대해 말할 자격이 없다고 보았기 때문이다. 단지 전쟁을 어떻게 견뎌

---

16 존 휴스턴과 미국영화감독협회는 당시 미국 부통령 월터 먼데일(Walter Mondale)에게 이 기록물 개봉을 허가해달라고 강력하게 호소했다. 그러나 빌리지 보이스(The Village Voice) 극장에서 시사회 첫 상영을 본 유명 영화평론가 앤드루 새리스(Andrew Sarris)는 이 기록물이 관습적이고 독창성이 부족하다고 혹평하면서, 그저 정신분석 선전물에 불과하다고 말했다.

야 할지 알지 못했던 몇몇 사람의 내밀한 심리가 노출된 것에 불과했다. 피폐해진 이들은 용기와 희생을 기릴 수 있는 명예로운 참전용사도, 영웅적 피해자도 아니었고, 오직 보상금과 관련되어 국가적, 사법적 골칫거리였던 것이다. 이 문제에 대한 카디너의 견해는 매우 계시적이다.

카디너는 트라우마신경증에는 증후학적症候學的으로 특정 증상군症狀群이 있음을 강변하고, 보상금이 증상을 불러온다는 견해를 반박했다. 또한 이들을 치료하기 위해서는 인도적 처우와 위로, 심지어는 간호사가 모성적 사랑으로 보살펴주는 일도 필요하다고 강력하게 호소했다. 그럼에도 그는 보상금을 주는 문제에 관해서는 절대적으로 반대했다. "우리가 트라우마신경증에 관해 알고 있는 바를 근거로 하여 …… 이들에게 과연 보상을 할지 심사숙고해야 한다. 그 답은 단연코 '아니다'이다. 그렇다면 이들에게 무엇을 해주어야만 하는가? 그 답은 치료해서 완치시키는 것이다."[17] 카디너는 "전쟁쇼크에는 보상 권리를 부여할 것이 아니라, 오히려 가능한 한 조기에 치료를 하는 것이 중요하다. 온갖 치료를 해도 회복되지 않는 몇몇 사례에만 상이군인 연금을 주어야 한다"고 주장했다. 보상금을 너무 일찍 줘버리면 환자가 이차적 이득을 기대할 구실을 만들기 때문에 증상 호전을 방해할 것이라고 덧붙였다. 정신분석가들도, 미국의 일반사회도 전쟁 트라우마 환자를 피해자로 인정하지 않았다.

---

17 Kardiner(1941, p.237).

살아남은 자의 죄책감

사회적 감수성에 일대 개혁을 일으킨 거대한 역사적 사건으로 트라우마 개념은 완전히 재구성되는 전환점을 맞이하게 된다. 이때 정신분석은 예전의 트라우마신경증 개념으로는 설명되지 않았던 부분을 설명할 열쇠를 즉각 찾게 되었다. 과거 군정신의학과 일시적으로 손을 잡았으나 성과를 올리지 못했던 정신분석은 1920년대부터 트라우마신경증과는 별개의 트라우마 이론을 만들어가고 있었는데, 종전 후 드디어 나치 유대인 수용소 생존자와 역사적 조우를 하게 된 것이다.[18] 그때까지도 대중과의 접점에서 별 성과를 보지 못했지만 마침내 더 광범위한 지지층을 발견해낸 것이다. 인류 역사상 상상하기 어려운, 고도로 계획적인 거대한 스케일의 인종말살 범죄에서 살아남은 사람들이 말로 토해낼 수 없었던 고통을 언어화하고, 개념화하며, 이미지를 부여한 것이다.

그런 일을 겪은 후에 인간에게 남은 것은 무엇일까? 이 질문에 과거의 트라우마신경증이 답할 수 없었음은 명백하다. 여태까지 트라우마신경증이 만성화되는 이유에 관해 늘어놓았던 그 어떤 원인적 요인도 이들 생존자와 연관시킬 수 없었다. 꾀병, 비겁함, 이기주의, 자기애의 과잉 발달, 이차적 이득, 계급이기주의 등등의 그 어떤 낙인도 줄무늬 파자마를 걸친 채 지옥에서 걸어 나온 이들 생존자에게 가져다 붙일 수는 없었다. 지금까지와는 전혀 다른 새로운 패러다임이 필요했다.

---

18 Marcus & Wineman(1985).

이와 관련해서 브루노 베텔하임Bruno Bettelheim은 일찍이 1943년부터 초기 윤곽을 그리고 있었다. 오스트리아 출신의 심리학자 베텔하임은 1938년부터 1939년까지 유대인 수용소 다하우Dachau와 부헨발트Buchenwald에서 인턴쉽을 했고, 제2차 세계대전 발발 직전 석방되어 미국으로 이민을 갈 수 있었다. 미국에서는 시카고에 있는 장애아동치료학교Orthogenic School 교장으로 근무했는데, 그곳은 자폐아 치료로 특화된 곳이다. 수용소 경험을 논문으로 발표해왔던 그는 자신의 논문을 한데 모아 《생존》Surviving이라는 제목으로 1952년 책을 출간했다. 수용소에 감금되었던 경험을 바탕으로 자폐아의 설명 모델을 개발하기도 했다. 그는 초기 저작에서 유폐의 심리적 후유증과 생존에 필요한 정신적 적응 기전을 설명했다. 영국의 정신분석가 멜라니 클라인Melanie Klein으로부터 영감을 받아, 유폐되기 전의 기존의 정신적 특징을 강조하는 아동기 발달 이론 모델을 제시했다. 베텔하임은 수용소의 학살을 경험하지 않았기에 그가 기술한 유대인 수용소의 모습은 비록 무섭기는 하지만, 프리모 레비와 로베르 앙텔므Robert Antelme가 묘사한 지옥과는 거리가 있었다.[19] 레비와 앙텔므의 저서는 나중에 정신분석의 연구대상이 된다. 그럼에도 베텔하임의 견해는 1960년대 후반까지 임상진료에 막대한 영향을 미쳤고, 여기에 주요한 역할을 한 사람이 정신과의사인 로버트 리프턴Robert Lifton과 마르디 호로비츠Mardi Horowitz이다. 베텔하임의 저술에 나온 증상들은 '생존자 증후군'이라고 명명되어 새로운 독립된 임상실체[20]

---

19 Bettelheim(1979), Levi(1959), Antelme(1992).
20 Lifton(1968, 1973), Horowitz(1974). 리프턴은 종전 이후 미국 군 정신과의사로 종사하여 일본에서 히로시마 원폭 생존자를 진료했다. 그는 베텔하임의 영향을 받아서 병적 정서

로 인정받고 일반인의 피해자 증상을 기술할 때 트라우마신경증 대신 사용하게 되었다. 역사가들은 전쟁 트라우마신경증과 생존자 증후군의 관련성을 흔히 간과하지만, 이는 외상 후 장애를 재발견하는 과정에서 중요한 역할을 했다. 오늘날의 트라우마 개념에 이르기까지 두 개의 서로 다른 경로―초기의 사회적 경로, 후기의 임상의학적 경로―를 연결시키는 것이자, 30년 후에 서구에서 보편적으로 사용하게 될 개념을 미리 예시하는 것이기 때문이다.

여기에서 주목해야 할 점 두 가지 중 그 첫 번째는 '말로 토해낼 수 없었던 사람들unspeakable'을 위한 증언으로 트라우마가 재배치되어 간 방식[21]이다. 과거에 트라우마는 개인적이고도 주관적인 경험이었던 반면, 이제는 인간의 보편적 경험을 반영하는 개념으로 그 범위가 확대되었다. 이를 설명하는 데에 적합하다고 생각한 것이 바로 정신분석이었다. 정신분석은 자신과 자신의 한계에 대한 지식이자, 인간의 정신을 대상으로 하기 때문이다. 트라우마 개념이 재배치되면서 기억에 관한 온갖 분야―정신분석, 철학, 사회학, 사회심리학, 그리고 문학―의 책이 쏟아져 나오기 시작했다.[22] 유대인 수용소라는

반응을 유발하는 환경적 요인에 관심을 가지고 있었다. 트라우마신경증을 PTSD로 바꾸는 데에 리프턴과 호로비츠가 주요 역할을 했다. 리프턴의 책《전장에서 돌아오다》(Home from the War)는 베트남 전쟁에 관한 심리문학의 전형으로 인정받는다.

21 Benslama(2001), Rechtman(2005).
22 이때 출간된 저작물은 수용소 경험에 대한 설명에서부터 트라우마 이론을 비판적 분석하는 것에 이르기까지 다양했다. 후자에 속한 저작은 정신분석 이론들을 사용하여 현실을 독해하려 했는데 다음 사람들이 대표적이다. Cathy Caruth(1996), Ruth Leys(2000), Paul Ricoeur(2000), Régine Robin(2003). 그러나 앨런 영(1995)과 이언 해킹(1995)을 제외하고는 이들 저작은 정신분석이 새로운 패러다임 형성에 어떤 기여를 했는지 제대로 파악하지 못했다.

주제는 극한 상황에 처한 인간이 어떠할 수 있는지를 설명하기에 가장 좋은 모델이었다. 기억에 형태를 부여한다는 것은, 끔찍한 잘못을 되풀이하지 않기 위해 집단의식에 일종의 도덕의 궤적을 남겨놓는 것이다. 이때 인류의 생존을 좌우하는 것은, 어떤 의미로는 수용소에서 살아나오지 못한 사람들에게 일어났던 사건을 기억하는 데에 있을 것이다. 이와는 대조적으로 참호쇼크 환자의 경우, 인류의 공존 가능성을 가리키는 최후의 경계선 그 너머에서 무슨 일이 벌어졌는지를 증언하는 것이었다. 따라서 생존자의 파괴된 정신은 살아남지 못한 자의 물리적 소실의 필연적 결과이다. 누군가의 생존이 누군가의 말살을 증언하는 것이라면, 그 이유는 정신적 트라우마가 용납할 수 없는 사건의 기억을 구성하는 본질적 요소가 되기 때문이다. 생존자는 이 기억의 수호자가 된다.

역사 기록에서 간과된 두 번째 측면은 정신의학과 관련 있다. 트라우마 경험이 집단적 사회기억으로 재구성되었으나, 이것이 홀로코스트 생존자의 실제 치료에는 예상보다 그리 큰 영향을 미치지 못했다. 전쟁이 끝났어도 정신의학은 두 가지 관점 사이에서 갈팡질팡하고 있었다. 하나는 가장 강한 사람들만이 살아남고, 그렇기 때문에 생존자들에게 심리적 문제가 있을 수 없다고 보는 것이고,[23] 다른 하나는 생존자가 피해의식, 악몽, 불안, 우울감 등을 느끼지 않는다면 도리어 그것이 정상이 아니고 정신질환을 나타내는 징조라고 보는

---

[23] 1948년 미국정신의학협회 총회에서 홀로코스트 생존자에 관한 토론이 열렸는데, 여기에서 프리드먼(Friedman)은 "생존자는 다른 사람에 비해 심리적으로도 신체적으로도 우월했다는 말은 수백만에 달하는 희생자를 불명예스럽게 만드는 …… 의미를 함축하고……" 있다고 반박했다(Krell, 1984).

생각이다.[24] 생존자의 고통에 관한 베텔하임의 견해는, 생존자와 죽은 자를 나누던 이분법적 사고에서 벗어나 더 섬세한 해석을 제시하는 것이었고, 초기 트라우마 개념에서 문제되었던 모순점을 거꾸로 뒤집어 질문하게 했다. 어떤 사람이 심리적 문제를 일으키느냐가 아니라, 살아남는 것이 불가능한 상황에서 어떻게 살아남았느냐는 질문이었다. 생존의 현상을 이해하기 위하여, 베텔하임은 인종말살현장에서 나타날 수 있는 모든 심리적 요인을 조사했다. 누군가는 정신적 파괴에 저항하여 살아남았는가 하면, 누군가는 모두 포기하고―정신세계의 경제적 운용상 더 본질적임에 틀림없는―차라리 붕괴되어 필연코 죽음에 이르게 되었는지, 그것을 가르는 요인이 무엇인지를 물었던 것이다. 베텔하임은 사건 자체가 결정적 요인임을 부인하지는 않았지만, 그러한 경험이 야기하는 정신적 움직임을 객관적으로 조망하려 했다. 수용소 수감인의 운명은 외적 환경과 정신적 균형이라는 두 요인으로 결정된다. 베텔하임은 엄청난 비난을 받으면서도 약한 자가 죽음에 이른다는 주장을 반박하지 않았다. 그들이 극한 상황에서 어떻게 살아남았는지, 어떤 정신적, 도덕적 특성이 죽음에서 벗어나게 했는지에 초점을 맞추었다.[25] 그동안 오롯이 개인의 개별적 심인론心因論에만 치중했던 해석에서 급진적으로 방향을 틈으로써 베텔하임은 최초로 사건의 특성을 트라우마 형성 과정에 병합했고, 더 확대하여 생존 요인에 사건의 특성을 포함했다. 정신분석의 전통 심

---

24 Krell(1984). "유대인 수용소에서 살아나온 뒤 정상적인 모양으로 보이는 것은 정상이 아니다."

25 생존자의 도덕성이 생존과 관계있다고 주장한 베텔하임에게는 합당한 비난이 쏟아졌는데, 비판자 중에는 미하엘 폴락(1990)이 있다.

인론 개념과의 급격한 절교는 역설적이게도 향후 심인론과 환경원인론의 발전 방향을 예시하는 것이었고, 이 두 갈림길은 언젠가 조우하게 될 것이다. 한편, 정신분석은 정신의 내적 요인과 환경이 합쳐져 증상이 일어난다는 것을 확인하기 위하여 증상 유발 상황을 고려한 이론을 재공식화하는 작업을 하고 있었다.[26] 다른 한편에서는, 성격원인론을 배격하고 트라우마의 원인을 '통상적 경험의 범위를 벗어난' 사건으로 지정하기 위해 베텔하임의 견해를 근거로 사용했다. 이것을 북미 정신의학이 발전시켜 1980년에 발간된 미국정신의학협회 질병분류 개정3판(이하 DSM-III)[27]에 나온다. 생존자의 이미지는 트라우마신경증 환자의 이미지에서 파생되어 나왔지만 그럼에도 계속 모호한 상태였다. 베텔하임은 생존자와 생존하지 못한 자의 차이를 강조하려 했으나 임상적으로는 이 양자 사이의 이미지를 구별하지 못했고, 양자의 운명이 밀접하게 연관되었을 것이라고 선험적으로 추측했을 뿐이다.[28]

생존자의 죄책감은 베텔하임의 초기 저술에서 최초로 언급되었다. 생존은 그 무엇보다도 생존의지에 좌우되었는데, 때로는 타인의 안녕을 무시함으로써 살아남기도 한다는 것이 그의 생각이었다. 리프턴이, 그 후에는 호로비츠가 이 생각에 이론적 바탕을 만들었고,

---

[26] 네덜란드 정신과의사 한스 케일손(Hans Keilson)은 홀로코스트에서 살아남은 고아 어린이를 연구했다(1980, 1992). 하나의 트라우마 사건이나 혹은 트라우마 유발 환경을 구별하기보다는 일련의 트라우마 상황이 이어져서 각기 다른 연속적 트라우마가 긴장을 일으키고, 서로 다른 트라우마 과정을 밟게 된다고 했다.

[27] American Psychiatric Association, Diagnostic & Statistical Manual, 3rd edition(1980).

[28] Fassin(2008).

죄책감이 생존자 증후군의 주요 증상이라고 보았다. 그러나 이들 셋 모두는 생존자들이 수감되어 있는 동안 했던 행동, 심지어는 불운한 동료를 보며 했을지도 모르는 생각이 죄책감을 정당화하는 것은 아니라고 보았다. 생존자의 자기비난은 근거가 없음에도 끈질기게 사라지지 않고 강박적이며 자아 파괴적이기까지 하다. 그리고 왜 생존했는지 집요하게 자문하며 자신을 괴롭힌다. 생존자에게 어떤 책임이 있는지 물을 수 있는 사람은 치료자가 아니라, 생존자 자신이기 때문이다. 똑같은 상황에 처했던 동료가 그토록 많이 죽었기에, 혹시나 자신이 살아남은 이유가 무언가 수치스럽거나 은밀한 일을 했기 때문은 아닌지 끊임없이 반추하는 것이다. 의사에게 생존자의 죄책감은 정당한 자책이 아니라 병리적 증상이다. 실체를 확인할 수 없는 환상과 같다는 바로 그 사실 때문에 생존자의 고통은 더욱 진정되기 어렵다. 생존자는 스스로 죄책감에 유폐되어 끊임없이 기억을 탐색하고, 가장 내밀한 생각도 샅샅이 들춰내고, 심지어 불현듯 떠오른 사소한 기억의 한 조각까지도 조사하여 왜 스스로 죄책감을 느끼는지 그 근원을 찾아 자신을 사로잡고 있는 의혹의 악순환을 깨뜨리려 하는 것이다. 왜 살아남았는지 이해하지 못하는 한, 마음의 평화를 찾기는 어렵다. 자신이 살아 있음이 자신을 고발하는 이유이며, 살아남을 행운을 누린다는 사실이 자책의 이유가 된다. 이제 살아남은 자의 죄책감이 트라우마의 고통을 확인하는 증상이 되었다. 그리하여 정신치료의 대상이 되는 증상이자, 트라우마 사건을 경험했는지 여부를 가늠하는 진단의 지표가 된 것이다.

 이렇듯 트라우마는 피해자의 도덕성과 연관된다는 생각이 등장하면서 이 증상에 관심이 쏠렸는데, 이는 마치 이전 시대에 피해자를 의심의 눈초리로 보던 양상과 유사하다. 이 시점에서 의심의 시선은 피해자의 시선이고, 의심의 말은 피해자가 겪은 일을 고백하면서 자신에게 하는 말이 된다. 그러나 이 고백 속에 자기의심의 악순환을 끊는 실마리가 숨어 있다. (전쟁쇼크 환자의 경우처럼) 치료 과정에서 자기고백을 격려하고, 그 속에서 인종말살이라는 불가해한 사건에 도덕적 물음을 던짐과 동시에, 개별적 경험과 화해함으로써 자기의심은 풀어질 수 있다. 최후의 의심의 그림자를 끌고 생존자는 트라우마 기억의 사회적 궤적을 횡단하며 치유를 향해 나아간다. 생존자의 죄책감 이론은 피해자의 이미지를 증인의 이미지[29]로 새로이 고쳐 쓸 수 있는 실제적인 방법을 제공했다. 생존자들은 그 존재만으로도 더는 존재하지 않는 사람들의 죽음을 증언하는 유일한 증인이 되었다. 죄책감을 통해 생존자들은 더는 증인이 될 수 없는 사람들의 기억을 자신의 고통 속에 새겨 넣고 있는 것이다.

죽음의 수용소에서 인간이 인간에게 저지른 일을 증언할 것을 요청받는 홀로코스트 생존자에게는, 살아남은 자의 역할과 트라우마 피해자의 역할이라는 이중의 역할이 주어져 있다. 프리모 레비가, 그 후에 조르조 아감벤Giorgio Agamben이 지적했듯이,[30] 진정한 증인은 더는 증언할 수 없게 된 사람들, 바로 인종말살의 희생자이고, 나치의 인간성 파괴 기획이 완료된 사람들이다. 생존자는 이 세상에서 자신의 기억으로, 또 언제나 그들의 이름으로, 그들 대신에 증언해야 한다는 짐을 짊어지고 살아가고 있다. 전쟁의 참사에 관한 증언은

---

29 Fassin(2008).

30 Agamben(2000).

커녕 증상조차 환영받지 못했던 전쟁쇼크 병사의 경험은 이들 생존자들의 삶과는 비교가 될 수 없다. 지금 수용소 생존자들의 트라우마 증언은 인간 조건의 궁극적인 진실로 인식되고 있다. 이 유례없는 관점과 연관하여, 이제 우리는 지난 30년 동안 피해자 신분이 어떻게 보편화되어왔는지 살펴보려 한다.

4장 　　　　　　　　의심의 시대는 끝났는가

PTSD는 DSM-III에서 처음으로 임상실체로 등장했다. 이 질병의 정의와 해석은 수년간 진통을 겪은 오랜 협상과 타협의 산물이다. 심지어 그 명칭조차 논쟁의 대상이었다. 진단 기준은 명확했다. 첫째, 충격이 되는 사건은 그 사건을 경험한 사람이 대부분 증상을 나타낼 정도로 충분히 스트레스가 되는 사건이어야 한다. 둘째, 증상은 다음 세 가지 유형군이 각기 어떤 식으로든 조합되어 나타날 수 있다. 첫째로 반복적으로 파고드는 기억이 있는데, 이는 수면을 방해하는 꿈, 잦은 악몽, 괴로운 플래시백(순간적 회상) 등으로 나타난다. 두 번째는 사건을 상기시키는 상황을 회피하려 하고, 외부 현실에 대한 반응이 둔화되고, 이로 인해 흔히 대인관계에 지장이 생긴다. 끝으로 과잉경계와 깜짝 반응이다. 이 증상들이 적어도 6개월 이상 지속되어야 PTSD 진단이 가능하다. 증상학적으로 과거 트라우마신경증과 비교해보면, 좀 더 체계화되었을 뿐 별반 다르지 않다. 그러나 첫 번째 기준만큼은 분명히 새로운 시도였다. 즉, 트라우마를 받을 만큼 충분히 괴로운 사건을 경험했다면 정상적인 사람 누구라도 스트레스를 겪고 있음이 확인된다고 하였다. 트라우마에 대한 사람들의 태도를 완전히 바꾼 것이 바로 이 기준이었다. 트라우마 증상은 사건에 대한 정상적 반응이므로 더는 성격의 취약함이 원인으로 거론되지 않게 되었던 셈이다. 사건 자체만으로도 증상을 일으키는 충분조건이 되므로 기존에 어떤 문제가 있었는지 여부도 조사할 필요가 없어졌다. 피해자의 진실성도 의심의 대상이 되지 않고 오직 사건을 경험했다는 사실 하나만으로 미리 선제적으로 진실성이 부여되었다. 이차적 이득에 대한 기대를 가지고 있는지도 의심되지 않았다. PTSD 진단 하나만으로 보상금을 받을 자격이 주어졌다. 이제 트라우마의 신세계가 활짝 열렸다.

이러한 설명이 흔히 알려진 PTSD의 역사이다. 이 설說에 따르면, 새로운 진단범주가 공식화됨으로써 트라우마의 두 번째 시대가 열린 것이 된다. 필자들은 미국 정신의학계와 DSM-III가 한 역할을 폄하할 의도는 없지만, DSM-III 이전에도 그 이후에도, 사회적 역사가 트라우마 형성에 끼친 영향은 의학의 역사보다는 훨씬 강력했다고 믿는다. DSM-III 이전에도 사회적 역사가 더 중요하다고 보는 까닭은, 새 진단명의 발명에 관여한 주체들은 정신건강 분야와 관련 없는 사람들이었기 때문이다. DSM-III 이후의 경우, 지난 20년 동안 이 진단명을 광범위하게 사용해온 분야도 정신의학과 관련성이 거의 없는 분야이다. 이번 장에서 우리는 서로 다른 경로로 발전해온 역사의 두 가지 궤도와 이들 사이의 상호작용을 탐색하고자 한다. PTSD 개발에 기여한 두 핵심 세력 중 하나는 미국 페미니스트들이 주도한 성정치sexual politics이고, 다른 하나는 베트남 참전군인이 이끌어온 참전군인의 권리 주장이었다. 이 두 개의 축은 트라우마를 인정해달라는 요구를 전제로 권리운동을 벌여왔다. 그러나 투쟁의 초점과 정신건강 전문가들과의 연대방식은 서로 매우 달랐다.

여성운동, 아동보호운동, 따로 또 같이

1960년대 초 미국의 경제력이 확장되면서 중산층은 행복과 번영의 꿈에 도취되어 있었다. 이 새로운 유토피아의 최고 상징은 가정이었고, 그 중심에 여성이 있었다. 개인 소유의 집, 패밀리 카, 가전제품, 쇼핑몰, 그리고 당연히 텔레비전은 경제적 기적을 나타낼 뿐만 아니라 사회적 성공의 진정한 척도가 되었다. 이러한 사회에서 여성은 상품광고의 주 표적이라는 새로운 지위를 얻게 된다. 이제 지루한 집안일은 없다! 과학기술의 진보로 집안일은 자동화된 가전제품이 담당할 것이다. 마침내 가사에서 해방된 여성은 이 의기양양한 국가가 부여하는 임무에 충실하기만 하면 되었다. 즉, 미래 세대를 위한 '사랑스러운 아내와 헌신적 어머니'가 되면 되었다. 그러나 이렇듯 기술혁명의 성과를 찬양하는 사회 분위기와는 전혀 동떨어진 사회적 운동이 시작된다. 1963년 베티 프리단Betty Friedan은 여성에게 주어진 이미지를 급진적으로 해체하는데, 이는 향후 '여성운동 선언'이 되었다. '행복한 가정주부 히로인'이라는 구호는 모든 운동권의 공격 목표가 되었다. 가정주부의 과장된 행복은 실은 여성의 사회적 소외를 더욱 부추기는 조작된 허상이라는 것이었다. 미국의 경제적 기적은 여성에게 전혀 이롭지 않았다. 경제발전은 오히려 여성을 조작된 역할에 가둘 뿐이고 그 역할은 전혀 정의롭지 않은 것이었다.

여성운동은 프로이트에 대해 애초부터 양가감정—존경과 비난—을 가지고 있었다. 존경한 이유는, 정신분석에 의해 촉발된 탈소외운동의 중심에 페미니즘이 위치했기 때문이다. 정신분석 이론은 개인으로서의 자기실현에 그 목표를 두었고, 사회규범을 강제하는 도덕적 선입견으로부터 자유로워지라고 한다. 그러나 여성의 사회적 운명을 고민하는 페미니스트에게는 프로이트를 비난할 근거가 있었다. 그 이유는 첫째, 프로이트에 따르면 여성은 남근을 선망하는 불완전한 남성으로서, 여성과 남성 사이에는 위계질서가 있다고 했기 때문이다. 둘째, 정신분석 이론이 부여하는 성sexuality은 여성의 역할에 제한을 두고 있고 이는 성해방운동에 저해가 된다고 보았기 때문이다. 따라서 프로이트가 말하는 성은 단순한 성의 문제일 뿐만 아니라 젠더 정치학의 문제였다. 프로이트이론에서 어머니는 세 번째 논쟁 부분이다. 정신분석은 어머니에게 역할을 지정하고 스스로 그 역할에 자족하라고 하는 이론이었고, 그 역할을 거부할 경우 죄책감을 느끼도록 여성을 주변화했기 때문이다. 그러나 프로이트이론에 가장 강력한 타격을 준 것은 페미니스트가 아니라 아동보호 운동가들이었다. 페미니스트들은 이들과 공동의 목표를 가지고 있었고 이들이 논쟁의 핵심으로 삼은 것이 바로 트라우마였다.

역사상 아동폭력은 항상 있어왔지만, '아동학대'가 정치적 우선순위로 떠오른 시기는, 미국의 경우 겨우 1960년대 초이다.[1] '아동에 대한 잔인함'에 반대하는 운동은 빅토리아 시대에 자선단체가 시작했

---

1   Barbara Nelson(1984), Hacking(1995, 1998), Georges Vigarello(2003).

으나 더는 진전되지 않다가 '빈곤과의 전쟁'이 일어남에 따라 그 세가 확장되기 시작했다. 광범위한 정치적 합의와 대중의 지지를 받으면서 이들은 아동폭력의 배경이 되는 사회적, 경제적, 심리적 요인을 중심으로 운동을 벌여나갔다. 그러나 이들이 가정 내 아동 성학대에 관해서 언급한 것은 아니었다. 선진국 어디에서나 그렇듯이, 아동학대 반대운동은 아동인권을 주장하고 이를 위해 국가가 가정환경을 면밀히 조사할 권리가 있음을 인정함으로써 새로운 공공정책 수립에 기여해왔다. 이들 운동가의 목적은 아동학대 반대운동의 사회적, 도덕적 중요성을 강조하고, 빈곤가족의 경제적 성장을 도우며, 어머니들로 하여금 자신의 역할이 지닌 가치를 재확인토록 하는 것이었다. 단주 모임Alcoholic Anonymous(익명의 알코올 중독자 모임)을 모델로 하여, 익명의 부모 모임Parents Anonymous groups을 만들고, '학대하는 부모들'이 가족의 가치, 어머니의 희생정신, 헌신적 아내의 역할을 다시 학습하도록 했다. 자연주의 관점에서 볼 때, 인간의 아동학대행위는 '생물학적' 이상행동으로 해석되었다. 오직 아동학대 주제만 다루는 첫 과학잡지인 《아동학대와 유기》Child Abuse and Neglect가 1977년에 발간되었는데, 편집장은 발간사에서 다음과 같이 단언한다. "모든 생물에게 최우선되는 것은 생존이고, 두 번째는 후손을 낳아 그 생존을 지킴으로써 종을 유지하는 것이다. 이러한 기본적 생물학적 현상이 아동학대에서는 심각하게 뒤틀려 있음을 알 수 있다."[2] 이 말은 자연이 여성에게 부여하는 역할은 어머니라는 주장으로, 페미니즘과는 단연코 거리가 멀다. 여성운동과 아동보호운동 사이에는 극복하기

---

2 Steele(1977).

어려운 간극이 존재했다. 이상적 가족상, 종교적 가치관, 남성우월주의, 여성의 핵심적 역할로서 부여되는 어머니의 특권, 미국의 전통적 가치관, 성학대에 관한 침묵 등 여러 주제에서 서로 대립했음에도, 진보 페미니스트들은 아동학대 반대운동과 예기치 않은 연대를 하기에 이르렀다. 그리하여 트라우마의 정당성을 주장하는 새로운 지원군을 얻었다.

사회운동가 플로렌스 러시Florence Rush 는 여성운동에 적극 참여하고 있었는데, 이 연대의 중요성을 처음 알아차린 사람이다. 1971년 4월 17일 뉴욕에서 열린 '강간에 관한 급진 페미니즘 학회' 자리에 모인 수백 명의 여성 앞에서 러시는 처음으로 아동 성학대의 진상을 폭로했다. 성학대를 받은 어린 소녀들에게 얻은 전문적 경험을 바탕으로, 아동학대는 흔히 성적 학대이고 이 사회의 많은 여성이 학대받았을 것으로 추정된다는 사실을 생생하게 제시했다. 그러면서 러시는 이를 의도적으로 묵과해온 사회에 대항하는 것은 여성운동의 최우선 주제는 아닐지라도 주요 목표 중 하나가 되어야 한다고 주장했다. 그녀는 사회적으로 권위 있는 인물들과 정신과의사들의 침묵을 비난하면서, 정신분석의 정통설에 처음으로 반기를 들었다. 선의를 가져야 할 친척들에게 성학대를 받은 여자가 20~30년이나 지나서 그 사실을 폭로하는 것은 모호하기 짝이 없는 오이디푸스 환상에 의한 것이 아님을, 또 내적 욕구와 실제 경험을 혼동하는 것이 아님을 명확히 지적한 것이다. 성학대를 당한 어린 여자아이들에게서 보이는 증상—악몽, 불안, 남자가 옆에 있으면 나타나는 공황 증상 등—은 그들이 경험한 사실을 증명하는 것이라고 했다. 이러한 아이들의 증상이 폭력의 고통을 여실히 드러내는 증거라면, 왜 성인 여성들의 그런 증언은 인정하지 않으려 하는가? 왜 여성이 겪은 일을 부정하려고만 하고, 여성의 증언을 그 일이 실재했다는 근거로 받아들이지 않는가?[3] 러시의 논문은 어린 소녀의 성폭력을 고발하는 동시에 동일한 고통을 당했던 성인의 경험도 드러내야 한다고 주장함으로써 여성운동 투쟁의 새로운 장을 열었다. 행복한 가정주부의 허상이 '미국식'이라고 공격한 프리단처럼, 어린아이에 대한 성학대야말로 남성우월주의의 상징이자 가부장주의의 특권이며, 트라우마로 얼룩진 여성성의 상징이고, 이것이야말로 '미국식'이라고 러시는 공격했다. 그 당시 성정치는 인정받는 활동분야가 아니었다.[4] 2세대 페미니스트의 경우와 달리, 당시 성은 진정한 전문가적 자아실현으로 가는 길을 우회하며 만나는 샛길에 불과했다. 이러한 상황에서 더욱 최악인 것은, 남성이 만든 언론과 정치적 체계를 통해 유지되는 거대한 침묵의 음모 속에서, 궁극적으로는 정신분석이 쌓아올린 침묵의 장벽 앞에서, 학대와 강간으로 얼룩진 여성성은 유폐되어 있었다는 사실이다.

그리하여 과거의 트라우마의 이름으로, 아동학대의 이름으로, 이들 위에 드리운 어두운 침묵의 이름으로, 더는 용인할 수 없는 방종의 이름으로, 페미니스트들은 배상의 권리를 요구했다. 러시의 강연 이후 스스로를 '강간 생존자'라 칭하기 시작한 피해자들은, 당시 새롭게 변화하는 트라우마 개념을 접하게 되면서 자신의 경험을 홀로코스트 생존자와 비교하기 시작했다. 이보다 몇 년 전 정신분석 담론이 소개한, '말하지 못했던 자들의 증언으로서의 트라우마 경험'이라

---

3 Florence Rush(1980).

4 Eric Fassin(2005).

는 개념이 불러온 생각은, 성폭력을 당한 여성의 고통도 어떤 점에서는 나치 수용소 생존자의 고통에 비유될 수 있으리라는 새로운 시각을 열어주었다. 홀로코스트 생존자가 한때 그랬듯이, 여성들은 강력한 부정과 맞닥뜨려야 했다. 가해자는 당연히 부인했고, 목격자도 역시 부인했으며, 너무 충격이 커서 그때의 공포를 말하지 못하는 여성들 스스로도 학대 사실을 부인했다. 트라우마 기억에 관한 정신분석 이론에 따르면, 피해자의 침묵은 기억이 너무 희미해져서 말로 표현하기 어려운 사건이 과거에 실재했음을 나타내는 부수적 증거로 해석할 수 있다고 했다. 따라서 피해자의 부인은 견디기 어려운 상황에서 무력하기만 했던 상처받은 정신의 마지막 방어선이라는 것이다. 성폭력의 심리적 영향이 알려지자, 피해자의 침묵은 바로 그 침묵으로 보호되고 있다고 믿었던 가해자를 고발하는 증거가 되어버렸다.

이제 공격 목표는 프로이트이론 자체로 방향을 돌리게 된다. 당시 정신과 진료방식은 프로이트이론에 기초한 정신분석이 지배하고 있어서 트라우마와 기억에 관한 새로운 견해를 용납하지 않았고, 아동기의 성적 트라우마도 인정하지 않았다. 페미니스트들은 프로이트의 성적 판타지가설을 비난하면서, 프로이트는 그가 진료한 성인 여성 환자의 성학대 사실을 다 알고 있었다고 주장했다. '히스테리아'에 관한 첫 이론에서 프로이트는 자기 환자들이 근친강간의 직접적 후유증으로 괴로워한다고 분명히 언급했던 바 있다. 그런데 왜 프로이트는 20세기 전환기에 자신의 생각을 바꾸었을까? 왜 그는 자신의 첫 이론을 폐기하고 성적 판타지가설을 발명했을까? 왜 그는 그때까지도 유혹이론을 지지하고 있던, 자신의 가장 충실한 제자이자 친구인 페렌치를 반박했을까? 그 답은 분명해 보인다. 프로이트는 단순히 현실을 직시하지 않았을 뿐이다. 러시가 주장하기를, 성적 판타지가설은 근친강간과 성학대의 진실을 침묵으로 덮어버리려는 거대한 음모의 일부분으로서, 프로이트는 자신이 처음으로 이 진실을 알게 된 사람임에도 침묵에 동조했다는 것이다. 이 주장은 몇 년 후에 나온 제프리 메이슨Jeffrey Masson의 갑론을박이 심했던 《진실을 강간하다》The Assault on Truth[5]라는 책에서 예상치 않은 지원군을 얻게 된다. 메이슨은 프로이트가 히스테리아의 원인이 트라우마라는 확고한 믿음을 가지고 있었으나 당대 사회의 질서를 유지하기 위해 진실을 숨기는 죄악을 저질렀다고 주장했다.[6] 메이슨의 책은 프로이트와 정신분석 이론을 심판대에 올리는 일대 변혁의 단초였고, 지금도 정신분석의 해악을 비판할 때면 어김없이 등장한다. 정신과의사와 정신분석가들이 진실을 숨기고 있다는 주장은 학대받은 어린이를 위한 캠페인의 중심 교의가 되었으며, 이 주장은 장 에티엔 에스키롤Jean

---

5 제프리 메이슨은 쿠루트 이슬러의 제자이자 친구로서 정신분석 수련을 받았다. 뉴욕 프로이트 자료보관소의 소장이 된 메이슨은 취임 초기부터 프로이트의 편지에 흥미를 가졌다. 안나 프로이트(Anna Freud)가 《정신분석의 기원》(The Origins of Psychoanalysis, 1954)에 포함시키지 않은 미출간 편지에 관해 이슬러의 지원을 얻어 플라이스(Fleiss)와 자유롭게 논의할 수 있었다. 미출간된 모든 편지 사이에 모종의 연관성이 있다고 본 메이슨은 여태까지의 모든 정신분석 연구에 반기를 들며 독특한 주장을 한다. 즉, 프로이트는 비엔나 중류사회의 압력으로 의도적으로 유혹이론을 폐기했다는 것이다. 이것이 그의 저서 《진실을 강간하다》(1984)의 핵심 내용이다.

6 사실 메이슨은 자기주장을 뒷받침할만한 근거를 제시하지는 못했다. 프로이트 편지에서 의심이 갈 부분은 있었지만, 학대 사실을 부정하려고 판타지가설을 묵인했다기보다는 일종의 이론적 흥미를 가졌던 것으로 보인다. 《뉴욕 리뷰 오브 북스》(The New York Review of Books, 1984, April)에 나온 찰스 라이크로프트(Charles Rycroft)는 서평을 통해 메이슨의 책에 일관성이 없다고 비판했는데, 그에 대한 메이슨의 반론이 동일한 잡지 1984년 8월 16일 자에 실렸다.

Etienne Esquirol에서 프로이트에 이르기까지 모든 정신과의사가 침묵의 음모를 수호하고 있다고 보는 페미니즘 관점으로 확립되어갔다.[7] 이 비판은 외상 후 장애의 재발견으로 이어지고, 이는 당시 미국정신의학계에 불어오던 개혁의 시작이 된다. 그러나 지금까지도 이러한 사실은 역사기록학적으로 충분히 인식되어 있지 않다.

페미니즘은 이렇듯 프로이트를 비난해왔지만, 동시에 성학대의 진실을 주장하기 위해 필요로 했던 것 또한 정신분석이었다. 아동학대 피해자운동이 밟았던 길을 따라 페미니스트들도 임상의사의 도움을 구했다. 의학적으로 설명할 수 없는 다발성 골절이 엑스레이에 나타나면 우선 소아학대를 의심하는 방사선과 의사에서부터 저명한 사람들을 일깨우는 소아과의사의 증언에 이르기까지, 의사들이 명확한 의학적 근거를 제시하여 용의자들을 법정에 세우는 데 도움을 주었다. 미국 페미니스트들은 아동 성학대의 증거를 의학에서 찾아야 한다고 생각했다. 의사들이 모든 학대받은 여성의 이름으로 증언해주기를 기대했고, 침묵의 감옥에 갇혀 있는 여성을 위해 발언해주기를 원했으며, 소아과의사들이 그러했듯이 성학대의 지울 수 없는 흔적을 폭로해주기를 기대했다. 그러나 그토록 오래전에 일어난 사건의 흔적을 어떻게 찾을 수 있을 것인가? 이 기대에 가장 적합한 분야가 당시에는 바로 정신분석이었던 것이다.

정신분석가들은 성적 판타지가설을 설사 폐기한다 하더라도, 트라우마 증상만으로는 과거의 사건과 현재의 고통이 자동으로 연관되지 않으며, 따라서 법적으로 타당한 증거가 될 수 없다고 보았다. 따

---

7 Olafson, Corwin, Summit(1993).

라서 여성은 과거와 현재의 고통을 알리기 위해서 트라우마 서사敍事를 말하고 내밀한 성적 판타지를 스스로 폭로하는 곤경을 치러야 했다. 또한 정신분석이 말하는 '잠재적 근친상간 욕구' 이론과도 맞서야 했고, 피해자 스스로 폭력에 공모한다는 가설과도 정면 대결해야 했다. 이러한 정신의학적 구도는 전쟁정신분석이 1914~1918년 사이에 만든 자기고백 모델에 근거한 것으로서, 의심의 시선을 벗어나기 위해서는 이 구도가 정해놓은 기나긴 과정을 거쳐야 했다. 사건이 심리적 고통의 원인임을 인정받을 보장도 없었으나, 이 보장이야말로 페미니스트들에게 가장 필요한 것이었다. 동정적인 치료사들을 찾는 것은 문제가 아니었다. 여성의 고통에 공감하는 사람은 이미 많았다. 또 당시 반反정신의학[8, 9] 운동처럼 정신의학계를 비난하려는 것도 아니었다. 필요로 했던 것은 누구도 이의를 제기하지 않을만한 권위 있는 의사였다. 사회가 여성의 소리를 듣게 하려면, 정신과의사가 여성이 진실로 고통받고 있다는 것과 현실적으로 학대가 실재했음을 개인적 담화의 차원을 넘어 공적으로 증언해주어야 했다.

---

8 Robert Castel(1980).

9 [역자주] 19세기 내내 수용소 정신병원의 비인간적 관행이 비판을 받아오기는 했으나, 1960년대에 반정신의학으로 재점화되는 데에는 정신의학이 재차 과학주의로 전환하여 생물정신의학을 내세웠다는 요인이 작용했다. 반정신의학 운동가들이 비웃던 것은 정신의학의 과학주의와 환자에 대한 보호관리주의였다. 정신의학 자체의 변화만이 아니라 정신과 외부의 많은 요인이 이 운동을 유발하는 계기가 되었다. 당시 반권위주의 사회 분위기에서, 정신의학에는 '부르주아 계급의 사회통제 의지'가 숨어 있고, '여성에게 가부장제 권력을 행사하기 위한 의도'가 감추어져 있다고 비판하면서, 정신질환은 본질적으로 의료의 대상이 아니며, 사회적 법적 대상으로서, 사회적으로 '구성된' 허구라고 주장했다. 20세기 후반 약물정신의학이 대중사회에 파고들면서 기세가 잦아들었으나 아직도 이 개념은 주제에 따라 다양하게 변주되며 수시로 사용되고 있다.

정신분석가는 여성의 고통을 증언할 자격을 갖추었고 또한 증언도 했지만, 아동학대를 증언하는 소아과의사들과는 달리 가해자를 노출시킬 수 없었고 법정으로 소환할 정도로 뚜렷한 증거를 제시할 수도 없었다. 이러한 상황에서 페미니스트들이 기대하는 바와 정신분석가의 대응 사이는 멀어져가기만 했다. 비록 오랫동안 묻혀 있던 트라우마를 깨닫도록 북돋우고 '생존자의 트라우마 기억'이라는 개념을 통해 페미니스트들이 경험의 본질을 인식하는 데에는 도움을 주었지만, 결국 페미니스트들은 정신분석에 등을 돌리게 된다. 사건의 현실을 대중에게 보여주지 못하는 정신분석의 무능함에 실망했던 것이다. 페미니스트들이 프로이트 판타지가설을 비판한 이유 중에는 트라우마를 설명하는 정신분석 언어가 제2차 세계대전 이후로 집단과 개인 사이를 연결하지 못했다는 점도 있다. 이러한 상황에서 정신분석가들은 사회집단은 도덕성을 통해 사건을 기억한다는 집단 트라우마 개념을 제시하는 한편, 환자 개인의 역사에서 사건의 의미가 무엇인지 찾아내려 했다. 이렇게 트라우마에 관해 서로 다른 사회적, 개인적 궤도 사이가 점차 벌어져가고 있는 동안, 피해자의 임상진료를 트라우마 정치로 탈바꿈시키려는 공동의 포부 또한 점차 자라나고 있었다.

비정상적인 사건을 원인으로 봉헌하다

페미니스트들이 절박하게 입증방법을 찾고 있을 때, 예상치 않았던 곳에서 도움을 얻게 되었다. 당시에는 미국 정신의학의 작은 내부적 사건에 지나지 않았지만 후일 전 세계에 영향을 미치게 되는 DSM-III가 그것이다. 뉴욕 시 정신과의사인 로버트 스피처Robert Spitzer는 애초에 라이히Reich파 정신분석을 전공했지만, 곧 정신의학도 미국의 새로운 국가적 포부에 발맞추어 과학에 근거를 두어야 한다고 주장했다. 과학적 정당성을 추구하는 정신의학의 개혁운동과 정치적 정당성을 추구하는 사회운동이 예기치 않게 한 점으로 수렴되면서 트라우마 개념의 향방이 결정된 것이다. 이때가 외적 사건이 PTSD의 유일한 원인으로 인식되기 시작한 출발점이다.

1970년대 초부터 미국 정신의학계 내부에서는 이론적으로도 제도적으로도 재정비 작업이 진행되었다. 반정신의학 운동의 여파로 정신의학의 이미지는 이중으로 훼손되어 있었다.[10] 의학계 내부에서는 정신의학은 과학적 근거가 없다는 이유로 진단과 이론이 모두 항상 반박의 대상이 되어왔다. 한 환자에게 서로 다른 진단이 내려지는 때도 많았고 진단 자체의 신뢰도도 낮아서 정신과의사들마저도 자신이 진단한 병의 실재에 관한 의구심을 품고 있었다. 일반 의사 대부분은 정신과 진단이란 도덕적 판단에 남들의 생각을 더한 것이고, 거기에 구닥다리 이론으로 뒤죽박죽인 애매모호한 것이라고 생각했다. 대중은 미국 사회가 감당하지 못하는 바람직하지 않은 모든 인간을 광인으로 처리하는 사회 통제의 도구라고 보았다.[11] 이러한 이미지에

---

10 Kirk & Kutchins(1998).
11 David Rosenhan(1973). 이 유명한 실험에서 환자로 위장한 정신건강 전문가들은 정신병원에 가서 "목소리가 들린다"고 호소했다. 그러자 더는 자세한 질문도 받지 않고 곧바로 정신병원에 입원하게 되었다. 이 실험이 미국 정신의학 발전에 미친 영향은 레스만 참조(2000).

서 벗어나기 위해 미국정신의학협회는 정신질환 분류법을 개정하기로 한 것이다.[12] 대부분의 진단명과 원인론을 수정하고, 더 근본적으로는 장차 사회적 활용방식까지 포함하는, 말 그대로의 변혁을 이루고자 했다.

스피처의 지휘로 1974년부터 작업이 시작되었다. 그 분야의 원로 전문가들로 구성된 소위원회에서 모든 진단범주를 재검토했다. 정신의학 진단의 신뢰도와 타당도를 높여야 한다는 목표에 덧붙여, 그동안 과학적으로 입증되지 않았던 전통적 이론들을 배제하려는 목적도 있었다.[13] 모든 이론을 다 배제하려면, 질병명을 순수하게 기술적記述的 방식으로 범주화할 수밖에 없다. 그리하여 1980년 공표된 DSM-III는 불과 10년 만에 현대 정신의학의 표준 참고서 지위에 오르게 되었다. 정신의학 역사상 최초로 정신의학의 새 가설과 새 이념이 사용자들의 필요성과 기대에 부응한 것이다. 그러나 지난 25년 동안 세 번의 개정[14]을 거친 DSM에 대해 사람들은 더는 예전과 같이 열광하지 않는다. 급진적 과학혁명의 이름으로 전 세계에 우뚝 섰던 DSM의 새 개정판들은 그저 여러 질병분류체계 중 하나일 뿐이고, 더는 혁신적 비전을 제시하지 못하고 있다. 심지어 정신과 진단의 커다란 발전이라 인식되어왔던 것들도 지금은 재고의 대상이다. DSM-IV 개정위원회 총위원장이었던 앨런 프랜시스Allen Frances는, 진단명이 어

---

12 미국정신의학협회가 제정한 진단 분류 중 DSM-I(1952)과 DSM-II(1968)는 대부분의 진단명이 정신분석 이론에 근거하여 이루어져서, 정신과의사는 물론 보험회사정책 결정에 반영하기 위해 필요한 타당성을 만족시키지 못했다. DSM-III가 공전의 대성공을 한 이유 중 가장 중요한 것이 바로 이 점이다.

13 Balat(2000), Rechtman(2002, 2003).

14 DSM-III-R(1987), DSM-IV(1994), DSM-IV-TR(2004).

떻게 바뀌었든 의사의 일상적 진료 양상은 바뀐 게 거의 없다고 최근에 와서야 시인한 바 있다. 스피처는 정신의학이 진정 의과학의 일원이 되려면 아직도 해결해야 할 문제가 많다면서 실망을 감추지 않는다.[15] 1980년 DSM-III가 약속했던 정신의학의 과학혁명을 현재 이루지 못했다 할지라도, 미국에서 시작된 정신의학의 사회지향적 개혁은 의미 있는 성과로 남아 있다. 정신적 트라우마와 그 피해자에게 명확한 이름을 부여한 것이 아마도 가장 눈에 띄는 성과일 것이다.

여성운동이 지향하는 바와 접점을 발견한 정신의학은 새로운 능력으로 대중의 기대에 부응할 기회를 잡게 되었다. 그 대중에는 사회질서상 억압받는 집단이 포함되어 있고, 항상 이러한 사람들이 정신의학의 대상이었다는 점에서 정신의학은 불명예스러운 말을 들어왔다. 동성애자와 관련해서 스피처는 일찍이 1973년 미국정신의학협회 총회의 투표를 거쳐 동성애 진단명을 폐기하는 성과를 올린 바 있다. 미국은 수년간의 논쟁과 정신의학계 내부의 갈등과 분열을 극복하고 외적 압력을 이겨낸 끝에, 세계에서 최초로 동성애를 '탈병리화 depathologize' 한 국가가 되었다.[16] 정신분석 보수파에게 승리한 공적[17]이 있는 스피처가 DSM-III 개정 특별위원회 위원장으로 임명되었는데, 당시 이 직무는 그다지 인기 있는 자리를 아니었다. 새로 구성된 특별위원회는 애초에 그 목표를 명확히 선언하고 임무에 착수하게

---

15 2005년 스피처와 프랜시스가 〈뉴요커〉(The New Yorker)와 한 인터뷰 기사.

16 2002년 세계정신의학연합회(World Psychiatric Association)는 모든 회원국가의 '과학적정신의학회(scientific psychiatric associations)'를 대상으로 동성애 진단이 더는 존재하지 않음을 주지시켰다. 그러나 아직도 많은 국가에서는 동성애를 정신질환으로 간주한다.

17 Bayer & Spitzer(1982), Bayer(1987), Rechtman(1999).

된다. 그 목표는 정신의학의 질병분류에 과학적 기준을 도입한다는 것이고, 그중에서도 특히 도덕적 판단에 좌우되지 않을 새로운 질병 정의를 만들겠다고 강조했다.

과거 트라우마신경증으로 알려진 상태를 새로 정의한다는 것은 거기에 붙어 있던 의심의 낙인을 떼어내는 것이고, 동성애 운동가들이 그러했듯이 페미니스트들도 그렇게 할 수 있다는 희망을 주는 것이었다. 특별위원회는 새로운 이름으로 '외상 후 스트레스 장애PTSD'를 채택하고 '신경증'이라는 용어는 곧바로 폐기하기로 했다. PTSD를 우울장애나 불안장애와는 분리된 독립된 범주로 만들려 하자 일부 정신과의사들은 적대감을 나타내며 DSM 개정 작업 전체에 의혹의 눈초리를 보이기도 했다.[18] 반면, 많은 의사가 '신경증'이라는 용어를 빼고 트라우마를 정의하는 데에 동의했다. 어찌되었든, 이는 엄청난 정치적 함의를 지닌 일대 변화였다. '신경증'을 버림으로써 새로운 DSM은 1세기가 넘도록 트라우마와 얽혀 있던 의심을 날려버리게 되었기 때문이다. 트라우마신경증의 증상들은 PTSD 진단 기준에 그대로 남게 되었으나, 사건의 의미는 근본적으로 달라졌다. 사건 자체가 PTSD의 필요충분한 원인이 되어버린 것이다. '신경증' 패러다임을 폐기함으로써 혹시나 있을지 모를 꾀병이나 나쁜 의도를 무의식 속에서 탐색하던 일도 끝을 맺게 되었다. PTSD 위원회가 마침내 합의에 도달한 것이다. 사건 자체가 유일한 원인이라고! 이 결론은 피해자 권리운동가들의 주장에 딱 들어맞았다.[19] 부적응을 초래하

---

18 Bayer & Spitzer(1985).

19 성학대로 인한 여성의 트라우마를 대중에게 인식시킬 수 있게 한 것은 사건이 원인이라는 병인론이었지만, 동시에 '다중인격장애'의 발명도 한 몫을 했다(Hacking, 1995;

는 심리적 요인이나 나약한 성격을 이제 더는 원인으로 거론하지 않게 되었기 때문이다. 정상적 정신 상태를 유지할 수 없을 정도로 '통상적 경험의 범위를 벗어난' 사건 그 자체가 원인이 된 것이다. 더는 영혼 깊은 곳을 탐색할 필요도, 성격 구조나 개인의 역사에서 유발 요인을 찾아낼 필요도 없어졌다. 사건 자체가 오직 단 하나의 병인이 되면서 과거 이론은 놀랄 만큼 빨리 자취를 감추었다. 1980년 새로운 정의가 나타나자, 과거에 병적 반응으로 진단되었던 트라우마는 비정상적 상황에 처해 나타나는 정상적 반응이 되었다.[20] 이제 트라우마는 트라우마 서사와 연관이 끊어진 채, 개인의 역사로부터 유리되어 원래 성격과도 아무런 상관없는, 비정상적 상황과 보통 사람의 불운한 조우의 결과물이 되어버렸다.

    피해자운동 측은 이 변화를 위대한 도약이라며 환호했다. 왜냐하면 그들이 절실히 필요로 했던 것은 피해자의 증상이 트라우마의 특징이라고 진단해주고, 그 원인은 비정상적 사건이라고 지정해주는 것이었기 때문이다. 어떠한 실증적 타당성이 입증되지 않았음에도,[21] 이 새로운 정의는 1세기에 걸친 군 당국의 의심과 대중의 의혹을 무너뜨리는 효과를 불러왔다. 베트남 참전군인들은 이 정의定義의 전복에서 깨달은 바가 있었으니, 이제 오랜 투쟁이 끝나고 자신들도 배상받을 권리를 얻으리라는 것이었다.

    Mulhern, 1991, 1998). 이 진단명의 발명은 트라우마신경증 개념이 없었다면, 그리고 사건이 PTSD의 유일한 원인이라는 단언이 없었다면 불가능했을 것이다.

20 American Psychiatric Association(1983).

21 PTSD 특별소위원회가 사건을 원인으로 정의할 당시, 어떠한 실증적 역학 자료도 존재하지 않았다.

마지막 증인, 전쟁범죄 가해자

PTSD 진단범주를 기획한 DSM 개정소위원회는 베트남 참전군인 문제에 민감한 정신과의사들로 구성되어 있었다. 위원 중 PTSD에 관해 가장 잘 알고 있던 사람들은 군 고위직 정신과의사들이었고, 또 그중 일부는 참전군인 재활 프로그램과 반전운동 지지자로 알려졌다.[22] PTSD는 복잡한 이해관계와 얽혀 있었던 셈이다. 소위원회 위원 모두는 PTSD의 적용 범위를 확장하여, 당시 흔히 알려져 있던 '베트남 참전 증후군post-Vietnam Syndrome'의 증상도 포함하려 했다. 이 명칭이 비공식적이어서 참전군인들에게 보상 권리가 주어지지 않았기 때문에 PTSD에 포함되기를 원했던 것이다. 국가보훈처는 진단 기준의 확장을 못마땅해했다. '비정상적인 사건'을 경험한 모든 참전군인에게 보상을 하려면 엄청난 재정 부담을 떠안아야 했기 때문이다. 그러나 운동가들로서는 이 새롭게 출현한 범주로부터 이중의 이득을 기대할 수 있었다. 그 하나는 재정적 보상이었고, 다른 하나는 패잔병이라는 단어보다 훨씬 그럴듯한 '전쟁의 피해자'라는 사회적 신분 획득이었다.

가시 돋친 설전이 질질 이어지면서 PTSD의 공식 질병분류 입성은 계속 미루어졌다.[23] 정신의학 외부에서 보기에는 베트남 전쟁 관

---

22 Allan Young(2002). 소위원회에는 '생존자 증후군'을 정의하는 데에 기여했던 리프턴과 호로비츠가 포함되어 있었고, 리프턴의 동료인 카임 샤탄(Chaim Shatan)과 전쟁에 반대하는 베트남 참전군인회를 조직한 귀향해군인 잭 스미스(Jack Smith)도 참여하고 있었다.

23 Spitzer(1980). 1980년 DSM-III를 홍보하기 위해 미국 정신의학 학회지 중 하나인《병원과 지역사회 정신의학》(Hospital and Community Psychiatry)과 한 면담에서, 스피처는 PTSD 도입으로 야기될 변화를 강조했다. 트라우마라는 복잡한 개념에 새로운 이론적 틀

련 장애가 새 질병분류체계로 들어가는 데에 아무 문제가 없어 보였을 것이다. 실제로 PTSD는 제1차 세계대전 당시의 트라우마신경증을 모델로 하여 만들어진 참호쇼크와 별반 다를 바 없었다. 더욱이 새로운 병인론은 병사들의 고통은 의심할 여지가 없으며, 그 고통은 비정상적 상황에 대한 정상적 반응이라고 정의하는 것을 의미했다. 제2차 세계대전 이후 일어난 큰 변화는, 사람들이 젊은 신참병사의 혼란, 공포, 불안에 공감하면서 이들이 가진 트라우마를 비난하지 않게 되었다는 사실이다. 유대인 종족말살이라는 경악할 사실이 알려지면서 트라우마는 미국 사회의 도덕경제에 변화를 가져왔고, 그 결과 상처받은 병사와 침묵 속에서 고통받던 이들에게 공감을 얻었다. 용감한 군인으로 칭송받는 게 훨씬 좋았겠지만, 그렇다고 전쟁쇼크 환자들이 숨어 있을 필요도 없어졌다. 게다가 사회 분위기가 전쟁을 비판하는 방향으로 기울어질수록 참전군인들은 영웅 대우를 받기 어려워졌다. 전쟁의 잔혹함, 치솟는 사상자 수, 군인 가족의 불안 등이 언론에 의해 강력히 부각되면서, 전쟁은 사람들의 눈앞에서, 가정에서, 바로 자신들의 삶에서 일어나는 일로 생생하게 다가왔다. 트라우마는 이제 모든 사람이 알고 있는 것이자 누구나 어느 정도는 가지고 있다고 인식되었다. 트라우마는 더는 비겁함이나 꾀병의 표시가 아니었다. 젊은이를 지옥으로 내몬 전쟁에서 의심이 설 자리는 더는 없었다.

그러나 DSM 위원회나 일반사회에서 보기에도 베트남 참전군인

을 창조하는 데에 기여한 업적에 기쁨을 표하면서, 그럼에도 DSM-III에 베트남 참전군인을 포함하는 작업이 DSM-III 초안 작성에서 가장 어려운 일이자 가장 논란이 된 부분이었다고 말했다.

의 증상 모두를 PTSD에 포함시키는 것은 심각한 문제였다. 전쟁범죄를 저지른 병사는 어찌할 것인가? 이보다 몇 년 전인 1969년 11월, 미국 사회는 베트남에서 일어났던 대규모 학살 사건에 경악했다. 1968년 3월 16일 아침, 베트남 촌락 밀라이My Lai에서 400여 명에 달하는 여자, 아이 및 노인을 미군 보병중대가 무참히 학살한 것이다. 베트남 전쟁이 '정의로운 전쟁just war'[24]이었다고 믿던 미국 사회는 아연실색했다. 그 사건에서 죽은 미군 병사는 한 명도 없었다. 밀라이 마을사람들은 이루 형언할 수 없는 잔인한 방법으로 도륙되었다. 이 수치스러운 사건이 추문으로 번지면서 지휘체계 책임자를 색출하고, 특히 그 학살을 자행한 병사들의 성격에 초점을 맞추어 조사가 진행되었다. 이들 병사는 피에 굶주린 괴물인가, 아니면 비정상적 상황에 놓인 탓에 끔찍한 범죄를 저지르게 된 사람들인가? 군사법원은 그 병사들과 그들의 상사로부터 어떠한 답도 알아낼 수 없었다.[25] 냉혈한이 저지를 수 있는 최악의 범죄를 저지른 이들은 과연 어떤 사람들인가?

여태까지의 모든 가설을 배제하고, 즉 과거에 정신질환이 있었으리라는 가설도, 사건 순간에 갑자기 병적 증상이 튀어나왔으리라는

---

24 군 당국은 이 학살 사건을 알고도 일 년이 넘도록 이를 감추고 있었다. 프리랜서 저널리스트 시모어 허시(Seymour Hersh)가 1969년 11월 20일 자 〈라이프〉(Life)에 이 사실을 폭로했고, 이어 그 주에 〈타임〉(Time) 지와 〈뉴스위크〉(Newsweek) 지에, 그리고 마침내 CBS 텔레비전에서 방영되며 전 세계로 알려졌다.

25 당시 작전 책임자였던 윌리엄 캘리(William Calley) 중위는 종신형을 선고받았는데, 몇 년 후 닉슨 대통령이 사면했다. 당시 여론조사에서는 놀랄 만큼 많은 사람이 캘리 중위에게 동정을 표했고 종신형에 반발했다. 군 법회의 진술과 증언은 인터넷에서 찾아볼 수 있다. http://www.law.umkc.edu/faculty/projects/ftrials/mylai/mylai.html

가설도 모두 배제한 뒤, 이 행위를 조사한 정신과의사들은 전쟁이 전투병에게 어떤 충격을 가하는지 알고 망연자실했다. 극한적인 상황, 말하자면 폭력이 일상적이고, 나뭇잎이 바스락거리는 소리도 적의 공격으로 알고 죽음의 공포에 떨어야 하며, 동료의 시체를, 그것도 야만스럽게 난도질당한 동료를 보며 살해욕구가 끓어오를 때, 자신이 알고 있는 세상과는 까마득히 동떨어져 오로지 남은 몇몇 동료와 자신에게만 생존 여부가 걸린 상황에서 선과 악의 경계선은 상상할 수 없을 정도로 저 멀리 물러난다. 리프턴은 이들 병사에게만 오롯이 범죄의 책임을 물을 수는 없다고 주장했다. 더 정확히 말하면, 보이지 않는 적이 어디에선가 항상 노려보고 있는 적대적인 베트남 정글의 전쟁이 이들로 하여금 결코 의도치 않았던 일을 저지르게 했다는 것이다.[26] 리프턴 주장에 따르면, 정상적인 행동은 환경 적응력이 남아 있을 때나 발휘될 수 있다. 베트남이라는 매우 특수한 환경에서 가혹한 생의 조건에 적응하려면, 시민으로서의 도덕적 가치관이 지탱할 수 없는 극단적 정신력이 필요하다. 그러한 곳에서 병사들은 서로 떨어질 수 없이 서로를 필요로 하는 전우로서, 동료를 구하기 위해서라면 주저 없이 몸을 던질 정도의 강력한 가치관으로 끈끈하게 묶여 있는 동시에, 적(혹은 적이라고 간주되는 자들)에게는 인간으로서는 도저히 행할 수 없는 잔인함도 서슴지 않고 저지를 수 있다.[27] 리프턴

---

[26] Lifton(1973). 병사들이 이유도 알지 못하고 범죄를 저지르게 되는 배경을 '잔혹함을 유발하는 상황(atrocity-producing situation)'이라고 표현했다.

[27] 켈리 중위는 당시에 자신이 사람을 죽이고 있다는 느낌이 들지 않았다고 진술했다. 그는 그저 자신에게 하달된 "베트콩 이념을 지지하는 사람은 누구든 다 죽이라"는 명령을 말 그대로 실행했을 뿐이라고 말했다.

은 자신의 주장을 뒷받침하기 위해 당시 학살행위를 거부했던 단 한 명의 병사를 예로 들었다. 그 병사는 동료와 어울리지 못했고 학살 사건 이전에 이미 심리적으로 불편함을 느끼고 있어서 집단에서 소외되어 있었다. 학살 사건이 일어나던 날 그의 행동은, 오늘날 보기에는 '옳은 것'이지만, 당시 시각으로는 '정상적'이 아니었다고 주장했다. 그 병사가 왜 학살행위에 동참하지 않았는지 정확한 사유는 알려져 있지 않다. 자신이 속한 집단의 행위에 합류하지 않은 것이 냉철한 윤리적 판단에 의한 것인가, 아니면 병리적 행동인가? 어느 쪽이든 간에, 그 한 명을 제외한 전체 병사는 비정상적 상황에 처한 정상적 행동을 했다는 데에 전문가들은 만장일치로 의견을 모았다.

그들은 벌을 받아야 하는가? 정신과의사들은 그렇다고 말했다. 비록 그들이 충동적으로 그러했을 것이고, 그 행동은 치료되어야 할 증상이라고 할지라도, 저질러진 일이 무엇인지 그들 스스로는 알고 있었다. 그러나 그들 또한 피해자였다. 마치 고문처럼 악몽으로 되살아나는 끈질긴 기억 속에서 자신이 저지른 극악무도함의 세세한 기억까지 모두 안고 살아가는 그들은 트라우마 피해자였다. 멀쩡한 정신 상태에서도 때로는 시체 썩는 악취를 맡고, 적이 다가오는 발자국 소리를 들으며, 입속에 피와 화약가루의 맛을 느끼는 이들은 마치 지금도 정글의 전쟁터에 있는 듯 모든 종류의 공포를 일상에서 끊임없이 경험하고 있었다. 자신이 저지른 행위에 의해 파멸로 빠져들어 가는 이들 역시 전쟁이 낳은 피해자로 볼 수 있었다. 그러나 동시에 살아남은 자의 죄책감으로 행동한 자이기도 하다고 리프턴은 주장했다. 몇 년 전에 홀로코스트 생존자와 히로시마 원폭 생존자의 심리 증상을 기술하기 위해 자신이 만들어낸 개념을 과도하게 비틀어 넣어서는, 수도 없이 죽어나가는 동료 병사의 주검을 보았던 이 병사들은 유대인 생존자 및 일본인 생존자와 마찬가지로 살아남은 자의 죄책감에 시달리고 있다고 주장했던 것이다. 자기 부대는 불사신이라는 환상이 깨지고 동료병사가 죽어가는 과정을 지켜본 생존자들에게는 이런 질문이 반드시 뒤따른다. "내가 아니고 왜 그가 죽었지?" 불현듯 깨닫는 생존의 무의미함에 야수성의 고삐가 풀리고, 살아남은 자의 죄책감을 해소하고 부대의 단결심을 강화하기 위해 밀라이 학살을 저지르게 되었다는 것이다.[28] 또한 피해자이자 생존자인 이들은 전쟁이 만들 수 있는 가장 무시무시한 장면의 목격자이기도 했다.

PTSD 소위원회 위원 중에는 특히 베트남 전쟁 반대운동과 관련해 참전군인의 권리 주장을 지원하는 사람들이 있었는데, 이들은 전쟁범죄자도 새 범주에 넣기를 원했다. 그들의 증상은 PTSD를 가진 다른 사람들과 똑같고, 비록 가해자라 할지라도 그들이 겪은 사건은 통상적 경험 범위를 훨씬 넘어선다고 주장했다. 살아남은 자의 죄책감도 그들의 경험에서 나왔다고 했다. 정신의학적으로 엄밀히 평가해보아도 이들이 보이는 증상은 PTSD로 진단된 피해자의 증상과 구별하기 어려웠다.[29] 베트남 참전군인의 심리적 후유증을 PTSD 진단 범주에 포함시킬 것인지 그 여부를 결정하는 데 있어서 가해자와 피해자를 뭉뚱그려 동일한 범주에 넣을 것인지가 문제였다. 이 시점에

---

28 Lifton(1973, p.46).

29 2000년 파리에서 열린 한 학회에서 한 PTSD 전문가는 다음과 같이 말했다. "다리가 부러진 환자가 있다면 의사의 진단은 그냥 다리의 골절일 뿐입니다. 누가 다리를 걷어차서 부러졌든 자기 스스로 넘어져서 부러졌든, 그 원인이 좋든 나쁘든, 정당하든 부당하든, 다리 골절은 그저 골절일 뿐입니다."

서 묻건대, 정신과적 평가는 임상증상의 특징을 구별하는 데에만 국한되어야 했을까? 끔찍한 행위에 대한 도덕적 비판과 상관없이 오로지 의학적 관점에 의하여 일반 트라우마 피해자와 동일하게 보아야 했을까? 혹은 임상진료에 도덕적 관점을 도입하여 증상이 동일하다 할지라도 피해자와 가해자를 구별하여 다른 진단범주를 만들어야 했을까?

일은 의외로 쉽게 해결되었다. 가해자와 피해자를 한 범주에 넣는 것은 반전주의자와 참전 지지자 모두에게 크게 정치적 이득을 가져다주는 것이었기 때문이다. 반전주의 베트남 참전군인회의 입장에서는, 미군병사가 저지른 참상의 끔찍함을 다 공개하는 것도 중요했지만, 그 책임을 병사 개인에게 지우지 않는 것도 중요했다. 리프턴이 말한 개념, 즉 "잔혹한 행동을 야기하는 상황"에서 자신이 저지른 행동에 트라우마를 받은 병사의 이미지는 직접적으로 전쟁을 비난하지 않더라도 전쟁을 고발하는 의미가 충분히 있었다. 한편 군 당국의 입장에서 보면, 밀라이 사건이 폭로된 후 더는 전쟁범죄를 은폐하기 어려웠고, 이때 자기가 저지른 행동으로 인하여 허물어져가는 트라우마 병사의 모습을 보여줌으로써 전쟁의 끔찍함을 어느 정도는 완화할 수 있다는 확실한 이득이 있었다. 앨런 영의 표현을 빌리면 "자신에 의해 트라우마를 입은 가해자"[30]는 양 진영 모두의 입장을 옹호하는 데에 필요한 이미지이자, 미국의 패배를 해명해야 하는 정치권으로부터 대중의 관심을 돌려주는 이점도 있었다. 해결이 급박했던

---

30 Allan Young(2002). 앨런 영은 잔혹행위 유발 가능성이 큰 사건을 일곱 가지 유형으로 분류하였는데, 그중 한 종류만 폭력과 연관되었고, 나머지 여섯 개 유형에서는 가해자가 얼마만큼 자신의 행위를 인지하고 있었는지에 따라 그 정도를 구별했다(1995, p.125).

이유는, '밀라이'가 더 존재했기 때문이다. 트라우마 참전군인들이 의사에게 털어놓는 증언이 하나둘 쌓일수록 일반인을 상대로 저지른 미군의 가학행위가 광범위하게 드러났고, 그 세세한 내용도 알려지기 시작했다. 직접적, 간접적으로 고문행위나 즉결 처분에 참여한 군인이 있는가 하면, 강간과 인체훼손행위에서 쾌감을 느꼈다는 병사도 있었다. 바로 이 병사들이 PTSD 진단명으로 이득을 보게 될 사람들이었다. 당시에는 이상하게 여겨지던 정신과적 증상을 안고 귀향한 이들이 스스로 트라우마를 입었다는 이유로 혜택을 보게 된 것이다.[31] DSM-III 조정위원회는 소위원회의 권고를 받아들여 트라우마 사건을 스스로 저질렀든 아니면 당했든 전쟁의 피해를 입은 모든 군인이 보이는 증상을 PTSD에 포함한다는 결론을 내렸다. PTSD를 정의하는 데에는 어떠한 도덕적 평가도 필요하지 않았다. 자신이 무슨 행동을 하는지 충분히 인지하고 저질렀든, 심지어 그 행위를 즐기면서 저질렀든 무조건 PTSD에 해당했다. 트라우마 개념은 무의식을 파헤치는 정신분석에서 점차 멀어지더니, 급기야는 인간의 정신을 들여다보는 것조차 포기하기에 다다른 것이다.

베이비킬러도 휴머니티를 가지고 있다!

가해자를 트라우마 진단에 포함시킨 일은 미국의 근대 역사상 우발적으로 일어난 사건이 아니다. 앨런 영이 말했듯이, 그렇게 하는 것

---

31 Levenberg(1983).

이 베트남 참전군인 문제 해결에 정치적으로도 재정적으로도 안성맞춤이었다는 데에는 필자들도 동의한다. 그러나 영이 말한 대로 당시 정황상 어쩔 수 없이 이루어진 일이었고, 상황이 바뀌면 이 진단범주는 차츰 사라져서 다시 분류할 날이 오리라는 말에는 공감하기 어렵다. 우리가 보기에 이 진단범주의 확립은 더 광범위하고 지속적인 중요성이 있다. 전쟁범죄자를 스스로 트라우마를 입힌 피해자로 인정하는 일은 단순히 참전군인의 귀향으로 생긴 갑작스러운 '생태학적 틈새'[32]로 인한 일이 아니다. 더 근본적으로는 사회적 기억과 개인의 증언이 결합한 데에서 기인하며, 이들 모두는 지금 피해자의 이미지에 녹아들어가 있다. 트라우마의 이론적 모델들과 사회적 활용법이라는 이중의 계보를 고려하면, 미국의 시대적 상황 하에서 만들어진 피해자와 가해자 사이의 협동 관계는 실로 전환점이라 하지 않을 수 없고, 우리는 이를 인류학적 현상이라고 본다. 제1차 세계대전 이후 최초로 서로 지구의 반대편에서 유래된, 의학적 패러다임과 사회적 규범이 만나 상호 강화되면서, 비극적 사건에 관한 정치적이고도 보편적인 새로운 언어를 탄생시킨 것이다.

    임상의학 패러다임의 측면에서 볼 때, 의심을 버린다는 것은 사건의 특이성을 내세우고 피해자가 지극히 보통 사람임을 강조함을 의미한다. 사회 규범의 측면에서는, 가해자와 피해자를 동일 범주로 묶는 것은 트라우마가 논쟁의 여지도 없는 명백한 사실임을 강조하는 것이다. 이리하여 트라우마의 증언은 어떠한 개인적 서사와도, 도덕적 평가와도 상관없이 그 자체만으로 윤리적 진실이 되어버렸고,

---

[32] Hacking(1998).

최종 확인은 의학에 넘기고 가혹한 경험의 증거 그 자체가 되어버렸다. 여기서 확실히 짚고 넘어가야 할 점은, 이들 병사에게 면죄부를 준 것은 정신의학이 아니라는 점이다. 정신의학이 한 일은 트라우마 증상을 해석해서, 가해자에게 흔적으로나마 남아 있는 인간성이 트라우마로 표출된 것이라고 확인해준 것뿐이다. 그들이 고통스러워하고 있다는 사실은, 잔혹행위로 파괴되었을지라도 그나마 인간성을 공유하는 존재임을 보여주는 것이라고 했다. 심지어 참회하지 않는 병사들조차도 그렇다고 했다. 그러나 일부 정신과의사들이 그들 역시 피해자라고 아무리 강변한다 해도 저지른 행위의 잔혹성이 내뿜는 이미지가 지워지는 것은 아니었다. 아무튼, 이에 현혹되지 않은 언론은 이들을 계속 '베이비킬러'라며 희화화했다. 이 단어는 오늘날까지도 치욕적으로 사용되며, 베트남 전쟁 지지자와 반대자 사이에 갈등의 불을 붙이곤 한다.[33]

영화와 소설은 서슴없이 이들을 최고의 악당으로 그려냈다. 마이클 치미노 감독의 〈디어헌터〉(1978), 배리 레빈슨 감독의 〈굿모닝 베트남〉(1978), 프란시스 포드 코폴라 감독의 〈지옥의 묵시록〉(1979), 테드 코체프 감독의 〈람보〉(1982), 올리버 스톤 감독의 〈7월 4일생〉(1989) 등이 그것이다. 영화는 가해자의 고통을 묘사했으나, 그렇다고 면죄부를 준 것도 아니었다.[34] 필립 로스Philip Roth는 소설《휴먼 스테

---

[33] 제2차 걸프전 때 이 용어는 다시 등장했다. 2004년 미국 대선 당시 후보였던 존 캐리(John Kerry)는 베트남 참전군인으로서 전쟁에 반대하는 베트남 참전군인회 회원이었는데, 미군을 일컬어 '베이비킬러'라는 말을 사용했다가 참전군인회에게 비난받았다. http://www.vietnamveteransagainstjohnkerry.com

[34] 베트남 전쟁에서 미군의 잔혹함을 묘사하는 미국 영화가 전쟁을 묘사하는 방식은 9.11 사건 이후 그 경향이 바뀌었다. 랜들 월리스(Randall Wallace) 감독의 〈위워솔저스〉(We

인》에서, 전형적 PTSD 증상을 가진 베트남 참전군인이 유령의 악몽에 시달리는 장면을 여러 쪽에 걸쳐 고도로 사실적으로 묘사했다. 주인공이 일상으로 돌아왔을 때 그는 이미 살인자로 변해 있었고, 중국 식당 웨이터가 동양인의 눈을 가졌다는 이유 하나만으로 격렬한 살인 충동을 느낀다. 그렇다고 정신의학마저 악당과 피해자를 구별하지 않은 것은 아니었다. 법정은 전쟁범죄자에게 관대했지만, 정신의학은 그렇지 않았다. 사실 새로운 질병분류는 전쟁범죄행위를 설명하지도 변명해주지도 않았다. 실질적으로는 아무것도 말하지 않은 셈이다.

이렇듯 최악의 끔찍한 범죄를 저지를 수 있는 사람들은 누구인가라는 질문에 정신의학은 두 가지 차원의 대응책을 내놓았는데, 그중 하나가 미국 사회로 하여금 베트남 전쟁의 패배를 직면하도록 한 것이었다. 이들 병사의 행동이 국가의 책임인지 병사 개인의 책임인지 양자택일의 힘든 선택을 하지 않고도 사회 전체가 위로받는 타협책을 제시한 것이다. 그것이 바로 피해자와 함께 가해자를 하나의 범주로 포괄시킨 PTSD이었다. 즉 비정상적 상황에 처했던 보통 남자들로서, 심판이나 비난을 받기보다는 단지 돌봄이 필요하다는 결론을 내린 것이다. 이에 따라 전쟁범죄자에게도 배상의 권리가 부여되었다. 게다가 가해자들은 트라우마를 앓을 정도의 인간성이 남아 있다고 보증해줌으로써 치료가 필요한 사람이라고 생각될 정도만큼의 의

Were Soldiers, 2002)는 베트남 참전군인을 찬양하는 내용이었는데, 이 시기는 아프가니스탄에서 군사행동이 시작된 때였다. 언론은 감독의 의도를 알아차렸다. '우리는 군인이었다. 베이비킬러가 아니다'라는 제목의 칼럼이 〈월스트리트 저널〉에 실렸다. http://www.opinionjournal.com/columnist/bminiter/?id=105001721

심은 남겨두었던 것이다. 그리고 무엇보다도 PTSD는 폭력의 사회적 의의를 급격히 바꾸어놓았다. 트라우마에 관한 새로운 개념은 개별적 행위를 어떠한 가치관으로도 평가하지 않는 한편, 모든 폭력적 사건에는 견딜 수 없는 끔찍함이 있음을 부각한 것이다. 의사의 관점에서 볼 때 가해행동에 따른 고통과 피해자의 고통은 같은 질병범주에 속하지만, 한편으로는 건강한 사람의 정신에 상흔을 남길 정도로 충분히 끔찍한 사건이 일어났음을 입증하는 것이기도 했다. 따라서 이 신개념은 비정상에서 정상을 분리해내고, 비통상적인 것에서 통상적인 것을, 용인될 수 없는 것에서 용인될만한 것을 구별해내는 새로운 규범이 되었다. 말하자면, 1980년대 미국 정신의학은 트라우마를 재창조함으로써 임상의학에서 도덕성을 제거하고(범죄 가해자와 피해자를 구별하지 않으려는 것이기 때문에), 또한 (견딜 수 없는 경험이 어떤 결과를 초래하는지 확정지음으로써) 개별적 개인의 판단 너머에 있는 윤리적 진리를 선언한 셈이다. 폭력에 관한 시각이 도덕에서 윤리로 이동한 것은 분명 의미심장한 변화이다. 그러나 정신과의사의 진료행태는 물론, 새 진단명이 일반 시민에게 적용되는 방식을 살펴보면, 윤리적으로 모호함을 인정할 때조차 도덕적 평가가 다시 적용됨을 알 수 있다.

・・・

유대인종 말살 범죄에 대한 정신분석적, 역사학적 이론이 체계화되면서 트라우마 개념은 심리학과는 비교할 수 없이 사회적으로 유용해졌다. 홀로코스트 생존자들이 놀랄 만큼 끈질기게 인간성을 지켜냈음을 그들의 트라우마는 증언한다. 집단의 기억에 각인되어 다시는 그러한 일이 되풀이되지 않게 해주는 것이 트라우마의 고통이다. 지워지지 않는 정신적 상흔은 사건의 기억 또한 지워지지 않음을 의미한다. 상흔의 의미는 저항할 수 없는 잔혹한 폭력 앞에서 무죄하고 무력했던 생존자에게 부여되는 도덕적 특성과 밀접하게 연결되어 있고, 이는 대중의 공감으로 이어진다. 이제 폭력의 기억과 의학이 조우하면서 트라우마는 도덕성과 절연된 채 인간성의 궁극적 정수로만 인식되고 있다. 제1차 세계대전 당시에는 비겁함이나 꾀병으로 간주되던 트라우마가 제2차 세계대전에는 조금은 용인될만한 나약함의 상징이지만 그럼에도 감춰놓아야 했던 상흔으로, 이렇게 트라우마는 먼 길을 돌아 현대에 이르렀다.

비정상적 상황에 처한 정상적 반응으로서의 트라우마는 지금은 일상 언어가 되었다. PTSD라는 단어를 알든 모르든, DSM-III를 알든 모르든 간에, 이 새 단어는 여태껏 자신이 피해자라고 생각하지 않았던 사람들조차 피해자로 나서라고 장려하고 있다. PTSD 전문 저널이 발간되고,[35] 협회가 창립되고, 이른바 최신 과학적 소견이라는 것이 인터넷을 타고 퍼져나간다. 온갖 종류의 폭력—가정폭력, 정치폭력 등—이 PTSD라는 매개체를 통해 존재감을 과시하고, 정신의학은 이들의 정신적 고통을 확인해준다. 1980년대 중반부터는 일반 대중을 겨냥한 수많은 트라우마 책이 출간되었다. 의사도, 심리상담

---

35 미국 보훈처가 발행하던 회보 《계간 PTSD 연구》(PTSD Research Quarterly)는 PTSD에 관한 미국 내 연구의 공식 평론잡지가 되었다. 그러나 정작 PTSD를 국제무대에 올려 확산시킨 공로는 1983년 창립된 '외상후스트레스연구협회(The Society for Traumatic Stress Studies)'와 '외상후스트레스연구국제협회(the International Society for Traumatic Stress Studies)' 및 그 학회지 《외상 후 스트레스 저널》(Journal of Traumatic Stress)에 있다.

사도, 피해자도, 특히 침묵을 강요당했던 피해자들도 PTSD 진단명이 침묵으로부터 해방시켜주었다고 입을 모은다. 모든 주도적 활동을 한데 묶는 근본 요소는 '자신의 체험을 공개적으로 말하기speaking out'를 통해 악몽에서 해방되라고 촉구하는 것이었다. 트라우마 반응이 병적인 것이 아니고 정상적 반응이라고들 하는데 나서서 말하지 않을 이유가 없었다.

게다가 자신도 모르게 트라우마를 받는 일도 가능해졌다. 트라우마는 과거의 개념에서 질적으로 훌쩍 도약해버렸다. 피해자가 트라우마를 입증하기 위해 애쓸 필요도 없을 뿐만 아니라, 피해를 인식하고 있지 않던 사람들까지도 속속 찾아내어 먼저 도움을 주고, 마땅히 받을 돈이라며 보상금도 준다. 하나의 과정이 다음 과정을 만들어내고 이것이 계속 이어지며 거대한 체제가 만들어졌다. 그리하여 피해자를 식별해내고, 대중의 인지도를 높이고, 저명하다는 전문가에게 피해자를 인도한다. 이 체제는 PTSD의 새로운 사회적 가시성可視性이자, 그 생산물이고 그 도구가 되어버렸다. 웹사이트와 전문지, 특화된 지원센터가 우후죽순 생겨났고, 소위 새로운 분야들—피해정신의학, 인도주의 정신의학, 심리외상학 등—이 창시되었다. 이 현상이 트라우마 정신의학에 불어오는 열기를 입증한다. 이렇듯 새로운 개념이 새로운 영역으로 급속히 확산되게 한 가장 큰 동력은, 트라우마는 정상성의 다른 모습이라는 생각을 사회가 기꺼이 받아들였다는 데에 있다. 오랫동안 부정되고 숨어 있던 트라우마는 사회과학이 예언한 바와는 정반대로 이제 드디어 진정한 공중보건 문제로 대두되었다. 온갖 종류의 폭력이 세계 곳곳에서 너무도 분명하게 모습을 드러내고 있기 때문이다.

트라우마 개념이 확산된 까닭은, 인간 도덕성의 어떤 부분은 무슨 일로도 파괴되지 않고 남아 있다는 생각에 대중이 매료되었기 때문일 수도 있다. 남아 있는 인간성의 이름으로 배상을 요구하고, 억압을 이겨내고 증언대에 서며 학대를 견뎌내고 그 증거를 제시하는 것이다. 그러나 독단적 문법과 어휘를 생산하는 트라우마의 화려한 수사적 언어의 이면에서는 이미 차별과 불협화음이 싹트고 있다. 트라우마의 이름으로 분노를 말하고 트라우마가 분노를 정당화하는 원칙이라고 주장하는 동시에, 근본주의와 마찬가지로 자신과 다른 도덕적, 정치적 입장은 폐기하고 무효화할 것을 요구한다. 그러나 모든 피해자가 트라우마를 매개로 자신들이 부여받는 피해자 신분을 똑같은 의미로 받아들이고 있지 않음은 주목해야 할 사실이다. 피해자 표식이 주어졌음에 만족하고 수동적인 피해자로 행동하는 사람이 있는가 하면, 트라우마의 현재 정의를 부정하거나 재정의하려는 사람도 있기 때문이다. 이것이 우리가 툴루즈 폭발 사건, 팔레스타인 전쟁, 그리고 프랑스 내 망명신청인의 모습을 통해 명백히 보여주고자 하는 내용이다.

2부　　　　　　　　　　　　　　　　　　　　**배상의 정치**

연구를 시작한 지 몇 달 후, 우리는 보건의료부Ministry of Health에 있는 국방안전위원장High Civil Servants for Defense¹²의 사무실에 갔다. 위원장은 1997년 5월 29일 대통령령으로 제정된 응급의료-심리지원팀 국가위원회National Committee for Medical and Psychological Emergencies의 위원장을 겸임하고 있었다. 1998년 1월, 당시 보건의료부 장관Health Secretary이던 베르나르 쿠슈네르Bernard Kouchner의 개회사로 열린 성대한 기념식을 시작으로 착수된 사업은 자리를 잡는 데까지 시간이 필요했다. 쿠슈네르는 새로이 국방안전위원장에

---

1 1959년 발효된 법령으로, 국방안전위원단(the corps of High Civil Servants for Defense)은 해당 부처의 장관을 거쳐 수상과 직접 연결된다. 국방부를 제외한 모든 주요 부처에는 국방안전위원이 한 명씩 배정되어 있어서, 병참 및 작전 하부조직의 책임을 맡는다.

2 [역자주] 정부공무원을 총칭하는 말과는 구별된다. 공공분야에는 국가, 지방, 병원의 세 분야가, 부서에는 교육, 경찰, 방어, 의료 및 사회와 기타 부서가 있다. 국방안전위원단은 국방부를 제외한 모든 주요 부처에 위원 한 명씩 파견하여 위기 시에 국가 안전을 위한 전략적 연결망 역할을 한다.

임명되었는데, 이 보직을 맡자마자 다가올 9월에 제출할 국가위원회 권장사항 보고서를 준비하려고 특별위원회를 구성했고, 이를 통해 응급심리지원 전국 네트워크를 활성화하기로 결정했다. 지역 응급의료-심리지원팀은 당시 연이어 세 개의 사건이 터져 정신없었다. 1999년 3월 몽블랑 터널 화재 사건, 2000년 7월 에어프랑스 콩코드 충돌 사건, 2001년 5월 고도 보안 감옥인 프렌 인질 사건이 그것이다. 그러나 보건의료부 소속의 국방안전위원으로서는 응급심리지원팀의 구성이나 규정은 물론 전국적 차원의 협조를 끌어내기 어려웠다. 정부가 애초부터 큰 성과를 기대하지 않았던 데다가 PTSD가 실재하는지에도 확신이 없었기 때문이었다. 재난 상황에서 심리지원이 얼마나 필요할지 보여주는 역학 자료도 없었고, 초기 '디브리핑'[3]이 과연 이로운지에 관해서도 전문가들의 의견이 모이지 않았으며, 응급심리지원팀의 훈련 및 예산 배정 문제 등에 관해 중앙행정 책임자들은 어떠한 결정도 내리지 못했다. 당시 가설로만 여겨지던 PTSD가 보건의료의 위기와 연관되리라고는 생각하지도 않았다. 그럼에도 혹시나 예상치 않은 문제가 나타날 수 있을지 모른다는 우려 때문에 보건 당국은 이동 응급의료서비스와 유사한 관리체계를 확실히 만들고자 했다. 당시는 수년 전 미흡한 예방조치로 인해 수천 명의 환자가 에이즈HIV 감염혈액을 수혈받았던 '혈액오염' 스캔들이 아직도 사람들 뇌리에 생생히 남아 있던 때이기도 했다. 그 사건으로 위기에 처했던 보건의료부는 "예고 없이 발생하는 특수 상황에서 집단의 건강을 보호"할 목적으로 광범위한 관리체계를 만들고 그 중심 역할을

---

3 [역자주] 21쪽 역자주 참조.

국방안전위원회에 맡겼다. 수차례나 연기되었던 위원장과의 면담이 드디어 2001년 9월 11일 오후 3시로 정해졌다.

면담은 한 시간으로 예정되어 있었다. 그러나 우리가 보건의료과 Department of Health 본관 2층에서 내려온 시각은 오후 7시였고 그때까지도 우리는 충격에서 헤어나지 못하고 있었다. 로비는 기이하게도 황량해 보였고, 지친 표정의 수위들이 몇몇 방문객 주위를 부산스럽게 맴돌고 있었다. 밖을 내다보면 늦여름의 활기가 사라진 거리는 마치 정지화면처럼 보였다. 큰 길 건너편으로 보이던 장면은, 정지신호에 멈춘 자동차 주변에서 크게 틀어놓은 라디오 속보에 귀를 기울이던 사람들의 모습이었다. 운전 중이었다는 사실을 잊은 10여 대의 운전자들이 거리 저 아래까지 자동차를 줄지어 세운 채 똑같은 뉴스를 듣고 있었다. 방송국은 모든 정규 일정을 중단하고 되풀이해서 뉴스와 논평을 방송했다. 불과 몇 시간 전만 해도 집단 트라우마는 정부 당국을 괴롭히는 가설에 불과했다. 그런데 갑자기 전 세계가 그 실재를 극적으로 깨닫기 시작한 것처럼 보였다. 뉴욕 테러 사건은 즉각 트라우마라는 새로운 언어로 번역되었고, 다른 어느 곳과 마찬가지로 프랑스에서도 그러했다.

오후 3시 50분, 국방안전위원장 사무실에서 문 두 개를 통과하면 나오는 보건의료과 작전본부에서 모든 일은 시작되었다. 면담이 진행되던 도중, 부위원장이 갑자기 뛰어 들어와 사건을 보고했다. 테러용 비행기가 파리, 런던 등 유럽의 수도로 날아오고 있다고 믿었기 때문에 긴장은 최고조에 달했고, 정확한 정보가 없었음에도 즉각 위기관리체계가 작동되었다. 첫 번째 회의에는 모든 스태프가 부위원장 사무실에 모였는데, 그때까지도 자세한 정보는 들어오지 않고 있었다.[4] 비지피라트Vigipirate 플랜[5]이 국방안전위원단과 공조하여 즉각 발효되었다. 공습에 대한 공포, 수많은 부상자가 병원에 몰려들 가능성, 그리고 집단적 공황 상태에 대한 사전대책을 세워야 했다. 이 단계의 응급상황은 분명 정신과적인 것은 아니었다. 그러나 국방안전위원회 행정처에는 지역 응급의료-심리지원팀으로부터 전화가 빗발치고 있었다. 중앙의 지시를 기다리는 동안, 그들은 대부분 이미 팀을 꾸려 파리로 날아올 준비를 마쳤거나, 공습에 따른 심리적 후유증에 대비하고 있었고, 또 일부는 뉴욕으로 국제 원조를 떠날 차비를 하고 있었다. 심리지원이 처음 요청된 시각은 오후 7시가 다 되어가던 때였고, 이것이 프랑스 최초의 응급심리지원활동 기록이다. 이 요청은 에어프랑스에서 왔다. 뉴욕행 에어프랑스는 JFK 공항이 혼잡하고 악천후라 파리로 회항한다고 기내방송을 한 후 샤를드골 공항으로 돌아왔다. 파리에 도착하고 나서야 탑승객들은 회항의 진정한 이유를 알게 되었다. 탑승객 중 열 명이 가벼운 불안 증세를 보였는데, 이들은 에어프랑스 직원이 어렵지 않게 돌볼 수 있었다. 뉴욕과 워싱턴 테러공격 뉴스가 공식적으로 발표된 지 한 시간 후, 응급심리지원팀은 출동 준비를 마쳤고, 그 일주일 내내 비상 상태를 유지했다.

그러나 새로 등장한 응급정신의학과 의사들은 미국행 인도주의 지원 지시가 내려오길 기다리고 있기만 한 것은 아니었다. 응급지원팀 활동을 할 수 없었던 수많은 다른 전문가는 텔레비전, 라디오, 일

---

4 정보안전망은 얼마 지나지 않아 뒤죽박죽인 온갖 정보가 들어차서 꼼짝달싹하지 못하게 되었다. 그때 확실한 정보를 국방안전위원단 사무실에 전해준 곳은 놀랍게도 미국 케이블 방송 CNN이었다.

5 국가안보체계로, 여러 단계의 경계태세 중 하나이다.

간신문 등에 사건의 심리적 후유증에 관한 분석을 마구 쏟아냈다. 이런 종류의 사건에 흔히 논평자로 나서는 퇴역 군 사무관이나, 정부 관료와 비등한 정도의 정당성을 등에 업은 정신과의사와 심리학자들은, 세계무역센터 붕괴 장면을 텔레비전으로 시청하는 것만으로도 직접 목격한 사람만큼 심각한 정신적 트라우마를 겪을 수 있다고 말했다. 후일 제기된 주장에 따르면, 9.11 사건의 현장영상을 되풀이해서 시청한 어린이나 어른 모두 정신적 트라우마를 겪었는데, 그 증상은 반복적 악몽, 놀람반응, 괴로운 무력감 등이었고 이는 신속한 치료가 필요한 증상이라고 했다.[6] 그 사건은 지구 반대편에서 일어났지만, 유사한 테러를 몇 차례 겪은 프랑스를 포함한 여러 나라는 대중이 트라우마를 겪을 가능성을 염두에 두고 있었다. 그러나 프랑스 정부는 아무 문제가 없을 것이라고만 거듭 되풀이했다. 응급의료-심리지원팀이 전국에 걸쳐 대기하고 있고, 정신의학, 피해학 분야 전문가들이 언제든 뛰어들 준비 상태이기 때문이라는 것이다.

이 시기에 미국은 막대한 수의 보건의료 전문가를 동원했고, 수많은 정신과의사와 심리학자들이 자발적으로 뉴욕 시에 서비스를 제공하겠다고 나섰다. 그러나 이들은 저명한 트라우마 전문가 열아홉 명이 미국심리학회에 보낸 공개편지에는 관심을 기울이지 않았다. 그 편지에는 아무나 하는 '숙련되지 않은 디브리핑wild debriefing'이 도리어 대중에게 증상을 일으킬 수 있다는 경고가 적혀 있었다.[7] 언론사와 대형 게시판에는 자기 경험을 말하려는 사람들이 몰려들었

---

6   Courbet & Fourquet-Courbet(2003).

7   미국정신의학협회 공식 웹사이트에 게재되었다. http://www.apa.org/monitor/nov01/letters.html

다. 생존자, 구조대원, 목격자, 심지어는 텔레비전만 시청한 사람들까지도 구조전화센터에 전화하여 자기 이야기를 하려 했다.[8] 리처드 몰리카Richard Mollica는 국제적으로 알려진 정신과의사로서, 동남아시아 난민의 PTSD를 진료하는 최초의 지원센터를 1980년대에 보스턴에 설립한 사람이다. 그는 전 세계에 경고하기를, 뉴욕 시민뿐만 아니라 텔레비전을 본 모든 미국인 사이에 PTSD가 기하급수적으로 증가할 가능성이 크다고 했다. 언론은 자체적으로 검토하여 특히 주검의 모습을 방송에 내보내지 않기로 했으나, 그것은 뒤늦은 결정이었다. 영상을 한 번 본 것만으로도 되풀이해 본 사람과 비슷한 정도의 충격을 받기에 충분했던 것이다. 첫 역학조사는 이 문제에 초점을 맞추어 사건의 직접적 여파를 조사한 것이었다. 사건 발생 5일 후, 전국에 걸친 광범위한 표본 인구를 조사한 결과, 전 국민의 45%가 뚜렷한 스트레스 관련 증상을 보였고, 이중 90%는 적어도 한 가지 이상의 증상을 나타냈다.[9] 이 조사 결과는 자주 인용되고 있지만, 그럼에도 실제로는 트라우마의 본질에 관해서 아무것도 말하지 않은 것과 같다. 그들이 말한 증상은 애국심의 표현일까? 아니면 피해자와 동일시한 결과일까? 혹은 미국의 전능함에 대한 믿음을 상실하면서 느낀

---

8 뉴욕 시 공중보건 당국은 지하철과 대부분의 공공장소에 광고를 게시했는데, "영웅도 말하기를 원할 때가 있습니다. 뉴욕 시는 우리가 강하기를 원합니다. 1-800-Lifenet으로 전화하십시오" 혹은 "기분이 편해지려면 자유롭게 말하십시오"라고 적혀 있었다. 이는 뉴욕 시민들이 도움을 청하도록 장려하기 위한 목적이었다.

9 Schuster et al.(2001). 이 논문에서 저자들은 결론 내리기를, 미국 의사들은 이 사건으로 인한 보건 문제에 관심을 기울여야 하며, 테러공격 장소에서 수천 마일 떨어져서 트라우마를 겪는 사람도 치료할 준비를 갖추어야 한다고 주장했다. 이 논문은 4년 만에 272번에 걸쳐 국제 학술지에서 인용되었다(the Scopus citation index). 그리고 장기간의 추적연구가 이어졌다.

감정인가, 그도 아니면 사랑하는 사람을 잃은 고통에 공감한 것일까? 물론 PTSD의 새 정의는 이 가설 어느 것과도 맞지 않지만, PTSD가 은유적으로 사용되면서 그 의미의 영역이 확장되어갔고, 이 은유적 의미를 의사의 진료에까지 적용한 일은 더더욱 논란거리가 되지 않을 수 없다.

 미국 국민이 충격을 받았다는 사실은 명백하다. 스트레스에 시달리고, 망연자실했으며, 비탄과 분노에 빠졌음은 의심의 여지가 없다. 다른 나라의 많은 사람 역시 그들의 고통에 연민을 느끼고 세상의 부정의不正義함에 분노를 느꼈을 것이다. 그러나 이러한 명백한 사실은, 미국 정신의학이 정의한 바 그대로의 트라우마를 미국 국민 전부가 다 겪었다고 말하는 것과는 별개의 일이다. 현대의 진단 기준에 들어맞으려면, 죽음의 문턱에 와 있는 것과 같을 정도의 극단적 스트레스를 느껴야 하고, 자신의 심리적 방어기전으로는 도저히 감당하지 못하는 극심한 감정에 압도되어 있어야 한다. 이런 정도의 임상증상을 보이는 자가 과연 있었던가? 첫 역학조사 결과를 바탕으로 그 범위를 더 확장해서 재조사하려던 것이 바로 이것이었다. 즉, 텔레비전을 통해 영상을 시청한 일이 PTSD 증상 발현과 어떻게 연관되는지에 관한 것이었다. 연관성을 주장하는 사람들은 이런 주장을 했다. 현장에 있던 사람들은 어떤 일이 벌어지고 있는지 전체 맥락을 알 수 없었고, 비행기가 쌍둥이빌딩에 날아드는 것도 직접 목격하지 못했으며, 불길에 싸여 무너져 내리는 빌딩과 높은 빌딩에서 추락하는 사람들, 공황 상태에서 거리로 몰려나온 인파와 부상으로 신음하는 사람들, 온통 연기와 먼지로 뒤덮인 거리를 다 조망하여 보지 못했던 반면, 텔레비전을 시청한 사람들은 그 모든 것을 다 보았다고. 이렇듯 강력한 '현실성'을 현장 목격자들은 느끼지 못했을 것이라고. 비록 텔레비전으로 보았다 할지라도 전형적인 트라우마와 충분히 동일한 현실적이고도 정서적인 사건을 경험했으므로 PTSD 진단에 필요한 원인적 가설[10]에 해당한다고 하여, 이 '이형異形 트라우마'에 '원거리 트라우마remote trauma'라는 새로운 이름을 붙였다.

파리와 뉴욕 양쪽에서, 프랑스 응급의료-심리지원 국가위원회 그리고 역학조사를 담당한 미국 정신과의사들 양측 사이에서 모두, 집단적 시련으로서의 트라우마와 임상적 실체로서의 트라우마가 한 점으로 수렴되어 가고 있었다. 9.11이 더욱 의심을 거두어가는 계기가 되었다. 그 사건은 은유적으로도 의학적으로도 모든 사람에게 트라우마였기 때문이다. 9.11은 이렇듯 뒤섞여진 것을 아메리카 대륙의 다른 나라로, 또 구대륙 서구권 너머로 확산시켰으며, 그 대상 또한 광범위해져서 원거리 목격자를 포함하는 간접 경험자까지 포함시켰다. 새로워진 것이 있다면, 트라우마는 더는 사건의 직접 영향을 필요로 하지 않게 되었다는 점이다. 전쟁을 체험하지 않아도, 직접 박해를 당하지 않아도, 성폭력을 직접 겪지 않아도, 그 사건의 영향을 받는 공동체에 속해 있다는 인식만으로도 트라우마를 받았다고 말할 수 있게 된 것이다.[11] 정신의학이 이 변화에 기여한 바는 핵심적이기도 하고, 동시에 주변적이기도 하다. 핵심적인 이유는 사건현장에서

---

10 그러나 후일의 연구는, 언론의 영향은 원인이 아니라 단지 기여요인에 불과하다고 그 중요성을 축소했다. 더 자세한 것은 다음 참조. Ahern, Galea, Vlahov & Resnick(2004), Manos(2003).

11 9.11 다음 날 조지 부시 대통령이 선언한 테러와의 전쟁을 정당화한 논리이다. 그러나 허리케인 카트리나 재해 당시 부시 대통령은 뉴올리언스 주민과 한 공동체가 아니라는 태도를 보여 비난받았다.

멀리 떨어진 사람의 트라우마를 정신의학이 확인해주었기 때문이고, 따라서 은유적 차원의 집단 트라우마가 단지 수사에 그치는 것도, 착각도 아니라고 입증해주었기 때문이고, 간접 경험자도 PTSD로 진단될 수 있게 해주었기 때문이다. 주변적인 이유는, 의사가 입증해주는 트라우마를 모든 사람이 필요로 하지 않았기 때문이다. 9.11로 인한 미국의 보건의료 위기설은 통계상 입증되지 않았다. 특정 집단의 PTSD 비율은 높았지만, 후일 다시 실시된 역학조사에서는 한 가지 이상의 통상적이지 않은 사건을 경험한 집단의 PTSD 발병률은 정상보다 도리어 낮게 나타났다.[12] 정신건강 전문가들이 적극적으로 참여하고, 또 미국 사회 전체가 집단 트라우마를 받았음을 누차 단언했어도, 9.11은 객관적 정신의학적 사건이 아니라 주관적 사회 경험으로만 남게 되었다.

1990년대에 프랑스에서 동시적으로 출현한 피해정신의학과 응급의료-심리지원팀 사이가 그러했듯이, 뉴욕의 테러 사건은 트라우마에 대한 의학적 진단과 사회적 활용방식 사이의 갈등을 극명하게 보여준다. 그 갈등 관계는 2001년 9월 21일 툴루즈 AZF 화학공장 폭발 사건에서 특히 심각하게 드러난다. 그 사건은 피해자의 고통을 명확하게 파악하기 위해, 그리고 정신적, 사회적 후유증에 대한 보상 계획을 세우기 위해 트라우마 개념이 작동하는 계기가 되었다.

---

12 국제 연구에 따르면, 사건 경험자의 삼분의 일이 모든 증상을 나타내고, 삼분의 일은 일반적인 심리적 고통을 호소하고, 나머지 삼분의 일은 아무런 증상을 보이지 않을 때를 집단 PTSD의 역치로 본다(Breslau & Davis, 1992). 9.11 사건 이후 이런 양상을 보인 적은 없다(Schuster et al., 2001, Schlenger, 2004).

5장 피해정신의학

1995년 여름, 파리를 뒤흔든 테러공격은 심리적 응급조치를 최우선의 공중보건정책으로 거론하는 계기가 되었다. 7월 25일 생미셸 급행철도역에서 일어난 첫 폭발은 프랑스 전체를 울분과 공포로 몰아넣었다. 현장으로 달려가는 응급의료진과 사이렌을 울리며 거리를 질주하는 응급차량, 늘어가는 사망자 수를 언론은 집중적으로 조명했다.[1] 첫 테러가 난 지 겨우 3주가 지난 8월 17일, 개선문 광장에서 두 번째 테러폭발이 일어나고, 응급지원팀이 다시 현장에 투입되었다. 이번에는 심리지원팀도 함께했다. 언론계 또한 테러현장에서 응급지원팀과 긴밀히 협조했고, 이것은 향후 오랫동안 지속될 혁신적 협력관계의 시발점이 되었다. 이 새로운 위기대응 방식은 전적으로 대통령이 개입했기에 가능했다는 데에는 이견이 없다. 7월 28

---

[1] 생미셸 역 테러로 8명의 사망자와 117명의 부상자가 발생했다고 이슬람무장그룹(GIA)은 주장했다. 개선문 광장 테러와 오르세 박물관역 테러로는 각각 17명, 29명이 부상당했다.

일 자크 시라크Jacques Chirac 대통령은 인도주의실천활동기구State for Humanitarian Action[2]의 그자비에 엠마누엘리Xavier Emmanuelli 사무총장과 정신과의사들을 대동하고 부상자 치료소를 방문했다. 그곳에서 응급지원팀의 용기를 치하하는 한편, 피해자들이 '심각한 쇼크 상태'를 보이고 있음에도 심리지원이 제대로 이루어지고 있지 않다는 점에 주목했다. 대통령은 대규모 재해현장에 급파되는 응급의료서비스에 심리지원을 도입하겠다고 약속했다.

그 후 수일간 엠마누엘리는 전문가팀을 꾸려 이 새로운 요구사항을 실행할 방법을 검토한다. 그는 당시 막 움트기 시작한 피해 정신의학의 몇 안 되는 전문가들과 긴밀한 관계를 맺고 있었고, 대학에서 유일하게 피해학 강의도 하고 있어서 이 임무에 적격이었다. 팀의 일원인 정신과의사 루이 크로크는 트라우마 병사를 진료했고, 최초로 트라우마 진료센터 조직을 구성한 것으로 잘 알려진 사람이다. 프랑수아 레비고François Lebigot 역시 군의관이고, 파트리스 루이빌Patrice Louville은 이미 파리의 이동 응급의료서비스팀에서 일하던 정신과의사이다. 두 번째 폭발이 개선문에서 일어났을 때 이 팀은 겨우 한 차례 회의를 마쳤을 뿐이었다. 아무 계획도 없이 이들 중 몇몇이 응급지원팀과 함께 현장으로 달려갔다. 1995년 10월 17일 세 번째 폭탄이 오르세 박물관 지하철역에서 터졌을 때 비로소 의료진과 심리상담사로 구성된 응급지원팀이 더 집중적으로 일할 수 있었다. 당시 팀 간호사는 첫 응급심리지원팀의 현장활동을 다음과 같이 묘사했다.

---

2 [역자주] 2001년 6월 상트페테르부르크에 본부를 두고 설립된 NGO 인도주의 실천활동기구이다. 러시아와 프랑스가 주축을 이루고, '세계의의사들'을 창립한 발기인 중 한 명인 엠마누엘리가 이 기구의 창립자 중 한 사람이며, 초대 사무총장이다.

우선 기억나는 것은 무질서였습니다. 수많은 응급서비스팀이 있었지만, 우리 팀원은 어디로 합류해야 할지 몰라서 결국 우리끼리 서로 쳐다보며 몰려 있을 수밖에 없었습니다. 처음 느낌은…… 뭐라고 할까…… 포기하고 싶다는 것이었습니다. 무척 힘들었지만…… 그러나 괴로워하는 피해자들이 그 자리에 있었기에 곧 제가 할 일을 찾았습니다. 첫 기억은 구조팀을 찾으며 울부짖던 사람들의 모습인데, 그 사람들은 신체적으로 부상당한 게 아니어서 응급구조사들이 실제로 해줄 것도 없었고 이들도 어찌 해야 할지 모르겠다고 말하더군요. 이 사람들은 의료진의 활동을 지체시키고 있었습니다. 그렇다고 사건현장에 사람들을 내버려둘 수도 없었습니다. 전에는 사람들을 버스에 태워 병원 응급실로 보냈는데, 지금은 사건현장에서 돌보고 있습니다.

이후 불과 몇 개월 만에 놀랄만한 속도로 응급의료-심리지원팀의 조직이 정비되어갔다. 이 체계적 구조는 피해정신의학이라는 새 분야의 출현과 연관 있는데, 특히 군 정신과의사 출신을 중심으로 한 트라우마 전문가 네트워크와 이어져 있다. 이 두 가지가 중요 요인이라는 점은 명백하지만, 실제로 그 배경이 된 것은 10여 년 전부터 활동을 시작하여 그 세를 확장해가던 피해자 권리운동이었다.

피해자 권리운동

1983년 12월 23일 파리의 한 식당이 폭탄테러를 당했다. 이 사건이 프랑스 피해자 권리운동의 전환점이다. 그날 저녁, 고급식당인 그랑베푸르 바로 앞에서 큰 폭발이 일어났다. 식당은 완전히 파괴되었고, 게다가 많은 사람이 식사하던 시각이어서 수많은 부상자가 급히 가까운 병원으로 이송되었다. 이 테러를 자행했다고 나서는 집단은 없었다. 그동안 수차례 공격을 했던 무장테러집단 악시옹 디렉트Action Directe는 자신들의 소행이 아니며 아마도 이번 테러에 정치적 의도는 없었을 것이라고 공표했다. 마피아의 내부적 갈등이거나 보험사기 가능성 등이 제시되었으나, 증거를 찾을 수 없었고 사건 조사는 막을 내렸다.

몇 개월 후 새로 단장한 식당이 다시 문을 열었을 때, 사건은 거의 잊혔고 언론은 유명한 건축물의 재탄생을 축하했다. 심지어 일간지 〈르 피가로〉(Le Figaro)의 한 기자는 그 사건을 묘사하기를, "결국은 실제 피해보다 과도하게 공포를 불러일으킨 사건"이었다고 했다. 그러나 그 폭발로 부상자가 열두 명이나 나왔고, 그중 프랑수아 루데스키Françoise Rudetzki는 몇 주 동안이나 중태에 빠져 있었다. 그녀는 의사가 권고하는 하지 절단을 거부하고 끈질기게 삶에 매달렸다. 그녀의 강철 같은 결단과 투쟁의지는 피해자 캠페인을 침묵으로부터 끌어내는 계기가 되었다. 1986년 1월 루데스키는 'SOS테러공격SOS Attentats'을 설립하고 국가와 정부로부터 피해자 권리를 보장받기 위한 투쟁의 선봉에 섰다.

그랑베푸르 테러는 피해자가 그때까지 어떤 처우를 받고 있었는지를 단적으로 보여주는 예이다. 부상을 입은 사람들은 적절한 의료서비스는 받을 수 있었지만, 얼마 지나지 않아 당국으로부터 잊혀져 갔다. 심리적 후유증에 관해서는 당시 미국에서 말하는 트라우마 담론과 연결 지을 수는 있었겠지만 사회적 인식에까지는 이르지 못했다. 사건의 충격으로 정신에 상흔이 남을 수도 있다는 말조차 들리지 않았다. 갑작스럽게 폭력 앞에 무방비하게 맞닥뜨린 사람 중 일부는 회복하기 어려운 심각한 정신적 상흔을 입었는데, 이들을 돕기 위한 어떠한 대책도 없었다. 재정적 보상을 얻는 길은 장애물 코스를 뚫고 지나는 것과 같았다. 피해자는 자신의 명의로 된 법적 절차를 밟아야 했을 뿐만 아니라, 가해집단의 유죄를 증명하고 그들이 충분한 배상 책임을 가지고 있음을 입증해야만 법정에서 이길 수 있었다. 정신적 피해를 주장하기 위해서는 자기주장의 타당성을 입증해야만 했는데, 공감보다는 의심이 지배적인 법정에서 판사와 변호사는 피해자의 말에 끊임없이 의혹을 제기했다. 트라우마신경증 시대와 마찬가지로, 피해자가 주장하는 정신적 고통이 피해자 본인의 책임은 아닌지, 인격의 나약함에서 기인한 것은 아닌지, 거짓말을 하거나 불순한 동기를 가진 것은 아닌지 의심받아야 했다. 말하자면, 금전적 이득을 노린다는 혐의를 받았던 것이다. 자신이 고통받고 있다고 말하는 것은 비극적 사건에 관한 공개적인 증언이 아니라 사적인 일이라고 보았다. 피해자는 더는 비난받지는 않았지만, 피해자의 소리에 귀 기울이려는 사람도 없었다.

　루데스키의 자서전은 그랑베푸르 사건 이후 20여 년이 지나 발간되었다. 오랜 병원 생활 동안의 사투와 자신의 장애에 대해, 그리고 당국의 인정과 합당한 처우를 보장받기 위해 어떤 난관을 거쳤는지를 기록했다.[3] 용감하게도 그녀는 그녀가 느낀 고통의 깊이를 공개

3　Rudetzki(2004). 루데스키의 주장도 유효했지만, 다른 한편에서 보면 대중사회가 재난의 의미와 피해자의 정치적 정당성을 인식하게 되면서 주장이 받아들여질 수 있는 배경이 만들어졌다는 점도 중요하다. Vilam & Lemieux(1998).

했다. 십여 차례의 수술로 인해 개별적이고도 내밀한 자신의 몸이 의료 처치 과정에서 어떻게 침해당했는지, 되살아나는 정신적 고통과 사랑하는 사람들을 잃은 슬픔에 관해 세밀하게 기술했다. 그 글은 정직했다. 그리고 무엇보다도 그 자서전은 그녀 개인의 역사만이 아니라 모든 피해자의 경험을 대변하는 것이었다. 피해자의 어법이 변화된 사실에서 그녀의 경험은 일반화될 수 있다. 변화된 어법 중 하나는 사회의 동정을 얻으려는 대신 사회를 규탄하기 시작했다는 것이고, 다른 하나는 개인적 배상이 아닌 집단적 배상을 요구하기 시작한 것이다.

 루데스키는 이 증언을 통해 동정의 언사를 거부하고, 사회 정의를 강력하게 호소했다. 테러 피해자는 이중 피해자였다. 폭력 그 자체와 그로 인한 신체적 정신적 후유증의 피해자였고, 사회적 침묵이 이들을 망각과 부인으로 몰아넣고 있다는 점에서도 피해자였다. 피해자 개인의 이야기는 이제 정치적 이념으로 변모한다. 그들의 언사는 사회적 투쟁을 의미했다. 그들이 규탄하려는 것은 억압이 아니라 사회적 무관심과 부인, 더 나아가 대중의 경멸이었다. 루데스키는 자신의 고통을 극단적으로 세세하게 드러냄으로써 역설적이게도 대중의 동정 그 이상의 것을 끌어냈다. 자서전을 읽은 독자들이 자기의 불행과 고난을 이해해주고 동정해주는 것이 그녀의 목표가 아니었던 셈이다. 그 대신, 모든 피해자의 '생존'의 몸부림을 대중에게 부당하게 무시당하고 그 어떤 사회적, 정치적 지지도 받지 못하는 고독한 투쟁임을 자신의 고통을 통해 보여주려고 했다. 그 책은 피해자들이 겪는 폐해를 남들이 얼마나 무심히 지나치고 심지어 얼마나 거부하려 하기까지 하는지를 낱낱이 폭로했다. 피해자가 치욕스럽게 느끼는 것은 사건의 결과를 고스란히 피해자가 떠안도록 방치하는 공동사회 전체의 무관심이었다. 루데스키는 정부와 공모한 법제도의 불공정함을 고발하려 했던 것이다. 그녀의 비판은 국가적 연대책임이라는 문제를 제기했다.

반면, 그녀의 목적은 배상이라는 골치 아픈 문제를 새로운 방식으로 풀어가자는 것이었다. 개인적 자선에만 의존하며 한없이 기다리기보다는 집단적 보상을 약속받는 것이 목표였다. SOS테러공격을 설립할 때 내세운 핵심 이슈는 정부를 설득해서 테러 피해자 배상을 위한 재단을 설립하자는 것이었다. 재정적 측면은 차치하고라도 피해자 문제가 더는 개인적 문제가 아니라 보편적 인권의 문제임을 알리고, 피해자들의 모임을 합법적 단체로 자리매김하기 위한 일이었다. 1986년 '테러와범죄피해자보장기금Guarantee Fund for the Victims of Acts of Terrorism and Other Crimes(이하 보장기금)'과 함께 '국립피해자지원중재원the National Institute for Support of Victims and Mediation(이하 지원중재원)'이 설립되었다. 피해자단체는 대對 사회적 운동, 정치적 로비, 언론 홍보 등을 통해 새로운 사회적 영역을 확보하고 마침내 권리와 합법성을 획득하게 된다.

루데스키와 SOS테러공격이 피해자 권리를 인정받는 데에 중요한 영향을 준 것은 사실이지만, 이미 수년 전부터 범죄피해자 소송을 지원하던 사회적 활동이 더 주효했다. 1982년 2월, 당시 법무장관이던 로베르 바댕테르Robert Badinter는 범죄피의자 인권보호를 위한 사법부 업무와 균형을 맞추기 위해 범죄피해자 지원방안 연구에 착수했다. 이를 위해 구성된 위원회가 제안한 것은 "피해자에게 정보를 공개하고, 차별하지 않으며, 취조하거나 권리를 제한해서는 안 되고,

지원서비스를 손쉽게 이용할 수 있게 하는" 방안이었다. 구체적으로 지원서비스는 "피해자의 미래에 초점을 맞추어야 하고, 그리하여 사건으로 정지되었던 삶이 예전의 생활로 회복되도록 해야 하며, 사회에 도움이 되도록" 하는 것이었다. 1982년 9월, 법무부의 형사사면부서Directorate of Criminal Affairs and Pardons 내에 피해자 사무소를 개소하고, 모든 관련 부서가 공동으로 피해자 관련 법을 개선하고 필요한 활동 내용 개발에 협력하기로 했다. 따라서 피해자 사무소는 두 가지 임무를 맡았는데, 피해자에게 정보를 제공하고 조언할 단체의 설립을 지원하는 역할과 피해자 이야기를 듣는 역할을 하는 것이었다.

지원중재원은 이렇게 설립한 여러 단체의 통솔기구가 되어 단체들과 목표를 공유하고, 활동 영역을 규정하고, 임무를 조율하며, 당국과의 관계를 조정하고, 국가 보조금을 위임받는 매개체로서의 역할을 했다. 곧 피해자 지원 관련 주요 정부부처—보장기금, 국립가석방기구the National Parole Authority, 피해자지원국가평의회the National Council for Victim Support—에 인력을 파견하는 등, 피해자 지원과 인권정책의 실행에 중심 역할을 하게 된다. 그전까지 피해자운동은 성급히 결성되어 무질서하게 진행되었으나, 이러한 구조가 만들어짐에 따라 공식적으로 처음 집단주장을 하게 되었고, 서로 차이가 있음에도 여러 단체의 연합활동이 가능해졌다. 사건 피해자들이 스스로 집단을 만들기도 했으나, 이런 집단은 그들이 겪은 사건 하나에만 국한되고, 기나긴 소송 과정에 많은 돈을 쏟아붓다 보면 해체되곤 하여 대개는 오래 유지되지 못했다.[4] 보장기금과 지원중재원의 설립은 각

---

[4] 1977년 설립된 범죄피해자보상위원회(The committee for compensation of crime victims)

기 다른 이해관계를 가진 집단들이 하나의 기치 아래 연합하여 새로 발생하는 이슈에 대응함으로써 그 세를 확장할 수 있는 발판이 되었다.

1980년대 말부터 1990년대 말 사이 피해자 권리운동은 언론의 관심을 받았는데, 이러한 성공에는 당연히 운동가들의 역할이 컸다. 지금은 부당함이 득세한다고 간주되는 곳이면 어디로든 동원 나갈 태세를 갖추고 있다. 그러나 현재의 운동가들은 트라우마와 아무런 연관성이 없는 곳에서까지 그 세를 과시하고 있다. 프랑스판 DSM-III가 출간된 1983년 이전에도 트라우마 개념은 대중사회에서 이미 인정되고 있었다. 그러나 그 대중적 인식은 제2차 세계대전 시대의 개념에 근거했기에 모호하기 짝이 없었고, '트라우마'라는 단어는 핵심 특성을 가리키기보다는 증상의 일부를 지칭하는 경우가 많았다. 게다가 진료와 상담 시에는 제1차 세계대전 당시 의심의 대상이었던 트라우마신경증의 개념이 적용되는 등 시대에 한참이나 뒤떨어져 있었다.

1986년 6월 프랑스 의회에서 개인에 대한 보상법의 표결 준비가 진행될 즈음, SOS테러공격은 테러의 심리적 후유증에 관한 첫 역학조사를 국립보건의료연구소the National Institute for Health and Medical research에 위임했다. "연구목적은 보상해야 할만한 집단적 경험이 과연 존재하는지에 초점을 맞춘"[5] 것이었는데, 그 결과는 기대 이상이

는 가해자가 배상금 지불 능력이 없을 때 배상금 지불을 사례별로 결정한다. 사례별 논의가 이루어지므로 최대 3년까지 배상이 늦어질 수 있는데, 이에 대한 불만이 높아졌고, 특히 1980년대 테러공격 이후에는 더욱 그러했다.

5 Dab, Abenhaim & Salmi(1991).

었다. 신체적 상해와 심리적 트라우마 사이에 의미 있는 상관관계가 나타났고, 또한 신체적 상해가 없을지라도 목격자 상당수가 정신적 트라우마 증상을 보인다고 했다.

이 최초의 조사 결과는 신체적 상해 없이도 정신적 상해가 있음을 데이터로 보여주는 것이어서 모든 테러 피해자의 법적 정당성을 요구하던 피해자 권리운동에 무게를 실어주게 된다. 그러나 새로운 문제가 대두되었다. 바로 현장에 있던 사람들에 관한 문제였다. 그때까지 성과가 있었음에도 피해자는 좁은 의미로만 규정되고 있어서, 이른바 '관련된 자'는 제외되었던 것이다.[6] 목격자는 피해자운동에서 두 가지 의미로 중요했다. 첫째, 운동가 측에서 보면 이들도 생존자에 속했다. 부상자들과 똑같이 사건을 경험했고, 부상당할 뻔했던 상황을 아슬아슬하게 모면했음을 강렬하게 인지하고 있기 때문이다. 이들은 테러 피해 등의 이슈에 한층 더 민감해진 사람들로, 운동가들에게 힘을 실어줄 잠재적 지원군이었다. 둘째, 이들이 피해자를 지지해주면 피해자단체연합은 당시의 활동 영역을 새로운 범위로 확장할 수 있기 때문이었다. 피해자 권리운동 입장에서 '관련된 자'는 방금 권리를 획득한 사람과 마찬가지로 피해자였다.

논쟁의 핵심은 당연히 정신적 트라우마였다. 법으로 규정된 피해자와 사건현장에 있었던 사람들 사이에 어떤 차이가 있다 하더라도, 운동가 측에서 보면 보이지 않는 상해를 입었다는 점에서는 동일하고, 그럼에도 흔히 간과되어 보상받은 적이 없었다. 대중이 이들을 인식하게 된 것은 1995년 여름, 파리가 집중 공격을 받았을 때이다.

---

6 Cario(2006), Cesoni & Rechtman(2005).

테러 후유증에 관한 국립보건의료연구소의 역학조사 결과가 나왔을 때, 권리운동 측은 모든 피해자, 심지어 자신이 피해자인지도 몰랐던 사람들까지 모두 하나의 기치 아래 모이게 할 강력한 무기를 손에 쥐고 있었다. 가시적 부상과 비가시적 부상의 경계를 모호하게 만듦으로써 트라우마는 모든 피해자, 신체적 부상자, 생존자, '관련된 자'에 속하게 될 구조대원, 치료사, 심지어는 사건을 텔레비전으로 시청한 사람들까지 모두 트라우마의 피해자 표식을 달 수 있게 했다. 피해와 관련된 모든 사람을 하나의 운명에 귀속시킬 중심축을 만들어냄으로써 그동안 미완성이었던 피해자 정당화 과정을 완성할 완벽한 연결고리를 마침내 찾아낸 것이다.

그러나 의료 분야가 증명해주어야 할 일이 아직 남아 있었다. 프랑스 정신과의사들은 피해자단체연합이 호소하기 훨씬 이전부터 이 문제를 인식하고 있었다. 미국 페미니스트들이 트라우마 기억의 실재를 보증받기 위하여 일부 정신과의사들과 강력한 연대를 형성했던 것과는 달리, 프랑스의 피해자단체연합 대표들은 오롯이 자신의 열정에 더하여 이들의 주장에 동조하는 소수의 주변부 정신과의사, 심리상담사, 일반 의사의 도움만으로 활동하고 있었다. 정신과의사의 협조는 이들의 이념에 동조하는 다른 의사, 심리상담사 등을 개인적으로 소개해주는 정도에 지나지 않았다. 이것으로 정신의학계 전체의 지지를 끌어내기에는 역부족이었다.

성폭력 피해자의 현실은 테러 피해자의 경우보다 더 심각했다. 정신의학 및 정신분석은 정형화된 여성 이미지를 강화하고 여성 해방의 길을 가로막는다는 비난을 받았다. 또한 남성의 가학적 성폭력은 여성의 피학 성향에 대한 반응일 뿐이라는 정신분석 견해를 지지하는 것으로 보였다. 성폭력 피해여성이 여성단체를 지원하려고 증언할 때마다 정신치료가 효과 없음을 매번 강조했지만 이 편견은 사라지지 않았다. 여성단체는 정신치료의 무익함을 정신의학계 전체에 대항하는 주요 논쟁점으로 삼아 정신과의사와 정신분석가들이 성학대에 얼마나 무관심한지, 더 나아가 성학대라는 골치 아픈 문제에 얼마나 적대적인지를 폭로했다. 그럼에도 여성운동계는 트라우마 개념을 수용하는 것만이 사회에서 인정받고 다른 피해자 지원단체들과 연대할 수 있는 길이자, 전문가들과 접촉할 수 있는 길이라고 생각했다. 트라우마가 '탈정신의학화de-psychiatrization'되어갔음에도, 피해자들을 한데 모이게 하는 것은 트라우마였다. 트라우마를 통해 공통의 상처를 확인할 수 있었으며, 성폭력 후유증을 극복하고 '통과'한 사람들이 지휘하는 도움센터와 지지 그룹 등이 대안치료를 제공함으로써 결속감을 강화해갔다.

이렇게 1990년대 초, 트라우마 개념을 이용하여 권리를 인정받으려는 피해자단체연합의 캠페인은 정신의학계의 문턱에 걸려 더 전진하지 못하고 있었다. 일찍이 법조계로부터 얻어낸 지원 같은 것을 정신의학에 기대하기 어렵다고 판단한 운동가들은, 당시 아직 확립된 분야는 아니었으나 새로운 접근방식을 옹호하던 피해정신의학 몇몇 사람에게 눈을 돌리게 된다. 앞서 말했듯이, PTSD 질병범주가 발명됨으로써 피해자는 의심의 시선에서 벗어났다. DSM-III 프랑스판이 1983년에 나오자 피해자운동 측은 곧 정신의학과 손을 잡게 되리라는 기대를 품게 된다. 그러나 기대와는 정반대로, 미국의 새 질병분류법은 기존의 긴장 관계를 더 악화시키고, 피해정신의학은 더욱 주변부로 밀려나는 결과를 낳았다.

프랑스 정신의학계의 무관심

피해정신의학이 의료계 내에 자리를 잡으려 암중모색하던 그때, 서로 다른 두 가지 사건이 접점을 이루면서 프랑스 정신의학계 판도가 바뀌었다. 그중 하나는 1983년 DSM-III 프랑스판이 출간된 일이고, 다른 하나는 1982년 정신의학이 다른 의료 전문분야—심장내과학, 혈액내과학 등—와 동등한 비중의 전문분야로 법제화된 일이다.

파리 생트안Sainte-Anne 병원의 신경정신의학 클리닉 피에르 피쇼Pierre Pichot 교수가 DSM-III 프랑스어 번역을 주도했는데, 프랑스 정신의학계는 여기에 관심이 전혀 없었다. DSM-III 홍보 목적으로 열린 1984년 심포지엄[7]도 몇몇 정신과의사와 통역사들만 참석해서 마치 사모임과 같았다. 과학지 서평도 미지근했고, 미국에서 벌어진 논쟁[8]도 실지 않았다. DSM-III가 촉진한 사회적 변화, 예컨대 동성애를 질병분류에서 빼고 여성운동을 지원하는 등의 사회 발전에 기여한 사실은 프랑스에서는 무시되거나 비웃음을 받았다. 논평에서는,

---

[7] Pichot(1984).

[8] 프랑스판 DSM-III가 출간되었을 때 정신의학 학술지에서 이를 언급한 것은 여섯 개의 매우 짧은 논문밖에 없었다. 여기에는 1984년 《진화정신의학》(L'Evolution Psychiatrique)에 실린 20줄의 짧은 논평, DSM-III가 프랑스에서는 인기가 없다는 유머 섞인 《시냅스》(Synapse) 편집인의 글(Olivier-Martin, 1984), 그리고 《정신의학 정보학》(L'Information Psychiatrique)에 실린 DSM-III가 일으킨 변화에 대한 종합 평론이 포함되어 있다(Bourgeous, 1984). 개원한 정신과의사들의 저널에는 프로이트 관점을 내던진 것에 대한 날카로운 비난과, 특히 히스테리 진단명을 폐기한 것에 대한 힐난이 실렸다(Leclerc, 1984). 1980년대 후반이 되자 프랑스와 미국 정신의학적 관점의 비교분석이 시작되었다(Ohayon & Fondarai, 1986; Rager, Bénézech & Bourgeous 1986; Garrabé, 1989). 그러나 이 비교분석에서도 논조는 논쟁적이지 않았다. 정치적, 구조적 논의가 이루어지기까지는 더 기다려야 했다.

DSM-III는 유사한 증상을 군#으로 묶어 단순 범주화한 현대판 크레펠린 분류법이라고 악평했다. 정신병리에 관한 온갖 해석론이 분분한 프랑스 정신의학 풍토에서 DSM-III가 내세운 무無이론적 특성은 조롱거리가 되기에 충분했다. 가끔 비정신분석적 미국 출판물을 힐끔거리는 정도인 프랑스에게 DSM-III는 이국적인 것에 대한 호기심의 대상이었을 뿐이다. 따라서 의학도서관 서가에 놓인 이 500쪽짜리(그것도 1/3이 부록이다) '진단과 통계요람DSM'이 장차 정신분석을 압도하고, 더 나아가 프랑스 정신의학을 탈취하리라고는 아무도 예상하지 못했다.

프랑스의 이런 반응은 당시의 특수한 상황에서 원인을 찾을 수 있다. 1968년에 신경정신의학이 신경학과 정신의학으로 분리되면서 정신의학은 독립된 훈련 분야가 되었다. '수용소'라는 특수병원에서 일하던 비교수 정신과의사들은 대학병원에서 교육을 담당할만한 학문적, 임상적 능력이 있음을 인정받지 못하고 있었다. 수용소정신의학의 선구자들―뤼시앵 보나페Lucien Bonnafé, 조르주 도메종Georges Daumézon, 앙리 에Henri Ey, 필리프 포멜Phillippe Paumelle, 조르주 랑테리로라Georges Lantéri-Laura, 제라르 위Gérard Oury, 폴 시바동Paul Sivadon 등―은 프랑스 정신의학의 계보를 이어받아 그 기반을 다진 전문가들이다. 이들은 젊은 의사를 훈련하고, 과학지를 발행하고, 전문협회를 조직했으며 정신의학의 뼈대를 이루는 이론서를 저술했다. 1980년대 초의 프랑스는 미국과는 단연코 다른 세상이었다! 프랑스 젊은 의사들이 정신의학에 매료된 이유는 수용소의 역동성과 이와 관련된 정신분석 때문이었다. 1981년 라캉의 죽음에도 정신분석의 아성은 흔들리지 않았다. 정신분석 학파들 간의 분열에도 불구하고,

라캉 정신분석은 미래의 의사, 정신과의사, 임상심리학자 등의 지적 집단 내에서 계속 인기를 누렸고, 영화, 문학, 정치, 사회과학 등 인간의 불행을 분석하고 해석하는 온갖 분야에 영향력을 행사했다. 세상을 이해하는 근본 열쇠로 인식되고 있었던 셈이다. 대중사회보다는 덜 했지만, 임상현장에서도 프랑스정신분석학회는 정신의학 교육과 훈련에 지배력을 행사하여, 프로이트 전통을 이어받은 다양한 분파가 경쟁적으로 신세대에게 자격을 부여했다. 대서양 너머에서 어떤 일이 벌어지고 있는지 아무도 관심을 기울이지 않을 때, 조용한 변화의 파도가 프랑스에 상륙한 것이다.

1982년은 정신의학이 의학의 한 전문분야로 규정된 해이다.[9] 과거에는 전공의 시험을 통과하지 못한 의사도 전문 과목을 선택하여 수련만은 받을 수 있도록 길을 열어두었지만, 수련법 개정 이후 이 길이 차단되면서 정신의학에 막대한 영향을 미쳤다. 대학종합병원에서 정신의학은 모든 전공의 수련 공통 과목이었으나, 이제 다른 전문분야와 동등한 일개 전문분야로 규정되면서 정신과의사를 위한 자리가 대폭 줄었다. 이것이 그 무엇보다도 큰 영향을 미쳤다. 의과대학생들의 시위에도 다음해 법이 시행되었고, 대학병원에 새로 들어온 전공의들은 이미 정신병원에서 수련 중이던 마지막 전공의 세대와 함께 수련을 받으면서 몇 년간은 혼란이 일어날 수밖에 없었다.[10] 1980년대 말이 되자 정신병원의 의사와 대학병원의 정신과 교수들 간의 갈등은 최고조에 달했다. 그러나 미래의 열쇠를 쥔 사람들은 아

---

[9] 1982년 12월 23일. 법 no.82-1098.
[10] 1983년 9월 2일 인턴에 관한 대통령령 no. 83-785.

직은 소수인 대학병원 교수들이었고, 이들은 새 세대의 의사를 모집하고 훈련시키는 특권을 철저히 방어하고 있었다. 그러자 교수 의사들에게 유리한 입법에 반발하던 정신병원 의사들은 비난의 논조를 바꾸어서, 대학병원이 신입 정신과의사들이 정신분석에 등 돌리도록 만들고, 정신약물학과 생물정신의학에만 치중한다고 비판했다. 또한 당시 갓 들어온 미국식 패러다임의 해악을 알리기 위해 대대적인 캠페인을 시작했다.

비록 DSM-III가 출간될 당시 아무런 논쟁도 없었고 이를 사용해 본 대학병원도 몇 안 되었지만, 이렇게 DSM-III는 서서히 논쟁의 중심으로 향했다.[11] 누군가는 반反정신분석운동의 정점에 DSM-III가 있다고 보고 이를 정신의학의 쇠퇴 징조로 읽었다. 다른 누군가는 DSM-III가 드디어 정신의학을 현대의 의과학에 합류시켜줄 도구로 보았다. 1990년대 이후로 'DSM-III' 혹은 줄여서 'DSM'이 들어간 글이 셀 수 없을 정도로 많이 출간되었다. DSM-I, 그리고 정신분석 이론으로 도배된 DSM-II를 거론하며 실증주의로의 전환이 정신의학을 위기에 처하게 했다고, 혹은 거꾸로 마침내 프로이트의 족쇄에서 벗어나 새로운 정신의학의 탄생이 DSM-III에 의해 이루어졌다고 하는 등 논란이 이어졌다.[12] 새 진단 분류법에 관한 생산적으로 논의하

---

[11] DSM-III는 몇몇 대학병원에서 하는 정신약물학 연구와 몇몇 개원의가 하는 인지행동치료(CBT)에만 사용되었다. 프랑스에서 정신의학 자료 수집을 위한 진단 분류는 WHO의 국제 질병분류(ICD-10)가 유일했다.

[12] 21세기 초에 접어들어 인지행동치료(CBT)가 각광을 받기 시작하면서 또 다시 DSM는 경멸하는 어조로 쓰이게 되었다. CBT에 반대하는 사람들은 CBT를 공격할 때 DSM-III와 그 이후의 개정판 모두를 상징적 목표물로 삼았고, CBT 지지자들은 CBT가 DSM에 근거한 과학적 성과라고 주장했다. 크게 논란이 일어난 때는, 2003년 10월 프랑스 의회 부

기보다는 엉뚱한 데 초점을 맞추어 각자의 논쟁을 뒷받침할 도구로 DSM-III를 활용했던 것이다. 그러나 실제 임상에서 DSM-III는 거의 사용되지 않았고, 심지어 이를 옹호하는 사람들조차도 사용하지 않았다.

게다가 누가 정신분석파인지 반정신분석파인지는 일하는 장소로도 구별할 수 없었다. 정신의학계 내의 많은 수장 자리는 그때껏 저명한 정신분석가들이 차지하고 있었는데, 파리에는 대표적으로 다니엘 비드뢰셰Daniel Widlöcher와 세르주 레보비시Serge Lebovici가 있었다. 스트라스부르의 정신과 교수 뤼시엥 이스라엘Lucien Israël의 경우, 오늘날까지도 라캉파 정신분석가들에게 영향을 미치고 있다. 앙투앙 포로의 제자들은 알제리에서 돌아와 여러 곳에 교수직을 잡았는데, 문화연구와 현상학을 가미한 사회정신의학과 정신분석을 결합하기도 했다. 정신약물학에만 치중하고 있는 몇 군데를 제외하면, 대학병원 의사들은 프로이트의 유산에 맹렬히 반대하는 몇몇 정신병원 의사보다는 그래도 덜 반정신분석적이었다. 따라서 대학병원의 정신과 교수들이 각자의 이념적, 이론적 지향점과 상관없이 DSM-III를 중심으로 때늦은 규합을 하게 된 이유는 신념을 공유해서라기보다는 무엇이 이득이 될지 뚜렷이 알게 되었기 때문이다. '근거중심의학'[13]이 등장하여 여러 인식론을 대체하면서, 의사들은 국제적으로 인정

의장 아코예(Acoyer)가 정신치료를 규제하는 공중보건법 수정안을 의회에 제출했을 때, 2004년 2월 정신치료의 효과에 관한 국립보건의료연구소의 조사 결과가 공표되었을 때, 2005년 가을, 프로이트를 비판하는 《정신분석 흑서(黑書)》가 출간되었을 때 등이다. 프로이트의 이론적 유산에 대한 반대 주장을 분석한 것은 반니나 미셸리 레스만(Vannina Micheli-Rechtman) 참조(2007).

13 Marks(1999).

되는 평가방식에 따라야 했다. 정신의학이 얼마간이라도 신뢰를 회복하려면 새 진단 분류법이 필요했던 것이다.

이러한 상황에서 피해자단체연합의 호소를 정신의학계가 듣기는 어려웠다. 내적 분쟁과 근시안적 미래에 몰두해 있던 정신의학계는, 대학병원이든 정신병원이든 PTSD에 얽힌 미묘한 정치성을 탐색해 볼 여력이 없었다. 이리하여 이제 막 움트면서 영역 설정을 고심하던 한 분과가 피해자운동에 원군을 보내게 되었다.

피해학, 태생적 모호함

프랑스에서 피해학은 이중적 모호함을 지니고 태어났다. 정신건강 관련 분야에 새로 나타난 이 분과는 그 이름을 북미 범죄학에서 따왔다. 1950년대 말부터 폭력의 '피해자'에게 초점을 맞춘 전문분야가 발전했는데, 이는 1940년대 연구결과에 바탕을 둔 것이다.[14] 이 분야의 창시자들은 범죄심리학이 오직 가해자 분석에 국한된다는 점에 주목하고, 피해자를 이해하는 것도 똑같이 중요하다고 보았다. 역설적이게도(후일 이 용어를 사회에서 사용하는 방식에 비추어보면), 그러나 논리적이게도(당시 피해자에게 향하던 의심을 고려하면), 이 새 분야의 목적은, '피해자가 되려는 성향victimogenic predispositions'을 가지고 있는 '잠재적 피해자latent victim'들이 바로 범죄의 대상이 됨을 밝히는 것이었다. 심지어 한스 폰 헨티히Hans von Hentig는 그의 저서 《범죄와 그

---

14 Mendelsohn(1956), von Hentig(1948), Fattah(1992).

피해자》The Criminal and His Victim에서, "실제로 많은 사례가 상당수의 피해자가 범죄에 암묵적으로 동의하고 협조하며 공모하거나 유발하여"[15] 자신을 범죄의 "원인 요인"으로 만든다고 주장했다. 1970년대와 1980년대에 범죄피해학은 정신의학 및 전반적 사회 변화와 궤를 같이하여, 피해자에 대한 의심을 점차로 거둬들이고 재활에 중점을 두던 시기였다. 프랑스 피해학은 미국 정신의학이 새로 정의한 트라우마 개념에 기초했지만, 그래도 DSM의 PTSD를 채용하는 것만은 마땅치 않아 했다. 그들은 트라우마신경증이라는 옛 개념을 털어 버리고 순수하게 프로이트로 돌아가자고 주장했고, 특히 일찍이 '피해자의 숙명'에 관심을 가졌던 산도르 페렌치[16]를 지지했다. 다양한 용어가 쓰였지만, 'PTSD'라는 단어 사용을 거부했다는 점은 공통적이다. 고전적인 '트라우마신경증'을 사용하는 사람도 있었고, '정신적 트라우마'라는 용어를 만들어낸 사람도 있었다. 누군가는 '후post'라는 접두어를 빼고 '트라우마 스트레스'[17]라고 불렀다. DSM-III 덕분에 피해자의 정당성이 인정되었는데도 미국식 진단명만은 절대로 수용할 수 없다는 태도였다.

정신의학에서 피해학은 아직도 논란의 대상이다. 스테판 라테

---

15 von Hentig(1948).

16 프로이트와 페렌치 사이에 금이 가기 시작한 것은 1932년부터이다. 프로이트의 75세 생일을 기념하는 학술 모임에서 페렌치는 '성인의 욕정이 어린이의 성격과 성 발달에 미치는 영향'이라는 제목으로 강의를 했다. 페렌치는 유혹이론을 다시 부활시키려는 의도를 어느 정도 가지고 있었고, 이에 반감을 가진 청중들은 그에게 야유를 보냈다. 그의 강의는 북미 페미니스트들이 유혹이론을 비판할 때면 어김없이 도마에 오른다. 2004년 파리에서 그의 책이 재출간되자 다시 비난이 쏟아졌다. Ferenczi(2004).

17 Barrois(1988), Briole(1993), Crocq(1999). 피해정신의학의 선구자, 혹은 트라우마 개념을 현대 정신의학으로 끌고 들어온 이들 세 사람은 모두 군의관 출신이다.

Stéphane Latté의 말처럼, "누구나 피해에 관해 말하지만, 아무도 피해학을 전공하려 하지 않았다."[18] 제라르 로페즈Gérard Lopez는 예외였다. 그는 프랑스피해자연구소를 세우고, 피해학 학위과정을 만들었으며, 피해자 네트워크the Victimo network의 소수 창립 발기인 중 한 사람인데, 그를 제외한 다른 발기인들도 PTSD 진단명 사용을 주저했다는 점은 마찬가지였다. 응급의료-심리지원체계를 만드는 데에 크게 공헌한 군 정신과의사들도 정신의학계(대학계든 정신병원계이든)에서 소외되어 있었는데, 이들도 PTSD는 커녕 DSM-III 자체를 꺼려했다. 과학적 기반이 수상쩍은 피해학을 지지하는 것도 문제였고, 비공식기구인 피해자단체연합에 동조하는 것도 문제였던 것이다. 여기에 뛰어든 사람 중 하나가, 프랑스스트레스및트라우마연구협회the French Association for the Study of Stress and Trauma를 설립한 루이 크로크이다. 파리 발드그라스Val-de-Grâce 군 병원의 원장이었던 기 브리올Guy Briole을 포함한 대부분의 군의관은 이 혼란에서 멀찍이 떨어져 있었다. 그러나 이 와중에 끼어든 개인 정신과의사들의 경우는 조금 달랐다. 언론에 등장하고, 글을 써서 출판계의 주목을 받고, 강의를 담당해서 대학계와 가까워지는 일은 유명세를 탈 수 있는 절호의 기회였기 때문이다. 이미 몇몇 범죄학자와 공저로 책을 내고 강의를 하던 상황이었다. 그들에게 범죄학의 아류로 오인될 수 있다는 위험

---

18 Latté(2001, p.18). "피해학(victimology)은 논리(-logy)가 빠진 모임"이라고 조롱했다. 피해학협회 회장은 이렇게 말했다. "피해학이라는 명칭은 나중에 붙었습니다. 저는 그 단어를 좋아하지 않고, 의미 없는 용어라고 생각합니다. 온갖 군데에서 '~학자,' '~학' 등이 마구 튀어나오는데, 이렇게 피해자에 관해 떠들어대는 것을 저는 좋아하지 않습니다. 저는 피해자와 이야기 나누는 것을 좋아하고, 그들이 고통받고 있음을 알리고 싶습니다."

은 전혀 문제가 되지 않았다.

그 성격과 명칭도 모호한 피해정신의학은 1990년대 말까지도 정착하지 못했다. 이들을 지지하는 소수의 사람 대부분이 피해자 권리운동과 긴밀한 파트너 관계여서, 피해자 운동가와 같은 취급을 받거나 동료들이 멀리했다. 의료 당국, 특히 보건총괄부서Directorate-General of Health의 정신건강과 담당 공무원은 왜 트라우마 피해자들에게만 유독 독립적인 지원과 시설이 필요하냐고 물으며, 피해정신의학과 권리운동 측은 '위험한 연합관계'라고 힐난했다. 보건 당국이 문제라고 보았던 점은 트라우마 치료에 관한 것이 아니었다. 테러나 사건 피해자들에게 트라우마 장애가 많이 나타나고 초기에 적절한 돌봄이 필요하다는 것은 세계 모든 문헌에서 강조하는 사항이었고, 국립보건의료연구소의 최신 보고도 그러했다. 문제의 초점은 오직 피해자 치료체계만 따로 독립시켜 기존 의료계 외부에 만들어야 하는 이유가 과연 정당한지를 판단하는 문제였다. 몇 년이 지난 후 당시 정신건강과 과장은 우리와의 인터뷰에서 이렇게 말했다. "프랑스는 정신건강서비스 요구를 전국에 걸쳐 거의 완벽하게 소화하고 있는데, 왜 트라우마만 정신과에서 해결할 수 없다고 생각해야 합니까? 피해자단체연합은 정식으로 정신의학계의 동의를 얻거나, 아니면 최소한 의견이라도 물어봤어야 했는데, 왜 자신들 주장만 옳다고 합니까? 새로운 전문분야를 왜 꼭 만들어줘야 한다는 겁니까?"

당시 보건의료 관계 당국은 이른바 피해학자라는 사람들과 단체연합 이외의 사람들에게서는 아무런 의견을 받지 못했고, 이로 인해 우리가 인터뷰한 공무원들은 하나같이 "묘하게도 이해상충 문제가 있지 않나 하는 의심이 들었다"고 말했다. 대학병원과 정신병원, 그 어느 쪽의 정신의학계도 의견을 보내오지 않았던 것이다.

명칭을 생각해보면, 이 분야 창설자들은 스스로 주장하는 바에 대해 양가감정을 가지고 있는 듯하다. 범죄피해학criminological victimology과 구별하기 위해 '정신의학' 혹은 '임상의학'을 형용사로 붙이거나, 아무것도 붙이지 않은 '피해학victimology'을 사용했기 때문이다. 이 명칭은 피해자 편에 서는 의료 분야가 되겠다는 의지를 명백히 드러낸 것이고, 피해자를 지원하는 다른 분야의 사람들, 예를 들면 사법관 중에서 사법피해학을 주장하는 사람 등과 긴밀하게 협동하겠다는 의도도 드러낸 것이다. 이 명칭을 선택한 또 다른 이유는, 의료 전문분야를 분류하는 표준 분류를 따르지 않고 대상(피해자)으로 스스로를 정의하고자 한 것인데, 이는 정신의학의 역사상 독특한 일이 아닐 수 없다.

이렇듯 양가감정을 지닌 상태에서 채택된 명칭이 당시 인식 변화가 진행되던 사회적 상황에 의해서 만들어졌다고만 보기는 어렵다. 오히려 법의학 '전문가 증언'의 오랜 계보를 이어받아 그중 한 부분이 변형되어 태어난 새 분과로 보아야 한다고 필자들은 생각한다. 우리는 피해학의 초기 흔적을, 트라우마신경증 시대에 있었던 보상소송과 관련된 민법 및 법적 논거를 요약한 사법 공문서에서 찾아낼 수 있었다. 앞서 말했듯이, 피해학의 초기 형태는 제2차 세계대전 당시 출현한 범죄학의 한 분과이다. 범죄자의 동기와 특성을 파악하는 분야인 범죄학을 피해자에게 적용한 것이 피해학이다. 당시 범죄학자가 보기에 범죄자와 피해자는 우연히 조우하는 것이 아니었다. 사람들은 범죄자가 아무리 '타고난' 범죄 성향을 가지고 있다 해도 충분히 '순종적'인 피해자를 만나지 않으면 범죄자의 '포식동물 본능'이 모습을 드러내지 않는다고 믿었다. 1950년대와 1960년대의 피해학은 피해자의 심리적 특성에 근거한 분석 모델을 내세웠다. 오늘날 이 모델의 흔적은 성범죄 가해자가 아동성범죄 피해자가 아니었는지를 조사하는 연구에서 찾을 수 있다. 그러나 당시 피해학의 주제는 오늘날처럼 폭력이 피해자에게 미치는 영향에 관한 것이 아니었다. 그 반대로 피해자는 이미 특수한 심리적 특성을 가지고 있어서 가해자와 필연적으로 조우하도록 스스로 유도함[19]을 입증하는 것이 피해학의 중심 주제였다. 시차상으로는, 범죄 발생 전(피해자의 성격 특성 등)에서 범죄 발생 후(트라우마 효과)로 피해학의 관점이 변화해온 셈이다. 이러한 관점의 변화는 피해학이 또 한 번 변신할 가능성을 열어놓았는데, 그 가능성이란 피해학이 '애호하는 영역'—한편으로는 범죄, 다른 편으로는 신경증—을 일거에 내던지고, 오직 폭력이 남긴 흔적에만 초점을 맞추는 것이었다.

1980년대와 1990년대에 피해정신의학은 범죄학의 분과라는 과거와 결별했으나, 그럼에도 중요한 유산 하나를 버리지 않고 있었으니, 그것은 소송에서의 전문가 역할에 관한 것이다. 피해정신의학이 영역을 넓히면서 전문가의 역할은 소송 과정에서 더욱 결정적인 것으로 부상한다. 이 분야의 선구자들은 물론, 후대 사람 대부분이 정신의학 전공자로서 '전문가 증인'으로 활동했다. 군 정신과의사인 루

---

19 Ellenberger(1954). 몬트리올 대학 범죄학 교수인 헨리 엘렌버거(Henri Ellenberger)는 피해자 일부를 피학성(masochism)에 초점을 맞추어 유형으로 분류한 사람 중 하나이다. "범죄자적-피해자"는 상황에 따라 범죄를 저지르기도 하고 피해자가 되기도 하며, "잠재적 피해자"는 "피해자 역할로 이끄는 무의식적, 전반적 피학 성향을 가지고 있으며, 삶에 흥미가 없고, 운명주의자이고, 완벽하지 않은 성공에 죄책감을 가진다"고 했다.

이 크로크, 그리고 일반 정신과의사인 제라르 로페즈와 피에르 사부랭Pierre Sabourin이 대표적으로, 이들은 피해정신의학 관련 단체를 설립했거나 가정 성폭력 피해자를 지원해왔다. 피해자 권리운동 측은 전문가인 그들에게 도움을 요청했다. 피해자들이 전문가 대리인을 통해 말할 수 있게 되면서 의료인의 관심사도 바뀌었다. 그때까지 피해학 관련 의사들은 법적 절차에만 관여했을 뿐 피해자의 행로와는 연관되지 않는다고 여겨졌는데, 이제는 피해자의 무기, 더 정확히 말하면 보상을 보증해주는 일종의 무기로 인식되기 시작한 것이다. 1970년대 미국의 전문가 증인은 보상을 정당화할 목적으로 대중에게 트라우마의 현실적 근거를 알리는 주요 역할을 했지만, 프랑스에서는 이와 반대로 트라우마가 이미 널리 알려져 있었다. 프랑스의 전문가 증인들은 보상이 치유를 촉진하는 데에 트라우마 개념을 사용하고 있었다.[20] 달리 말해서, 당시 전문가들은 보상의 합법성을 확인해줌과 동시에 트라우마에서 벗어나는 길까지 제시했던 셈이다.

그러나 여태껏 어느 누구도 전문가의 법정 증언에 치료 효과가 있다고 주장한 적은 없었다. 전문가의 증언기술과 환자의 치료에 대한 열망이 합쳐지면 치료 효과야 커지겠지만. 트라우마신경증 시대에 법정 전문가들은 보상금 지불을 승인하면 고소인의 심리 상태가 좋아지리라고 마지못해 인정하기는 했지만, 그러면 더는 소송을 계

---

[20] 전문가 증언이 치료적 효과를 가진다는 주장을 일부 전문가들은 성범죄 소송에서 악용하기도 했다. 예를 들어 롤랑 쿠탕코(Roland Coutanceau)는 일정 기간 범죄자를 조사하면 범죄자로 하여금 자신의 행동과 동기, 그리고 무의식을 대면하게 할 수 있고, 그럼으로써 치료 원칙을 받아들이게 할 수 있다고까지 주장했다. 2003년 11월 17일 파리에서 열린 프랑스법의학회 총회에서 이 내용을 발표했다.

속할 이유가 사라지기 때문에 증상이 호전된다고 내심 생각했다. 그러나 피해학자들은 보상 그 자체에 실제 치료 효과가 있다고 우겼다. 이 주장은 피해자와 사회 간의 새로운 관계를 만들어내고, 트라우마의 언어가 배상의 정치로 전환될 것을 예고하는 것이었다. 일찍이 피해자 권리운동을 벌였던 프랑수아 루데스키 등이 배상의 정당성을 주장한 이유는 사회로부터 피해자의 상황을 인정받기 위함이었다. 보상금 자체를 요구했던 것이 아니라, 보상금이 없다면 피해자는 이중으로 개인의 역사를 박탈당한다고 본 것이다. 그 이유는 첫째, 사건으로 인해 정상적 삶에서 벗어나게 된 점 때문이고, 둘째는 트라우마에 대한 법적 확인이 없다면 피해자가 경험한 사건은 현실적으로 존재하지 않는 것이 되어버리기 때문이다.

    피해자들과 이들의 대리인, 일부 판사 그리고 언론까지도 보상의 치료적 효과에 대해 목청을 높였으나, 단지 법정 참석자의 마음을 누그러뜨리는데 그쳤을 뿐 대중은 관심조차 기울이지 않았다. 그저 은유적 표현일 뿐이라고 간주했던 것이다. 그러나 이제 시간이 흘러 피해학 전문가 증인의 도움을 받아, 보상금 문제는 심리적 재활과 연계되어 정당성을 인정받게 되었다. 부상자든 목격자든 간에 모든 피해자가 비록 예전의 삶으로 돌아가지 못한다 하더라도 병의 진행을 막기 위해서 혁신적인 치료법이 필요하다고 한 목소리로 주장했다. 마치 상처에 연고가 스며들듯 보이지 않는 트라우마에 보상금이 스며들어 치료한다는 견해는 입증 절차에도 그대로 적용되었고, 피해학자와 지원단체는 이를 적극 활용했다. 그리하여 전문가의 법정 보고서 자체가 치료 효과를 가졌다고 귀결되어버렸다. 다시 말해, 보상금은 상처를 치유할 뿐만 아니라 증상의 악화를 막아준다는 결론이 나온 것이다. 이렇게 전문가 증언의 역할에 관한 전통적 의미가 뒤집어지면서 비로소 정신의학계는 트라우마에 관심을 보이게 되었다.

피해학은 독립된 분야인가

1990년대 초부터 피해학에 새로운 움직임이 많이 나타났다.[21] 루이 크로크는 생앙투안Saint-Antoine 병원에 심리외상학 클리닉Psychotraumatology Clinic을 열었고, 이어서 제라르 로페즈는 피해학연구소The Institute for Victimology를 설립했다. 크로크와 로페즈는 최초로 피해학 학위과정 설립에 관여했는데, 그곳은 현재 파리의 네케르Necker 대학병원 의료진이 운영하고 있다. 피해학 관련 책이 많이 출간되었는데, 그 책의 저자 모두 이 분야 설립자들로 이루어진 폐쇄적 그룹 구성원이었다. 크로크와 로페즈가 이 그룹의 공동 리더였다. 얼마 후에는 온라인 저널인 〈국제피해학회지〉the International Journal of Victimology가 발간되었는데, 이 저널은 자칭 '임상피해학 심리학자clinical victimological psychologist'라는 크리스토퍼 에르베르Christopher Herbert가 만든 것이다. 동시에 프랑스 전 지역에 도움센터, 핫라인, 지지 그룹, 전문 클리닉, 전문가 훈련 과정과 감독기구가 우후죽순으로 생겨났고, 그 전체 양상은 '근친강간 피해자를 위한 정보교환 실행연구Action Research for Exchange between Victims of Incest, Arevi'[22]에서

---

21 Stéphane Latté(2001).

22 http://inceste.arevi.org/page/ressourcesguidesaidesb.htm.

만든 지도에 잘 나타나 있다. 이에 따라 심리상담사들이 새로운 전문가로 대거 등장했다. 심리상담사들은 피해자의 심리상담을 정신과의사에게 넘겨받아 주연을 맡았고, 정신과의사들은 과학 지식을 생산하는 명예만 지니게 되었다.

이리하여 과거 피해자들이 정신의학계로부터 배척받던 것과는 완전히 다른 대조적인 분위기로 20세기에 접어들었다.[23] 프랑스 정신의학 학술지에는 정기적으로 PTSD에 관한 글이 실리고 특집으로도 다루어졌다. 심지어 정신분석가들도 여태까지의 신조를 버리고, 이 주제로 학회, 좌담회, 워크숍, 세미나 등을 열었다. 공론이 벌어지는 곳에서도 과거 의심의 시대의 문제점을 지적하곤 했지만 정신분석을 배척하지는 않았다. 의사들에게 PTSD는 더는 논쟁거리가 아니었다. 단, 이 미국식 진단명이 실상은 프랑스 정신의학과 정신분석이 예전에 이미 표면화했던 것이고 본질적으로는 단순히 미국이 재발견해낸 아류라는 것을 인정하는 한, 논란거리로 삼지 않았던 것이다. 피해학이 정당화되고 트라우마가 조용히 인정되어가던 추세에는 미국정신의학의 질병분류 개정이 부분적으로 작용하기는 했다. 그러나 그보다는 피해자 문제와 트라우마 개념의 사회적 확산에 더 힘입었다. 특히 프랑스에서는 미국과 비교했을 때 사회 영역의 영향이 전문분야보다 더욱 막강하다. 다시 말해, 피해학을 정당화한 것은 피해자들이었지, 그 반대는 아니었다는 의미이다.

---

23 1997년 4월 29일 자 〈르몽드〉는 피해학의 탄생을 축하하는 '범죄학의 새로운 분과에 대하여'라는 제목의 기사에서, 범죄학의 유산이 잊힌 것이 아니라며 아직도 법조계에서 주로 사용되는 이 분야가 "피해자에 대한 심리지원과는 심각한 간극을 가지고 있다"고 지적했다.

바로 이러한 이유로 피해학은 그 자율성을 제한받을 수밖에 없었다. 피해학의 성공은 단체연합의 운동으로 피해자 권리가 사회로부터 인정받게 된 일과 밀접히 연관되기 때문이다. 공공기관과 정신의학계의 관점에서는, 피해학자는 압력집단의 이익에 봉사하는 사람들이었다. 이 분야의 창시자들도 그 약점을 잘 알고 있어서 이렇게 자신들을 옹호했다. "피해학은 모두가 알다시피 독립된 분야이다." "프랑스피해학협회The French Victimology Society는 이념적 논쟁집단이 아니라, 지식 발전을 위해 진정한 의견 교환의 촉진을 목적으로 하는 학문적, 과학적 배경을 가진 협회이다."[24] 그러나 피해학자들은 제도적으로 주변부에 머물 수밖에 없었고, 물리적 공간 면에서도 그러했다. 루이 크로크가 생앙투안 병원에 세운 클리닉처럼 병원 건물 외곽 구석에 배치되거나, 혹은 로페즈가 민간인 소유 건물에 세운 피해학연구소처럼 공공의료시설과는 완전히 분리되어 자리했다. 피해학은 주로 피해자단체연합 네트워크의 지원에 의존하고 있다. 대학 훈련 프로그램에서도 단체연합 회원들이 교육을 담당하며 수상쩍은 학위를 수여하고, '믿을만한 전문가' 목록을 만들어 그들에게만 환자를 주선해왔다.

피해학자들은 갑작스럽게 사회적 조명을 받게 되었음에도 원래 피해학이 만들어지게 된 상황적 조건에 갇혀 있다. 전문가 증언과 치료 영역을 구별함으로써 절묘하게 짜 넣은 빈약한 연결고리―피

---

[24] 1997년 4월 29일 자 프랑스 일간지 〈르몽드〉는 피해학의 창립일을 축하하면서 '범죄학의 새로운 분과'라는 제목을 달았는데, 이는 이 분과가 범죄학의 계보를 이은 것이며, 사람들 대부분이 아직까지도 사법 영역에 속한다고 생각하고 있음을 반영한 것이다. 또한 이 기사는 또한 "피해자의 심리지원에는 아직도 심각한 간극이 존재한다"고 했다.

해자 지원단체들 사이에서 뚜렷이 목소리를 낼 수 있게 해준 그 고리—는 그들 자신의 한계가 되어버려, 활동 대상이라고는 자칭 '피해자'와 피해자단체연합이 주선해주는 사람으로 한정되어버린 것이다. 이렇게 피해학은 피해자 관련 개입 과정에서 대개는 보조적이자 이차적인 역할로 남게 되었다.

 9.11 테러 후폭풍 현상에서 보았듯이, 정신적 트라우마에 관한 새로운 개념과 응급심리지원 실천방식이 결합하면서 잠재적 트라우마 인구는 그 어느 때보다도 범위가 확장되었다. 누군가는 이 변화가 피해자운동과 피해학자들이 불러일으킨 것이라고 말하기도 한다. 물론 피해자운동도 중요하다. 그러나 트라우마 개념을 공유하게 되었다는 더 광범위한 사회적 인식의 변화가 이 운동을 가능케 했고, 또 성공하게 했다는 사실이 더 중요하다. 이 사회적 흐름을 필자들은 인류학적 변화라고 부른다. 테러, 재난, 재해 등이 생산되고 있는 지금은 울리히 벡Ulrich Beck이 말한 '위험사회risk society'보다 더 심각한 '위해사회danger society'이다. 우리가 문제 삼아야 할 것은 통계적으로 얼마간은 예상 가능한 사건이 아니다. 오히려 일상적 삶의 한 부분이자 인류 모두의 공통적 특성인 트라우마이며, 그 범위는 정신의학 전문 영역을 넘어 멀리까지 확장된다. 이것이 2001년 9월 21일, 프랑스 사회가 발견한 사실이다.

6장   # 툴루즈

세계무역센터가 붕괴된 지 열흘이 지나, 이번에는 프랑스가 충격에 휩싸인다. 뉴욕과 워싱턴의 테러가 프랑스에서 되풀이되고 있다는 공포가 나라를 뒤흔든 것이다. 오전 10시 17분 지축을 울리는 폭발이 툴루즈 시에서 일어났다. 30킬로미터 밖에서도 진동이 느껴질 정도였다. 처음에는 어디에서 무슨 일이 일어났는지 분간할 수 없었다. 몇 분 만에 도시 전체가 실제로 마비되었는데, 전화선이 끊어지고 대중교통이 제자리에 멈추었으며 큰 길들은 차단되었다. 폭발지 인근 가옥은 전파되었고 두껍게 쌓인 분진과 하얀 재가 재난현장을 뒤덮었다. 지역 라디오방송국은 경계보도를 내보내기는 했으나, 처음에는 도시를 떠나라고 했다가 곧바로 집안에서 나오지 말라는 둥 앞뒤가 맞지 않는 보도를 계속했다. 사람들은 처음에 일련의 폭발이 연이어 터질 테고, 도시의 신경줄—시청, 항공우주산업 공장, 화약과 폭발물 공장, 화학공업지대 등—이 동시에 파괴될 테고, 그것은 다 테러공격에 의해 저질러진 일일 것이라고 생각했고, 모두가 공포에 사

로잡혔다. 11시 45분경이 되어서야 사람들은 비로소 도시 남부에 있는 AZF 화학공장이 폭발했음을 알게 되었다. 이때까지도 고조된 긴장은 가라앉지 않았다. 희뿌연 구름이 도시 전역을 뒤덮자 화학물질 오염에 관한 루머가 돌기 시작했다. 오후 중반이 지나서야 시 당국은 독성물질의 위험이 없다고 발표할 수 있었다.

초기에는 혼란스러웠음에도 응급구조팀이 속속 제자리를 찾아갔다. 응급진료소가 공장지대 외곽에 설치되었다. 구급차의 행렬이 이어졌지만 시간이 지날수록 교통체증이 악화되어 속도는 더디기만 했다. 도시 주민 전체가 충격에 빠졌으나, 모두가 더 많이 부상당한 사람을 도우러 나섰고, 친지의 소식을 물으러 폭발현장으로 몰려들었다. 저녁 무렵이 되자 통계가 집계되었는데, 공장현장에서 20여 명의 사망자가 나왔고, 부상자는 폭발 인근 지역 및 멀리 떨어진 곳까지 다 합치면 수천 명에 이를 것이라고 보도되었다. 재산 피해 규모도 막대하여, 공장 주변 전 구역의 건물—가옥, 학교, 상업건물, 공공건물과 도로까지 다 파괴되었다. 폭발물이 닿은 2만 7천 채의 가옥 중 1만 채는 완파되었다. 프랑스 전체가 텔레비전을 보며 마치 미국의 9.11 테러를 연상시키는 듯한 장면에 경악을 금치 못했다. 언론은 '맨해튼 증후군 Manhattan Syndrome'[1]에 관해 말하기에 이르렀다. 같은 부류의 해설자들이 텔레비전과 라디오에 출연해서 비극적 사고의 원인과 결과에 대해 자신들이 생각하는 가설을 떠들기 시작했다. 애초부터 그들의 말에는 화학물 사고 가설과 테러 가설이 섞여 있었

---

1 2001년 9월23일 〈르몽드〉는 사고 다음 날 '맨해튼 증후군에서부터 독성 구름의 공포까지'라는 제목의 기사에서 "누군가는 비행기가 공장에 추락했다……"고 단언했다.

다. 초기에 산업재난이라고 지적되었지만, 툴루즈 시민들 사이에서는 테러공격이라는 설이 우세했다. 정치적 이유가 있어 진상을 밝히지 않는 것이라고 보는 이들이 있는가 하면, 인재人災라는 생각을 부인하는 이들도 있었다. 인재라고 규정할 경우 동료 30여 명의 죽음으로 비탄에 빠진 공장 노동자를 비난하는 셈이 되기 때문이었다. 뒤늦게 사실을 알고 냉소적으로 말하는 이들도 있었다. 툴루즈 시가 '가루 통'으로 먹고산 지 24년이나 되었으니 언젠가는 이런 일이 터질 줄 알았다는 것이다. 그러나 조사는 이제 막 시작된 참이었다.

잇달아 나오는 보도도 사실상 9.11에 관한 해설과 분석을 재탕하는 것에 지나지 않았고, 모든 사람이 동일한 언어로 충격을 표현했다. 9.11 이후 집단정서를 말하는 가장 빈번한 표현이 트라우마였다. 부상자들의 트라우마, 사랑하는 가족을 잃은 유가족의 트라우마, 툴루즈 시의 트라우마, 재난이 준 시련 속에서 프랑스 국민 전체가 공유하는 전 국민의 트라우마 등이다. 사고 발생 몇 시간 만에 모든 논조가 이런 식으로 굳어져갔다. 당일 오후 툴루즈 시장, 필리프 두스테블라지Philippe Douste-Blazy는 엄숙한 호소문을 발표하며 시의 모든 정신과의사와 심리학자에게 트라우마를 입은 사람을 도와주라고 호소했다. 공감과 연대의식에 가득 찬 정신건강 전문가들이 지시를 받기 위해 시청사로 몰려왔고, 누군가는 사고현장으로 서둘러가는 이들도 있었다. 수시간 내에 226명의 의사, 45명의 정신과의사, 486명의 심리상담사, 200명의 간호사가 시장의 호소에 응했다. 사무실과 공장, 학교에서도 책임자들이 적절한 조치를 취했다. 우선 안전을 확보하고, 자리에 남아 있는 사람들을 안심시키고, 정보를 관리하여 도시의 대응활동에 기여하려 했다. 그리고 모두 재난 피해자에 대한 심리적 지원의 필요성을 느끼고 이를 요구하기에 이르렀다.

대중적 사건현장에 나타나는 경우가 드문 정신건강 전문가들이 시장의 호소에 이끌려 현장에 나왔다는 사실은, 이 사건이 도시 전체의 집단적 사건이었다는 이유만으로는 설명하기 어렵다. 우리가 툴루즈에서 만났던 사람 대부분이 자신이 받은 충격 정도에 상관없이 즉각적으로 트라우마를 인정받았고, 5년 후 보상 문제가 마무리되던 시기에도 여전히 트라우마라는 단어를 쓰고 있었으며, 임상적 확진과 상관없이 인정과 보상을 받았다. 툴루즈 재난 이전에는 트라우마라는 단어는 전문가들이 주장하는 의학적 개념이었고 일반 대중은 겨우 조금씩 차용해 쓰던 정도였다. 그러나 사고 이후, 트라우마는 의료 영역에서 분리되어 거의 모든 사람이 각기 제 나름대로 의미의 일부만 떼어내어 각기 현실에 새로운 순서를 정하는 데에 사용하는 핵심 개념이 되어버렸다. 트라우마 수사로 가득 찬 의미의 세계에서 정신적 상처의 진정성은 더는 의심받지 않았다. 트라우마는 기정사실이 되어 인정되고 치료되는 방식을 평가하고 반대하고 심지어 비난하기에 이르렀다. 이리하여 의사들은 의학 역사상 처음으로 자신들이 발명한 개념이 어떤 현실적 결과로 나타나든 다 받아들여야만 하는 상황에 처하게 된 것이다. 트라우마를 누가 치료할지를 놓고, 우후죽순으로 생겨나는 공공사업체 및 자조집단과도 경쟁해야만 했다. 정신과의사들이 PTSD를 임상적 실체라고 선언했던 바로 그 순간부터, 피해자와 지지단체들은 전문가의 권위가 권리운동에 장애가 된다고 생각하여 그로부터 벗어날 방법을 모색하고 있었던 것이다.

여기에서 필히 분석되어야 할 문제는 우선 어떻게 정신과의사와 심리상담사가 재난현장에 불려나오게 되었는지, 그리고 응급의료-

심리지원팀의 활동이 어떤 맥락에서 구성되었는지, 툴루즈 시민들이 사건을 설명할 새로운 언어를 어떻게 전용했는지에 관한 것 등이다. 끝으로 피해자 보상 문제를 둘러싸고 벌어진 논란과 갈등에서 트라우마의 역할은 무엇이었는지에 관한 문제가 있다.

모든 일이 트라우마로 귀결되다

AZF 공장은 툴루즈 시 남부 노동자 계층 거주 지역에 자리하고, 인근 지역에는 370개 병상의 마르샹Marchand 정신병원과, 노동자 가족을 위한 대규모 주거 프로젝트에 의해 세워진 미라일Mirail 주거 지역이 있다. 그곳의 실직율은 도시 평균보다 훨씬 더 높았다. 폭발로 병원은 완전히 파괴되어 기반시설은 물론 응급팀을 포함한 모든 기능이 정지되고 혼란에 빠졌다. 이 병원에 기지를 두고 있던 툴루즈 응급의료-심리지원팀은 처음 몇 시간 동안은 초동대응에 전혀 기여할 수 없었다. 병원 직원들은 외부와 단절된 채 부상자를 치료하면서 동시에 공황에 빠진 정신과 환자들을 돌봐야 했다. 오후가 되자 지원 나온 인근 지역 응급팀의 도움으로 환자들은 마르샹 병원에서 200킬로미터나 떨어진 다른 병원으로 이송되었고, 저녁 무렵에는 병원으로 다 분산시킬 수 있었다. 응급병동 및 약국과 가까운 병원 입구에 응급지원소를 세워 부상자들을 한데 모으고, 병원 의료진은 AZF 공장 피해자들을 응급처치했다. 그러나 병원 내에서 피해를 입었을지도 모르는 사람은 아무도 찾아보지 않았다. 미라일 현장도 다른 재난 현장과 다를 바 없었다. 길거리는 파편으로 뒤덮였고 자동차는 다 망가졌고 집은 파헤쳐져 있었으며 많은 부상자가 거리를 배회했다. 구조를 기다리는 동안 지역주민들은 스스로 조직을 만들어 가장 긴급한 문제부터 해결하고자 했다. 그 과정에 계층 차이는 존재하지 않았다. 부자들은 모든 것을 잃은 사람들에게 피난처를 제공했다.

시 당국이 처음으로 한 조치는 무엇이 필요한지 평가도 하기 전에 일단 시청사 안에 심리지원센터를 설치한 일이다. 이 센터의 스태프들은 응급의료서비스 모델에 따라 스스로 활동범위를 확장하여 임의로 '관제센터'를 만들고, 도시 전 지역으로 정신건강 전문가를 파견하고, 일부는 거리에 있는 사람들에게 '디브리핑'하도록 했다. 급박한 상황에서 황급히 지침서가 만들어지고 촉각을 다투어 자원을 동원했다. 줄을 잇는 자원봉사자들의 자격이나 기술을 확인할 수도 없었고 구체적인 임무를 줄 수도 없었으며, 그저 명단에 이름을 적는 것이 다였다. 자원자들이 일단 모였다가 흩어지고 나면 역할분담을 조율할 수 없어서 몇 명을 돌보았는지, 피해자의 스트레스가 어떤 성질이고 얼마만큼 심각했는지, 어떤 도움을 주었는지 등의 정보를 파악할 수가 없었다. 자원자 대다수가 응급활동은 처음이었고 전문적인 경험이 없었음은 물론, 가장 심각한 상태의 환자를 전문가에게 보낼 때 필요한 연락처조차 가지고 있지 않았다. 이튿날 응급의료-심리지원팀이 제대로 활동을 개시했을 때는, 표준 방식의 재난 상황통제를 시작하기에는 상황이 너무 진전되어 있었다. 게다가 전직 심장내과의사인 툴루즈 시장이 자신의 의료 네트워크를 직접 가동하는 바람에 정작 응급의료-심리지원팀은 뒷전으로 밀려나서 공장 인근에 응급지원소만 설치해야 했다. 그 결과 대부분의 정신과적 지원은 대학병원에 집중되었다. 그리하여 폭발사고 몇 시간 만에 만들어진

이 응급처치 구도가 이후 2주일간 지속되었다. 독자적으로 지원활동을 하던 정신과의사들은 자신의 공식 근무처로 돌아가서 그곳으로 오는 트라우마 환자를 진료하겠다고 했다. 대학병원은 위기상황에 대응하여 추가 인력팀을 짜고 400건 이상의 의무기록을 작성했지만, 응급의료-심리지원팀과의 협동은 이루어지지 않았다.

그와 동시에 도시 전역에서 자발적 활동이 일어났다. 가장 큰 피해를 입은 지역주민들이 힘을 합쳐 피해자 그룹을 만들었고, 이는 후일 공식 집단으로 재탄생한다. 여기에 변호사, 사회복지사, 보험회사 사람들이 합류하여 이미 사회적 불이익집단에 속한 이 지역주민들에게 정보를 제공하고 조언과 도움을 주기 시작했다. 심리상담사들도 자원했다. 일부 주민은 갑작스럽게 주어진 심리복지지원에 놀라워하기도 했지만, 다른 주민들은 전문가에게 자기 문제를 털어놓고 감정을 공유할 수 있는 기회를 환영했고, 연이어 법률가와 사회복지사를 만났다. 관내의 학교, 사업체, 공공시설 등에서도 피해자들의 고충을 듣고 트라우마와 후유증 예방을 위해 자신들이 할 수 있는 일을 했다. 이렇듯 툴루즈 시민들이 당한 재난에 대한 심리지원은 전문가의 개입수준을 넘어서 확산되어갔다. 예를 들어, 우리와 면담한 어느 유리공은 "유리창이 없어진 사람들"에게 "집수리를 해주면서 사람들 이야기에 귀를 기울였으니 우리도 심리적 지원을 한 셈이지요"라고 자신이 한 역할을 설명했다. 한 운송지원 지휘자는 당장 필요한 생필품(담요, 음식)을 제공한 것도 심리지원이라고 강조했다.

제가 하고 싶은 말은, 피해자를 도운 건 정말로 좋은 일이었다는 겁니다. 심리상담사는 아니지만 우리는 많은 이야기를 들어주었습니다. 결과적으로 팀원 모두가 심리지원을 했다고 생각합니다.

한 운동가의 말처럼 피해자 협회에서도 이와 유사한 경향이 두드러졌다.

심리적 지원을 한다는 것은 주말에도 도움을 줄 수 있어야 한다는 뜻입니다. 한 여자가 남편을 못 찾아서 어쩔 줄 몰라 하고 있었지요. 그때 저는 다른 곳에 가야 했는데, 이미 약속시간이 지난 뒤였습니다. 뜻밖에도 남편을 찾게 되었는데, 그래도 그냥 그 자리를 벗어날 수는 없었습니다. 그 부부가 떠나면서 "한번 안아봐도 될까요?"라고 말하더군요. 그래서 제가 그들에게 심리적으로 도움이 되었다는 생각이 들었습니다. …… 정말 그렇게 생각합니다. 제가 하는 일이 진짜로 심리적인 도움을 주는 일이라고 말입니다. 도움이 되는 일이지요.

피해자들은 자신의 말을 들어주는 심리상담사나 정신과의사가 숙련된 사람인지 따지지 않았다. 그저 자기 이야기를 들어주는 사람이 있다는 것에 만족해했다. 어찌되었든 사람들은 대부분 자기가 정신과의사에게 말하고 있는 건지, 아니면 심리상담사, 간호사, 아니면 일반인에게 말하는 건지 알지 못했다. 그러나 자기 말에 귀 기울여주던 사람을 다시 만나지 못한다는 사실을 알고는 모두 실망을 금치 못했다. 자원봉사자들은 매일 장소를 옮겨야 했기 때문이다.

자원봉사자에게도 쉬운 일은 아니었다. 어떻게 개입해야 하는지 구조적으로 확실한 것이 없었기 때문에, 자신들이 무슨 도움이 되었는지 평가하기 어렵다는 것을 알게 되었다. 어떤 곳은 필요 인원보다 더 많은 심리상담사가 지원해서 자원봉사자들은 뒤로 물러나서 자신이 필요해질 때까지 기다려야 했다. 또 평소 하던 일과 너무 동떨어진 일을 맡아서, 피해자가 필요로 하는 일에 따라 이리저리 움직여야만 했다. 그들 중 한 사람의 회상을 들어보자.

우리는 심리적 문제만이 아니라 무슨 일이든 다, 어떤 때는 더 심한 일도 해주어야 했습니다. 재산 파손이나 법적인 문제도 처리해야 했습니다. 우리를 전혀 심리학자로 여기지 않는 경우도 있습니다. 그럴 때는 이런저런 일에 대해서는 우리가 할 수 있는 것이 없다고 설명해야 했는데, 그것이 힘들었습니다. 그들은 우리가 실질적인 도움을 주기를 원했고, 그러면 우리는 직설적으로 설명했습니다. 주거 신축이나 보상금 문제에 관해서는 우리가 가진 자격증으로 할 수 있는 것이 아무것도 없다고요. 사람들은 당연히 실망했지요. 어떤 때는 그들이 느끼는 것이 외상 후 스트레스인지 보상금 문제로 인한 스트레스인지 구별이 되지 않았습니다.[2]

위기상황이 진행되면서 과연 이런 지원이 쓸모 있는지 많은 이가 의문을 제기했다. 재난 후 트라우마의 치료가 중요하기는 하나, 심리적 지원방식의 혼란과 지원행동의 무질서는 그 중요성에 비해 대조적이었다. 급격히 늘어만 가는 자원봉사자, 중구난방식으로 이루어지는 이야기 들어주기, 심지어 서로 다른 분야에서 온 자원봉사자 사이에 경쟁이 일어나기까지 했다.

---

2 자원봉사 심리상담사와 스테판 라테의 면담에서.

이 사태에 관해 소속된 곳이 다른 사람들은 저마다 다른 해석을 내놓았다. 일각에선 사고의 규모가 워낙 커서, "가용자원을 초과한 재난"[3] 때문이라고 말한 전문가도 있었다. 이런 관점에 의하면, 공동 활동을 조율하지 못한 일, 자원봉사자에 관한 정보와 기술 능력을 확인하지 못한 일, 가장 피해가 큰 미라일보다 상대적으로 피해가 적은 시청사 소재지 등에 자원이 집중된 일 등은 위기의 특성으로 생긴 일이었다. 또 다른 일각에는 재난 직후의 관리가 더 큰 문제를 드러냈다고 주장했다. 보건의료과 소속의 어느 기자는 고위험시설 공장이 있는 산업 구역이 시 경계선에 있다는 사실을 지적하며, 시 당국과 정부 당국이 전혀 대비책을 세워두지 않았음을 비판하기도 했다. 이런 어려운 상황에서도 중앙정부 당국과 지방행정 당국은 서로에게 책임을 떠밀며 공방을 벌였다. 툴루즈와 파리에 있는 공식 응급심리지원 전문가들에 따르면, 문제의 시작은 툴루즈 시가 규정을 벗어나 임의로 상황을 통제하면서 공식 응급의료-심리지원팀이 중심 역할을 하지 못했기 때문에 일어난 것이었다. 툴루즈 응급의료-심리지원팀 소속 심리상담사의 말이다.

엄청난 혼란에 휘말려 들어갔다는 것은 두말할 필요가 없습니다. 있을 수 없는 일이 벌어졌습니다. 상상해보십시오. 500여 명의 심리상담사와 정신과의사가 시청사 명단에 서명하고 도시 곳곳으로 파견된 데다가 명단에 등록하지 않은 사람들, 적십자와 가톨릭단체들에서 뛰어온

---

3 국립피해자지원중재원, 〈AZF 사고 피해자에 관한 추적 역학조사 보고서〉, 2001년 10월 30일.

모든 정신과의사를 다 더해보십시오. 엄청났습니다.

그러나 시청사와 대학병원에서 급조한 임시팀의 자원봉사자가 보기에 이 문제들은 응급의료-심리지원팀이 재난 지역 전체를 지원할 능력 결여와 결함으로 보였다. 툴루즈와 같은 대학도시에서 응급지원팀이 대학병원과 긴밀히 연계되어 있지 않은 일은 있을 수 없다고 생각했고, 재난 상황이 어려워질수록 이런 확신은 강해졌다. 이번 사고로 몇 년 전에 생겼던 반감이 되살아났다. 당시 마르샹 정신병원과 퓌팡Purpan 대학병원이 응급의료-심리지원팀을 유치하려고 경쟁을 벌이다가 빈축을 산 적이 있었기 때문이다.

어떤 이들은 이 비판을 더 확대하여 피해학 전체를 비난했다. 문제의 근원은 심리적 응급상황이라든지 트라우마의 치료라는 개념 자체에 있다는 것이다. 정신적 고통을 정신의학이 독점하려 한다고 단언하면서, 소위 "사회적인 일의 정신의료화"를 비난하기 위해 실패한 대응조치를 근거로 내세우는 사람도 있었다. 그에 따르면, 정신적 트라우마를 응급으로 돌본다는 생각이 대중사회로 들어오면서 너무 희석되어버려 원래의 의미를 잃어버렸다는 것이다. 자원봉사에 나선 사람들의 전문분야도 구분하지 못했고, 이들이 봉사기간 내내 또 그 후에도 못마땅해 하던 점을 고려하면 피해학은 언론이 띄워준 애매한 것에 불과하다는 것이다. 트라우마를 이해하고 치료하는 일은 다른 전문가도 할 수 있는 일이라고 했다. 이런 급진적 비판까지 포함해서 모든 비판에 공통된 것이 있었으니, 그것은 실패한 지원활동과 구조적 한계를 비난할지언정 트라우마의 가치에는 의문을 제기하지 않았다는 점이다. 다시 말해서 트라우마 패러다임의 종식을 선언한 것이 아니라, 오히려 강화했다는 공통점을 가지고 있다.

이러한 점에서 볼 때, 툴루즈 사태는 프랑스의 트라우마 역사에서 전환점이 되었다. 트라우마의 정치적 비전이 처음으로 과학적 담론과 진료의 우선성에 이의를 제기한 것이다. 예전 캠페인 때도 그러했지만, 쟁점은 더는 임상근거를 이용하여 피해자의 명분을 내세우는 것이 아니었다. 사회적 사실로서의 트라우마가 동원할 수 있는 세력을 누가 전용할지가 쟁점이 되었다. 그리하여 피해학자들은 신뢰와 정당성의 중요한 토대를 잃어버리게 되었다. 예전에는 피해자 권리운동의 정당성을 내세우기 위해서 피해학자의 지식이 필요했다. 그런데 이제 피해학은 트라우마 정치를 확장하는 데에 장애물로 간주되었다. 과거에도 부수적 존재에 그쳤던 피해학은, 이제야말로 피해자 돌봄의 사회적 가시성을 확보하게 된 순간, 또한 집단의 고통을 돌보는 것이 정치적 최우선 과제로 인식되는 순간, 무의미한 존재로 전락하고 만 것이다.

이러한 반전 현상은 정신적 트라우마가 이중의 계보—과학의 계보와 사회적 계보—를 가지고 있다는 배경 하에서 이해되어야 한다. 1995년 여름, 파리 테러공격의 여파로 생긴 심리적 후유증을 직접 관리하겠다는 당시 국가적 결정에서 시작해서, 20세기를 거치면서 반전과 우회를 거듭하며 이어진 흐름이 바로 여태까지 우리가 추적해온 계보이다. 트라우마는 '너무 무거운' 주제가 되어버려 이제는 전문가의 손에만 맡겨둘 수 없게 되었다.

응급심리지원은 꼭 필요한가

1990년대 초, 트라우마가 남을 가능성이 높은 사건, 예컨대 사고, 테러공격, 자연재해 등에 노출된 사람에게 '디브리핑'이 도움이 되었다는 연구결과에 근거하여,, 이 과학 저술들에서는 초기 대응의 필요성을 점차 강조했다. 디브리핑은 PTSD가 발생하지 않도록 사건 직후에 정서적 충격을 털어버리게 하는 '탈쇼크de-shocking' 과정을 일컫는다. 군 의료서비스에서 널리 사용되기는 했으나 일반 의료계에서는 일종의 초기 디브리핑이 그 이전부터 사용되고 있었다. 대담하게도 처음 이를 언급한 사람들은 응급구조활동을 하는 사람들로서, 구조활동과 군 의료서비스의 유사성에 주목했다. 물론 이들은 피해자보다는 구조활동 전문가들의 트라우마에 더 관심을 가지고 있었다. 구조활동가들은 최전방 군인과 마찬가지로 힘든 경험을 하므로 정신적으로 고갈되거나 탈진되기도 했다. 응급구조대원의 '부수적 피해'가 전상자의 '정신적 피해'와 동등하다고 인정되기만 하면, 군의 경험이 구조원의 증상을 연구하기에 좋은 토양이 되리라고 생각했던 것이다. 구조대원의 피로는 처음에는 상급 관리자나 기업 중역의 과로를 말하는 반응성 전문직 기력소모[4]인 '탈진burn-out'에 대응한다고 보고 이를 '외상 후 스트레스'라고 이름 붙였다. 바로 그즈음이 군의 디브리핑 기술이 전통적 방식보다 더 뛰어나다고 여겨지기 시작할 때였다. 그리하여 초기 몇 년간은 스트레스가 심한 업무로 인해 트라우마를 겪는 스태프를 응급팀의 정신과의사가 치료했다. 그때는 정

---

4 Loriol(2000).

신과의사가 이동응급팀과 함께 사고현장에 달려가지 않던 때이다.

그동안 정신과의사를 응급출동팀에 포함시키려 몇 차례 시도한 바 있었으나, 모두 예외적인 경우였다. 예를 들어, 1992년 5월 5일 바스티아 외곽에 위치한 퓌리아니Furiani 축구장이 붕괴되었을 때, 초기 정신적 피해를 파악할 목적으로 군의관이던 루이 크로크가 파견되었다. 마찬가지로 1994년 12월 에어프랑스 승객 인질 사건이 벌어졌을 때, 승객의 가족들은 오를리Orly 공항에 별도로 마련된 방에서 정신과의사들과 만났다. 같은 시기에 파리 소방서는 한 소방서장에게 소방응급활동에 심리지원활동을 도입해달라고 요청하고 있었다. 그 소장서장은 의사 출신으로 정신과 수련을 받았는데, 그는 "개입하려는 상황이 매우 복잡해서 정신과의사의 역할을 재고해보아야겠다"고 생각했다. 게다가 "디브리핑은 개괄적으로 적용되는 방법이 아니다. 가장 필요한 것은 특정 기술이 아니라, 무슨 일이 벌어지고 있는지 피해자가 미처 알아채지 못할 정도의 긴박한 응급상황에서 의료활동을 한 다년간의 경험이다"라고 했다. 그는 생존자들에게 사고의 성질을 많이 알려주어서는 안 된다고 믿었다. 어떤 일이 있었는지 모든 사실을 생존자에게 다 알려주면 그 일에 대한 공포로 이차적으로 트라우마가 생길 수도 있기 때문이다. 이때 디브리핑은 도리어 위험할 수 있다. 이런 점에서 응급정신의료는 매우 섬세한 일이어서, 자원자들이 달려와서 피해자를 도우려는 어떤 지원도 그는 거부했다. 수년 후 응급의료-심리지원팀이 만들어졌을 때, 신중한 태도를 보이던 그는 주변부로 밀려나게 된다.

피해학 전문가들은 이런 의문을 일축하고 프랑스 전역에 상시 네트워크를 만들자고 제안했다. 지역응급서비스와 행정적으로 연계하고 자원자 네트워크도 필요할 때 동원할 수 있게 하자는 것이었다. 이리하여 응급의료와 동일한 체계를 가진 동일한 비중의 심리응급지원팀이 만들어졌다. 민방위 모델을 본떠서 규정된 상황에만 대응하고 엄격하게 지침을 따르도록 했다. 응급팀을 가동시킬 권한은 지역 대표에게만 주고, 그 대신 팀은 자원자 네트워크를 동원할 수 있게 했다. 전국 응급심리지원 네트워크에 관한 법령이 공포된 것이 1997년 3월 29일인데, 어떤 지역은 이미 그러한 팀을 운영하고 있었다. 자원과 조직 구성상 문제가 있었음에도, 네트워크는 전례 없이 언론의 관심을 받았다. 팀이 출동할 때마다 대중의 주목을 받았고 언론은 논평을 실었다. 팀의 심리상담사들은 매번 그 존재가 부각되어 인터뷰를 하고 영상도 촬영했다. 이제 언론은 응급의료인보다도 '응급정신-심리지원'에 더 주목했다.

트라우마에 관한 지식과 술기 등 모든 것을 제공하는 훈련 프로그램이 우후죽순으로 생겨나면서 새로운 종류의 전문직으로의 길이 활짝 열렸다. 심리치료에 지면을 할애하지 않던 응급의료 전문학술지가 그 관례를 깨고, 한 호 전체를 이 주제로 채울 정도였다.[5] 전통적 정신의학 저널도 같은 양상이었는데, 그중 하나는 '정신적 트라우마에 관한 최신 지견'이라는 제목으로 응급심리지원에 초점을 맞추어 연속으로 논문을 게재했다.[6] 응급심리지원은 피해학이 주장하는 실행방식에만 치중하다 보니 전에 무엇을 우려했는지 그 사실조차 다 잊어버린 것 같았다. 전문가들의 논쟁도, 이것이 피해자 치료와 어떻

---

5 *European Journal of Emergency* vol.9, no.4, December, 1996.

6 *Synapse*, 2005.

게 관련되는지 따위도 다 부차적으로 보였다. 피해학자들이 피해자단체연합의 족쇄를 고민하고 있을 때, 응급심리지원제도는 피해학자를 무대 중앙으로 끌어내어 사건 최전선에서 피해자단체연합을 앞지르게 했던 것이다. 사건 경험 얼마 후에 발생하는 증상을 어떻게 치료할지에 더는 관심이 없었다. 증상을 예방하기 위한 현장개입 자체가 초점이 되어버리자 어디까지가 위험군에 속하는지 그 범위를 정하는 것이 불가능해졌다. 직간접적으로 사건을 경험한 사람, 응급구조사들, 그리고 목격자까지 모두 잠재적 피해자가 되었다. 이렇듯 의학적으로 진단되는 트라우마에서 언명만으로 입증되는 트라우마로의 전환, 그리고 치료해야 할 트라우마에서 예방해야 할 트라우마로의 전환이 있었기에 트라우마 전문가들은 마침내 피해자의 세계에서 벗어날 수 있게 되었다.

그러나 논쟁의 여지가 없는 이러한 성공의 이면에서 불안이 싹트기 시작했고, 곧이어 이들을 지지하는 모든 사람에게 퍼져나갔다. 응급의료-심리지원 영역이 확장됨에 따라 사회, 피해자, 피해자를 돌보는 사람들 사이에 새로운 관계가 설정되어갔던 것이다. 그리고 언론이 띄우는 '응급심리지원' 활동은 그 문제점 또한 부각시키는 결과가 되었다. 피해자가 아니라 전문가들이 그 표적이 된 것이다. 응급의료-심리지원팀의 출동현장이 홍수나 화재현장, 자살현장, 심지어 험악한 그라피티가 그려진 학교로까지 확대되다 보니 활동범위가 지나치게 넓어져서 피해학의 초점이 무엇인지 흐려졌다. 전문분야를 가진 구성원들도 각기 자기 전문직의 핵심 원칙에서 벗어나고 있다며 서로를 비난하기 시작했다. 개입 기준, 출동하기 위한 절차, 치료기법 등이 항상 논란거리였다. 응급심리지원에서 가장 큰 팀을 맡은 전문가들의 다음과 같은 말은 역설적이다.

> 지식과 기술면에서 상당히 수준 높은 동료가 있었습니다. 그런데 작년에 온종일 라디오 채널에 뉴스에 맞추고 있다가 마흔일곱 번이나 혼자 출동했다고 하더군요. 재난이 생길 때마다 현장에 나가서 "안녕하세요, 제가 정신과의사인데 무엇을 도와드릴까요?"라고 했다고 합니다.

전문가들만 비난받는 것이 아니었다. 당국도 단지 비난을 피할 셈으로 팀을 출동시키거나, 또 감당하지도 못할 일에 출동시켰다고 비난받았다. 앞의 말을 한 심리상담사는 "한 감독관은 가축을 도살해야 하는 농장주를 돌보라고 정신과의사와 간호사를 출동시켰는데, 말도 안 되는 일"이라고 말했다. 이미 그 점을 우려하고 있던 지방정부와 중앙정부는, 응급심리지원팀이 남용되고 있는 현실과 출동 기준에 관한 중구난방식 논란이 지속되는 것을 고려하여 더 정확한 근거가 나올 때까지 예산을 동결했다. 그리하여 2001년 응급의료-심리지원활동에관한국가위원회National Committee on Medical and Psychological Emergencies는 활동지침을 만들기로 했다. 보건의료부 국방안전위원회의 총괄 리더십 하에, 여러 특별위원회가 꾸려지고 응급의료 전문가인 프로젝트 리더가 위원회들의 작업을 조정하기로 했다. 그러나 2002년 가을, 합의를 끌어내지 못하고 국가위원회는 해산된다.

초기에 응급팀 정신과의사를 칭찬하느라 바쁘던 언론은 '트라우마 경계경보'가 울리자마자 현장으로 달려가는 '또라이 의사'들을 조롱하기 시작했다. 동시에 언론은 '충격에 빠진' 사람들을 돕기 위해 출동을 하지 않거나 지체되는 경우에도 똑같은 비난을 쏟아냈다. 그도 그럴 것이, 이제 누구든지 사고현장에 있으면 이미 트라우마 환자라고 간주되었기 때문이다. 전국 일간지 곳곳에 포럼과 논단이 실리고, 여태까지는 지엽적이던 문제가 갑자기 시대정신으로 바뀌어버린 트라우마의 대응방식에 대해 필자들은 저마다 다른 과학적 지론을 펼쳤다. 이제 쟁점은 트라우마 자체가 아니고, 진짜와 가짜 피해자를 구별하는 것도 아니며, 오히려 트라우마 관리가 되었다. 새로 부여된 피해자 권리도 문제가 아니고, 피해자단체연합의 캠페인에도 관심을 두지 않았다. 문제 삼기 시작한 것은 개인적, 집단적 정서를 '정신의학화'시키는 현상이었다. 그리하여 이제 피고인석에 앉은 사람은 전문가가 되었다. 정신과의사가 사고현장에 있던 사람들 모두에게 '디브리핑'을 하지 않거나, 충격을 덜 받았다고 판단되는 사람에게 찾아갈 수 있는 전문가 명단만 주어서 보낼 경우, 마땅히 그러했어야 함에도 '책임을 떠넘기는 자들'이라고 비아냥거림을 받았다. 2004년 11월, 코트디부아르에서 급히 회항한 항공기에서 내린 초췌한 승객들을 위해 응급지원팀은 샤를드골 공항 도착 구역 매점들 사이에 뜨거운 음료와 담요를 준비해놓았다. 이들을 보던 다른 지원팀은 우선순위도 아니고 생명이 위급한 응급사태도 아닌 상황에서 벌어지는 이들의 활동방식에 의아해했다. 적십자사 자원봉사자가 아이들의 행정서류 처리를 위해 인력을 배치하던 중이었는데, 그 자원자는 이렇게 말했다. "분명 필요한 일이었지요. 하지만 정신적 충격을 치료하는 전문팀 활동이라기보다는 아이들의 캠핑센터 같은 분위기였습니다." 응급심리지원팀은 항상 너무 많이 개입하거나 아니면 너무 적게 관여하는 것처럼 보였다. 그리고 언론이 보도하는 모든 사건현장에 출동해 있었기 때문에 온갖 군데에서 쏟아지는 비난을 받아야 했다.

2002년의 논쟁은 과학계 차지가 되었다. 한 번의 조기 디브리핑 효과에 관해 당시 접할 수 있었던 모든 연구결과를 메타분석한 논문이 《랜싯》에 실렸는데, 그 논문의 결론은 그 방식에 모종의 위험이 내재되어 있다는 것이었다.[7] 곧바로 반향이 일어났다. 누군가는 저자들의 연구방법과 결론에 이의를 제기하면서, 저자들이 편견에 차서 응급진료상황과 조기 디브리핑 기준을 무시했다고 반박했다.[8] 다른 사람은 응급지원팀이 미국식 디브리핑만 사용한 것이 아니고, 프랑스식은 미국 것과 매우 다르다고 주장했다.[9] 어찌되었든 즉각적 현장치료를 주장했던 피해학자들은 그 정당성을 잃었다. 일련의 비판이 이어지자 관련된 사람들은 큰 타격을 받았다. 피해자들에게 드리웠던 예전의 의심이 응급심리지원팀 전문가들에게로 향하자, 전문가들은 집단적 방어를 하거나 서로 비난하는 등 우왕좌왕했다.

불과 몇 년 사이에 혁신이라 간주되던 응급심리지원에 대한 기대가 환상이었음을 깨닫게 된 이 상황을 어떻게 설명할 수 있을까? 이를 이해하기 위해서는 1995년 자크 시라크 대통령이 조인한 법령의 공표 시기로 거슬러 올라갈 필요가 있다. 왜냐하면 참여자나 비평가 모두 바로 이것을 기준점으로 삼기 때문이다. 그 시기는 일종의 기원신화 역할을 하여, 시라크 대통령이 내세운 명분을 즉각 가시화했던 사건을 소급 해석함으로써 그 명분의 모순성을 흐려버렸다. 프랑스

---

7 De Soir(2004).

8 De Soir(2004).

9 Crémniter(2002).

대통령의 의례적이고 기회주의적인 언사의 배경을 경시해서는 안 된다. 그러나 동시에 정확한 정치적 의의를 이해해야 한다. 이 신화는 응급의료-심리지원의 기원을 국가 최고권력자에게 귀속시킴으로써 대통령 연설의 핵심 요지를 오해하게 만들었다. 사실 그 핵심 요지는 전문가 주도의 활동팀을 만들겠다는 방향성에 관한 것이 아니라 대중의 역할이 큼을 강조하려는 취지였다. 즉, 초기 대응은 전문가의 몫이더라도 피해자에 대한 염려는 전문가 영역에 국한된 것이 아니라는 의미였다. 대통령은 보편적으로 인정되는 집단적 책임을 말했던 것이다. 1995년 프랑스 대통령이 한 말에 이어 2001년 툴루즈 시장 필리프 두스트블라지Philippe Douste-Blazy가 한 말 또한 집단의 불운은 모두가 공유해야 할 아픔이라는 집단정서를 대표한다. '우리 모두가 테러공격과 사고의 피해자'라는 말이다. 카메라와 언론의 논평이 드러내고자 했던 것은 이제 막 신임을 얻기 시작한 몇몇 정신건강 전문가가 아니었다. 그것은 트라우마 자체, 아니면 정치가와 전문가들의 올바른 논의 과정에서 반영되어 나온 트라우마의 모습이었다.

　피해학자와 트라우마 전문가들이 공론의 대상이 되어 비판받게 된 이유는, 트라우마의 현실을 이해하는 사람이 그들만은 아니라는 이유 때문이었다. 다른 관점, 다른 접근방식을 통해서도 이 주제를 이해하고 분석할 수 있었다. 트라우마는 고통받는 사람의 인간성의 표식이자 이들을 돌보는 사람의 인간성의 표식으로서 인간의 근본가치가 되어버렸다. 바로 이 점을 운송지원 담당자가 인터뷰에서 지적한 바 있다. "아파하고 스트레스에 시달리는 동료 시민의 말을 들어주고 마음을 가라앉혀 주고 위로하는 사람이 꼭 심리상담사여야 할 필요는 없겠지요." 그것을 모를 사람은 없었다. 당시 몰랐던 것은, 이들 일반인의 활동이 장차 사회적 치료로 진화하리라는 사실이었다.

불평등과 배제

이리하여 트라우마의 최근 역사는 전유와 강탈의 연속이 되었다. 1970년대 미국에서는 트라우마 피해자운동이 일어나서 정신의학에 새롭게 정당성을 부여했다. 그러나 프랑스에서 1980년대에 시작된 피해자운동은 정신과의사가 주조한 개념의 틀에서 트라우마를 빼내어 피해자 권리를 요구하기 위한 발판으로 삼았다. 이 시기에 정신건강 전문가들은 사건현장으로 소집되기는 했으나 부수적인 역할에 그치는 경우가 많았다. 성학대와 같은 개인적 폭력과 달리 집단드라마로 인식되는 사건은 모든 사람에게 자명한 의미를 지니게 되었다. 1990년대에 응급심리지원이 제도화되면서 피해자 보호는 공공기관의 책임이 되었다. 이제 트라우마 관리는 전문가의 손에서 공공기관의 손으로 넘어갔고, 전문가의 역할은 비판의 도마 위에 오르내렸다. 2001년 AZF 사건은 일반 대중으로 하여금 전문가의 손에서 트라우마를 빼내어 전유하도록 한 계기였다. 그러나 여기에는 다른 중대한 의미도 있었으니, 그것은 피해자집단 내에 불평등과 차별을 자아냈다는 점이다.

한 가지는 처음부터 분명했다. 정신과의사와 심리상담사를 대규모로 운용하면서 알게 된 사실은, 트라우마가 더는 응급의료팀 소속의 몇몇 피해학자의 업무가 아니라는 점이었다. 피해자단체연합 등이 공공기관으로부터 지원활동을 넘겨받자 어떤 곳에 소속된 정신건강 전문가이든 더는 특권을 누릴 수 없게 되었음이 명백해졌다. 트라우마가 전문가들의 손에서 빠져나간 것이다. 우리가 모은 자료가 보여주는 바는 툴루즈 시민 모두가 피해자의 이미지와 치료자의 이미지를 동시에 떠올린다는 점이다. 두 이미지 모두 공감과 연대감을 불러 일으켰다. 모든 사람이 피해자이자 모두가 (비록 대리일지라도) 자원하여 돕는 치료자였다. 고통을 말로 표현하는 순간 작동되는 언설의 힘을 무시할 수는 없다. 자신을 피해자라고 부름으로써 '피해자 됨'을 껴안는 것이고, 자신을 치료사라고 부름으로써 자신이 '치료적 힘을 가지고 있다'고 가정하는 셈이다. 이제는 너무도 익숙해진 단어인 트라우마가 여실해 보이는 대규모 재해 시에 이런 종류의 언설이 가장 쉽게 만들어진다는 사실도 잊어서는 안 될 것이다. 누가 그걸 의심할 수 있겠는가? 그러나 이러한 이중의 수사적 차원 너머에서는, 양립하기 어려운 두 개의 세력이 AZF 사고를 둘러싸고 대립하고 있었다. 이 양대 세력은 모든 트라우마 사건에서 발견되는데, 그 하나는 피해자의 보편성을 주장하는 세력이고, 다른 하나는 피해자 사이에 불평등을 만들어내는 세력이다. 이제 이에 관해 면밀히 살펴보려 한다.

처음 분석할 때만 해도 AZF 사고는 모든 사람에게 공평하게 작용하는 듯했다. 공장 인접 지역이 가장 큰 타격을 받았지만, 멀리 떨어진 시 중심부도 파괴되었다. 엄청난 재앙 앞에서 모든 사람은 마치 고통의 공동체인 듯한 느낌을 받았다. 맹렬한 화염과 충격, 폐허가 된 도시의 참상, 원인을 모른다는 불확실함과 테러리즘으로 인한 공포, 도시 전체가 화학물질로 오염되었을지도 모른다는 공포. 뚜렷하지는 않으나 모두가 명백히 느꼈던 것은 모두 같이 이 극적인 사건을 경험하고 있다는 사실이었다. 이 모든 요소가 일종의 고통운명체와 같은 유대감을 만들어낸 것이다. 트라우마라는 메타포는 시민 전체를 하나로 묶었고, 누구나 다 재앙에 휘말린 만큼 누구나 피해자였다. 우리가 인터뷰를 할 때마다 사람들은 사적인 경험을 광범위한 폐해의 증언으로 말했다. 질문하지 않았는데도 자발적으로 개인적 경험을 집단경험의 일부로 설명했다. 감정이 전이되지 않았던 사람은 한 사람도 없었다. 심지어 "여덟 살 난 어린이가 교사의 눈물에 트라우마를 받았다." 툴루즈 시장이 이어서 대통령과 수상이 나서서 비극공동체로서의 일체감을 강화했다. 툴루즈 시민은 물론, 전 국민을 화해의 장으로 모이게 했다고 정치인들은 말했다. 분명한 것은, AZF 사고의 시련이 아픔 속에서도 영구적인 집단정체성을 만들어냈다는 점이다. 프랑스 전체는 아니더라도 적어도 툴루즈 내에서는 그러했다. 도시 인구 전체를 피해자라고 말함으로써, 또 모든 시민에게 동료 시민의 심리적 상처를 돌보라고 요청함으로써, 시장 두스트블라지 자신 또한 툴루즈 시민으로서 새로운 이중의 정체성, 즉 보편적 피해자와 보편적 치료자로서의 정체성을 체현하여 보여주었던 것이다. 사회적 지위나 정치적 동맹 등을 떠나 공감과 연대의식이라는 역동적 열정으로 도시 인구 전체를 하나로 단결시키고 그 앞에 선 시장은, 잠시나마 피해자 전원의 가상 공동체를 만들어내었던 것이다. 동시에 폭발로 가장 큰 피해를 입은 지역은 경제적으로 사회적으로 가장 혜택을 받지 못하던 지역이라는 현실도 편리하게 잊혔다.

그러나 얼마 후, '신성한 연대'도 풀어져버렸다. 사고 직후 격렬하게 일어난 자발적 연대의식은 오랜 분열을 넘어서서 모든 시민을 하나로 묶어주는 것이었으나, 곧 그 영역의 경계선이 다시 나타나기 시작했다. 한쪽에는 공장 인근 지역주민처럼 직접 피해자들이 있었고, 다른 쪽에는 폭발 중심부에서 멀리 떨어진 지역의 간접 피해자들이 있었다.[10] 실질적으로 가장 큰 피해를 입은 지역에 트라우마의 위계구도가 만들어졌는데, 마치 폭발에 노출된 정도를 기준으로 기존의 사회적 격차를 재생산하는 듯했다. 그러나 툴루즈의 엘리트 정치인들은 이 위계를 무시해버렸다. 집단 트라우마라는 개념 앞에서 사회 속의 한 개인의 입장은 무시되어야 했기 때문이다. 이러한 관점은 국립건강감독원National Institute for Health Monitoring의 역학조사 결과에서도 드러난다. 최종 보고서에서는 "재난이 건강에 미치는 영향에 관한 역학적 평가를 위한 포괄적 구조가 사고 바로 다음 날 만들어졌음"을 지적하면서, 이는 프랑스 최초의 일이라고 단언했다. 국민건강정보 감독체계가 노상 비난받는 프랑스라는 나라에서 이렇게 성과를 강조한 것은 납득이 가는 일이다. 예를 들어 1980년대 혈액 오염 스캔들, 2004년 여름 혹서로 인한 건강 문제가 대표적이다. 더 특기할 점은 이 역학조사에 애초부터 사회적 분석이 포함되었다는 점이다. 위험에 노출되는 정도의 차이는 물론 사고 후유증의 차이를 알아보고자 처음부터 사회적 변수를 포함했다.[11] 그리하여 전문직에 따른 사회적 지위, 출생지, 거주 지역 등이 변인으로 포함되었다. 동시에 건강을 의학적 의미에 국한하지 않고, 재산 피해나 생활여건, 일상생활에 미친 영향으로 그 정의를 확대했다.

사회역학방법론을 사용한 이 연구가 주목했던 것은, 인구집단에

---

10 Fassin & Vasquez(2005).

11 역학조사가 사회학적 방식임을 모르던 사람들은 툴루즈 사고의 집단적, 일반적 특성만 주장했다. Pechikoff, Doray, Douville & Gutton(2004).

따라 스트레스의 정도와 증상 발현에 차이가 난다는 점이다. 사고 초기의 급성 스트레스는 도시 전체에 고르게 영향을 준 반면, 장기적인 후유증은 사회적 불평등과 긴밀히 연관되어 있었다. '외상 후 스트레스'로 기술한 증상은 '직접적으로든(가까이 있었거나 부상을 당한 경우) 간접적으로든(친지가 경험한 경우) 폭발에 많이 노출된 사람들'에게서 더 많이 발생했다. '중장기적으로는 폭발로 인해 더 어려운 상황에 처하게 된 경우, 특히 거주가 불가능할 정도로 집이 파손되었거나, 재정적 어려움에 처하게 되었거나, 혹은 직장인일 경우 취업 상태에 부정적인 영향(일시적 정리해고 등)을 받은 경우' 외상 후 스트레스가 더 많이 발생했다. 심리적 외상의 정도를 평가하는 공간적, 사회적, 물질적, 신체적, 정서적 요인을 고려했을 때, '가장 많이 트라우마를 받았을 것'으로 추정되는 사람들은 동일한 집단에 속해 있었다. 즉, 폭발 지역과 가까운 지역에 거주하고, 사고 이전부터 이미 경제적으로 불안정한 처지였던 사람들을 의미한다. 이들이야말로 가장 심각하고 가장 장기적인 영향을 받는 피해자들이었다. 이와 같은 일련의 초기 결과를 정리한 다음, 이 역학조사자들은 PTSD가 '가장 취약한' 집단에 가장 많이 나타났다고 기술했다. '취약성'은 개인적인 것(예를 들어 이전의 트라우마 경험 혹은 심리적 문제를 치료받았던 경우)일 수도 있고, 집단적인 것('가장 심한 불이익 집단에 속하는 사람'으로, 폭발현장 인근에 거주하던 사람, 외국 태생 시민, 교육 수준이 낮은 사람, 취업자 중에서도 육체노동자, 영세상인, 기능공, 하위직 사무원 등)일 수도 있다. 트라우마에 관한 사회적 지도를 그려보면 경제적 배경, 전문직 지위, 이민자 출신 등이 지리적 근접성의 효과를 증폭시켰다. 위험한 화학공장이 있는 지역에 극빈층이 거주한다는 것은 사회적으로 이미 정해진 일이다. 따라서 재난의 후유증은 기존의 사회적 현실과 따로 떼어 생각할 수 없다. 여기에서 "집단적 책임"[12]이라는 개념이 출현했으며—2004년 추적조사역학위원회의 과학분과 위원장이 말했듯이—후일 개인별 사정 결과에 관계없이 보상금을 지급할 근거가 되었다.

이런 쟁점들이 사고 후 일어난 사회운동의 핵심이 되었다. 10여 개 이상의 피해자단체가 연합한 '9.21피해자단체연합', 부상자를 지원하는 단체인 'AZF이후의삶', 유가족 그룹들, 거주민위원회 등이 만들어져 툴루즈 시민을 대표했다. 그러나 첫 단계의 보상금이 지불되었는데도 집이 파손된 그룹은 집을 모두 새로 복구할 비용을 요구하며 투쟁했다. 피해 지역의 재건은 불확실했고 주민들의 불안은 가라앉지 않았다. 그러자 피해자단체들은 모두 연대해서 '네버어게인 Never-Again-Here-Or-Anywhere-Else'을 결성하고 시 당국의 보장을 요구했다. 그러는 와중에도 이들은 재난으로 찢겨진 사회 체제의 재건에 노력을 기울였다. 폭발 사건이 터지기 전에도 이 지역의 삶은 편치 않았다. 실직과 잡다한 범죄가 일어났고, 지역언론에는 학대와 폭력 이야기가 노상 등장했다. 그러나 이 모든 상황 속에서도 주민들은 공동체의식과 연대감을 가지고 있었다. 폭발로 인한 공장 파괴, 주민들의 이주, 화학산업 지역의 불확실한 미래, 직장과 사업의 불투명성 등 모든 요인으로 인해 이 지역의 미래 전망은 어두웠다. 미래의 생존을 위한 싸움에서, 운동단체들은 가능한 모든 수단을 손에 넣으려 했고, 트라우마는 가장 효과적인 수단이었다.

미라일에서 피해자단체 중 대표 한 사람이 이렇게 말했다. "사람

---

12 2004년 3월 30일 위원회 의사록.

들 마음에서는 계속 폭발이 일어나고 또 일어났습니다. 내적인 재난이 계속 일어났지요. 재산 피해보다 이게 더 힘들었습니다. 제가 말하려는 것은, 재산 피해라는 표면 아래에서 내적 상처가 불쑥불쑥 튀어나왔고 이에 대응하기가 더 어려웠다는 의미입니다." 폭발 사건은 오래된 굴욕과 불공평을 일깨웠을 뿐 아니라 더욱 견디기 어렵게 하여 어두운 분노를 들끓게 했다. 이 또한 폭발의 위험을 안고 있었다.

시 당국은 우리를 사랑합니다. 그렇지만 우리가 조용히 있을 때…… 조용히 있을 때만 사랑합니다. …… 그렇습니다. …… 글쎄 우리는 조용히 있고 싶지 않은데…… 왜냐하면…… 제 생각에는 사회적 폭발이 엄청날 수도 있는데 그걸 모르는 게 아닌가…… 엄청나서 통제가 안 될 수도 있는데, 통제 불가능할 수도…….

사실상 그 지역이 영구히 회복되지 않을지도 모른다는 위험을 인지한 피해자단체연합은 그 지역의 민주주의 의식을 복구하기 위해 밤낮으로 뛰어다녔다. 트라우마는 전문가의 도움 없이도 서로가 확인할 수 있는 공동의 경험이었다. 단체연합 대표는 이렇게 말했다. "사람들은 자기 문제로 정신과의사를 찾아가지 않습니다. 자신을 아주 잘 알기 때문이지요." 과거에 정신과에 다녀본 적이 있는 그들에겐 그것조차 '과거의 트라우마 요인 중 하나'였다. 실제로 그녀는 이렇게 말했다.

우리는 무언가 구체적인 것, 즉 보상금을 요구하고 있습니다. 막연한 것을 말로 표현할 수 없는 사람들에게는 명확한 정체성을 부여하고 어떤 식으로든 피해자라고 인정해주는 것이 중요하다고 생각합니다. 피해자라는 단어가 그들에게 의미가 있다는 뜻입니다. 일단 피해자로 인정받으면, 어떤 것들을 애도할 수 있습니다. 사회적 폭발이야말로 이 폭발사고에서부터 다른 것들을 구제할 길이라는 것을 깨달았습니다.

그녀의 말은 사고 보상의 차원을 넘어 일종의 사회적, 정치적 시민의식을 확립할 수 있다는 희망의 증언이다. 그리하여 과거의 절망과 소외로부터 자유로운, 피해자들의 미래에 대한 희망의 증언이다.

과거 피해자 권리를 주장하던 단체들은 그 활동 영역을 피해자의 특정 상태에만 국한했다. 툴루즈 피해자 연합은 그 반대로 움직였다. 이들은 여태껏 해결되지 않았던 오랜 불평불만의 목소리를 내기 위해 피해자라는 테마와 트라우마라는 언어를 차용하게 된 것이다. 미라일은 이 새로운 집단적 자각의 현장이었다. 폭발 후유증을 독점적으로 관리하려는 권력에 맞서 가난한 사람들은 자신의 이야기를 하고자 했고, AZF 공장이 파괴되기 훨씬 오래전에 시작된 이야기를 고집했다. 집단 트라우마를 일반화하면 자신들이 처했던 특정 측면을 들춰내는 것으로 대응했다. 트라우마라는 언어가 불평등을 소리 높여 말하게 해주었던 셈이다.

재난은 사회적 불균형이 얼마나 널리 퍼져 있는지를 드러냈고, 또 그 격차를 더욱 벌어지게 했으나 이 사실 그 너머에는 특수한 상황에서 고통받는 두 범주의 사람들이 있었다. 정신병원 입원 환자와 화학공장 노동자가 그들이다. 정신병원 환자는 병원의 위치상 가장 큰 피해를 입었음에도 가시화되지 않은 채 남아 있었다. 공장 노동자들은 피해자인 동시에 사고 혐의자로서의 이중의 처지에 놓여 있었다. 따라서 이 두 범주의 사람들에게는 트라우마 피해자라는 사회적 신분이 허용되지 않았는데, 달리 말해서 피해자 도덕공동체에서 배제되어 있었던 것이다. 이들은 이렇게 트라우마의 중요한 진실 하나를 보여주었다.

폭발 지점과 가까운 마르샹 정신병원이 파괴되면서 환자들은 여러 병원으로 후송되었는데, 그중에는 자기 집에서 200킬로미터나 떨어진 병원으로 간 환자도 있었다. 이 일은 툴루즈 사람들의 관심을 받지 못했다. 폭발 직후 많은 정치인이 현장을 방문했으나, 이들 중 어느 누구도 길 건너편에 위치한 정신병원에는 방문하지 않았고, 심각한 피해를 입은 환자와 병원 직원에게 도움을 주지도 않았다. 며칠이 지나서야 보건의료부 장관인 베르나르 쿠슈네르가 이 부당함을 바로 잡고자 병원을 방문했지만, 그때도 그는 오로지 직원을 향해서만 말했을 뿐이었다. 후속조치를 위한 위원회 회의가 열리는 동안 회의 초반부에서 정신병원 환자의 불운에 관해 한 번 언급했을 뿐, 곧바로 병원 직원의 불운으로 넘어가버렸다. 역학조사도—나중에 과학분과 위원장이 후회된다고 인정한 바와 같이—이들을 다루지 않았다. 이러한 배제가 분명히 드러내는 것은, 정신병원 환자들은 피해자로 간주되지 않았다는 사실이다. 이들은 트라우마 진료소가 아니라 다른 곳으로 후송해야 할 정신질환자일 뿐이었다. 국제 과학 문헌에 비추어보면 이 이면의 논리는 다소 당혹스럽다. 왜냐하면 정신질환자는 외상 후 스트레스에 가장 취약한 그룹이라는 것이 정설이기 때문이다.[13] 그렇다면 이러한 배제는 그저 이 '미친' 사람들을 더 멀리 보내버리는 사회의 전통적 관례—물론 지금에야 구태의연해진 것이 되었지만—를 반영하는 것이었을까? 그러나 환자들은 이미 전문치료를 받고 있었으므로 이 논리로도 설명되지 않고, 후송된 병원에서 당연히 전문치료를 받을 것이므로 예외적인 돌봄이 더 필요치 않으리라는 해명으로도 이해되지 않는다. 그렇다 하더라도, 이들의 일부라도 '트라우마 피해자'로 재범주화되었어야 했다. 그들도 고통을 받았다는 진실은 논란의 대상이 되지도 못했고 인정받지도 못했는데, 그 이유는 이들이 환자이면서 동시에 피해자라는 이중의 신분에 처해 있었기 때문이다.

그렇다면 왜 이들은 기존의 질환으로만 분류되었던 것일까? 앞에서 본 대로 트라우마 수사가 효능을 발휘하기 위해서는 두 가지 전제가 필요하다. 첫째는 트라우마의 진실을 특별히 통제하는 방식이 있다는 것이고, 둘째는 트라우마는 다른 병들과 뚜렷이 구별하여 인식되어야 한다는 것이다. 트라우마를 증언하는 사람들은 이제 더는 의심의 대상은 아니지만, 그들의 증언이 신뢰를 얻으려면 집단의 비극적 사건이라는 현실에 뿌리를 박고 있어야만 했다. 그러나 정신질환자에게는 이것이 해당되지 않았다. 환자들은 트라우마를 이용할 능력이 없었을 뿐만 아니라, 그렇게 하는 것이 마땅하다고 나서주는 사람도 없었다. 후일 인터뷰에서, 환자의 명분에 헌신적인 정신과의사들은 정신질환자들은 실제로 '보이지 않는 상태'가 되어버렸다고 말했다.

폐허가 된 공장에서는 전혀 다른 시나리오가 진행되고 있었다. AZF 노동자들은 애초부터 자신들이 혐의를 받고 있음을 의식했고,

---

13 Frame & Morrison(2001), Mueser et al.(1998).

사람들의 적대감 때문에 공장이 폐쇄되고 실직할까봐 두려워했다.[14] 사건의 최전선에 있었음에도 바로 옆의 이웃들과 감정을 공유하지 못했고, 이 사실에 겁을 먹었다. '네버어게인' 조직이 결성되어 이 산업 구역의 미래를 직접적으로 위협했기 때문에 두려움이 배가되었고, 공장 외부에 만들어진 지원체계에서 더 멀어지게 되었다. 어찌되었든, 지역주민들이 보기에도 AZF 노동자들은 다른 사람과 같은 부류의 피해자는 아니었다. 그들에게는 어느 정도 책임이 있다고 간주되었고, 이로 인해 재난 전에는 친밀했던 사람들과 멀어지게 되었다. 이렇게 최초의 불화는 사고 직후부터 생겨났다. 추적조사역학위원회 토론에서도 노동자들의 향방이 거론되었다. 노조는 집단드라마 속에 노동자들을 정위시키는 것이 중요하고, 그렇게 해야 장기 후유증을 인정받을 수 있다고 주장했다. 사회적 조건과 건강의 연관성을 규명하는 연구가 진행되고 있었으나 노동자들은 이 연구대상에 포함될 수 없었다. 공장 안에서는 두 개의 상반된 절차가 동시에 진행되고 있어서 팽팽한 긴장 상태였다. 한편에서는 사고 피해 노동자에게 심리지원이 이루어졌고, 다른 한편에서는 노사 양측 누구도 사고의 책임 소재에 관해 문제제기를 하지 않았기 때문이다. 공장 외부에서 벌어진 캠페인에서 질타의 대상이 된 것은 세계 4대 오일 및 가스회사인 토탈Total그룹과 산업지구 전체였는데, 여기에는 우려할만한 점이 있었다. 노조 입장에서도 중대한 쟁점이 걸려 있었다. 직장을 유지하기 위해서는 무슨 수를 써서라도 회사의 내부적 단결을 유지해야 했기 때문이다. 이 때문에 노동자를 회사의 피해자로 지정하는 일

---

14 Fassin & Rechtman(2002).

만은 막아야 했던 것이다.

공장 경영진은 심리학자팀을 투입했다. 노조는 심리지원제도의 도움을 꺼리던 기존의 태도를 버리고 이를 환영했다. 심리지원팀은 문제를 개인에게 귀속시킴으로써 고통의 사회적 원인을 은폐한다고 흔히 비난받곤 했다. 그러나 트라우마를 인정하고 그에 따른 심리치료를 받기로 한 노조의 결정은 도시의 다른 곳에서 벌어지는 상황과 완연히 달랐다. 이 결정에서 주된 쟁점이 되었던 것은 노동자들이 심리상담사에게 털어놓은 비밀을 공개하지 않겠다고 보장받는 문제였다. 트라우마를 인정받는 일은 노동자들에게 피해자의 신분을 부여한다는 것을 의미했지만, 동시에 일반 트라우마 운동에서는 배제될 가능성을 여는 일이기도 했다. 노사 간의 새로운 연합관계에서 일어난 긴장과 갈등에도 불구하고, 외부에는 단결된 공장의 모습을 보여주었다. 그러나 공장 노동자들이 툴루즈 시민과 마찬가지로 심리치료를 제공받았다는 사실 이외에는 대중에 알려진 바가 없다.

이리하여 마르샹 정신병원 환자와 AZF 노동자의 특별한 경우는 제외하더라도, 그리고 지금까지 살펴본 트라우마의 불평등이 존재함에도, 트라우마는 도시의 사회 지평에서 평범한 일이 되어버렸다. 비록 정신과의사와 심리상담사들이 처음부터 관여했고 가끔 PTSD의 예방과 치료에 기여했지만, 트라우마를 증언하는 전문가가 되지는 못했다. 이렇게 트라우마는 설명을 필요로 하지 않는 실재하는 사실이자, 배상에 필요한 공동의 자원이 되어버렸다.

위로와 보상

트라우마신경증이라는 개념이 나온 초기부터 논란의 핵심에는 보상 문제가 있었다. 적절한 보상액을 정해야 했던 초창기 전문가들은 보상이 증상의 원인으로 보았다. 이차적 이득인 보상을 노리고 증상을 만들고 회복하기를 거부한다고 생각했기 때문이다. 20세기를 거치는 동안, 적어도 1980년대까지는 피해자를 향한 의심의 중심에는 보상 문제가 있었다. 1990년대 피해자 권리운동가들은 보상을 캠페인의 주제로 내세우고는 보상이야말로 상해에 따른 당연한 후속조치라고 주장했다. 보상은 이제 증상의 원인이 아니라 환자의 명분이 되었다. 피해자로 인정받고 회복하기 위한 정당한 요구가 되었다는 의미이다. 이로써 위로에 그치는 자선을 기다리지 않고도 당당하게 보상을 요구할 수 있었다. 위로는 계속되었지만 재정적 배상이 우선이었다. 물론 어떤 점에서는 보상금에 위로가 따라오기도 했지만 말이다.

그러나 배상받을 권리는 법으로도 집단인식으로도 인정되고는 있었으나, 권리를 획득하는 목표점까지 가는 길은 복잡하고 장애물도 많았다. 과연 책임을 지울 수 있는지, 그 가능성과 관련된 민감한 문제를 전문가들이 엄밀하게 따져보는 일이 가장 먼저였다. 심리적 후유증을 평가해야 하므로 이 문제는 특히 까다로웠다. 피해자가 기존에 정신질환을 앓고 있었거나 치료받은 적이 있더라도 현재의 증상을 트라우마 사건으로 귀속시키는 것이 합당한가? 그래서 보상금 전액에 대한 권리를 부여하는 것이 옳은 일인가? 아니면 사건은 단지 기존의 증상을 악화시킨 일이라 보고 보상금도 차등 지급하는 것이 옳은 일인가? PTSD 질병범주는 바로 이 문제를 해결하기 위해 미국에서 만든 것이다. 사건 자체가 증상의 원인이라고 전제한 것이기 때문이다. 프랑스에서는 민간인 전문가들에게 아직은 PTSD가 널리 받아들여지지 않은 상태였으므로, 책임 귀속 여부에 관해 열띤 논란이 계속되었다. 피해자단체연합은 모든 피해자를 지원할 태세를 갖추었다. 법적 자원도 없고 내적 상처로 고통받는 개인으로서는 보상금 소송 중 부닥치는 어려움을 홀로 헤쳐나가기 어려웠기 때문이다. 그리하여 전문가 증언은 계속 사태의 중심에 놓였고, 다른 모든 절차는 그 증언에 좌우되었다. 1986년, SOS테러공격 캠페인 후에 설립된 보장기금은 테러에 의해 일어난 모든 신체적, 정신적 상해를 입은 사람에게 보상금을 지불했다. 그러나 사고 책임에 제삼자가 존재할 경우, 민법 관할이어서 누구에게 책임을 지울 것이냐가 첨예한 질문을 불러왔다.

 따라서 AZF 사고 이후 정상적 과정이라면 법정판결로 이어졌어야 했다. 이 경우 제삼자인 토탈그룹이 있고, 원고는 잠정적으로 툴루즈 시민 전체일 것이다. 보통 그러한 과정이라면 민사소송에 덧붙여 토탈그룹의 책임성을 판단하기 위한 보험회사 간의 공방으로 시작되었을 것이다. 그러나 정상적 과정을 우회하여 법무부의 주도 하에 토탈그룹, 보험회사, 피해자 사이에 보상 규약 합의가 이루어졌다. 토탈그룹이 민법상의 책임은 수용했지만 형법상의 책임을 부인했기 때문에, 그러한 합의가 없었더라면 앞으로 몇 년 동안 시 법정은 그 사건에만 매달려야 했을 것이다. 사실 공장 관리 측은 민사법정이 토탈그룹의 형사책임을 상징적으로라도 추정할지 모른다며 두려워했다. 합의규약에는 보상금 신청인이 상해를 입증하는 의사의 진단서를 제출하지 않아도 모두가 전문가의 정밀검사를 받을 수 있다고 명시되어 있었다. 합의가 안 될 경우 개인적으로 새로 검사를 받아 다른 이차 전문가 의견을 제출할 수 있다는 규정을 두어서 소송으로 번질 가능성을 미연에 방지하려 했다. 마지막으로, 이해상충 문제를 방지하기 위해서 항소심 법정에 등록된 전문가 증인 중 지정된 사람을 이차 전문가에 포함하도록 규정했는데, 이는 보험사와 연관되는 사람은 배제하기 위함이었다. 통상적 민간 전문가 검사보다 훨씬 융통성 있는 이러한 합의규약 하에 1만 2,000건 이상의 보상 요구가 등록되었다. 이중 3,500건만이 신체상해와 관련 있었다. 300건 미만이 법정 소송으로 이어졌지만 중도에 타협하여 해결되었다.

이렇게 절차가 단순화되었음에도, 처음 나온 전문가 보고서는 신청인에게 불리했다. 전형적인 트라우마 증상을 보이는 신청인이 거의 없었기 때문이다.[15] 논의를 거친 후 전문가 대표는 '특수손상'이라는 범주를 공식적으로 추가하는 결정에 합의했다. '특수손상'이란 다양한 심리 증상이 모두 포함되고, 사고 이후 생계가 어려워진 경우와 같은, 더 일반적인 사회경제적 요소도 고려하는 것을 의미했다. 보상액은 신청인의 임상증상이 아니라 여러 요소의 누적치로 결정됐다. 인터뷰에 응한 전문가 중 한 사람은 이 절차를 이렇게 합리화했다.

특수손상은 어떤 점에서는 신체적 상해라고 할 수도 있지만, 일상에 문제를 일으키므로 그 성질상 어쩌면 사회경제적인 사안인지도 모릅니다. AZF 사고 때문에 누군가는 직장을 잃고, 집이 부서지고, 친지가

---

15 그 역학조사에서, 공장 인근 지역주민 중 남자의 9.1%와 여자의 19.1%가 PTSD를 갖고 있는 것으로 나타났다. '멀리 떨어진 지역'의 경우 남자의 2.4%, 여자의 8.1%로 나타났다. Lapierre-Duval et al.(2004).

상해를 입었습니다. 그 충격은 신체적 상해와는 달리 다소 간접적으로 영향을 미칩니다. 여기에는 사회경제적 요인이 있고, 모두 심리적으로 영향을 미치므로 고통의 정도를 평가할 때 포함되어야 할 사항들입니다. 그러므로 사고에 의한 사회경제적 후유증과 그 심리적 경험은 도덕적 고통이라고 할 수 있습니다. 이런 이유로 특수손상에 사회적 측면이 있다고 봅니다. 이들은 직접적 신체적 상해를 입지 않았을 수도 있지만 주위에 고통받는 사람이 있거나 집이 무너졌거나 직장 상황이 완전히 바뀌었기 때문에 고통받을 수 있습니다. 그러므로 좁은 의미의 상해만 문제가 되는 것은 아닙니다. 삶이 폐허가 되었다는 것이지요. 넓게 해석해서 삶의 조건의 변화를 포함한다면, 이 역시 신체손상이라고 볼 수 있습니다.

이렇게 트라우마의 정의를 확장함으로써 툴루즈 시민의 상당수가, 적어도 합의규약에 서명한 사람들이 보상을 받게 되었다. 전문가들에 의하면, 실제로 보상 자격이 없는 사람은 아무도 없었다. 심지어 폭발사고 당일 툴루즈 시에 없었던 사람도 특수손상 규정에 따라, 사고를 정서적으로 경험했고 일상생활에 영향을 받았다는 이유로 혜택을 받을 수 있었다.

사실상 모두 혜택을 받았다. 이 혜택에서 제외된 사람들은 오직 '보이지 않는 자들'이었다. 정신질환자들은 암묵적으로 이 규정에서 배제되었던 것이다. "정신질환자에게 이건 아주 큰 문제입니다." 전문가 중 한 사람은 무력감을 표현하듯 두 팔을 들어 올리며 말했다. 다른 정신과의사들도 그와 같은 생각이었다. 환자를 가장 동정하는 정신과의사들도 사고로 가장 큰 피해를 입은 사람이 정신병원 환자임에도 이들을 위한 보상 계획이 마련되지 않았음을 시인했다. 공장 노동자들이라고 더 나을 것은 없었다. 사고 직후 처음 몇 주 동안 공장에 갇혀 있던 사람들과 동일한 처지에 놓인 그들 또한 보상 합의에서 암묵적으로 배제되었다. 노동자 권리법이 권리 침해 없이 혜택을 줄 수 있었을 텐데도 산업재해 규정으로 인해 합의안에 서명하는 것은 거의 불가능했다. 피고용인으로서 오직 산재법과 사회복지 혜택만 받을 수 있었기 때문이다. 다른 툴루즈 시민들처럼 추가적인 보상을 받기 위해서는 '특수손상'을 받았다고 합의안에 서명을 하거나 혹은 관리 태만으로 공장을 형사고발해야 했다. 고발할 경우 노동자는 회사 내에서 어려운 입장에 놓이게 된다. 집단의 명분보다 사적인 요구를 앞세웠다는 비난을 노사 양측으로부터 받아야 하기 때문이다. 결국 55명의 피고용인만이 형법상의 관리 태만을 근거로 토탈그룹을 사회보장 법정에 고발했다. 재판은 끝까지 진행되지 않았고, 추가 수당을 지급한다는 합의안에 양측이 서명하고 끝났다. 결국 공장 노동자들은 툴루즈 시민들처럼 정신과의사의 전문가 보고서가 개인적으로 더는 필요하지 않게 된 셈이다.

· · ·

우리가 연구를 시작하기 전에 세운 가설은, 집단 트라우마라는 개념이 도시의 거의 모든 사회 차원에서 만장일치로 받아들여진다면, 보상 절차는 통과되기 어려우리라는 것이었다. 그러나 필자들이 지금까지 기술한 모든 구조적, 경제적 이유 때문에 합의를 향한 의지가 집단 트라우마의 개념상의 문제를 극복했다. 이 합의에서 배제된 사람들은 오직 '보이지 않는 자들', 즉 트라우마를 인정받을 수 없었던 정신병원 환자와, 불특정 혜택만 받게 된 '바람직하지 않은 자'—공장노동자—뿐이었다. 합의한 이유와 그 합의의 결과에 따라서 스스로 트라우마 피해자라고 나선 사람 모두에게 (전문가의 입증도 없이) 보상금을 지불한 이유는, 피해자라는 집단정체성을 바탕으로 정치적, 도덕적 차원에서 사건을 받아들였기 때문이다. 보상금으로도 모든 불만과 요구를 다 해결하지는 못했으나 적어도 사회적 불평등에 귀를 기울이게는 했다. 트라우마를 일반인이 전유함으로써 촉발된 캠페인 또한 보상 과정에, 특히 미세한 조정이 필요한 사안에 영향을 미쳤다. 특수손상 개념은 집단적 책임이라는 개념과 유사한데, 이는 국민건강감독원이 조명하고 적극적으로 선전한 개념이다. 전문가 증인도 집단 트라우마라는 은유가 불러일으킨 감정에 사로잡혀 이 사건을 끔찍한 부정의라고 칭하며 넉넉한 보상금을 지불하는 데에 기꺼이 일조했다. 자기도 남과 똑같은 피해자라고 생각하는 사람들은 재건을 위한 집단적 노력에 힘을 보태는 것이 자신의 의무라고 말했다. 그러나 보상금이 모든 갈등을 해소한 것은 아니다. 캠페인은 계속되었고 토탈그룹과 해결할 문제는 아직 남아 있다. 그러나 폭발 사건으로 찢겨나갔던 빈곤 지역의 사회구조는 시 전체를 아우르는 연대의식으로 성공적으로 재건되었다. 트라우마의 언어와 배상방식은 공감과 연대의 고리를 만들고, 고통을 실천행동으로 전환함으로써 정치적 함의를 가진 피해자 도덕공동체를 건설하는 데에 중요한 역할을 했다.

　법정의 피해학 전문가에서부터 재난현장의 응급의료-심리지원 팀에 이르기까지, 뉴욕 테러에서부터 툴루즈 폭발사고에 이르기까지, 트라우마의 역사는 전유와 강탈의 역사이다. 누군가는 포괄되고 누군가는 배제되는 불평등의 역사이기도 하다. 공개적으로 표현할 수 없이 고통을 겪는 사람들 편에 서서 트라우마의 명분을 높이 내세웠던 사람들은 이제 점차 그 부담을 내려놓게 되었다. 그들의 말에 동요되는 관중이 새로이 늘어날수록, 그들이 나서서 수고할 필요가 줄어들기 때문이다. 프랑스에서는 피해자단체연합의 보상 캠페인에 정신과의사들이 거의 참여하지 않는다. 이와 대조적으로 미국에서는 정신의학의 강력한 조직이 트라우마의 실재를 확언하고, 소수자들과 잊혀가던 참전군인의 시민운동에 공동의 명분을 만들어주었다. 그럼에도 프랑스, 미국 어느 나라에서든 트라우마는 삶의 어쩔 수 없는, 견디기 어려운 측면을 표현하는 말이 되었고, 공권력이 이를 인정해줌으로써 실천행동의 바탕이 되었다. 베트남 참전군인의 트라우마는 전쟁의 만행을 드러냈고, 오늘날 시민의 트라우마는 테러의 공포를, 폭력적 사건의 용납할 수 없는 측면과 끔찍한 후유증을 증언한다. 오늘날의 현대인들이 세상의 무작위적 폭력과 고통을 더는 견뎌내지 못한다는 말은 아니다. 그보다는 그것들을 묘사하고 이해하는 데에 새로운 단어를 사용하게 되었다는 의미이다. 피해자에 대한 관심은, 프랑스에서 '피해자화victimization'라고 부르는 경멸적인 의미의 '유행'이 아니다. 오히려 고통이라는 주제를 인류 공동의 핵심 관심사로 정위시키려는 인간사회의 징표이다. 이제 트라우마는 정신과의사가 파악하거나 정의할 수 있는 차원을 넘어서 일상의 언어가 되었다. 트라우마는 기술記述적 가치뿐만 아니라, 더 중요하게도 규범적 가치를 지니고 있다. 그리하여 의학적으로 경제적으로 상징적으로 실천과 배상을 요구한다.

3부 증언의 정치

2002년 3월 8일, 국경없는의사회는 파리 메종드라뮈투알리티Maison de la Mutualite에서 '트라우마: 돌봄과 문화'를 주제로 국제학회를 열었다. 참석자 대부분은 프랑스 정신과의사와 심리학자였다. 이어진 워크숍의 주제는 '응급의료', '응급상황 이후의 의료', '만성폭력', '아이들과 청소년' 등으로 다양했고 대강의실은 만원이었다. 주제 발표에 이어 세상의 폭력—북반구와 남반구를 아울러 분쟁 지역이나 난민 수용소, 혹은 망명신청인이나 강간 피해자 등—으로 고통받는 사람들을 돌봐온 '현장' 경험에 관한 토론과 논쟁 시간이 있었다. 아르메니아와 체첸, 코소보와 보스니아, 시에라리온과 콩고, 과테말라와 엘살바도르는 물론 프랑스 사례도 있었다. 그러나 팔레스타인에 두드러지게 초점이 맞춰졌는데, 이는 전쟁 상황에 처한 인구집단에게 심리적으로 도움을 준 상징적 검증 사례이기 때문이다. 물론 학회의 목적은 국경없는의사회의 활동을 소개하고 정신건강 분야에서 이룩한 선구적인 역할을 알리는 데에 있었다. 그러나 학회에서 보인 수행적 제스처¹는 단순히 홍보 차원—학회 개최를 알리는 배너와 프로그램 설명서 등에서 바로 드러나는 것처럼—을 넘어 그 행사에 더 중요한 의미를 부여했다. 그 행사는 인도주의 정신의학의 세례식이었다. 이제 비로소 인도주의 정신의학이 세상에 등장한 것이다.

사실 이보다 10년 전, 세계의의사들²이 부쿠레슈티에서 '정신건강, 사회, 그리고 문화: 인도주의 정신의학을 향하여'라는 중요한 의미가 있는 학회를 개최한 바 있다. 이보다 몇 년 전에는 루마니아의 니콜라예 차우세스쿠Nicolae Ceaușsescu 대통령이 세운 국제컨퍼런스 센터에서 800명 이상의 심리학자와 정신과의사가 모여 루마니아 독재의 심리적 영향에 관해 토론하면서 정신건강 개념의 재고 필요성에 조명을 맞춘 바 있다. 애당초 이 학회는 고아원을 위시한 국내 복지시설의 열악함을 발견하고 나서 조직되었는데, 특히 라틴아메리카

---

1 존 오스틴(John Austin)이 1955년 하버드 대학교에서 한 일련의 강의가 《말과 행위》(How to Do Things with Words)로 1970년에 출판되었다. 오스틴은 '말로 표현한 무엇을 존재하는 것으로 만드는' 발화를 '수행적 어구(performative phrase)' 또는 간단히 '수행적(performative)'이라고 규정했다. '이름 짓기'의 예로 선박에 이름을 붙이는 상황을 들었다. "선박에 이름을 붙이는 행위는 '나는 명명한다, 무엇이라고' 말하는 것과 같은 행위이다." 당시 인도주의 정신의학 학회는 그 자체로 인도주의 정신의학의 존재를 기정사실화하는 계기가 되었다. 인도주의단체의 틀 안에서 정신과의사들이 '인도주의 정신의학'이라는 분야에 관해 말하는 모임이었던 것이다. 당시 '인도주의 정신의학'이라는 단어는 거의 쓰이지 않았지만, 그 행사를 계기로 존재하기 시작했기에, 일종의 '수행적 발화'의 장이었던 셈이다. 이 창립행사에 심리학자도 참여했지만 발표자 명단에는 오로지 정신과의사들만 있었다는 사실도 주목할만하다. 그렇게 함으로써 당시 그 학회 장소를 '정신의학적 인도주의'의 세례식을 거행하는 장소라는 의미를 확정하는 수행적 발화로서의 특성도 돋보이기 때문이다.

2 세계의의사들은 베트남 '보트피플' 위기 시 국경없는의사회의 입장에 반대하는 사람들이 모여 1980년에 창립했다. 베르나르 쿠슈네르는 양 단체의 발족에 다 참여했다. 예산 총액은 각각 4억 5,800만 유로와 6,700만 유로이다.

를 포함한 여러 나라의 국제적 전문가가 다수 참석하면서, 모든 형태의 정치적 폭력으로 논의 주제가 확대되었다. '정신의학'과 '인도주의'가 이런 식으로 연관된 것은 이때가 처음이었으나, 당시에는 인도주의 정신의학이라는 용어가 정해지지 않았다. '트라우마'라는 용어보다는 '사회적 요인과의 상관성'이나 '극단적 상황'이라는 용어가 더 자주 언급되었다. 정신의학 분야와 인도주의 분야가 함께 모이긴 했지만 이 학회 자체는 전략적 산물은 아니었다. 단지 당시 여건이 맞아 떨어졌고, 두 분야가 친근했기 때문이다. 정치적 기획으로는 미숙한 상태였다.

사실 '인도주의 정신의학'이라는 단어는 2002년 파리 메종드라 뮈투알리티 학회 참석자들이 거의 사용하지 않았다는 점은 주목할 만하다. 행사 일정표에도, 국경없는의사회의 활동을 소개하는 책자 그 어디에도 그 단어는 나오지 않았다. 학회 현장에서 배포된 종이 어디에도 그러한 제목은 없었다. 토론 주제도 '정신건강', '정신의학의 사명', 아니면 '심리적 돌봄 프로그램' 등이었다. '정신사회적 접근방식', '정신치료적 개입', '트라우마로 고통받는 사람에 대한 지원' 등이 '인도주의 정신의학'에 관한 것보다 더 많이 사용되었다. 그럼에도 인도주의 정신의학이 사실상 명명된 곳은 지난 60년간 수많은 정치적 논쟁이 벌어지던 바로 그 역사적인 컨퍼런스홀이다. 학회가 끝나고 몇 주가 지나자, 이 새로운 용어는 확정되어 널리 사용되기에 이른다. 지금은 매뉴얼과 교육을 통해 학문 분야로서의 정당성을 인정받고 있다. 학회 당시에는 생소했던 용어가 이제 임상의사들이 참여하길 원하는 분야이자, 인도주의활동에 도전하는 신진들이 교류하는 한 분야로서 불리게 된 것이다.

크리스티앙 라샬Christian Lachal은 제2차 인티파다 당시 팔레스타인에서 국경없는의사회 활동을 시작한 정신과의사이자 정신분석가이다. 본회의 기조연설에서 그는 정신건강 측면에서 인도주의적 개입이 어떠한 것인지 설명하고 강력한 지지 표명을 했다.[3] 그가 이해하기로는 인도주의적 개입활동의 목표는 '사건의 도덕적, 정치적 설명에 심리적, 문화적 차원을 포함시키기 위하여' 분쟁 지역에 '작은 휴머니티 구역pocket of humanity'을 세우려는 것이었다. 그러기 위해서는 정서적 차원에서 인지적 차원으로의 전환이 확실히 이루어져야 했다.

이는 공감에서 트라우마로의 전환을 의미한다. 지원활동가들은 고통받는 그들의 대상에게 공감을 느낀다. 이들은 심리상담사가 필요하다고 느낄지도 모른다. 그러나 그러한 첫 느낌은 곧 사라져버릴 감정으로서 극복해야만 한다. 임상의학적으로 접근해야 하는데, 그 중심에 있는 것이 트라우마 개념과 PTSD일 수도 있다.

달리 말해서, 인도주의 정신의학—당시 라샬만 이 용어를 사용했다—은 느낌을 합리적으로 받아들여 공감을 행동으로, 진단과 치료의 행위로 옮기게 하는 과정이다. 그럼에도 느낌과 감정은 의료적 방식과 상호교류되며, 이러한 사실은 그가 제시한 정신건강 프로그램의 다섯 가지 목표에서도 드러난다.

---

[3] http://www.clinique-transculturelle.org/pdf/textelachal/pdf

그룹 활동에 참여하거나 공동체 안에 머물면서 함께 얘기하고 공감하고 위로하는 일, 상황에 맞게 적절하게 응용된 방식으로 치료하는 일, 선참 활동가를 따라다니며 훈련받거나 학문적으로 배우는 일, 증언하는 일(심리상담가나 정신과의사의 역할이 제한적이기는 하다), 끝으로 수행한 일의 평가가 있다.

인도주의 정신의학의 약점이라고 할 수 있는 평가 부분을 제외하면, 이 목표는 이 분야의 실질적 내용을 매우 간명하게 요약한 셈이다. 목표는 두 영역에 걸쳐져 있는데, 하나는 정신의학(18세기 이후 근대 정신의학의 목표인 위로와 치료)이고, 다른 하나는 인도주의이다. 인도주의 목표는 지식을 전해주는 동시에 대변인 역할을 하는 변증법적 실천 속에서 이루어지는 훈련과 증언하기이다. 라샬의 논문은 흥미롭게도 베르톨트 브레히트Bertolt Brecht의 억척어멈Mother Courage[4]을 언급하며 마무리된다. 그는 이 작품의 인물들과 인도주의활동가들 사이에서 우연히 유사성을 찾아냈다. "그녀는 전쟁 속에서도 우리처럼 삶을 이어간다. 우리와 똑같이 그녀도 자기 아이들을 돌본다." 이 비유에는 아이러니가 묻어 있는데, 라샬이 작품의 의미를 다 알아채지 못

---

4 [역자주] 1939년 시인이자 극작가인 브레히트가 나치의 폴란드 침공에 분노하여 한 달 만에 써내려간 희곡으로, 가장 위대한 반전 희곡으로 평가된다. 17세기 유럽의 30년 전쟁을 배경으로, 주인공 아나 피에르링(Anna Fierling)은 전쟁은 사업이라는 믿음을 가지고 군대를 따라다니며 억척스럽게 생계를 꾸려나간다. 이리저리 휩쓸리며 전쟁을 겪는 동안 세 자식은 한 명씩 가톨릭 군대와 농부 등에 의해 처형된다. 그럼에도 돈벌이 궁리를 놓지 못한다. 관객들이 주인공을 동정한다는 말에 브레히트는 이렇게 한탄했다고 한다. "관객은 주인공의 범죄행위와 공모, 전시의 궁핍함을 이용해 한몫 잡으려는 욕망의 추악함은 보지 못하고 그저 주인공의 좌절과 고통만 본다." 우리나라에서는 〈억척어멈과 그 자식들〉, 〈억척가〉 등으로 공연되었다.

했음은 확실하다. 억척어멈은 자식들의 고통에 비탄해하면서도 여전히 평화를 두려워하는 인물이다. 자기 사업을 하려면 전쟁이 있어야 하고, 사업이 잘되려면 전시의 궁핍이 필요함을 그녀 자신이 잘 알고 있기 때문이다.

이제 다시 학회 이야기로 돌아오자. 오랜 세월 수많은 논쟁이 벌어진 곳에서, 또 수많은 명분이 주장되었던 유서 깊은 건물에서 학회가 열렸다는 사실은 숙고해보아야 할 일이다. 정치적 운동의 중심지로서의 건물의 의미를 알고 있다면, 과거와의 유사성을 머리에 떠올릴 것이다. 20년 전 사람들은 세상의 분쟁과 부정의에 대해 어떻게 말했을까? 트라우마라는 단어는 언급조차 되지 않고, 심리상담사나 정신과의사가 위기 상황으로 달려가지도 않았던 시대에 그 상황을 어떤 말로 표현했을까? 어떻게 해석했으며 어떤 해결책을 내놓았을까? 팔레스타인 분쟁과 라틴아메리카의 독재정치 시대를 생각해보면, 혹은 그보다 훨씬 전인 아프리카 탈식민지 시대를 생각해보면, 당시에는 다른 언어, 다른 해석, 다른 방식의 해결법이 존재했다. 트라우마보다는 폭력에 더 초점이 맞추어졌고, 환자의 회복력보다는 투사들의 저항에 관한 이야기가 더 많았다. 옹호해야 할 대상도 억압받는 자들과 영웅들이었지 피해자는 아니었다. 초점은 사회적 운동의 성격에 맞추어져 있었고 고통받는 사람의 경험은 중요치 않았다. 누구도 심리적 돌봄에 관해 생각해보지 않았다. 민족해방운동을 촉구했을 뿐이다.

비록 새로운 언어가 옛것을 완전히 대체한 것은 아니나 다른 종류의 증언의 정치가 등장했다. 지금 우리가 실제로 목도하는 것은 새로 등장하는 이념이 옛 이념을 완전히 지워버리지 않고 그 위에 켜켜

이 쌓이면서 새로운 층으로 덮어나가는 현상이다. 옛 언어는 다시 나타나기도 하고, 새것과 융합하기도 한다. 인도주의운동의 베테랑들이 1960년대와 1970년대의 좌익 투사였다는 사실로도 이를 알 수 있다. 이제 그들도 과거와 동일하지는 않더라도 유사한 현실을 말하기 위해 다른 말, 다른 개념, 다른 논쟁을 사용한다. 이런 점에서 보면, 기득권을 박탈당한 사람들의 오늘날의 명분과 그 명분에의 헌신은 과거와는 다른 정치적 도덕적 지평 위에서 만들어진 것이다.[5] 우리가 설명하고자 하는 것은 과거에는 인식되지 않았던 불운의 정신적 측면을 어떻게 발견하게 되었는지에 관한 것이다.

보이는 상처보다 전쟁의 폭력이 남긴 '영혼의 상처'[6]로 더 고통받을 때 전쟁의 후유증은 어떻게 치료할 것인가? 이 시대 분쟁의 주인공들이 겪는 '소리 없는 아픔silent pain'[7]은 어떻게 공적 영역으로 끌어낼 수 있을 것인가? 인도주의활동가들이 현장에서 신체적 응급 환자를 치료하자마자 부딪히는 문제는 바로 이러한 질문들이다. 고통스러운 현실은 언제나 있어왔으나 그것을 인식하는 일은 분명 새로운 현상이다. 그렇다면 인식함으로써 그 고통은 조금 더 실재에 가까워지는가? 나토의 공습이 끝나고 알바니아 난민이 귀향한 후의 코소보에 관한 보고서에서 인도주의활동가들은 그 상황이 '정신건강상 응급 상태'였다고 묘사했다. 세계의사들 정신건강 프로그램 현재 책임자는 '외상 후 스트레스가 지금 코소보의 주요 의료 문제'라고

---

5   Dauvin & Siméant(2001), Collovald(2003).
6   세계의사들 저널 《메드생 뒤 몽드》(Médecins du monde) 특별호, 1999년 56권.
7   국경없는의사회 저널 《메디컬 뉴스》(Medical News) 7 no. 2, 1998년.

주장했다. 이 주장을 뒷받침하는 이미지와 증언이 있었고, 때로는 지나쳤던 심리적 스트레스의 보편적 성질과 심각성을 증언했다. 세계의의사들 소속 차량을 향해 손을 흔드는 아이들과 어른들을 바라보며 한 간호사는 이렇게 말했다. "그들의 미소만 보고 지나쳐서는 안 됩니다. 상상조차 할 수 없는 비극이 저 미소 뒤에 있거든요." 세 장의 사진에는 한 여성이 비통한 몸짓으로 갑자기 손으로 입을 가리는 일련의 행동이 찍혀 있었다. 이런 해설이 있었다. "방금 이 여성은 이 옷이 자기 남동생이 입고 있던 옷이라는 걸 알아보았습니다. 남동생은 살해되었습니다. 의사들이 그녀 옆에 있어서, 고통을 말로 표현하도록 심리적으로 돌봐줄 것입니다." 이런 이미지와 설명이 보여주는 폭력성에 경악하지 않을 사람은 없다. 조금 더 나아가 한 촌락여자와의 인터뷰 요지를 보자. 그녀는 전쟁의 후유증으로 정신신체 증상을 보였다. "이제 저에게는 집이 없습니다. 남편은 어떻게 되었는지 몰라요. 시신을 찾을 수 없었거든요. 계속 나쁜 꿈을 꿉니다. 거의 먹지도 못하는데, 먹으면 금방 토합니다." 그녀는 기운 없이 말했다. 세계의의사들 업무 중에는 모든 환자에게 일련의 질문을 하는 과정이 있는데, 이를 통해 "지원활동을 하는 모든 사람은, 정신적 트라우마에 익숙하지 않다 하더라도, 신체적 진찰을 하면서 트라우마 증상을 확인할 수 있다"고 말했다. 그리하여 고통을 계량할 수 있다는 것이다.

이러한 말과 이미지, 연구 등은 인도주의 정신의학이라고 알려진 개념 틀 안에서 폭력의 후유증을 찾아내고 숙고하고 폭로하는 메커니즘이다. 조사에 착수하기 위해서는 습관적인 두 가지 가정과 거리를 두어야 한다. 그 첫 번째 가정은, 트라우마를 인식하고 심리적 조처를 취하는 것이 폭력과 그 후유증을 다룰 수 있는 방식임을 말할 필요도 없이 당연하게 받아들이는 것이다. 그러나 우리는 이와는 반대로 이 결론에 도달하게 된 과정을 재구성하여 이 관점이 다른 가능한 관점들보다 왜 우선적으로 확립되었는지를 제시하고자 한다. 두 번째 가정은, 정신건강 전문가들의 행동을 긍정적으로 보고 새로운 형식의 개입방식을 치료방법의 진보라고 간주하는 것이다. 아직 전문가들 사이에 논란이 계속되는 주제에 관해 규범적으로 판단하는 것을 필자들은 거부한다. 달리 말하자면, 기부자 잡지에 실린 인도주의자의 꽤 논리적인 설명과는 대조적으로, 우리는 심리적 후유증에 관해 이야기되는 것이 사실인지를 물으려는 것도 아니고, 이른바 그러한 환자들에게 행한 일이 이로웠는지를 묻는 것도 아니다. 우리는 다른 방식으로 질문하고자 한다. 왜 재난과 분쟁의 여파를 트라우마라는 용어로 말하려 하는가? 그리고 이 새로운 용어가 피해자의 경험을 해석하고 그들이 필요로 하는 것이 무엇인지 판단하는 데에 어떤 영향을 미쳤는가? 우리는 인도주의 실천에 정신의학 분야가 들어오면서 어떤 변화가 일어났는지 파악하려는 것이다.

언론인과 자원봉사자의 말이 믿을만하다면 인도주의활동은 도움을 주는 것과 증언하는 것, 이 두 가지를 목표로 한다. 피해자에게 도움을 주는 것은 적십자사의 설립 원칙인 인도주의운동과 일치하고, 증언하는 것은 최근의 양상이다. 국경없는의사회가 비아프라 전쟁 이후 존재감을 드러내게 된 계기가 이 증언의 필요성 때문이었다. 단체의 다른 활동과 마찬가지로 인도주의 정신의학의 경우, 이러한 두 가지 목표를 근거로 정당성을 가지고 있는 한편, 현장의 여건상 물질적 도움을 줄 가능성이 제한되어 있고, 따라서 일의 비중이 증언으로 더 기울어지게 된다는 데에서 증언의 정당성을 찾을 수 있다. 증언은 지원활동에 새로운 차원을 열어주었다. 우리의 목표는 정신의학이 인도주의 증언의 정치를 어느 범위까지 재정의하고 있는지 제시하는 것이다. 우선 우리는 1988년 인도주의 정신의학이 아르메니아 지진 후 나타났을 때 왜 그곳인지, 왜 그때인지를 살펴보며 역사의 궤적을 따라가려 한다. 그다음에는 정치적으로 가장 민감한 상황이자 가장 많은 자원이 집중되었던 제2차 인티파다 시의 팔레스타인으로 들어가 볼 것이다. 인도주의활동이 심리학의 언어로 설명하는 그들의 상태는 어떠한가? 필자들은 성공 이야기를 재구성해내어 그 언어적 암호를 풀어보려 한다.

7장 인도주의 정신의학

1988년 12월 7일, 리히터 척도 6.9의 지진이 아르메니아 북부를 강타했다. 아르메니아에서 두 번째 대도시인 레니나칸Leninakan(지금의 쿠마이리)을 포함하여 여러 도시가 파괴되었다. 그 결과 3만여 명이 사망하고 13만여 명이 부상을 당했다. 봉사활동에 나선 많은 국제기구가 장비를 보내고 의사, 외과의사, 응급구조사, 물류 전문가 등의 인력을 파견했는데, 국경없는의사회와 세계의의사들도 포함되어 있었다. 잔해에 파묻혔던 환자들의 급성 신부전을 치료하기 위해 혈액투석실이 차려졌다. 진료소가 마련되고 이동진료팀이 부상자와 환자를 돌보기 위해 조직되었다. 가혹한 겨울 추위에 대비해 담요가 지급되었고 대피소가 세워졌다. 음식도 지급되었다. 이 현장에서 돌아온 그 자비에 엠마누엘리는 다음과 같은 기록을 남겼다.

어둠에 묻힌 추운 거리에서 목적도 없이 망연자실하게 걷고 있는 사람들의 실루엣이 우리를 스쳐 지나갔다. 얼어붙은 회색빛 진창이 도시를 둘러싸고 있었다. 어둠속에서 희망도 없이 모닥불이 타오르고 수천 개의 관이 줄지어 놓여 있는 거리의 모습은 중세시대를 그린 판화처럼 보였다. 마치 세상의 종말이 온 것 같았다.

그러나 이 참상을 목격한 사람들도 집단 트라우마를 말하는 데까지는 이르지 못했고, 심리적 후유증의 예방이나 정신건강 전문가의 현장파견까지는 미처 생각하지 못했다. 막대한 규모의 재해는 총체적 비극이었으나, 신체적 상해만 눈에 띄었을 뿐, 후일 '영혼의 상처'라고 불리게 된 것은 보지 못했다.

2003년 12월 26일, 리히터 척도 6.3의 지진이 이란 남부를 강타하여 밤Bam 시의 대부분이 파괴되고 3만 5,000명 이상의 목숨을 앗아갔다. 국경없는의사회와 세계의사들은 다시금 현장으로 떠났다. 투석장비, 진료소 천막, 이동진료팀이 투입되었고, 음식과 담요, 샤워시설과 임시화장실, 약품과 소독도구 등이 비행기로 공수되었는데, 이번은 예전과 사뭇 달랐다. 세계의사들 국제업무단장이 설명하기를, "우리가 도착했을 때는 지진 발생 48시간 후여서, 기술적으로 보면 더는 생존자를 찾아낼 희망이 없었습니다. 그래서 우리는 일차 진료와 심리지원에 초점을 맞추었습니다." 당시 임무를 맡았던 현장 책임자가 상세하게 설명했다.

우리가 한 일은 그곳 사람들과 공감한 것이었다는 점이 독특합니다. 물, 빵 등의 물적 지원은 이미 적신월사The Red Crescent[1]가 했습니다.

---

1 [역자주] 이슬람권의 적십자사.

심리상담사와 정신과의사를 포함하는 이동진료팀은 생존자들이 말하는 트라우마에 귀 기울일 준비가 되어 있었습니다. 몸과 마음 모두 돌볼 수 있어서 도움이 되었지요.

현장에 있었던 한 의사가 덧붙였다. "프랑스-이란 연합팀에 있는 정신과의사와 심리상담사들이 아이들과 어른들을 모두 돌보고 있었습니다. 아이들이 처음으로 그려서 천막에 붙인 것은 하트, 귀여운 말, 꽃 등이었습니다." 봉사활동 대원들도 이제는 귀 기울여 듣고 공감하는 법을 실천하고 있다. 이들의 천막 사무소에는 주사실뿐만 아니라 심리상담사가 운영하는 놀이공간도 있다. 이곳에서는 부상과 감염도 치료하고 트라우마도 진단한다. 이동진료팀은 응급의료세트와 함께 어린이 그림도구도 챙긴다. 몇 개월 후 소르본에서 열린 인도주의활동 공개회의에서, 당시 팀장도 우리처럼 그 자리가 편치 않아 보였는데, 이제 그들은 의사가 아닌 심리상담사를 재해현장에 파견한다고 했다.

15년의 시간차를 둔 상기 두 사건을 분석해보면, 새로운 대응법이 등장했음을 알 수 있다. 1988년 레니나칸 지진과 2003년의 밤 지진 사이에서 바뀐 점은, 재해 난민의 국제지원에 인도주의 정신의학이 개입하게 되었고, 심리적 돌봄이 필수 요소가 되었다는 점이다. 아르메니아 재해의 경험으로 정신건강 전문가의 필요성이 대두되어서 국제 지원단체들, 특히 국경없는의사회와 세계의사들이 이 활동을 공식적으로 하게 되었다. 그러므로 이 분야의 시작과 발전과정을 이해하기 위해서는 이 중요한 사건을 다시 살펴볼 필요가 있다.

하나의 기원, 두 개의 설명

응급의학 전문가들은 지금은 재해의 코드명이 된 1988년 아르메니아 사건을 의학 학술지에서 가장 많이 언급한다. 그다음이 세계무역센터 사건이다. 트라우마의 역사상 이 두 사건이 부각되는 몇 가지 까닭이 있다.[2] 재해로 인한 엄청난 충격과 참상 외에도 결정적인 요인 두 가지가 있는데, 그 첫째는 정치적 요인이다. 동유럽 사회주의가 몰락하기 직전 일어난 이 재해는 다가올 소비에트연방 몰락이라는 은유보다 더 강력했다. 현실적 측면에서는, 그때까지 외국의 개입이 철저히 차단되었던 지역에 처음으로 서구가 발을 들여놓는 계기가 되었다는 점이다. 인도주의 국제기구들은 소비에트연방이 정신의학을 이용해서 자행하던 인권침해와 억압에 항의하기 위해 입국을 시도했으나 그때까지 성공한 적이 없었다. 이제 드디어 그 사회주의 장벽에 문이 열렸다. "마치 지진이 일어나는 와중에 또 지진이 일어난 것 같았지요. 자연재해로 인한 지각변동일 뿐만 아니라 정치적 지각변동이었던 셈입니다." 국경없는의사회 활동에 참여했던 한 대원이 말했다. 아르메니아 지진을 부각시킨 두 번째 주요 요인은 역사성이다. 세계 곳곳으로 흩어졌던 아르메니아인은 이 비극을 자기 문제라고 생각했다. 아르메니아가 핏줄에 새겨진 사람들은 재해현장으로 달려와 생존자들과 일체감을 나누었다. 서로가 비극적인 과거를 공유했음을 지진이 일깨워주었던 것이다. "제가 그곳에 간 이유는 인종말살로 고통받았던 아르메니아인의 아픔이 되살아났기 때문입니

---

2 David Crippen(2001).

다. 그것으로도 모자랐는지 자연재해가 다시 우리나라를 파괴했습니다." 국경없는의사회에서 일하던 한 아르메니아인 정신과의사가 이렇게 토로했다. 이 말은 작금의 트라우마가 과거의 것을 다시 가동시키고 있음을 의미한다. 그러나 당시 그 감정을 표현하던 말은 트라우마가 아니었다. 그것은 애도였다. 심리학적 언어가 아니라 인류학적 언어로 과거의 무게를 말했던 것이다. 이러한 정치적, 역사적 요인이 아르메니아에 쇄도한 국제 자원봉사 현상을 설명한다. 그러나 이 요인만으로는 지진 발생 몇 개월 이후까지 어떻게, 왜 정신의학이 특별히 중요한 역할을 맡게 되었는지 설명하지는 못한다. 이를 이해하기 위해서는 그곳에서 활동한 사람들이 무엇을 했는지, 무슨 의미로 받아들였는지 들어보아야 한다.

마리로즈 모로Marie-Rose Moro는 국경없는의사회 정신건강 프로그램 지휘자인데, 지진 몇 개월 후 현장방문 당시 했던 일을 이렇게 설명했다.

어떻게 결정을 내렸는지 잘 기억하고 있습니다. 지진 후 곧바로 심폐소생 전문가, 외과의사, 내과의사들이 응급활동을 시작했습니다. 얼마 지나지 않아 응급의료팀이 해야 할 일은 다 마쳤는데도 부상자용 임시 천막은 계속 사람들로 꽉 차 있었습니다. 가족도 잃고 마음도 산산이 부서진 사람들이 어떤 증상을 나타내기 시작했고, 그래서 다시 천막으로 돌아왔기 때문입니다. 응급의료활동은 곧 끝나리라고 말했지만, 사람들은 계속 치료가 필요하다며 몰려들었습니다. 원하는 바가 무엇인지 분석해보니, 이들이 진정 필요로 하는 것은 그저 말을 하는 것이었습니다. 자기 이야기를 들어주고 위로해주고 확신을 주기를 바라고 있었던 것입니다. 그래서 어떤 일이 일어났는지 말하고, 자기 생각을 표현하고, 그럼으로써 말을 통해 연결되어 있다는 느낌을 받길 원했습니다. 이즈음 팀원 몇 명은 본부가 정신과의사를 파견해야 한다고 주장했습니다! 우선 아르메니아인을 찾았습니다. 아르메니아인이라면 자기 일처럼 느껴 자발적으로 도와주리라 생각했기 때문인데, 정신과의사 자격을 가진 사람보다 아르메니아인이라는 점이 더 중요했습니다. 다른 지속적 임무를 단계적으로 해야 했는데, 당시 이 일은 우리 프로그램 이외의 일로 여겼지요. 정신과의사들은 와서 잠시 일하고는 떠났고, 다른 정신과의사들이 오곤 했습니다.[3]

이 단계에서 정신의학은 전통적인 인도주의활동에 비해 부수적인 일이었고, 특별하지도 않았으며, 그저 심리적 지원을 제공하는 것이었다. 역할 규정은 몇 개월이 지나서 이루어졌다. 모로는 다음과 같이 말했다. "어느 날 아르메니아 임무 총책임자가 좀 더 체계를 갖춰야겠군요'라고 말했습니다. 국경없는의사회는 제가 정신의학과 인류학 양쪽을 다 전공했으니 다른 곳에서도 정신과 일을 할 수 있을 것이라고 말했습니다. 저는 그 제안을 영광이자 기회로 생각하여 고민 없이 그곳으로 떠났습니다." 모로의 책에 이 이야기가 상세히 적혀 있다.

국경없는의사회 임무를 시작하고 얼마 지나지 않아, 의사들은 생존자들이 심각한 심리적 스트레스를 받고 있다고 보고했다. 세계의의사들

3　Marie-Rose Moro & Lachal(2003).

이 조사한 바에 따르면, 재해 지역에 있던 어린이의 70%가 심한 트라우마 증상을 보인다고 했는데, 그 증상에 관한 자세한 설명은 없다. 당시 재해 지역으로 파견된 국경없는의사회의 심리상담사와 정신과의사는 이 사실을 확인했다. 그러나 현장에서 제공하는 치료방식이 적절하지 않다는 것을 곧 깨닫게 되었다. 아르메니아인들은 지진 피해 어린이와 그 가족을 치료할 장기적 의료서비스체계를 만들어야 한다며 도움을 요청했다.[4]

이것이 국경없는의사회 정신건강 프로그램의 탄생에 관한, 그리고 더 나아가 인도주의 정신의학이 탄생하게 된 공식적 설명이다. 그 과정은 관찰에 따라 한 단계씩 논리적으로 이루어졌다. 우선, 몸을 진료하는 응급 전문가로서는 한계가 있음을 발견했는데, 부상자를 치료하고 사망자를 매장하면 더는 할 일이 없었기 때문이다. 그 후에는 말하고 들어주기를 바라는 지역주민의 집단적 욕구를 발견한다. 끝으로 역학조사와 개별적 면담을 통해 심리적 문제가 있음을 객관적으로 확인하는 과정이 있었다.

이 합리적 접근 과정은 현장에 달려왔던 한 아르메니아 정신과의사가 느꼈던, 거의 신비주의적이라고 부를 수 있는 체험과는 대조적이다.

저는 노르망디에서 노인 프로그램을 진행하고 있었습니다.[5] 그날 오전

---

4   *Médecins sans frontières.* Medical News 7, no.2(1998), pp.26~40. Earthquake in Armenia: The resuscitation specialist and the psychiatrist.

5   2002년 2월 13일 면담.

내내 마음이 불편했습니다. 밤에 귀가해서 텔레비전을 켜자 지진현장이 보도되고 있었습니다. 저에게 말했지요. "이 일 때문이었어. 전에는 오늘처럼 기분이 이상했던 적이 없었어." 날개가 있다면 곧바로 현장으로 날아갔을 겁니다. 정신과의사로서가 아니라 아르메니아인으로서 SOS테러공격 아르메니아 지부와 국경없는의사회에 연락했습니다. 제가 있어야 할 곳이 어디인지 깨닫게 되자 더는 노르망디에 있을 이유가 사라졌습니다.

그는 개인적 경험을 통해 그곳 활동의 의미가 일종의 계시와 같았다고 말했다. 현장팀 활동관리자도 그들의 임무에 일종의 전환기가 찾아왔음을 느꼈다고 기억한다.

당시 저는 정신과 진료보다는 우리 국민이 겪어온 역사, 저 자신의 역사에 더 끌렸습니다. 어느 날 물리치료사가 제게 다가와 말하기를, "여기 엄지손가락이 절단된 아이가 있는데 팔목이 과잉 굴절되어 있어요. 물리치료를 해야 하는데, 제가 만지려고 손을 내밀기만 하면 소리를 질러댑니다. 저는 아이가 누워 있는 병실로 가서 이름을 물었습니다. 아르다그Ardagh라고 대답하더군요. 아르다그는 461년에 아르메니아 기독교인을 위해 희생된 아르메니아 왕자의 이름입니다. 그 이름을 듣는 순간 제 눈에는 페르시아에 맞서 싸우던 조상들이 선했습니다. 당시 강대한 세력에 저항하여 봉기한 최초의 전쟁과 적군에게 무참히 유린당한 시체가 보였고, 제 앞에 앉아 있는 작은 아르다그가 보였습니다. 아르다그 또한 영웅일 수 있었지요. 저는 아이에게 이렇게 말했습니다. "너의 팔은 강철 같단다. 왜냐하면 아르다그 왕자가 아르메니아에 쳐들어온 적군을 내던져 버린 것처럼 너도 지진이 네게 한 모든 일을 그 팔로 던져버릴 수 있기 때문이지. 그런데 그렇게 하려면 우선 물리치료사의 도움을 받아야 해." 그때부터 아이는 물리치료를 받아들였습니다.

조국의 영웅과 동일시함으로써 아이는 두려움과 반감을 버릴 수 있었다. 이 일이 있고 나서 그 정신과의사는 매일 어린 환자의 상태를 보러갔다.

어느 날 저는 그 아이에게 물었습니다. "너는 왜 항상 한 손으로 땅을 짚으면서 기어 다니니?" 모두가 그 아이의 손목에만 관심을 쏟고 있어서 그 이상한 행동에는 주목하지 않았지요. 이 질문은 그 아이에게 무언가를 일깨운 것 같았습니다. 아이가 대답했습니다. "집이 흔들릴 때 저는 할아버지와 함께 있었어요. 할아버지는 제게 '아르다그, 도망쳐!' 하고 소리쳤어요. '할아버지는요?' 하고 물으니 다시 외치셨어요. '아르다그 뛰어!' 저는 뛰어나왔고 그러자 곧 집이 무너졌어요." 제가 느끼기에 지진은 그 아이의 몸에 새겨진 것 같았습니다. 아이는 그 이후로 꼼짝도 하지 않으려 했습니다. 불현듯 어떤 생각에 "아르다그, 이리 와봐." 하고는 그 아이를 두 팔로 껴안았습니다. "옛날 전쟁 이야기 기억하지? 이제 우리의 적은 무너지는 천장이야. 넌 혼자가 아니야. 내가 함께 있잖아." 어떤 생각으로 그랬는지 기억나지 않지만, 저는 아이의 어깨를 잡고 일으켜 세웠습니다. 아이가 제 아들같이 느껴졌습니다. 마치 제가 그 아이에게 생명을 준 것 같았지요. 사람들은 상황에 압도되곤 합니다. 눈앞에서 믿기 어려운 일이 일어나는 것을 볼 때가 있지요. 그 일은 기적 같았습니다. 저는 종교적인 의미의 기적을 말하는 게 아닙니다. 며칠 후 병원에 오니, 야간당직 간호사가 저를 급히 보자고 했다는 말을 들었습니다. 올라갔더니 아르다그에게 어떤 일을 했느냐고 묻더군요. 그래서 설명했더니 그녀가 제게 말했습니다. "그게 말이지요, 지진 이후로 아르다그는 눈을 감으려 하지 않았어요. 그런데 선생님을 만난 후 그 아이는 처음으로 밤에 눈을 감고 잠이 들었습니다." 마치 그 아이의 고통이 일시에 해소된 것 같았습니다.

이 서사는 비극의 정화처럼 읽힌다. 지진이 아르메니아의 대하서사를 현재 시간 속에 부활시키고, 민족의 역사가 아이의 마비 증상으로 구현되며, 말은 환자를 트라우마로부터 해방시킨다. 아르메니아 의사는 종교적 함의를 일축했지만, 아이에게 그가 말한 "아르다그, 이리 와봐"는 복음서에 나오는 "나사로, 누운 곳에서 일어나 걸어보아라"와 같다. 그 정신과의사의 당시 정서는 예수와 같은 초월의 경험이었을 것이다.

서로 다른 두 가지 방식의 이 이야기는, 즉 정신건강 프로그램 지휘자의 객관적 분석과 아르메니아 의사의 주관적 회상은 서로 극과 극에 위치한 것처럼 보인다. 그러나 국경없는의사회 및 세계의사들 회원들과의 면담, 그리고 당시의 기록을 통해 우리가 확인한 바로는, 한쪽의 합리주의와 다른 쪽의 신비주의는 모종의 고리로 연결되어 있을 가능성이 있다고 보았다. 그 가능성을 그려보며 인도주의 정신의학의 출발을 재구성한다면, 그 시작은 어떤 모습일까?

우선 세계의사들부터 살펴보자. 그들은 재해가 일어난 지 며칠 만에 응급지원팀을 파견했다. 세계의사들 아르메니아인 행정관은 현장팀의 보고로 생존자들의 스트레스에 관해 알게 되었다. 그는 파리에 있는 정신신체의학연구소The Institute of Psychosomatic Medicine 회원인 지인에게 요청하여 답사활동을 기획한다. 세계의의사들은 아르메니아인 정신과의사와 정신분석가를 파견하여 형식에 얽매이지 않는 면담, 어린이의 경우 그림 그리기 등으로 스트레스를 평가했다. 그 결과, 재해 지역에 있던 사람들의 약 40%가 트라우마신경증 증상을 보였고, 60%는 외상 후 우울증을 보인다는 사실을 파악했다. 지진 피해를 입지 않은 지역주민의 경우 각각 30%, 10%에 불과했다.[6] 이 조사 결과에 근거하여 최소한 3년 이상의 장기적 활동계획을 세웠고 이 임무는 아르메니아 및 프랑스 정신분석가를 중심으로 조직되었는데, 이 계획에는 아르메니아 내에 라캉 정신분석 네트워크를 새로 만드는 일이 포함되었다.

같은 시각, 국경없는의사회는 만성질환 진료에 대비하기 위해 혈액투석과 정형외과 설비 등을 준비하고 있었다. 국제장애인협회 Handicap International가 정형외과 장비 교체에 협조했다. 국경없는의사회 활동팀은 스무 명에 이르렀는데, 이중 여섯 명이 아르메니아인이었다. 이들은 극심한 스트레스를 받으면서도 성취감에 고양되었다고 한다. 팀에 포함된 몇몇 정신과의사는 정신건강 전문의로서가 아니라 일반 의사로서 참여했다. 당시에는 정신과의사의 필요성을 생각하지 못했기 때문이다. 현장진행 관리자가 국경없는의사회 파리 본부에 심리상담사와 정신과의사를 보내달라고 요청하자, 의료부장은 이를 거절했다. 심리적 장애가 빈발함을 강조하면서 끈질기게 요

---

6   Goenjian et al.(2000).

청한 끝에야 아르메니아 출신 정신과의사를 보내준다는 약속을 본부에서 겨우 받아낼 수 있었다. 그리고 프랑스 심리상담사가 상담방법을 정하기 위해 자신의 휴가기간에 현장에 합류했고, 이후 그녀는 팀원으로 자리 잡았다. 이 과정을 보면, 현재 인도주의 정신의학 프로그램 지휘자인 모로의 말처럼 일은 일사천리로 진행되지는 않았으나 아르메니아 정신과의사의 말보다는 실제적이다. 그러나 양측의 이야기는 모두 전체의 한 요소이다.

그러므로 서로 다른 두 가지의 시작이 있었음을 알 수 있다. 세계의사들은 정신분석학 공식단체와 함께 아르메니아에 들어와 신속하게 임무를 수행하고 정신건강 프로그램을 만들었다. 여기에는 '아르메니아 출신 프랑스인'인 세계의사들 행정관 한 명의 힘이 작용했다. 그러나 국경없는의사회는 적절한 역할을 할 전문가가 거의 없었고, 따라서 정신과의사와 심리상담사 파견이 지체될 수밖에 없었다. 결국, 당시 지휘자의 말을 인용하면 '우연한 조우'에 의해 일이 전개되어갔는데, 특히 아르다그와의 감동적인 조우를 예로 들었다. 다시 말해 세계의사들 정신건강 프로그램은 개입 초기부터 중앙본부의 입김이 들어간 반면, 국경없는의사회는 상황에 따라 일이 진행되었다. 어찌되었든 이 두 국제기구에서 모두 아르메니아 후손인 전문가들이 결정적 역할을 했는데, 당시에는 심리적 문제를 트라우마라고 부르지 않았다. 이 이후부터는 정신과의사와 심리상담사의 참여가 당연한 일이 되었다. 이제 아르메니아에서 왜 정신과의사와 인도주의가 처음으로 함께하게 되었는지, 왜 그 특정 순간에 만남이 이루어졌는지를 살펴볼 차례이다.

시작은 정신의학이 아니라 인도주의였다

인도주의 정신의학은 분쟁과 재해라는 사회적 영역에 새로운 정의定義, 서사, 인물 및 새로운 구조를 들여왔다. 지진, 전쟁, 추방, 집단학살, 강제이주 등 일련의 비극적 사건들이 야기하는 고통을 들여다보고 이름을 붙이고 진단하고 치료할 가능성을 열어놓았다. 정신과의사가 '고통'이라고 증언하기 이전부터 재난의 고통이 존재해왔음을 인정한다면, 인도주의 정신의학은 일종의 사회적 혁신으로 부를 수 있을 것이다. 혁신은 오래된 일에 새로운 질문을 하는 것이다. 뒤에서 자세히 살펴보겠지만, 질문을 달리 하면 기존의 문제는 다른 모습으로 다가온다. 필자들은 우선 이것이 어떻게 가능하게 되었는지를 묻고자 한다.

　이것은 허황된 이야기가 아니다. 정신과의사인 스타니슬라스 톰키비치Stanislas Tomkiewicz는 유대인 수용소에서 살아남은 자로, 극단적 폭력의 후유증으로 고통받는 사람을 이해하고 치료하는 일에 일생을 바친 사람이다. 그는 사망하기 얼마 전인 1963년, 한 인터뷰에서 다음과 같이 말했다. 당시는 알제리 독립을 인정하는 에비앙Evian 협약이 성립된 직후로, 감금되어 있던 1,200명의 알제리인이 석방된 해이다. "알제리해방전선의 젊은 의사들이 이들을 위한 심리치료를 '창안'했고, 이 최초의 시도가 나중에 인도주의 정신의학이라고 불리게 되었다." 톰키비치는 이렇게 덧붙였다. "그로부터 10년 후 독재정권—칠레, 아르헨티나, 우루과이 등—하에서 고문당한 박해자에게 '정보를 제공하며 이루어지는 정신치료informed psychotherapy'를 프랑스에서 시작했는데, 인도주의 정신의학이 하나의 개념으로 등장한 것은 라틴아메리카 사건에서 출발했다."[7] 과학 발전의 역사를 보면, 새로운 발견은 이론적 근거가 마련되고 정당성이 뒷받침되고 나서야 뒤늦게 이름과 의미가 주어진 경우가 많았다.[8] 여기에는 두 개의 이정표가 있었으나, 어느 쪽도 당시에는 인식되고 있지 않았다. 인도주의 정신의학의 경우 '발명'과 '이름 붙이기' 사이 기간에 과학 지식의 숙성기가 있었던 것은 아니다. 톰키비치가 말한 것이 진정 인도주의 정신의학이었는지, (알제리 포로의 진료처럼) 이름이 붙여지지 않은 것도 발명되었다고 볼 것인지, (라틴아메리카에서 고문박해자를 진료한 것처럼) 이름을 붙이면 발명된 것으로 보기에 충분한지는 이 책의 논쟁 주제가 아니다. 단 현재 '인도주의 정신의학'이라고 일컫는 것이 톰키비치가 주장했듯이, 예전의 일에 영향을 받아 성립된 것이 아님을 필자들은 상세히 설명하려 한다(혹자는 1980년대 초 프랑스 정신과의사들이 캄보디아 난민에게 제공했던 치료로 촉발된 것이라고 말하기도 한다). 우리가 이 책에서 말해야만 하는 것은 알제리 전쟁포로에서 시작된 것도 아니고, 라틴아메리카의 독재정권 피해자에서 시작된 것도 아닌 다른 역사이다. 인도주의 정신의학은 1988년 아르메니아 지진으로 폐허가 된 도시에서 탄생했다.

잠시 우회해서 다른 이야기를 해보자. 1995년 5,500명의 사망자와 32만 명의 부상자를 남긴 일본 고베 대지진은 제2차 세계대전 이후 일본을 강타한 가장 큰 재해였다. 지진 트라우마 피해자의 심리치료를 묘사하는 말로 '코코로 노 케어心のケア'가 있는데, 문자 그대로

---

[7] Lachal, Ouss-Ryngaert & Moro(2003). 서문에서 그는 자전적 증언을 했다. "내가 다시 삶을 시작할 수 있다면, 지금 인도주의 정신의학이라고 불리는 일을 더 많이 하고 싶다."
[8] Canguilhem(1977).

해석하면 '타인을 돌본다'는 뜻이다. 다시 말해서 정신과적 임상진단이 우선된 일은 결코 아니었다는 말이다.

이 말은 더 광범위하게 적용될 수 있다. 분석적 관점에서, 혁신은 당대 사회 분위기 안에서 새로운 지식과 새로운 행위가 뜻밖에 조우할 때 이루어진다. 지식은 현실을 이해하는 도구가 되고, 행위를 통해 지식은 현실에 적용된다. 새로운 지식과 행위는 시대 상황에 따라 사회에서 환영받기도 한다. 인도주의 정신의학이 실제로 확립된 것은 1989년이었다. 그러므로 누군가는 이렇게 말할 수도 있다. 연대기적 순서로 따져서 1980년에 나온 PTSD가 최초로 새로운 인식의 도구로 등장했다고, 아르메니아 지진이 정신과의사들에게 이 새로운 도구를 사용할 기회를 제공했다고, 인도주의 이념에 대해 호의적인 태도가 인도주의 정신의학이 받아들여질 만한 사회적 조건을 만들어왔다고. 그러나 이렇게 직선적이고 논리적인 역사발전이론은 그곳의 현실과는 거리가 멀다. 당시 재해 지역 봉사활동에 참여한 정신과의사와 심리상담사를 면담한 결과, 그들은 DSM의 트라우마 개념도, 이와 함께 개발된 진단도구도 사용하지 않았다. 그들은 대부분 실제로 DSM을 알지 못하고 있었다. 병원에서 수련받을 때도 전쟁쇼크에 관한 간략한 설명 이외에는 트라우마 개념에 관해 배운 바가 없었기 때문이다(군정신의학에 들어가려는 의대생이 아니라면 트라우마를 정규 교과과정에서 가르치기는 적절하지 않다고 보았고, 그런 학생은 별도의 과정을 들어야 했다).

국경없는의사회의 정신의학 프로그램을 기획한 사람은 이 점에서는 단호하다. "저는 트라우마를 치료하러 간 것이 아닙니다. 심리적 고통을 돌보려고 갔지요. 프랑스에서는 이를 반응성 증상reactive symptoms이라고 부릅니다. 저는 PTSD를 염두에 둔 적이 없고, 그것에 관한 지식도 없었고, 그것으로 진단하려 하지도 않았습니다. 제가 아르메니아에 갔을 때 그것에 관한 책이 있다는 사실조차 알지 못했습니다." 심지어 아르메니아 정신과의사들도 이 진단명을 사용하지 않았는데, 그녀는 이렇게 회상했다. "그 의사들도 트라우마를 특별히 중요하다고 생각하지 않는 프랑스 학계 소속이었습니다. 우리의 일은 그 진단명에 근거한 것이 아닙니다. PTSD와 관련지은 것은 사태가 끝난 다음이고, 우리의 활동은 그것을 염두에 둔 것이 아니었기 때문에 PTSD의 역사에 우리가 들어갈 이유가 없습니다." 사실 국경없는의사회가 처음으로 트라우마를 언급한 것은 팔레스타인 첫 활동 때였고, 당시 팔레스타인 정신과의사들은 이 진단명을 광범위하게 사용하고 있었다. 그 후 군정신의학계에 있던 프랑스 전문가들이 이 주제로 여러 권의 책을 펴냈다. "우리는 루이 크로크 씨를 초빙해서 이 진단과 관련된 경험을 말해달라고 강의를 요청했습니다." 세계의 의사들 프로그램 개척자 중 한 사람인 정신과의사도 이렇게 말했다. "1996년 이전에는 정신적 트라우마에 관해 들어본 적이 없습니다. 그 진단을 사용한 것은 체첸 전쟁 때입니다." 그녀는 당시 일했던 프랑스 남부의 한 병원에서 처음으로 이에 관한 교육과 수련을 받았다고 말했다. 프랑스 응급지원 네트워크 설립 진행을 관리하던 크로크는 여기에서도 등장한다. "응급심리지원체계가 우리 지역에 만들어질 때, 재해 관련 증상에 관한 워크숍을 주관하러 크로크 씨가 왔습니다." 달리 말해서, 정신과의사들이 재해현장에서 활동하기 시작하고 한참이 지난 후에야 트라우마 진단명이 현장에서 사용된 셈이다. 트라우마 진단명은 환자에 대한 경험적 직관과 치료의 적법성을 뒷받침하는 데에 그쳤을 뿐이다. 군정신의학에 종사했던 피해학자들은

PTSD 진단을 시간이 지난 후 소급해서 적용했다. 그러나 국경없는 의사회와 세계의의사들 활동가들이 이 진단명을 알게 된 시기는 전 세계로 퍼져나간 트라우마 개념이 마침내 세계 정신의학계에서 용인된 이후의 일이다. 피해학자들의 역할은 필연적으로 일어날 일을 단지 가속시킨 것에 지나지 않는다.

국경없는의사회나 세계의의사들 활동에 정신과의사들이 끌린 이유는, 세계의의사들 창립발기인 중 한 명이 말했듯이 '프랑스의 의사 정신'에 충실하기 위한 것이자 봉사활동이 도덕적 헌신의 이상이었기 때문이지, 전문가적 추론이나 PTSD의 타당성 때문이 아니었다. 그곳이 루마니아든 혹은 보스니아나 코소보 전쟁이든 간에, 세상 어딘가에서 일어나는 충격적이고 급박한 상황이 의사들을 일깨웠기 때문이다. 마찬가지로 러시아의 제2차 체첸 침공과 제2차 팔레스타인 분쟁 지역으로 달려가게 한 동기도 참상에 대한 분노였다. 아르메니아 정신과의사가 정신건강 전문가 자격이 아닌 아르메니아인으로서 달려간 이유도 조국이 그를 불렀기 때문일 것이다.

이런 점에서 인도주의 정신의학은 정신의학의 역사가 아니라 인도주의 서사에 들어가야 한다.[9] 게다가 봉사활동 분야로서 더 탄탄한 기반을 구축해왔다. 최근 전 세계적으로 정신건강 전문가의 지원 활동이 활발해지고 심리상담사의 해외 파견이 증가하는 현상에 주목할 필요가 있다. 인도주의 정신의학은 대학 내에서 횡문화 정신의학 강좌의 작은 부분일 뿐이어서 존재감이 거의 없고, 공식적으로든 개인적으로든 봉사자들은 국제단체와는 별도로 활동하고 있다. 다

---

9 Christian Lachal(2003).

시 말해서, 인도주의 정신의학은 처음에 자신의 일에 의미를 부여하려는 정신과의사들의 인도주의적 봉사활동[10]이었고, 나중에서야 그런 명칭으로 불리게 되었을 뿐이다. 그러나 군정신의학은 이와는 정반대이다. 인도주의 정신의학의 시초는 현장에서 즉석으로 실험해보고 스스로 창안하여 행한 자발적 활동이었다. 세계의의사들 정신건강 프로그램 지휘자가 회상하기를 "우리는 아무것도 두렵지 않았습니다. 이미 첫 모임에서 '세계정신의학psychiatry of the world'을 설립할 준비가 다 되어 있다고 농담을 나누기도 했습니다. 이제 우리 일도, 사회도 변했습니다. 20년 전에 제가 누군가에게 '정신과의사에게 가볼 필요가 있겠어요'라고 말했다면, 그 사람은 모욕적이라고 생각했을 겁니다. 요즘 사람들은 그 말에 일리가 있다고 받아들입니다." 그리고 실제로 이 두 단체에 새로 정신과의사가 들어오면 말조심하겠다고 선서하게 한다. 국경없는의사회 정신건강부서 책임자는 이렇게 말했다.

> 프로그램 지휘자로부터 전화를 받았습니다. 그녀가 말하기를 "우리가 무엇을 할 수 있을까요? 전에 정신과의사를 파견한 적이 없지 않나요? 피해자들을 어떻게 다루어야 할지도 모릅니다. 다른 사람들과 협동해서 어떤 일을 해야 할지도 모르고요. 시범활동을 연장하는 편이 더 낫지 않겠습니까?" 그래서 제가 물었습니다. "왜 제가 가야 합니까?" 그녀의 대답에 웃음이 나왔지요. "정신과의사는 처음 파견하는 건데, 기왕이면 다른 의료진에게 위협적으로 보이지 않는 사람이 낫기 때문이

---

10 Veronique Nahoum-Grappe(1996).

지요." 정신과의사에게 이 말이 칭찬인지 아닌지 지금도 잘 모르겠습니다.

그러나 몇 년 지나기도 전에 정신과의사들은 확고한 위치에 섰다. 그 이유 중 하나는 정신과의사는 일반 의사이기도 하기 때문이다. 정신과의사는 의사로도 활동할 수 있기 때문에 심리상담사보다 훨씬 우세한 입장에 있다. 한 심리상담사는 1970년대에 봉사활동 단체에 참여 신청을 했다가 거절당했다고 한다. 그녀는 지금 그 단체에서 일하고 있다.

저는 의료봉사가 필요한 곳이라면 심리상담사가 할 일도 있을 것이라고 생각해서 신청했습니다. 인도주의 의료에서 분명 저희가 맡을 일이 있다고 확신했거든요. 그러자 담당자가 말하기를, 이곳은 오직 의사, 간호사, 물류담당자만 자원봉사하는 곳이라고 했습니다. 그렇지만 기부할 의사가 있으면 하라고 했지요. 그래서 그렇게 했습니다.

의사와 심리상담사 사이의 미묘한 관계는 인도주의 정신의학이 생기기 전부터 이미 존재했고 지금까지도 그러하다. 오늘날 정신건강 프로그램 지휘자는 정신과의사이고 실무자는 심리상담사이다. 의사들이 1~2년에 한두 번 정도, 일주일 내지는 이주일 동안 현장을 방문하는 데에 그치지만, 심리상담사들은 6개월 내지는 1년 동안, 때로는 훨씬 더 오래 현장에 머문다. 이러한 상황은 의사의 사회적 지위가 높기 때문에 생기는 신뢰성의 문제이기도 하지만, 부차적으로는 심리상담사들이 고용시장에 넘쳐나는 데에 따른 고용 기회의 문제이기도 하다. 따라서 그 용어가 인도주의 '정신의학'이기는 하지만, 실제 일하는 사람은 대부분 심리상담사라는 사실은 기억해둘 필요가 있다.

정신건강 프로그램을 재해 지원활동에 도입한 일은, 흔히 생각하는 것처럼 트라우마가 정신질환에 속한다는 과학 지식을 발견함으로써 이루어진 것이 아님을 알게 되었다. 그 이유는 고통이 도덕의 범주이고 이에 동참할 책임의 인식이라는 윤리적 사고의 전환 때문에 시작된 것으로 보아야 한다. 1992년 루마니아의 부쿠레슈티에서 열린 학회인 '정신건강, 사회, 그리고 문화: 인도주의 정신의학을 향하여'에 관하여 세계의의사들 정신건강 프로그램 지휘자는 다음과 같이 회상했다. "회의 기간 내내 트라우마라는 단어는 나오지도 않았습니다. 관심의 초점은 전쟁, 재해, 가난, 난민 등 사회체제가 비틀리고 찌그러지고 파괴된 극한 상황에서 야기되는 정신적 고통에 관한 것이었습니다." 아르메니아 사건을 경험하고 몇 년 지난 후, 세계의의사들은 '소리 없는 고통도 돌봄이 필요합니다'라는 제목으로 공공캠페인을 진행했다.[11] 현장에서든 공공캠페인에서든, 초점은 '트라우마'가 아닌 '고통'에 있었고, 지원활동 참여 동기에서 가장 많이 언급된 단어도 '공감'이었다는 사실은 지원활동이 정신의학 영역이라기보다는 인도주의에서 비롯되었음을 알 수 있게 한다. "정신적 상처를 치료한다는 것은 그 무엇보다도 말하지 못한 고난과 공포에 언어를 부

---

11 1994년 세계의의사들은 '보이지 않는 상처도 돌봄이 필요합니다'라는 글귀가 적힌 대형 광고판을 지하철에 설치했다. "플래시도 없는 대형 간판에 흑백사진이 걸려 있었는데, 비참해 보이기보다는 아름답고 미학적이었다. 아주 잘해 놓았다"고 국경없는의사회 정신건강 프로그램 지휘자는 말했다.

여하는 것이다"라고 베아트리스 스탕불Béatrice Stambul은 세계의의사들 저널에 썼다.¹² 신체적 폭력과 인권유린이 연관되어 있음을 확인하는 것은 인도주의의 고유한 실천행위이고, 여기에는 깊숙이 감추어진 상흔의 확인도 포함된다. "치료적 활동은 신체장애와 똑같은 비중으로 정신적 고통을 인식하고, 보상 문제까지 포함한다." 따라서 인도주의 정신의학은 정신질환을 찾아내려는 것이 아니라 정신적 고통을 인식하는 데에서 시작된다. 그 행위는 의학적 진단과 평가가 아니라 공감과 감동으로 이루어진다.

얀 골드스타인Jan Goldstein은 18세기 말 이후로 근대 정신의학의 두 가지 원칙은 '위로하기와 분류하기'가 되었다고 말했다. 종교적 전통에서 위로가 파생되었고, 분류하기는 과학 발달과 궤를 같이 한다.¹³ 인도주의 정신의학은 위로를 강조하고, 분류하기에는 비교적 관심이 적다. 인도주의 정신의학은 질병진단을 필요조건으로 하는 의료의 한 분야로 등장하기 훨씬 이전부터 이미 윤리적 실천으로 행해지고 있었다. 고통에 동참하는 이유는 '트라우마' 때문이 아니다. PTSD의 발생빈도에 동의하지 않는 많은 정신과의사가 공개적으로 논란을 벌이지 않는 점을 감안하더라도, 트라우마는 단지 소급해서 설명하는 데에 사용하는 용어일 뿐이다. 흔히 말하는 인도주의 정신의학의 연대기는 전과 후가 바뀌어 있다. 그 시작이 인도주의이기 때문이다.

---

12 P. Stambul(1999).

13 Jan Goldstein(1987).

전쟁의 경계선에서

1988년 아르메니아, 1999년 터키, 2003년 이란의 지진과 같은 파괴적 참상은 인도주의 정신의학의 역사에 획을 긋는 사건이었으나 결정적인 전환점은 전쟁이었다. 자연의 힘인 지진은 사람을 구별하지 않고 어느 편도 들지 않는다. 반면 전쟁터에서는 어느 편에 설 것이냐가 즉각적인 문제로 다가온다. 전쟁은 결국 인간이 저지르는 폭력이고, 이때 양측을 공평한 관점으로 대하기는 어렵다. 국제 여론은 물론 국제 지원단체들도 누가 공격을 하고 누가 공격을 당하는지, 누가 억압하고 누가 억압을 받는지 알고 있다. 한때는 소련군과 아프간이었다가, 이라크인과 쿠르드인의 관계이기도 했고, 어느 때는 에티오피아인과 에리트레아인이기도 했다. 최근에는 러시아와 체첸, 세르비아와 크로아티아, 보스니아, 코소보가 그 현장이다. 분쟁은 도덕적 평가만큼 정치적 분석을 요구한다. 누가 선하고 악한지 판단하는 것은 대체로 그 지원단체가 속한 사회의 대중적 의견에 좌우된다. 체첸에 대한 러시아의 박해와 곧 이어진 아프간 국경 침범에는, 서로 다른 실익정책實益政策, Realpolitik을 펼쳤음에도 서구 대부분의 나라가 소련을 비난했다. 크로아티아, 보스니아, 코소보에 대한 세르비아의 연이은 공격은 비난의 대상이 되어 서구권이 대항했고 결국은 당시 설립된 지 얼마 안 된 국제사법재판소의 심판대에 오르게 되었다. 중립을 선언하면서도 실제로는 자연스럽게 어느 한쪽에 개입하게 된다. 그러나 항상 인도주의자들은 피해자의 편에 서왔다.[14] 이것은 윤

---

14 Rony Brauman(2000, p.65).

리에 관한 사안이다. 여기에서 정치를 말하는 것은 얼토당토않다.

그럼에도 인도주의활동단체 내부에서 견해가 서로 다를 경우, 명확해보이던 구분이 모호해지거나 정치적 배경을 지우지 못한 채 도덕적 평가를 하기도 한다. 이런 일은 드문데, 여기에 참여하는 사람들은 대체로 도덕관과 정치관을 공유하기 때문이다. 체첸에 있던 러시아 정권, 동티모르의 인도네시아 정권, 다르푸르의 수단 정권에 반대하는 인도주의적 견해는 국제법적 관점과 일치했고, 무엇보다도 서구에서 널리 공감하는 정의감에 기초한 것이었다. 그러나 유고슬라비아 사태는 그리 단순하지 않았다. 1999년 북대서양 조약기구 NATO가 세르비아 사태에 개입했을 때, 국경없는의사회 및 세계의 의사들을 포함한 많은 단체가 폭격을 피해 떠도는 코소보인들을 위해 임시숙소와 진료소를 설치했다. 공습이 끝나고 이들의 귀향 계획이 세워진 후에도, 정신건강 전문가들은 남아서 계속 이들을 돌보았다. 그러나 분쟁이 지속되는 동안 국경없는의사회의 그리스 지부는 세르비아 시민도 똑같이 폭력의 피해자라고 주장하며, 다른 지부의 반대에도 베오그라드로 시범활동을 떠나려고 했다. 그리스는 고대부터 세르비아인에게 우호적이어서 그들의 도덕적 평가는 다른 정치적 전제를 배경으로 한 것이었다. 그 결과 그리스 지부는 퇴출되었는데, 국경없는의사회 역사상 유래가 없던 이 제재로 모두 충격을 받았다.[15] 게다가 이런 불협화음은 전쟁 지역 활동에서 흔히 일어나고 있는데,

---

15 그리스의 정치적 판단을 용납하지 못한 것은 국경없는의사회만은 아니었다. 세계의사들 정신건강 프로그램 지휘자는 "그리스팀에는 다른 문제도 있었습니다. 동방정교회와 연관된 문제였는데, 나토 공습 당시 세르비아 피해자를 돌보러 떠났을 때 코소보인들은 신경 쓰지 않았습니다"라고 말했다.

이처럼 누가 피해자인지에 대한 견해는 다양하다. 완벽한 중립이란 불가능하고 인도주의자들은 항상 암묵적으로 어느 편엔가 서 있었음을 명백히 드러낸 사건이었다. 이스라엘-팔레스타인 분쟁은 이 사실을 극명하게 보여준다.

인도주의 정신의학이 가장 집중적으로 활동한 공간이 전쟁터라는 사실은 그리 놀라운 일이 아니다. 전쟁터는 적십자단체에서부터 국경없는의사회에 이르기까지 모든 인도주의단체가 첫 활동을 시작하는 곳이고, 군정신의학이 처음으로 트라우마를 임상적으로 경험한 곳이다. 클로드 바루아, 프랑수아 레비고, 기 브리올, 루이 크로크 등은 모두 파리의 발드그라스 군병원 교수들인데,[16] 이들은 인도주의 정신건강 전문가들이 활동하기 훨씬 이전부터 분쟁 지역에서 활동해 왔다. 이들은 그 계보상 제1차 세계대전 당시 '트라우마신경증'이라는 명칭으로 환자를 확인하고 분류하고 치료하고 저술활동을 한 계열에 속하며, 전방에서 귀향한 병사를 대상으로 광범위한 경험을 쌓은 사람들이다. 인도주의 정신의학은 전쟁 피해자를 돌보면서 불식간에 군정신의학과 연관되었는데, 나중에서야 이 사실을 깨닫게 되었다. 그러나 기본 전제는 그들과 전혀 달랐다. 인도주의 정신의학의 대상은 병사가 아니라 시민이라는 점에서 다르고, 트라우마의 진단 기준을 따진 것이 아니라 공감을 강조한다는 점에서도 다르다. 또한 치료에 그치는 것이 아니라 폭력의 증인으로 나선다는 점에서도 그 차이가 확연히 드러난다. 이 세 가지 차이점은 인도주의 정신의학이 새롭게 연 역사로서, 1세기 전에 군정신의학이 수립했던 전통과

---

16 이들의 저서 제목은 특이하게도 모두 동일하게 '트라우마 노이로제'였다.

는 확실하게 구별되어야 할 것이다. 나중에 군정신의학과 실로 우연히 조우하게 되는데, 예를 들면 군의사 교환제도를 통해 크로크 장군이 국경없는의사회 및 세계의사들과 연관성을 맺게 된 일이 있다. 군정신의학에서 트라우마는 진단범주로서 치료로 이어지게 하는 수단이었다. 인도주의 정신의학에서는 무엇보다도 고통을 야기하는 생생한 현실의 경험이 가장 중요하다. 필자들이 묘사하려는 것은 그 경험에 관한 것이다.

아르메니아 지진이 일어났을 때 최초로 결성된 인도주의 정신의학은 1990년대의 발칸 사태를 계기로 진화하기 시작했다. 그 사이에 루마니아 사태가 있었다. 감옥 같은 고아원과 황폐한 양로원에서 장애어린이와 정신질환자들이 불결한 상태로 감금된 채 방치되어 있던 실상이 폭로되었는데, 그곳에서 프로그램을 운영하던 세계의사들에게는 중요한 사건이었다. 그러나 트라우마적 폭력보다 오랜 극도의 빈곤이 만들어내는 심리 상태가 그곳에서는 더 큰 문제였다. 구舊유고슬라비아가 급격하게 해체되던 시기에 인도주의 정신의학 활동처는 전쟁터 같았다. 크로아티아, 그 후에는 보스니아, 그리고 코소보 사태는 정치가 어떠하든 간에 최소한 봉사활동은 어떠해야 하는지를 규정하는 계기가 되었다. 새로운 전문용어와 도구의 필요성을 인식하게 되었고, 드디어 트라우마와 PTSD가 언급되기 시작했다. 의무기록과 측정척도가 증상을 진단하는 데에 사용되었다. 그럼에도 이 진단범주와 언어가 충분히 인식되기까지는 시간이 필요했다.

일례로 구유고슬라비아 분쟁과 관련된 국경없는의사회 최초의 정신건강 프로젝트 보고서를 들여다보자. 1992년 11월 프랑스 내에서 시작된 이 프로젝트는, 보스니아-헤르체고비나 지역의 세르비아 수용소에서 해방된 60명의 이슬람교 보스니아 시민을 대상으로 했는데, 이들은 생테티엔Saint-Etienne 지방의 소나코트라Sonacotra [17] 숙소로 이송되었다. 그 보고서에는 수용소 수감에 따른 심리적 후유증이 상세하게 기록되어 있다. 그러나 보고서의 '트라우마 임상진료' 항목에는 PTSD 진단 시 사용되는 증상 기준이 전혀 기록되지 않았다. "자기가 누구인지를 설명하는 일상 언어의 소실" "무슨 일이 일어날지 예상할 수 있는 능력 상실" "박탈, 학대, 고문이 야기한 신체적, 심리적, 행동의 변화에 적응하기 어려움" 등이 기록되어 있다. 민족정신의학적 항목에는 "집단의식, 언어, 사회적 리듬의 기반이 되는 일상적, 문화적 배경의 상실"이라고 적혀 있다. 증상을 기록한 맨 마지막 항에 가서야 비로소 "사랑하는 가족이 더럽혀지고 모욕당하는 모습과 고문 가해자의 얼굴이 계속 되풀이해서 떠오르는 고통에 사로잡힌 상태"[18]라고 되어 있다. 이 기록에 사용된 언어는 DSM이 요구하는 표준 형식과는 동떨어져 있었다. 그때까지도 대부분 전통적 심리학 용어가 사용되었고, 비록 처음으로 'PTSD 측정척도'가 언급되기는 했으나 '융통성 있게, 상황에 맞추어' 사용되었다.

   PTSD 용어와 용법은 만들어졌지만 보스니아 생존자를 치료하는 데에는 사용될 수 없었다. 의사면허 소지자만 진료할 수 있었으므로 인도주의 지원활동가들의 행동반경은 세르비아군이 저지른 인종청소 현실을 알리기 위해 참상을 기록하는 일에 제한될 수밖에 없었다. "그 팀의 업무는 진료가 아니었습니다." "당시 작성된 보고서는 국제

---

17 노무자를 위한 주택건설 공사. 이곳에서 이주노동자를 위한 숙소를 제공한다.
18 Yves Gozlan & Pierre Salignon(1995).

형사재판소의 조사기소위원회Investigation and Prosecution Committee 실무기록에 포함될 예정이었습니다." '조사', '보고', '위임'의 초점은 최우선으로 증거를 찾아 모으는 것이었고, 이 절차 자체가 피해자에게 치료적 도움이 되리라 보았다. "트라우마를 설명할 고리가 이어져 있지 않다면 그 고리를 잇게 하고, 트라우마로 정신이 폐허가 되었다면 그것을 말로 표현하도록 돕습니다"라고 고즐란Gozlan과 살리뇽Salignon은 말했다. 더 안전한 프랑스 환경에서 실험적으로 시작했던 일은 나중에 구유고슬라비아 현장으로 이어졌고, 더 나아가 인도주의 정신의학을 실질적으로 발전시키는 밑거름이 되었다. 세계의의사들 역시 동일한 발전 과정을 거쳤다고 정신건강 프로그램 지휘자도 말했다. "크로아티아와 보스니아에서 정신건강팀은 사건을 재구성하고 배상에 관여했습니다." 주요 프로젝트는 '분쟁으로 트라우마를 입은 어린이들'을 위한 두가센터Duga Center 건립이었다. 인종청소와 포로 수용소는 유럽의 가장 어두웠던 시간을, 어둠의 뒤에서 자신들은 안전하다고 생각했던 바로 그 시간을 일깨웠고, 이러한 맥락에서 사건은 더욱 충격적이었다. 1990년대는 인도주의 정신의학이 전쟁터를 실습하던 시기이다. 이 시기는 경악할 사건으로 갑자기 막을 내리고 이제 전문분야로서 본격적으로 등장하게 된다.

코소보 분쟁이 시작될 때부터 정신과의사와 심리상담사들은 현장에서 활동하고 있었다. 따라서 트라우마의 장기적 후유증이 나타난 후가 아닌, 나타나는 그 순간부터 진료할 수 있는 위치에 있었다. 세계의의사들 정신건강 프로그램 지휘자는 이 점을 강조했다. "우리는 사건이 일어나기 전에 이미 코소보에 가 있었습니다. 그래서 우리가 분쟁 가능성이 있는 곳을 감시하고 있다는 말도 나왔습니다. 그러나 예견할 수 있는 전쟁이 있다면, 그건 바로 코소보 전쟁입니다." 나토군 공습이 재개되기 바로 전날, 현장팀은 (당시는 유고슬라비아 연방공화국이었던) 코소보를 서둘러 떠난다. 마케도니아, 알바니아, 그리고 나중에는 몬테네그로 근처 국경에서 현장팀은 피난민이 도착하는 대로 진료할 수 있도록 준비를 마쳤다. 팀원 모두가 정신건강 프로그램이 최우선임을 알고 있었다. "그것은 임시로 결정한 일이 아니었습니다. 그건 정말로…… 사태가 그렇게…….." 그녀는 머뭇거리면서 말했다. "집이 불타고, 키우던 가축이 학살당하는 현장을 보고 도망쳐 나온 사람들이, 퀭한 눈으로 삼삼오오 모여들어 수만 명에 이르렀습니다. 우리는 끔찍한 고문, 폭력, 처형 이야기 등을 들었지요." 그런 상황에서 정신과의사와 심리상담사가 필요했고 동료들도 모두 그렇게 느꼈다. 세계의의사들 책임자는 우리와의 면담에서 이렇게 말했다. "아주 단순한 일이 놀라운 결과를 이루어낸다는 말은 사실이더군요. 사람들을 모아 그룹으로 이야기를 나누면 훨씬 더 편안해했습니다. 트라우마 증상들을 모두 다 나타내는 사람과 이야기만으로 좋아질 정도의 트라우마를 가진 사람은 구분할 수 있었습니다. 많은 사람에게 '디브리핑'과 심리중재를 할 수 있었습니다."

중재활동은 난민 수용소에서 시작하여 그곳의 정신건강 의료제도 재건을 지원하는 것으로 막을 내렸다. 그 사이에 세계의의사들은 트라우마의 시간차에 대해 많은 것을 배웠다. 사건의 여파가 지나가고 이미 증상이 발현된 이후가 아니라, 사건 발생과 거의 동시에 인도주의 정신의학이 최초로 개입할 수 있었던 것이다. 그것은 지금은 '응급정신의학'이라 불리나, 당시에는 명칭이 없었다. 또한 누가 더 집중적인 치료를 필요로 하는지 확인하기 위해 처음으로 임상평가도

구를 체계적으로 사용했다고 한다. 체첸에서는 당시 인도주의 정신의학활동에 맞추어 조정된 '크로크 척도'가 사용되었다.

국경없는의사회도 코소보와 인접한 세 나라의 난민을 위해, 그곳 전통의료와 상호 보완된 정신건강 프로그램을 만들었다. 그러나 나토가 공습하는 동안 대부분의 활동단체가 집중했던 일은 코소보인들이 겪은 폭력에 관해 기록하는 것이었다. 당시 관심의 초점은 트라우마가 아니라 그것을 일으킨 사건이었다. 말하자면 후유증보다는 사건 자체에 더 관심을 가졌던 것이다. 그리하여 세르비아인 추방 사건이 실재했음을 확인하는 역학조사가 실시되고 서사적 설명을 결합한 보고서가 작성되었다. 이 보고서로 사건이 널리 알려지자 나토 군사작전이 정당성을 확보하는 데에 도움을 받았다.[19] 난민들이 귀향하자, 훈련 프로그램을 만들어 교사들이 귀향난민을 돕는 데에 앞장서도록 했고 의사의 면담 절차도 만들었다. 코소보에서 활동하던 프랑스 정신과의사 중 DSM 평가방법이 '지나치게 북아메리카적 진료방식'이라고 생각한 사람들은 자신의 '임상경험'에 따라 정신건강에 문제가 일어날 가능성이 있는 사람들의 집으로 찾아갔다. 그럼에도 트라우마를 전문적으로 진료하는 데에는 한계가 있었고, 다양한 정신질환에 직면하자 좌절하지 않을 수 없었다. 심리상담사는 이를 다음과 같이 설명한다.

---

19 국경없는의사회 보고서, 〈코소보: 강제이주에 관한 설명〉을 바탕으로 1999년 4월 30일자 프랑스 일간지 〈리베라시옹〉(Libération)은 '코소보, 인도주의 연구'라는 제목의 기사를 일면에 실었다. 그 보고서는 세르비아 정부가 저지른 '인류에 대한 범죄'를 증언하는 내용을 담고 있다.

제가 가장 힘들었던 시간은, 그 사람들이 실제 트라우마를 받았다기보다는 이미 오래전부터 고통에 시달리고 있었다는 것을 깨달은 순간이었습니다. 그들은 이미 오래전부터 아팠던 것이지요. 우리는 엄청난 도움이 절실한 사람들을 만났는데, 도움을 제공할 여건이 안 됐습니다. "미안합니다. 저희 능력으로는 아이를 치료하지 못합니다." 이 말을 해야 했던 순간이 괴로웠습니다.

모든 봉사활동단체가 이런 경험을 했다. 전쟁으로 의료제도의 체계가 악화되고 붕괴되면서 치료가 중단된 일반 정신질환이 트라우마보다 더 큰 문제로 부상했다. 그러나 이런 기존의 정신질환은 인도주의 정신의학 활동범위 밖의 일이었고, 게다가 지원활동가들은 귀국해야 했다. 응급상황이 종료되었기 때문이다.

인도주의 실천의 선구자들

크로아티아, 보스니아, 코소보는 물론 아제르바이잔 분쟁 이후의 아르메니아, 제2차 러시아 침공 시의 체첸, 제2차 인티파다 동안의 팔레스타인……. 이렇게 인도주의 정신의학의 지형도를 그려나감에 따라 서서히 잔인한 간극의 모습이 드러나기 시작했다. 그 간극은 아프리카 대륙에 놓여 있다. 시에라리온에서 수단까지, 라이베리아에서 콩고까지. 르완다의 1994년 투치족 인종말살 사건을 정점으로 한 1990년대는 아프리카대륙 잔혹사로 점철된 10년이었다. 이 잔혹사는 유엔을 비롯한 국제공동체 코앞에서 벌어진 일이었을 뿐만 아니라 그곳 현지 지원단체들도 무력하게 지켜보는 수밖에 없던 일이다. 단체 중에는 국경없는의사회와 세계의사들도 있었다. 키갈리에서 수일에 걸쳐 테러가 일어났을 때, 지원단체에 고용된 원주민 보조인력 수백 명이 학살당하는 것을 그저 지켜보기만 해야 했을 때, 위험을 무릅쓰고 수도首都의 거리로 나갔다가 무참히 살육된 시신이 산더미처럼 쌓인 걸 보았을 때, 겨우겨우 병원에 도착한 부상자들이 다시 끌려 나가 처형당하는 것을 지켜볼 수밖에 없었을 때, 후투족 군인들이 부상자 치료를 막으려 온갖 짓을 할 때. 이러한 참상을 겪고 살아남은 사람에게는 이 임무가 그동안 겪었던 일 중 가장 가혹한 것임이 분명했다.[20] 백만 명에 달하는 사람이 잔인하게 몰살당하고 마침내 불안정하나마 평화가 찾아왔을 때 상상할 수 없을 정도의 심리적 후유증이 펼쳐졌고, 이에 정신건강 전문가들은 망연자실했다. 이런 현실이 존재함에도 저쪽 세상에서는 트라우마 진단 기준에 근거한 치료방식만 신경썼다.

1996년이 되어서야 세계의사들은 처음으로 프로그램을 만들게 되었는데, 이를 주도한 곳은 정신의학이 아니라 공중보건 분야이다. 국경없는의사회가 어느 한 난민 수용소에서 일어난 학살 사건을 비난하자 르완다 정부는 국경없는의사회를 추방했다. 그곳의 심리적 돌봄의 필요성을 주제로 1996년 벨기에팀이 일련의 모임을 가지

---

20 이에 관한 가장 통렬한 증언은 르네 카라빌레(René Caravielhe)의 것으로, 그는 국경없는의사회 키갈리 임무팀원이었다. 지원활동가로 일하는 동안 훼손된 시신을 수없이 많이 보았으나, 그곳처럼 처참하지는 않았다고 말했다. 그의 동료는 "르완다 임무가 처음도 아니고 마지막도 아니었지만, 그곳의 22시간은 나를 트라우마 환자로 만들었다. 6년을 견디다가 정신치료를 받으러 갔더니, 내가 PTSD를 가지고 있다고 진단되었다"고 편지를 썼다. 그는 얼마 지나지 않아 자살했다.

기는 했으나, 국경없는의사회는 말을 아꼈다. 유럽 국경 바로 옆에서 벌어진 이 사건의 유죄를 강력히 확신하면서도 어떻게 즉각 진실을 알리지 않고, 심지어는 말을 아끼기까지 할 수 있었을까? 이 질문은 하기도 어려웠지만, 그 답도 복잡하고 지극히 괴로운 일로 밝혀졌다.

소아정신과의사 미셸 드샹브르Michel Dechambre는 1995년 국경없는의사회가 정신건강 프로그램의 실행 가능성을 알아보기 위해 르완다 답사임무를 맡았던 때를 회상했다. 그는 자신이 그 프로그램에 반대했음을 놀랄 만큼 솔직하게 말해주었는데, 그의 말에서 당시 정신과의사들이 왜 그런 태도를 보였는지를 짐작할 수 있다.[21] 그는 다섯 가지 근거를 들어 프로그램을 반대했다고 한다. 첫째, 집계된 잠정적 피해자 수는 정신건강 전문가들이 감당할 수 있는 한계를 넘어서는 것이었다. "몇 십 명, 혹은 수백 명, 많게는 수천 명의 사람에 관한 일이 아니었습니다. 마음과 영혼까지 상처받은 아이들이 수만 명에 달했습니다." 둘째, 당시 그 사람들에게 필요했던 치료는 봉사단체가 기획한 바와는 정반대의 것이었다. "강력한 언론 캠페인과 성명서를 통해서 효율적이고 신속하게 활동하는 봉사단체의 이미지를 뚜렷하게 만들려 했으나, 르완다에 필요한 것은 "그때까지 겨우 명맥만 유지하던 그 나라의 의료체제를 재건하여 광범위하고도 지속적인 의료활동을 해주는 것"이었다. 셋째, 그곳의 트라우마는 그 특성상 심

---

21 그가 관찰한 바는 '국경없는의사회, 르완다 예비활동 임무의 실패에 관한 설명'이라는 제목으로 《메디컬 뉴스》 7, no.2(1998)에 실렸다. 베르나르 도레이(Bernard Doray)는 1995년 유니세프 지원 하에 키갈리에 국립트라우마센터를 설립하는 사업에 참여했다(2000, p.124). 드샹브르보다 덜 가혹하게 표현했을지언정 도레이 역시 명확했다. "르완다인 치료자가 한 명도 없었다는 점이 한 가지 이유라면, 문화와 언어를 공유하지 못하는 외지인은 트라우마를 가진 이들과 섬세하게 관계를 맺어나갈 수 없었다는 점이 또 하나의 이유다."

리적으로 접근하는 데에 세심한 주의가 필요했다. 자연재해에 의한 것도 아니고, 적국 사이에 벌어진 전쟁에 의한 것도 아니었다. 생존자들이 말했듯이 "형제일지라도 죽여야 한다고 했기 때문에 서로 죽여야만 했던 전쟁이었다." 그 결과 많은 사람이 자신을 '짐승 떼 중 한 마리'라고 느꼈다. 넷째, 평화가 정착될 전망이 보이지 않았다. '정서적으로 또 물리적으로 안정되어야만' 자기성찰이 가능하다는 점에서 자기성찰을 전제로 하는 심리치료는 시기상조였다. 끝으로, 파견된 외지인과 지역주민 사이에 긴장감이 고조되어 있어서 '치료자와 환자 사이의 신뢰감'을 형성할 수 없었다. 그곳에서 가능했던, 또한 필요했던 오직 한 가지는 자신의 경험을 말할 수 있게 해주고 '귀를 기울여주는 것'이었다고 드샹브르는 말했다.

    수많은 장애가 나열될 때 대개 그렇듯이, 그 밑에 숨겨진 실제 이유는 행간을 읽어내야 보일 때가 많다. 그러한 경우가 바로 이 경우였다. 드샹브르가 내세운 빈틈없는 근거들을 관통하는 실마리는, 실은 어느 누구도 솔직하게 말하지 못했던 문제점에 대한 변명이라는 것이다. 말하자면, 실재하는 차이를 극복하기 어렵다는 인식이었다. 가장 큰 차이는 문화적 차이였고, 심지어 지정학적 차이도 있었다. '서구언론'은 르완다인을 '괴물'로 묘사했다. 지원활동가들은 이들과 일할 준비가 되지 않은 '서구인'으로 그려졌다. 궁극적으로는 '서구적 방식으로는 현실적인 지원을 제공할 수 없다'고 깨닫는 것으로 귀결된다. 곧이어 이 차이는 인종에 관한 언어로 표현되었다. "'검은 양심', '검은 종교'는 백인으로서는 이해하기 어렵고, '검은 진리'는 백인의 것이 아니었음을 깨닫게 되었다." 이런 식으로 문제를 표현하는 일은 흔치 않았으나, 드샹브르는 인도주의 정신의학이 마주하는 통렬한 진실을 말했던 것이다.

    트라우마의 현실을 직시하기 위해서는, 무엇보다도 인류학적 의미의 타자성을 배제할 필요가 있다. 폭력의 피해자인 타자는 나의 또 다른 자아로서 나와 똑같은 정신적 구조를 가지고 있고, 사건에 똑같이 반응하고, 상실감으로 똑같이 괴로워한다고 상상할 수 있어야 한다. 동시에 그들의 이야기에 귀 기울여 듣고 있다는 신뢰감을 줄 수 있어야 한다. 피해자가 도움을 받아들이는 것은 신뢰할 정도로 친밀해질 가능성이 있음을 나타내는 신호이다. 르완다에서는 이 두 가지 조건이 결여되었던 것이다. 서구인 지원활동가들은 르완다인들이 피부색, 역사, 인구수에서 근본적으로 자신과 다르다고 보았고, 또한 서구인들은 그들을 이해하지도 못하고 배신할지도 모른다고 생각하여 마음을 열려 하지 않는다고 보았다. 근원적 타자성이 이렇게 노골적으로 문제시된 경우는 드물었으나, 사실 이런 문제는 곳곳에 널려 있다. 2000년 1월, 시에라리온에 파견된 국경없는의사회가 시민전쟁 피해자에게 정신건강 프로그램을 가동해야 한다고 보고했는데, 본부는 오랜 토의 끝에 이 요청을 기각했다. "매우 다른 전통적 사고방식과 문화를 가진 집단에게 심리지원 프로그램을 적용할 때 과연 성공할 수 있을지는 의문입니다."[22] 정신과의사 크리스티앙 라샬의 말이다. 2001년 3월 국경없는의사회 프로그램 지휘자는 아프리카에 아직

---

22 라샬은 '주변 환경 문화'를 고려해야 하며, '횡문화 정신의학'적 사고가 필요할 때가 있다는 입장을 고수했다. 특히 전쟁은 그 자체로 '문화'로 보아야 한다고 강조했다. "가장 상상하기 어려운 것은, 최첨단 방식으로 심리적 조건반사를 만들어 어린이들을 군인으로 탈바꿈하는 것인데, 지금 관점에서 보면 정신과에서 집단치유 목적으로 사용하는 정화방법을 이용하여 어린이를 희생시키는 일입니다."

도 정신건강 프로젝트가 도입되지 않은 사실에 놀라워했다. "정신건강서비스는 오직 유럽인에게만 이롭다고 생각하는 것 같습니다. 그렇지만 아프리카도 이 서비스를 필요로 한다는 것을 정말로 보여주고 싶습니다."

국경없는의사회에 인도주의 정신의학을 도입한 사람들은 프랑스 내에서 민족정신의학ethno-psychiatry을 활성화한 사람들이고, 이것이 민족 간의 차이를 인정하는 기본 관점을 가진 분야임을 고려하면, 문화적 차이 때문에 아프리카에서 프로그램을 시행하기 어렵다는 말은 모순이다. 저자들이 이 문제를 정신건강 프로그램 운영 책임자에게 물었더니, 그녀는 아프리카의 르완다, 시에라리온, 모잠비크 등에서 수차례나 실패한 시범활동에 대해 이야기했다. "나라마다 각기 다른 이유가 있었는데, 아마 구조적 맥락과 연관된 문제였을 겁니다." 말하자면 문화적 차이가 그 이유였다는 말이다. 그러나 필자들이 찾아내려는 진짜 이유는 다른 문화의 '그 무엇'이 아니라, 인도주의 내부의 '그 무엇'이다. 국경없는의사회 아르메니아팀에서 운영 책임자로 일했던 한 간호사는, 아르메니아 지진을 계기로 프로그램에 발을 들였는데, 그로부터 10년이 지난 어느 날 우리와의 면담에서 다음과 같이 말했다. "아프리카 난민 수용소에 정신건강 프로그램은 없습니다. 있어야 한다고는 생각합니다. 그러나 너무 많은 문제가 복잡하게 얽혀 있다고 생각했습니다. 바로 문화와 관련된 문제이지요." 아르메니아에 관한 설명은 이와 달랐다. "그곳에는 무언가 마법과 같은 것이 있었습니다. 그저 눈을 들여다보는 것만으로도 뜻이 통했습니다. 마치 유럽인을 마주하는 것 같았지요. 아프리카 여러 곳에서 일했는데, 우리와 똑같은 사람들이라고 느낀 나라는 아르메니아가 처음이었습니다." 그녀가 느낀 동질성은 실로 존재론적이다. 모두 한 인류라고 느끼게 하는 동질성이다. 그러나 아프리카는 오랜 세월 이 동질성의 가장자리에 머물러 있었다.

우리는 이 말이 논쟁적으로 받아들여지지 않기를 바란다. 우리가 말하고자 하는 것은 국제 봉사지원활동의 현실적 문제이고, 지원활동가들이 겪는 어려움에 관한 것이다. 이미 알고 있을 수도 있으나, 이름 지어 이야기되지 않은 것이다. 인도주의 정신의학의 활동은 휴머니티의 이름으로, 단일한 종種에 속하는 모든 인간의 이름으로, 그리고 구체적 가치관인 휴머니즘의 이름으로 행하는 일이다. 그리하여 극단적 폭력의 실상을 언어화하고 증언하기 위해 트라우마라는 용어가 사용될 때, 비인도적인 것에 대한 분노는 강렬해지고 존재론적 모순과 마주서야만 한다. 모든 전쟁이 이런 질문을 던지지만, 최근 아프리카 분쟁에서 생기는 잔혹함[23]은 더욱 절박한 질문을 던진다. 한편으로는 전쟁의 참혹함을 말하기 위해 어디에나 다 트라우마를 적용한다 하여도, 심리적 후유증을 가라앉힐 구체적 프로그램의 확립으로 이어지지는 않는다. 왜 우리는 유럽보다 아프리카에서 일어난 비인도적 폭력에 더 거리를 두어야 하는가? 아마도 아쉴 음벰베Achille Mbembe가 지적한, 점진적으로 심화되어온 아프리카의 타자화의 역사에서 그 설명을 찾을 수 있을지 모르겠다.

이론적으로도, 실제로도, '타인'의 살과 뼈를 나의 것과 같은 것으로 인

---

23 게오르게 모세의 저서 《전몰장병: 양차 세계대전의 기억 재구성》(Fallen soldiers: Reshaping the memory of the World Wars, 1990)에서 사용된 말이다.

식하는 것, 타인과 내가 하나의 인간 본성, 하나의 휴머니티를 공유한다는 생각은 서구가 오랫동안 고민해왔고 지금도 고민하는 문제이다. 그러나 그 대상이 아프리카일 때는 '완전한 타자'라는 개념이 가장 광범위하게 적용된다.[24]

트라우마의 경우, 타자의 '살과 뼈'는 '영혼과 정신'으로 확장되어야 하는데, 음벰베가 지적했듯이 지원활동가들은 이렇게 접근하기 어려워했다. 이들이 확인한 존재론적 차이는 인류학적 차이에서 비롯된 것이기도 하다. 신체적 치료가 절박하기에 심리적 치료를 충분히 지원하지 못하는 현실에 실망한 정신과의사와 심리상담사들도 이 문제에 주목했다. 오직 국경없는의사회만 아프리카에 정신건강 프로그램을 도입했다. 2000년 콩고 시민전쟁 때 강간 피해자 여성을 돕기 위해서였다. 에이즈AIDS 예방용 항바이러스제 처방이 PTSD 상담보다 우선했다고 그들은 씁쓸하게 말했다. 그 프로그램에는 한 명의 콩고인 심리상담사와 외지에서 파견된 한 명의 정신과의사뿐이었고, 그것도 단기간 동안만 가능하여 겨우 여성 50명만 치료할 수 있었다.[25] 그럼에도 보고서에는 활동성과가 만족스럽다고 적혀 있었다. "끔찍한 상황에 처한 사람들에게 다가간 행동은 바로 윤리의 이름

---

24 《포스트식민주의》(On the post-colony, 2001)에서 음벰베는 "일상의 담론이나 학문적 서사에서도 아프리카 대륙은 항상 '타자' 그 자체로 그려진다. 라캉이 말한, 접근할 수 없는 '(대문자로 표현한) 타자'와 유사하다"고 기술했다.

25 레미 로메(Rémy Lomet)가 세계의의사들 보고서에 쓴 보고서에는 르완다의 현실이 나온다. "사건 이후, 소위 '지식인'의 대규모 학살 이후 살아남은 르완다인 정신과의사는 한 손으로 꼽을 수 있을 정도로 줄어들었다. 그리고 문화적 언어적 장벽으로 인해 파견된 외지인 정신과의사가 심리치료를 한다는 것은 현실성이 없는 말이다."

으로 이루어졌다. 그것은 새로운 인도주의에 들어 있는 것이 아니라, '위로, 돌봄, 증언'의 행동에 담겨 있다."[26] 콩고에서는 비록 어렵고 제한된 조건일지언정 아프리카인들이 처음으로 지원활동가들과 함께하는 도덕공동체에 참여했다. 뒤늦게나마 한걸음 진전하게 한 이 일은 수호하는 가치와 실제 행동 사이의 간극과 인도주의가 옹호하는 추상적 휴머니티와 실제로 접촉하는 인간 사이의 간극의 차원을 드러낸다. 의미심장하게도 이러한 진전을 가능케 한 것은 트라우마가 인류 모두에게 보편적인 경험이라는 인식이었다.

    그렇다면 이 새로운 윤리의 세 가지 원칙인 위로, 돌봄, 증언은 어떻게 실천되고 있는가? 그때 트라우마의 자리는 어디에 위치하는가? 그 답을 찾기 위해 이제 우리는 인도주의 정신의학의 가장 상징적인 프로젝트인 팔레스타인으로 가려 한다.

---

[26] Asensi, Moro & N'Gaba(2001).

8장

팔레스타인

2000년 9월 28일 아리엘 샤론Ariel Sharon이 예루살렘의 한 지역을 방문한 다음 날, 알아크사 인티파다al-Aqsa Intifada라고도 불리는, 이른바 제2차 인티파다가 시작되었다. 예루살렘은 팔레스타인 사람들이 성스러운 사원이라 생각하는 곳이다. 그곳에 기반을 세운 국경없는의사회와 세계의사들은 이미 수년 동안 주로 정신건강 분야에서 활동해오고 있었다. 인도주의 정신의학이 이 두 단체의 주요 활동분야였던 셈이다. 국경없는의사회가 첫 기획활동을 시작한 곳은 1988년 팔레스타인이었는데, 그로부터 6년이 지난 후 제닌Jenin 난민 수용소에서 수년간의 분쟁으로 트라우마를 입은 사람을 대상으로 첫 정신건강 프로그램이 가동되었다. 6년에 걸친 제1차 인티파다가 워싱턴 평화협정으로 끝난 직후의 일이다. 3년 후 심리지원활동은 막을 내리고 이어서 이스라엘 감옥에 수용되었던 사람과 영양실조에 걸린 헤브론의 아이들과 어머니들을 위한 새로운 프로그램이 시작되었다. 한편 세계의사들은 1995년부터 팔레스타인 국경지대에서

의료활동을 해왔다. 1998년에는 정신건강 분야로 그 활동 영역을 넓혀, 팔레스타인 NGO와 함께 동예루살렘 약물중독 젊은이를 위한 프로젝트를 만들고, 심리 문제의 인지도를 높이기 위해 지역의료 전문가들의 단기연수과정을 운영했다. 비록 제한적이었지만 그동안 트라우마에 개입해서 얻은 경험과 배경지식도 어느 정도 쌓여 있었기에 지역 단체들과 체계적 관계를 맺을 수 있었다. 그러나 제2차 인티파다의 발발로 국경없는의사회와 세계의의사들은 전혀 다른 새로운 방향을 설정해야 했다.

이스라엘과 팔레스타인 사이의 분쟁이 재개되면서 주로 팔레스타인 경계 지역 거주민의 사상자가 증가하자, 두 단체는 우선 원래 했던 활동으로 복귀해야 했다. 외과의사와 마취과의사, 그리고 팔레스타인 의료팀을 지원할 의사가 긴급히 필요했기 때문이다. 그러나 답사 결과, 팔레스타인에는 숙련된 팔레스타인 의료진과 병원설비가 충분했다. 달리 말해서 전형적인 의료 요구도는 충족되고 있었던 것이다. 2000년 10월 27일 국경없는의사회 이사회에서 한 이사는 이렇게 말했다.

팔레스타인에서 방금 돌아왔는데, 4년 만에 간 겁니다. 상황이 많이 달라졌더군요. 특히 외과 분야에서는 우리가 할 일이 별로 없었습니다. 팔레스타인 의료팀은 설비도 좋고 잘 조직되어 있었습니다. 그러나 상황이 악화될 때를 대비해서 우리가 그곳에 있어야 할 필요는 있습니다. 팔레스타인 사람의 좌절과 절망이 상당합니다!

국경없는의사회 파리 주재 팔레스타인 프로그램 조정자가 설명했듯이, 의사회 소속 두 명의 정신과의사와 의논하여 정신건강 프로그램을 만들기로 결정했다. 3일 후, 정신과의사와 심리상담사 각각 한 명으로 구성된 팀이 가자지구에 도착했다. 이들은 '외상 후 스트레스'를 겪는 두 팔레스타인 가족들을 관찰하고 프랑스로 돌아와서 '이동진료체계'를 포함한 구체적인 기획서를 제출했다. 몇 달 후 중동 프로그램 관리 책임자도 동일한 결론을 제시했다. "팔레스타인 지역에는 좋은 설비와 숙련된 의료진이 있습니다. 더 할 것은 없습니다. 의료체계가 발달된 나라에 건의할 수 있는 일은 오직 정신건강 분야뿐입니다." 그러므로 지원 임무는 정신건강에만 초점을 맞추어야 했고, 특히 프로그램 조정자가 명칭을 붙인 '심리외상psychotrauma' 주제에만 집중하게 되었다.

그러나 현장에는 예전과는 다른 새로운 점이 있었다. 사건의 시점으로부터 얼마간의 시간이 흐른 뒤의 일이 아니라 사건 직후의 일이라는 점이었다. 유고슬라비아나 잉구셰티아에서는 전쟁 발발 이후 몇 주 혹은 몇 달이 지나서 개입할 수 있었고, 코소보의 경우는 더 짧았다. 따라서 PTSD가 얼마간은 확인된 상태에서 일에 착수했다. 반면 가자지구와 요단강 서안지구에서 정신건강 전문가들이 개입했던 시점은 사건 직후, 즉 집이 부서지고 아이가 죽고 시민이 총격을 당하고 인근에 폭탄이 떨어진 지 겨우 몇 시간 후였던 것이다. 그때는 PTSD가 발현될 때가 아니었다. 비록 비슷한 임상경험에서 나온 '급성 스트레스'와 전쟁사에서 '참호 정신의학'[1]이라 일컫는 경우가 있

---

[1] 팔레스타인 지역에서 활동했던 국경없는의사회 소속 정신과의사와의 인터뷰 내용에 따르면, "군의관들은 급성 스트레스에 익숙해서 어떻게 다뤄야 하는지를 알고 있다. 기본적으로 세 가지 원칙이 있다. 시간적으로는 즉시 치료한다. 공간적으로는 즉석에서 치료한

었으나, 사건 직후의 상황은 여태껏 경험하지 못해 본 것이었다. 국경없는의사회 정신건강 프로그램의 책임자는 이렇게 설명했다.

> 그 시점까지는 늘 응급상황이 끝난 후에 개입했습니다. 외과의사 등이 먼저 들어가고, 상황이 안전해진 다음에 우리가 들어가서 활동을 했습니다. 심리적 고통은 저절로 사라지지 않으니까요. 그런데 영국과 미국의 많은 연구에서 나타난 바로는 임상증상이 발현되기 전, PTSD가 형성되기 전에 이루어지는 조기 개입이 중요하다고 합니다. 우리는 사건이 막 일어나고 있는 상황에 맞닥뜨리게 된 것입니다.

아르메니아에서부터 시작된 초기의 임무와는 달리 이번 활동은 최초로 정신과적 개입의 필요성을 정당화하는 것으로 보였다. 그러나 'PTSD 발현 이후'에서 'PTSD 발현 전'으로의 이동이 불러일으킨 반향은 임상에 국한되지 않았다. 이제 정신과의사들은 정정당당하게 인도주의 활동의 중심에 서게 되었다. 시공간적으로 이제 더는 후방에 머물지 않고 최전방으로 나아가 부상자들을 대상으로 활동할 수 있게 된 것이다.

그러나 해결되지 않는 질문 한 가지가 남아 있었다. 정신과의사들이 '거기에 있어야 할' 이유가 무엇인가? 세계의의사들 중동 프로그램 책임자는 이렇게 말한다. "거창하게 말하자면, 우리 단체의 설립취지는 '치료와 증언'입니다. 그리고 사실 정신적 상처는 증언에

다. 그리고 (논쟁의 여지가 있지만) 군인을 전장으로 돌려보낸다. 군 정신과의사는 사실상 최전선에서 일해왔다. 우리는 군의관은 아니지만 세 원칙 중 앞의 두 가지를 고수해왔다."

용이하게 사용될 수 있습니다. 그렇다고 정신건강 프로그램이 급격히 증가한 현상이 이것과 연관되지는 않았을 겁니다." 그 프로그램이 증가한 지역이 정상적으로 활동하기 어려운 심한 분쟁 지역이었다는 점을 고려하면, 왜 활동의 초점이 치료에서 증언으로 전환되었는지 이해하기 쉬울 것이다. 팔레스타인 지역에서 활동한 내용을 보면, 인도주의 정신의학이 가진 '부가가치'는 진료보다는 증언에서 더 두드러지는 듯했다. 차라리 프로그램의 의의는 연대감을 보여주는 데에 있다고 말할 수 있을 것이다. 지역 수준에서는 마주친 개개인을 배려하고, 국제적 수준에서는 분쟁의 공적 증언을 했다. 가자지구 국경없는의사회 구성원은 이렇게 말했다. "의학적 관점에서 엄밀하게 보면, 우리 일은 긴급한 필요에 의한 것이라기보다는 일종의 임시 정신치료이자 연대의식을 보여주기 위한 것입니다." 프로그램 책임자들은 "증언과 의료적 개입의 복잡한 상관관계"를 강조하며 이 점을 명확히 하고자 했다. 의료적 개입으로 증언이 정당화된다는 것이다.

이것은 현장의 증언입니다. 의사, 심리상담사, 가족들이 매일 만나면서 만들어지는 사실의 증언입니다. 고통받는 모습을 보면서 전쟁이 그들에게 어떤 충격을 주었는지 말해야 한다는 책임을 느낍니다. 우리의 과제는 팔레스타인 분쟁 지역에서 실제로 목격한 것을 설명하는 것뿐입니다. 치료적인 측면에서도 증언은 특히 가족들에게 중요합니다.

이리하여 '증언하기'는 인도주의활동의 정치적 의사 표시이자 의료활동으로서의 궁극적 존재 이유가 되었다.

증언의 필요성

1859년 솔페리노 전쟁에서 수많은 병사가 치료도 받지 못한 채 죽어가는 참상을 보고 인도주의운동이 싹을 틔웠다. 인도주의의 첫 세대 인물은 앙리 뒤낭Henri Dunant으로, 그는 1863년 부상자지원국제협회(1875년 국제적십자사로 개명)를 설립했다. 그 시대에는 전쟁 피해자를 돌보았지만, 후일 그 대상이 민간인에게까지 확대되었다. 20세기를 거치는 동안 이 운동은 여러 차례 장애물과 맞닥뜨렸다. 특히 소비에트 연방, 그리고 무엇보다도 나치독일과 타협해야 했다. 어디에나 있는 피해자를 돌보기 위해 나치를 비난하기보다는 타협하기를 선택했던 것이다. 비아프라 전쟁 중, 적십자사에 고용된 프랑스 의사집단은 적십자사가 지원 확보를 위해 비밀리에 협상한 사실에 격분하여, 그들 스스로 비아프라인종말살반대협회Committee Against the Genocide in Biafra를 설립했다. 하지만 증언 문제로 갈등하면서 인도주의 2세대로 이어졌다. 그 선두에 선 사람이 베르나르 쿠슈네르로, 1971년 국경없는의사회를, 1980년에는 세계의의사들을 창설했다.

로니 브라우먼Rony Brauman은 이들의 좌우명을 이렇게 기록했다. "행동하고 말하고, 치료하고 증언한다." 그는 이 두 활동을 결합하려는 시도가 애초부터 모순에 부딪힐 수밖에 없었다고 기술했다.[2] 국경없는의사회 헌장에는 '엄격한 중립과 공평함'이라는 표현이 나오는데, 이 원칙은 범죄 및 가해자 고발과 양립하기 어렵다. 2001년 국경없는의사회 총회에서는 현장활동과의 연관성이 희미해진 '중립성'의 조항을 존치시킬 것인지에 관해 큰 논쟁이 벌어졌다. 오늘날에도 의사회의 가장 큰 내부적 갈등 요인은 바로 이 두 가지 목표 사이의 균형이다. 증언은 (대형 재난에서는 때로 무대의 중심을 차지하기도 하지만) 지속적 진료활동을 위태롭게 하여(1985년 국경없는의사회는 에티오피아에서 추방당한 바 있다) 비생산적일 뿐만 아니라, 실제로 언설이 행동을 대체해나갈 수도 있다. 이 점에 관해서는 역대 회장들이 강조하며 지적한 바 있다. 국경없는의사회 회원들을 일컫는 '응급활동가'라는 단어는 회원 스스로 삼가기 위하여 제한적으로만 사용되는데, 인도주의의 역사적 기원을 일깨우기 위하여 점차 많이 사용되고 있다. 마찬가지로 적십자사와의 밀접한 연관성을 공개적으로 인정함으로써 인도주의 운동의 기본 원칙으로 돌아가야 함을 보여주고자 했다. 이는 주요 모순점 중 하나이다. 세계의의사들은 국경없는의사회와 이견을 빚으면서 만들어진 단체인데, '간섭할 권리'를 주장하는 쿠슈네르를 중심으로 언제든 증언과 진료활동을 병행할 태세를 갖추고 있다. 그러나 증언을 특징짓는 문제들의 변이성과 다양성이 무엇이든 간에, 증언이 2세대 인도주의의 가장 특징적 양상임은 확실하다. 물론 이 특징은 인도주의 영역을 넘어서 역사적 맥락 위에 놓아야 한다. 현대사회는 이제 '증언의 시대'[3]로 들어섰다. 아네트 비비오르카Annette Wieviorka는

---

2 실제 브라우먼이 올바로 지적했듯이(2000), 세계의 문제에 대해 공개적으로 말하는 시대가 되었지만, 두 개의 패러다임, 즉, '제3세계론자(third-worldists)'와 '무국경주의자(sans-frontierists)'로 양극화되어 있다. 전자는 집단행동에 영향을 주는 장기 프로젝트를 선호하고, 식민지 지배를 새롭게 재생산하는 국제질서에 대해 공개적으로 비판한다. 후자는 단기적 행동을 선호한다. 사업은 주로 개인의 고통을 줄이는 일에 국한하는데, 대중의 인지도를 높이기 위해 언론 캠페인도 동원한다.

3 '증언의 시대(The Era of the Witness, 2006)' 포춘오프 아카이브 프로젝트의 이스라엘 지역 책임자인 나단 베라크(Nathan Beyrak)가 인용되었는데, 그는 프로젝트의 목표를 다음과 같이 기술했다. "많은 사람 중 한 사람을 구하기 위함이다. 구술사에서 중심적인 개념이 친밀감(intimacy)이다." 이것은 인도주의적 증언의 역할이기도 하다.

나치 수용소 생존자들의 방대한 양의 증언을 일컬어 이 표현을 사용했는데, 특히 포춘오프Fortunoff 자료(예일대 소장)와 스필버그의 유대인 필름과 영상물 자료(〈쉰들러 리스트〉 감독판 파생자료)가 그에 포함된다. 그러나 인도주의 2세대에서 증언 양상은 급격히 변화하고 있다. 인도주의단체의 증언에서 흔히 들리는 소리는 피해자의 소리가 아니라 단체가 지정한 대변인의 소리이다.[4] 다시 말해서, 국경없는의사회와 세계의의사들은 직접 피해자의 목소리를 자기들 단체 보고서인 간접증언으로 대체해버린 것이다. 물론 단체 사람들도 현장에 있었고, 피해자 편에 서서 대신 말할 각오를 한 사람들이었다는 점은 의심하지 않아도 된다. 그러나 이런 식의 간접증언에는 반드시 문제점이 뒤따른다. 우선 피해자가 경험한 일의 일부만 알고 있다는 문제가 있다. 악조건의 상황에서 이루어진 단지 몇 분 동안의 대화에서 찾아낸 것은 경험의 극히 일부분에 지나지 않으며, 게다가 피해자는 상대가 인도주의단체 소속임을 알고 있으니 무슨 말을 해주는 게 좋은지 미리 생각해서 말할 것이기 때문이다. 또 다른 문제점은, 이 대리 증인이 지역 상황이나 자기 단체의 소명을 고려하여 의미 있다고 생각하는 부분만 공개한다는 점이다. 이는 모든 대리 증언에서 흔히 볼 수 있는 문제점이지만, 이 경우는 전쟁 지역이라는 위급 상황과 위험으로 인해, 그리고 인도주의활동의 특성인 도덕적 입장으로 인해 복잡한 문제가 될 수밖에 없다. 더욱이 도미니크 멜Dominique Mehl이 제시한 바와 같이 미디어, 특히 텔레비전의 경우 고통과 불행의 주제는 시청자를 강력하게 사로잡는다. 방송사 측의 '공감의 기획'이 시청자 측

---

4 Fassin(2008a).

의 '공감의 분출'로 이어지는 것이다.[5] 멜은 대중의 시선에 내밀한 것이 공개되는 방식에 주목했는데, 특히 그 방식은 인도주의활동과 그 증언에도 그대로 적용되어, 미디어는 명분을 단순화하고 무엇보다도 감정적 색깔을 입히는 데에 유용하다. 비아프라 사태는 미디어 활용의 시작이었다. 텔레비전에서 굶주린 아이들과 구조의 손길을 호소하는 진행자를 비추고, 텔레비전 속 영상은 그들이 지리적으로 문화적으로 얼마나 멀리 떨어져 있는지를 잊게 만든다. 스크린 속 이미지를 통해 머나먼 곳의 피해자는 손에 닿을 듯 가까워진다. 복잡한 정치적 현실이 순수한 감정적 호소로 환원되어버리는 것은 여론을 자극하기 위해 치러야 할 대가이다.[6] 그리고 결과물에 초점을 맞추는 것이야말로 인도주의의 강점이기도 하다. 지난 25년 동안 팔레스타인 지역의 인도주의활동은 두 가지 관점으로 볼 수 있다. 하나는 증인으로서의 표상이 강화되었다는 점이고, 다른 하나는 미디어를 통해 인도주의 명분이 대중의 인기를 얻었다는 점이다. 이러한 관점에서 보면 명백해진 사실은 전통적 의료지원보다 증언이 더 핵심 활동이 되어버렸다는 점인데, 그렇게 된 데에는 두 가지 이유가 있다.

우선 두 단체와 소속된 회원 개개인의 헌신 이면에 있는 감정이 첫째 이유이다. 그들이 팔레스타인으로 달려간 까닭은 동정심이 아

---

5 Mehl(1996). '내밀함의 텔레비전'에서 주로 개인의 사생활을 공개적으로 드러내기 시작한 현상에 주목했다. 한 가지 분명한 것은 증언을 통해 감정을 분출하는 일은 여러 곳에서 널리 나타나고 있다는 점이다.
6 인도주의의 위기에 언론이 한 역할에 대해서는 조나선 벤셀(Jonathan Benthall) 참조(1993, p3). 그는 실제로 겪는 고통을 충격적일 만큼 세세하게 다룬다는 점뿐만 아니라 현대적 마케팅기법과 방송, 정치, 그리고 국가적 인도주의운동의 문화적 스타일로 인해 어떻게 달리 보이게 되는지에도 관심을 기울였다.

닌 분노 때문이었다. 이스라엘군의 불법적 팔레스타인 점령, 돌을 던지는 십대 아이와 진짜 총탄을 발사하는 군인 사이의 힘의 불균형, 의도적으로 가옥을 파괴하고 올리브 나무를 뒤집는 군인, 군사 주둔 지역에서 매일 벌어지는 민간인 모욕, 군인과 민간인, 남녀노소를 가리지 않는 무차별 폭격, 그리고 이에 저항하는 사람들의 무력감 등이 세계 곳곳에 부정의에 대한 분노를 불러 일으켰다. 점령자와 피점령자, 억압자와 피억압자가 가진 힘의 극단적 불균형이 그 분노를 거세게 타오르게 했다. 게다가 인티파다의 유명인사들이 미디어에 자주 등장하여 친근한 느낌을 주었고, 양측 지도자 모두에게 쉽게 동화되었다. 어떤 전쟁보다 더 오랫동안 더 많이 국제적 관심을 받은 전쟁극이었다. 제2차 인티파다는 중동 역사에서 반세기 동안 벌어진 사건의 정점에 있었으나, 또한 유럽의 과거와도 밀접하게 유착되어 있었다. 이런 관점에서 보면 2004년 10월 4일 길거리 한복판에서 아버지와 함께 살해된 어린이 무함마드 엘도라 Mohammed el-Doura의 죽음은 폭력의 참상을 생생하게 보여주는 상징적 사건이다.[7] 분노는 맹렬한 비난으로 터져 나왔다. "우리가 만난 환자들은 보고 들은 것을 그대로 증언해주기를 원했습니다. 팔레스타인 사람들은 자신들이 내버려지고 잊혔다고 느끼는 것이 확실합니다. 그들은 이렇게 묻습니다. '당신네들이 사는 그곳 사람들은 우리가 어떤 일을 겪고 있는지 정말

---

7 이 '숨 쉬는 죽음(living death)'의 현장이 전 세계로 방송되자 정치계에 실질적 영향을 미쳤다. 일례로 2000년 10월 초 파리에서 열린, 야세르 아라파트(Yasser Arafat)와 에후드 바락(Ehud Barak)의 협상 막판에 미친 영향을 들 수 있다. 바락은 영상 이미지가 협상을 흔들었고 심지어는 회담 결렬에도 기여했다면서 프랑스 대통령 자크 시라크를 비난했다. 그 이튿날에는 "텔레비전 방송 때문에 정책이 좌지우지되어서는 안 됩니다"라고 말했다. 2000년 10월 8일 자 〈르몽드〉 사설 '외교적 실수' 참조.

로 알고 있을까요?'라고." 2000년 11월 26일 가자지구 정신의료팀의 현장일지에 적힌 내용이다.

증언이 핵심 역할을 하게 된 두 번째 이유는, 인도주의 지원이 전혀 필요치 않다고 알려졌기 때문이다. 1세기 전부터 시작된 인도주의활동은 부상자 돌봄을 복합적으로 지원하는 합법적 활동이다. 그러나 팔레스타인에서는 부상자도 비교적 적었고, 중증 환자의 경우 아랍국가와 연결되어 효율적인 의료서비스를 받을 수 있었다. 외과 인력과 내과 인력도 부족하지 않았다. 단 한 가지 필요한 것은 증언하는 일이었다.[8] 인도주의단체들이 가장 자주 말하는 슬로건인 '우리는 그곳에 있어야 한다'라는 구절은, 이 시점에서는 이중으로 온전히 의미 있다. 그곳에서 어떤 일이 일어나고 있는지 눈으로 보기 위해 '그곳에 있어야' 하고, 연대감을 과시하기 위해서도 그러해야 한다는 것이다. 국경없는의사회는 '인도주의에 대한 성찰'이라는 웹사이트의 글에서 단체의 활동을 이렇게 설명했다. "폭력 때문에 의료활동이 제한되거나, 인도주의 지원이 오히려 폭력을 은폐하거나 악화시킬 경우, 의사회 회원은 자신이 목격하는 고통의 현장을 대중에게 알리거나 인간보호에 관한 국제협약에 위반됨을 알려서 자신이 어떤 행동을 해왔는지 그 전말을 밝혀야 한다."

---

8 증언의 의무는 현장업무를 하는 사람이면 다 느끼고 있는데, 인류학자도 마찬가지다. 낸시 셰퍼휴즈(Nancy Scheper-Hughes)는 브라질의 영아 사망률에 대한 저서(1992, xii)에서 이렇게 주장했다. "증언의 행위는 우리의 일에 도덕적 성격(때로는 신학적 성격)을 부여한다. 이른바 참여관찰은 예전 같으면 절대 오고 싶어 하지 않을 삶의 현장으로 민족지학자들을 오게 만든다. 또 일단 가더라도 글을 쓰기 위해서가 아니면 거기 오려고 작정할 일도 없었겠다고 생각한다. 그런데 그 글이 다른 사람들을 끌어들이고, 이끌려온 사람들이 또 증언행위의 직접 당사자가 되기도 한다."

그리하여 이들의 임무는 증언하는 것이 되었다. 그런데 무엇을 증언할 것인가? 인도주의단체들은 말해도 괜찮은 것과 반드시 말해야만 하는 것의 경계를 분명히 정할 수 있어야 한다. 그리고 이 경계는 파스칼 두빈Pascal Dauvin과 요한나 지멘트Johanna Simeant의 말처럼,[9] 모국으로의 송환 위험성보다는 전하려는 메시지의 효과에 의해 결정되어야 한다. 그 효과가 얼마나 큰지에 따라 말할 수 있는 권리의 합법성이 정해진다. 인도주의자들만이 현장을 방문하는 것은 아니다. 언론인, 법조인, 정치가, 종교지도자들 역시 증인 역할의 권리를 주장한다. 따라서 인도주의단체들은 자신의 소리를 내고 대중의 신뢰를 유지하기 위해 증언의 영역을 정확히 규정해야 했다. 국경없는의사회와 세계의의사들은 이 문제에 관해 서로 다른, 심지어는 반대되는 방침을 세웠다. 국경없는의사회는 단체의 역량과 권위가 그 영역이 확실하게 정해져 있는 의료활동에서 비롯된다고 본다. 단체의 정관에는 "이 협회의 목적은 의료지원팀이 맞닥뜨리는 고통의 현장에 관한 정보를 알리고 인식을 높이는 것이다"라고 적혀 있다. 세계의의사들은 인권침해를 고발하는 것이 이 단체의 우선적인 임무

---

[9] 인도주의활동의 환경에 대한 연구(2002, pp.222~223)에는 "한 국가에 NGO를 머물게 할 것인가, 아니면 증언을 강행할 것인가라는 결정은 불가피하다. 이를테면 그 국가 내의 인권침해 사건을 증언하는 경우가 그렇다. 단체의 좌우명이 무엇이든지, 증언에 대한 단체의 입장 표명이 어떠하든지 간에, 단체가 활동할 여건 자체가 만족스럽지 않아서 철수한 연후에 증언이 나오는 게 통상적이다"라고 기술되어 있다. 현장활동 중에 불가피하게 증언할 경우 당연히 그 결과를 고려한다. 팀이 활동하던 국가를 떠난 다음 나오는 증언의 예로, 에티오피아와 마다가스카르 및 이라크 일대에서의 활동에 대한 국경없는의사회 기록 같은 것은 예외적이지 통상적이지는 않다. 이런 사례에서는 인과 논리가 역전되어 있다. 다시 말해, 그 팀의 경우 자유롭게 증언하려고 떠난 게 아니다. 공개적으로 증언하는 까닭은 그 나라에서 철수하면서 철수 결정을 어느 측에서 했는지를 밝히기 위함이다.

이자 자신의 개입을 정당화하는 근거라고 본다. 세계의의사들 저널에는 '우리는 모든 병을 치료한다. 부정不正義도 치료한다'라는 소표제가 적혀 있다. 1990년대에는 '응급치료주의자first-aidist'로 일컬어지는 국경없는의사회 및 국제적십자사 등의 단체와, '인권주의자human-rightist' 진영에 속하는 세계의의사들 및 유럽인도주의지원국위원회European Commission's Humanitarian Aid Office 사이에 갈등이 과열되었다. 가끔 두 진영 사이에 정치적 연대가 이루어지기도 했는데, 팔레스타인의 경우는 아니었다. 언론인 데이비드 리프David Rieff는 그의 저서《위기에 처한 인도주의》Humanitarianism in crisis에서 '인권주의적' 접근방식은 인도주의운동에 심각한 위협이 되고, '응급치료주의'의 에토스로 복귀해야만 신뢰를 회복할 것이라고 주장했다.[10] 이런 비판이 있음에도 여전히 특기할만한 사실은, 인도주의 정신의학은 팔레스타인에서 두 진영을 이론적으로 화해시키지는 못했지만 적어도 실제적인 일에서 연결하는 역할은 했다는 점이다. 사실상 국경없는의사회와 세계의의사들은 모두 심리적 고통에 관해 증언한다. 트라우마는 전쟁의 폭력에 관해 말할 수 있는 배지培地 역할을 했다. 모든 단체가 순전히 인도주의적 차원에서 전쟁의 원인이 아니라 후유증을 말하도록 하는, 정치가 아니라 고통을 말하도록 하는 매개물이 되었던 것이다. 따라서 트라우마는 신체적 외상이 없을 때 마지막으로 의지할 증상이 아니라 증언에 부가가치를 부여하는 중요성을 지니게 되었다.

---

10 이렇게 논쟁적이고 증거가 풍부한 책(2002)에서 전 〈뉴욕 타임즈〉 특파원 리프는 세계의의사들에게는 범례이자 국경없는의사회에게는 예외가 된 바로 그 정치적 일탈에 대해 매우 신랄하게 비판했다.

고통의 연대기

프랑스의 일간지 〈리베라시옹〉Libération은 팔레스타인 지역의 어린이와 십대 청소년들의 경험을 다음과 같이 보도했다.

> 의학 용어로는 '야뇨증'이라고 하는데, 일상적으로는 '침대를 적셨다'고 표현한다. 인티파다 이후 팔레스타인 청소년에게 가장 자주 일어나는 이상 중 하나다. 이스라엘 군인에게 돌을 던지는 아이들은 성인 남성보다도 더 공격적인 성향을 보이는데, 밤만 되면 침대를 적시곤 한다. 바로 몇 시간 전인 낮에는 억눌렸던 공포가 그렇게 표출되는 것이다. 어머니들은 이 증상을 발견하면 아이들 몰래 인도주의단체 심리상담사에게 찾아간다.[11]

언론인 알렉산드라 슈바르츠브로트Alexandra Schwarzbrod는 국경없는의사회를 따라다니며 심리상담사의 일을 보도했는데, 이 상담사의 말로는 젊은이들이 야뇨증을 보이는 것이 사실은 "자기들이 아직도 어린아이라는 것을 보여주는 그들 나름의 방식"이라고 했다. 여자들은 "스트레스로 기진맥진한 상태"이고, 남자들은 "일할 수 없고 가족을 부양할 수 없기" 때문에 "죄의식과 자아도취적 상처 같은 것"을 느낀다고 했다. 이 대목에서 새로운 종류의 언어, 새로운 방식의 접근법, 투쟁에 대한 새로운 관점이 공적 영역에서 사용되고 있음을 알

---

11 이 기사는 2001년 3월 9일 자 〈리베라시옹〉에 '헤브론의 공포 장애: 통행금지가 선포된 팔레스타인 지역에서 국경없는의사회 소속 심리상담사와 함께'라는 제목으로 실렸다.

수 있다. 이스라엘 군인에게 돌을 던지는 대담한 젊은이들은 목숨을 걸고 저항하는 영웅의 이미지로 전 세계에 보도되었다(이 기사가 보도되었을 당시는 제2차 인티파다 개전 5개월 후였고, 전쟁의 여파로 사망한 18세 이하의 젊은이가 102명, 그중 101명이 팔레스타인이었다). 그러나 그 실상은 정반대로, "밤만 되면 침대를 적시"는 겁먹은 아이들이었던 것이다. 제1차 인티파다 세대와 함께 팔레스타인 분쟁 지역에 있던 인류학자 존 콜린스 John Collins는 다음과 같은 기록을 남겼다.

> 정치적 운동가로서 젊은이의 출현은 다양한 담론을 만들어서 국가와 아이들의 관계를 설명하는 새로운 가능성을 열어놓을 수 있다. 이 현상은 인티파다 시작 당시에 그 어느 때보다도 더욱 뚜렷하게 나타났다. 그때 이들 젊은이의 역할을 자세히 분석한 사람은 없었지만, 곧 '돌의 아이들'이라고 불리게 된 어린 운동가에 관해 말해야 한다고 누구나 느끼는 듯했다. 이스라엘의 모든 관료는 비겁한 부모 때문에 팔레스타인 젊은이들이 총알받이로 거리로 내몰린다고 주장했고, 난민 수용소에서는 젊은이들이 자신도 할 수 있다며 나서겠다고 고집하기도 했다. 심리학자와 교육자는 아이들이 어른의 권위를 '존경'하지 않게 됨으로써 나타날 문제점을 환기시켰고, 돌을 던지는 젊은이들의 영웅적 위업을 찬미하는 음악가나 시인도 있었다.[12]

---

12 팔레스타인 어린이에 관한 해외 기관의 문헌을 분석한 다음, 존 콜린스는 이런 결론을 내렸다(2004, p.44). "인상적일 정도로 많은 연구자가 어린이를 연구했지만…… 연구 보고서에서 아이들이 자신도 힘을 갖추었다는 느낌을 가진다고 자주 인정하고 있지만, 문제는 더 큰 도덕적 당위에 끌려가는 것 같다는 점이다." 여기서 그가 말하는 당위란, 팔레스타인 '아이들'의 희생과 고통에 관해 가능한 자세히 문서화해야 한다는 것을 의미한다. 인도주의 정신과의사들의 출판물에서도 동일한 견해를 볼 수 있다.

따라서 트라우마는 폭력의 유일한 확정적 진실로서만이 아니라 여러 가능성 중 하나의 관점으로 보이게 된 것이다. 여기에서 흥미로운 사실은 심리학자와 시인이 대치하고, 상실감이 영웅주의와 대치를 이룬다는 점이다. 트라우마는 전혀 다른 풍경을 만들어낸다. 여기에는 순교자도 없고 투사도 없다. 심지어 보통 사람도 없다. 그저 피해자들의 내밀한 고통만 있을 뿐이다. 이것은 내면적 풍경이다. 그러나 독자와 후원자는 이를 통해 외적 지평, 즉 점령의 실상을 보게 되는 것이다.

고통의 언어로 전쟁을 서술하고, 군의 잔인성이 초래한 심리적 후유증을 치료하며, 억압으로 인한 영혼의 상처를 해석하는 것, 이것이 팔레스타인에서 인도주의활동의 역할이며, 특히 그 활동의 중심에는 증언이 자리 잡고 있다. 2000년 11월 20일 국경없는의사회 공식 발표는 이러하다.

폭력에 가장 많이 노출된 사람들의 트라우마에 직면하여 국경없는의사회는 가자지구에 응급의료 및 심리지원 프로그램을 시작했다. 구역 폐쇄와 지속적 감시, 여행 금지, 대치 상황, 폭력 사건의 목격, 매일 이어지는 총격과 포격 등으로 가자지구에 사는 사람들의 일상적 삶은 심각하게 무너지고 있다. 정신과의사 크리스티앙 라샬 박사는 이렇게 말했다. "이로 인해 급성 심리적 스트레스가 발생하는데, 이는 신속하게 특수 치료를 요하는 상태입니다. 현 상황은 제1차 인티파다 때보다 더 심한 트라우마를 일으키고 있습니다."

집 안으로 던진 최루탄의 가스 속에서 방독면으로 입을 막고 숨

쉬던 젊은 임신부의 마비 증상을 설명한 후, 다음과 같이 공식 발표를 이어갔다.

그러한 사건은 생리적, 심리적 문제를 야기한다. 생리적 이상은 의사가 확인하고 치료할 수 있고, 동시에 심리상담사는 환자에게 공포를 표현하도록 하여 스트레스 수위를 낮추면서 트라우마 치료를 시작할 수 있다. 폭력에 직면한 사람들의 트라우마가 심각하다는 사실을 고려하면 가족들의 심리치료가 긴급히 필요하다고 파악되었다.

국경없는의사회가 하는 주장의 초점은 (생리학적 문제보다 심리적 문제에 더 큰 비중을 두었다는 점에서 볼 때) 개입이 필요하다는 것이었고, 그렇게 개입을 정당화한 후 10여 명의 활동가를 파견했다. 폭력을 증언하는 일은 항상 고발의 행위이자 소통의 행위이다. 목격자는 자신이 본 것과 함께 자신이 행한 일을 말한다. 2004년 12월 2일 세계의사들이 시작한 '나블루스Nablus 지역의 정신건강에 대한 정보 캠페인'도 마찬가지이다. 공식 언론 발표는 익숙한 논쟁적 어투였다.

인구 전체가 스트레스 상황에 놓여 있다. "검문, 잦은 급습, 가옥 점령과 파괴 등은 트라우마를 남기는 사건이다." 나블루스의 정신건강활동팀의 책임자인 에마뉘엘 디고네Emmanuel Digonnet가 설명했다. 아이들의 90%가 이미 가까운 사람을 잃었고, 대다수는 심리적 스트레스로 야뇨증, 악몽, 행동장애나 성격장애 증상을 보인다. 실직과 앞날을 내다볼 수 없는 불안한 상황에 처한 어른들 역시 우울 등의 정신적 문제로 힘들어한다. 이러한 상황은 자신이 누구인지 말해주는 가족적 준거의 상실과 가정 폭력 등의 문제를 야기하고 있다.

그러나 세계의사들의 개입 방식은 애초에 시작했던 방식 그대로이다.

정신질환에 관해서는 대중도, 전문가도 부정적 이미지를 가지고 있으므로 치료하기 어렵다. 심리적 문제에 관해 이야기하는 일에는 문화적 편견이 깊이 자리하고 있다. 이런 오명을 극복하기 위해 세계의사들은 대중은 물론 전문가를 대상으로도 정신건강에 대한 정보를 제공하고 질환에 대한 인식을 알리는 캠페인을 시작했다. 이 선도적인 기획은 가까운 장래에 심리치료의 도입으로 이어질 예정이다.

이 지점에서 환자 돌봄에서 대중교육과 전문가 훈련으로의 전환이 일어난다. 이는 심리적 돌봄에서 정신의학 전문분야로의 전환을 의미한다. 그 목적은 새로운 형태의 인도주의활동에 쓰일 진단범주와 도구를 이해시키려는 것이었다. 사회적으로 효과를 나타내려면 폭력과 억압을 고통과 트라우마의 언어로 해석하는 일은 정보를 퍼뜨리는 데에서부터 출발해야 하기 때문이다.

이러한 두 가지 일, 즉 해석과 정보전달 과정에서 파생된 증언이 가장 풍부하게 실려 있는 매체는 단연코 〈팔레스타인 크로니클〉The Palestinian Chronicles로, 2002년 7월 국경없는의사회가 펴낸 것이다 (단체활동 중 개인활동 부분은 의사회 내부 저널에 연속해서 게재되고 있다).[13] 2000

---

[13] 64쪽 분량의 보고서에는 사진과 함께 정신건강팀 회원들이 기록한 문서가 들어 있다. 여

년 11월부터 2001년 10월까지 1년 동안, 가자지구와 헤브론 지역의 료팀과 심리지원팀은 매일의 관찰과 느낌과 분석한 것을 현장저널에 실으면서 "가장 취약한 팔레스타인 사람들에 대한 지원활동을 매일 설명"하는 일지를 기록했다. 그 결과, 여러 사람의 1인칭 서술이 콜라주된 형식의 글이 실렸다. 묘사와 해석이 결합되어 있고, 상황과 증상이, 비극적 일화와 있음직한 진단이, 사실적 관찰과 개별적 논평이 섞여 있었다.

데이르 엘블라Deir el-Balah, 2000년 11월 21일, 야간 폭격: 아홉 살 소년은 급성 스트레스 상태로 밤을 보냈고, 계속 진정되지 않았다. 어머니는 소년이 잠시도 떨어지지 않으려고 한다고 말했다. 소년은 형제들과도 잠들 수 없어서 밤새도록 부모와 함께 있었다. 날이 밝고 나서야 소년은 진정되었다.

칸 유니스Khan Yunis, 2000년 12월 4일, 충격과 탱크로 둘러싸임: 한 여자가 나를 소리쳐 불렀고 그 뒤를 아이들이 따라왔다. 그녀는 아이에게 문제가 있어서 도움이 필요하다고 했다. 그녀 집으로 가서 그 아이와 이야기해보았다. 아이는 열 살이고 폭격으로 집이 불타버릴 당시 집에 있었는데, 같은 시각이면 매일 공황발작이 일어나서 당시의 공포를 다시 느낀다고 말했다. 네트자림 초등학교 교장과 교사들을 만났다. 그들은 자신들의 이야기를 들어주고 조언해줄 누군가가 필요하다

러 언어로 출판되었으며 순회 전시회도 열렸다. 유럽 전역에서 논란을 불러일으켰고, 팔레스타인과 이스라엘에서도 마찬가지였다.

고 했다. 이야기를 나누는 동안 갑자기 총격이 일었다. 그 자리에서 심장이 멈추는 것만 같았다. 학교 교직원들과 아이들은 매일 이런 상황에서 살고 있다.

가자, 2001년 1월 6일, 집이 무너진 후: 불도저가 휩쓸고 간 곳을 수요일에 다시 방문했다. 한 가족을 만났는데, 그들의 집은 사라지고 없었다. 그들은 당시 사건으로 어떤 고통을 겪고 있는지 말해주었다. 땅을 잃고 집을 잃은 감정이 무엇인지 그들은 알고 있었다. 마치 몸의 일부를 잃은 듯하다고 했다.

이렇듯 조각난 글에서조차 글의 분량보다 더 많은 사실을 알려주고, 사건은 트라우마의 흔적보다 훨씬 압도적인 듯하다. 심리적 스트레스를 묘사하는 데에 그쳐야 할(그것도 대충 그린 밑그림 정도여야 했을) 증언이 더 큰 무언가를 표현하려고 무리하게 잡아 늘인 듯하다. 사실상 이야기는 양극단을 오가고 있다. 한편으로는 정신의학 전문용어를 사용해 권위를 극대화하려 했지만 의학적 관점 때문에 독자를 끌어당기는 힘을 잃고 증언의 효력이 감소되는 위험을 안고 있다. 다른 한편으로는 폭력에 관해 보고들은 날것 그대로의 경험을 전달하려 했지만 인도주의활동의 합법적 테두리를 벗어날 위험을 안고 있다.

기습 폭격 다음 날 방문한 집에서: 두 번째 환자는 눈에 띄게 문제를 가진 남자이다. 얼굴은 일그러져 있고 강박적으로 손가락을 비틀고 있었다. 긴장증catatonia으로 몸이 뻣뻣하고, 머리카락을 잡아 뽑고 머리를 벽에 부딪치는 등 심한 발작 증상을 보인다고 그의 형이 설명했다.

환자는 목이 막혀 요거트만 먹을 수 있다고 했다. 그는 잠도 자지 않았다. 이런 증상은 10년 전에 시작되었다. 간헐적으로 나타나던 증상이 지금처럼 사건이 있을 때면 심해진다고 형제들은 이구동성으로 말했다. 22세 때 인티파다가 터졌고 그동안 심한 학대를 받았다. IDF에 체포되어 구타를 당했다고 했다. 그의 증상은 학대 후에 생긴 것이 분명해 보였다. 이는 정신병적 증상을 동반한 PSTD를 의미한다. ······ 이 남자는 어떠한 정신치료도 받지 않은 것이 확실했다. 가능하다면 그를 치료하는 것이 좋겠다. 우선 기존의 정신병적 문제가 있었는지 확인해 봐야 한다.

어려운 상황에서 쓰인 이 기록은 요약 형식인데, 진단과 원인에 관한 설명은 빈약하다. 묘사된 내용은 전형적인 PTSD라기보다는 기존의 정신병이 폭력적 사건에 의해서 악화된 것으로 보이며, 당시 증상을 과거의 사건과 결부시키는 것은 소급적 합리화여서 다른 상황이었다면 인정되지 않았을 것이다. 이렇듯 트라우마를 통해서 증언한다는 것은, 확실치 않은 것들을 말하도록 하기 위해, 또한 통상적으로는 신중히 생각해야 할 인과관계를 확정적으로 말하기 위해 관찰소견을 억지 해석하는 것에 지나지 않는다.

사실 구체적으로 임상증상을 말할수록, 다시 말해서 증인이 단체의 규칙에 따라 정신과의사의 역할을 고수할수록 전쟁의 충격에 관한 증언은 힘을 잃게 된다. 다음에 나오는 두 개의 발췌문이 이를 증명한다.

에레스Erez의 베두인 촌락에서: 우리는 39세 남성을 인터뷰하기로 했다. 3년 전부터 문제가 있었는데, 이번 일로 그 문제가 재발했다고 한다. 오랜 시간 심층 인터뷰를 한 결과, 과거 경험으로 외상 후 스트레스를 겪고 있음을 알게 되었다. 과거 경험에는 어릴 때의 일도 있고 정치상황과의 연관성이 모호한 것도 있다.

헤브론지구에서: 한 어머니가 아홉 살 딸과 함께 상담하고자 방문했다. 몇 주 전 최루탄이 집 마당에 터졌다고 한다. 아이들을 찾으러 밖으로 달려 나갔는데, 아이들은 학교에서 충돌이 일어나자 집으로 돌려보냈다. 그녀는 정신을 잃고 넘어져 입원해야 했고 네 시간을 중환자실에 있다 나왔다. 지금처럼 허약한 상태가 되자 오래된 트라우마가 되살아났다. 8년 전 아기의 죽음(시가 사람들은 그녀를 비난했다고 한다)과 그녀가 여섯 살 때 일어난 아버지의 죽음(그녀의 어머니가 고발되어 감옥에 갇혔다) 등이 되살아난다고 한다.

이 두 사례도 마찬가지로 의료적 탐색을 깊이 할수록 전쟁과 트라우마의 연관성이 희미해지고, 그 대신 과거 폭력의 후유증과 개인사에 얽힌 내밀하면서도 일반적인 고통이 드러난다. 따라서 위 증언 내용은 원래 지니고 있는 개인적 비극이 현재 상황으로 인해 더욱 견디기 어려워지고 생생해졌음을 의미하는 것이지, 분쟁으로 생긴 새로운 증상이라고 보기는 어렵다.

정신건강 전문가들도 이런 것에 속지는 않겠으나 입증하기도 어려운 질병 진단에 역할을 제한하기보다는 전문 영역을 벗어나 그들이 보고들은 것을 증언하기를 선호한다. 세밀함보다는 정서적인 측면을, 정확한 진단보다는 자신들이 제시하는 설명의 효과를 우선했다. 그러므로 엄격한 지침에 따른 트라우마 정신의학이 말할 수 있는 것보다 더 많은 것을 말하려다 보니 그들의 연대기는 정반대의 뜻으로 읽힐 수도 있다. 의학적 엄정함을 잃은 대신 확실히 더 큰 설득력을 얻은 것이다. 다음 사례에서 심리상담사는 한 소년과의 상담 내용을 짧게 설명하고는 곧바로 가족이 처한 상황 묘사로 넘어가버린다.

같은 날, 다른 사람의 집에 처음 방문했다. 아홉 살 소년은 잠을 못 자고 엄마를 찾으며 울고 안절부절못했다. 어머니는 아이를 진정시키지 못한다. 소년의 어머니는 슬픈 얼굴을 찡그리며 희미한 미소로 우리를 맞이했다. 우리가 들어가자마자 그녀는 지난 5개월 동안의 악몽에 대해서 묘사했다. 이스라엘군은 집을 점령하고는 지붕에 보초를 세워두었다. 우리는 모래주머니 사이에 무기가 세워져 있는 것을 보았다. 총격이 있을 때면 모든 것이 흔들린 듯했다. 벽에 금이 간 것도 볼 수 있었다. 지붕은 군사 지역으로 간주되어 접근이 금지되었다. 생활에 꼭 필요한 일로 열흘에 한 번 옥상에 올라가는 것이 허용되었을 뿐이다. 군인들이 집의 유일한 출입문을 오가며 낮과 밤으로 교대한다. 비가 오면 군인은 복도에 서 있었는데, 집안의 가족들은 밤에도 방문을 열어놓아야 했다. "처음에는 공포에 떨며 잠을 잘 수 없었어요." 어머니가 말했다. "그래서 우리 중 한 사람은 다른 사람들이 자는 동안 깨어있도록 했어요. 군인들은 집을 엉망으로 만들어놓고 떠났어요. 창가에다 소변을 누기도 했죠. 몇몇 군인은 정말로 역겨웠는데, 심지어 딸에게 자기 몸을 보여주며 추행하고 딸을 모욕하기까지 했어요."

의미심장하게도 '악몽'이라는 단어가 나오면서 서술 내용이 바뀌어버린다. 독자들은 처음에는 아이의 수면 문제로 시작하므로 문자 그대로 이해해야 한다고 생각하지만, 곧이어 가족의 일상을 묘사하는 어머니의 말을 되풀이하듯 설명하고 있음을 깨닫게 된다. 이런 식의 설명은 〈팔레스타인 크로니클〉에 널려 있다. 국경없는의사회 정신과의사와 심리상담사가 생산해낸 증언에서 증상의 묘사는 그 지역의 일상적 폭력 현장을 말하기 위한 예비 단계(문자 그대로 pre-text) 역할을 한다. 논평가들은 글로 제시되는 방식 그대로 읽는 것이다.

팔레스타인인이든 이스라엘인이든 피해자는 피해자이다

'상반된 진단: 〈팔레스타인 크로니클〉'에서 국경없는의사회가 이스라엘과 차할을 계속 공격하는 한편, 세계의사들은 최근 보고서에서 이스라엘 팔레스타인 무장 조직의 민간인 폭력을 규탄했다. 2003년 7월 30일 자 〈유태인 주간 뉴스〉는 '분쟁을 대하는 서로 다른 정치적 접근방식'이라는 제목으로 두 단체의 증언방식을 대조시켰다.[14] 그 언론인은 국경없는의사회 저널의 군인에게 지붕을 점령당했던 가족에 대한 또 다른 설명문에서 일부 인용하면서, 이 일화는 "나치보다 더 잔인한 차할 군인"을 그려냈다고 말했다.

---

14 국경없는의사회와 세계의사들, 두 단체의 보고서는 흔히 상반된 테제를 지지하는 데에 활용된다. 팔레스타인의 명분을 대변하는 쪽에서는 〈팔레스타인 크로니클〉을 인용하고, 이스라엘 옹호자들은 '팔레스타인 무장단체의 공격을 받은 이스라엘 민간인 피해자'를 인용한다. 《브리티시 메디컬 저널》에 기고한 데릭 서머필드의 글이 유발시킨 논쟁에 참여한 사람들도 이 보고서들을 거론한 예를 볼 수 있다.
http://bmj.bmjjournals.com/cgi/letters/329/7474/1110

국경없는의사회 〈크로니클〉에 글을 쓰는 사람들에게 어떻게 이야기를 엮어내는지 물었을 때, 그들의 입장은 확고했다. "우리는 들은 대로 씁니다. 팔레스타인 환자들이 들려준 이야기를 그대로 전할 뿐입니다." 프로그램 조수가 한 말이다. 그렇다면 이들은 들은 이야기의 진실성을 확인하고 군을 비판하는 이야기의 진위를 확인했는가? "물론 하지 않았습니다. 우리는 고통에 관해 이야기할 뿐, 사태의 진위를 확인하러 간 것이 아닙니다." 그러나 국경없는의사회는 이스라엘 사람들도 고통받고 있음은 전혀 알리지 않았다. 필자들은 〈크로니클〉의 출판 목적에 대해 질문했다. "우리 단체의 기부자들에게 현장활동이 필요함을 알려줘야 합니다. 그래서 그곳에 고통받는 사람들이 있고, 고통을 덜어주기 위해 우리가 최선을 다한다는 것을요."

반면 세계의의사들은 이스라엘군 폭력에 관한 첫 번째 보고서와 팔레스타인 공격 후유증에 관한 두 번째 보고서가 공평하게 균형 잡혀 있어서 그 언론인의 지지를 얻었다. "피해자들은 이스라엘에서 가장 취약한 사람들이다. 상징적으로 볼 때, 이 공격의 피해자들은 홀로코스트 생존자라는 점에서 이스라엘 사회 전체와 관련된 일이다." 이 논쟁적인 기사에서 '고통을 평가하는 기준'이라는 주제에 초점을 맞추었다는 것은 주목할만하다. 양측의 고통을 평가하는 데 있어 '공평함'이 필수적임을 일깨웠기 때문이다. 이 단어는 비교 정량(한쪽에서 다른 쪽을 측정하는 것)과 상대적 기준평가(평가 기준에 따라 해석하는 것) 두 가지를 모두 이해할 필요가 있다. 이 주제는 이스라엘과 팔레스타인 양측 다 자기 쪽 피해자가 더 큰 트라우마로 고통받고 있다고 주장하는 논쟁의 핵심이다.

세계의사들에게는 원칙의 문제이다. 두 부분으로 구성된 보고서인 〈이스라엘과 팔레스타인 민간인: 끝없는 분쟁의 피해자〉[15]에는 '좋은 피해자도 나쁜 피해자도 없다'라는 소제목으로 원칙을 천명했다. 그 보고서 작성자들은 서론에서 다시 그 구호를 강조하며 이렇게 말했다. "이 원칙은 세계의사들 설립취지로, 1979년 중국해 베트남 보트피플에 대해 활동할 때부터 우리의 좌우명이었다. 이 말은 우리 단체의 정체성의 핵심이다." 이 주장을 입증하는 실증적 증거를 열거하면서 그 보고서에 두 개의 문서를 포함한 것이 단체로서는 상례임을 강조했다.

수없는 분쟁 속에서 세계의사들의 역사는 민간인의 시련을 증언하는 일로 특징 지어진다. 1980년대 초 엘살바도르와 아프가니스탄에서부터 오늘날의 체첸에 이르기까지 이라크와 쿠르드, 르완다의 후투와 투치, 유고슬라비아에서는 크로아티아, 세르비아, 보스니아, 그리고 이슬람 공동체, 코소보에서는 다수 알바니아인과 소수 세르비아인 및 루마니아인까지 이어진다. 좋은 피해자도 나쁜 피해자도 없다. 이 말은

---

15 〈이스라엘과 팔레스타인 민간인: 끝없는 분쟁의 피해자〉라는 제목의 보고서는 두 부분으로 나뉘어 있다. 2002년 7월 세계의사들과 국제인권연맹 공동연구인 "작전 '보호벽' 나블루스"와 2003년 7월 세계의사들이 낸 "팔레스타인 무장단체의 공격을 받은 이스라엘 민간인"으로 되어 있다. 첫 번째 보고서의 초점은 법적 쟁점이고, 두 번째 보고서는 의학과 심리학적 쟁점이다. 두 보고서의 접근 방식이 다르다는 것은 보고서 표지에 나온 지도만 보아도 알 수 있다. 첫 번째 보고서에는 대비되는 색상으로 팔레스타인 영토가 다 들어가도록 복잡하게 분할되어 있고, 특히 자치 구역이 모두 표시되어 있다. 두 번째 보고서의 지도에는 팔레스타인 공격 지역만 표시하였고 나머지는 흰색 바탕에 점선의 경계만 표시된 정도로 단순하다. 두 보고서가 들어간 전체 보고서의 분석에 대해서는 Fassin(2004b) 참고.

이스라엘과 팔레스타인 분쟁 지역의 민간인에게도 해당된다.

이렇게 강조하고 열거하는 데에는 이유가 있다. 팔레스타인 지역 상황에 대한 첫 보고서가 단체 내외부로 잘 전달된 반면, 이스라엘 민간인 공격에 대한 두 번째 보고서는 단체 내부에 심각한 분열을 초래했고, 단체 외부에서도 오해받을 위험이 있었다.

관행적으로 인도주의단체들은 가장 약한 자, 억압받는 자, 지배받는 자의 고난을 비난한다. 이스라엘과 팔레스타인 분쟁이 세상에 보이는 모습은 차치하고라도, 분쟁의 현실을 보면 양측을 동일 선상에 놓고 증언하는 일은 정당화되기 어렵다. 세계의의사들이 팔레스타인의 후유증에 관한 문서를 출간하자, 단체 역사상 아마도 처음으로 한 편파적 봉사행위라고 비판받게 되었다. 단체의 주요 관리자 중 몇몇이 유태인이기 때문에 이런 보고서 작성을 지시했다는 의심을 받았다. 국경없는의사회는 그보다는 덜했지만, 제2차 인티파다의 초기 몇 달 동안 단체의 입장을 밝히지 않는다는 이유로 내부적 비판이 일어났다. 편파성의 책임은 여기에서도 의사회 내부의 고위인사를 겨냥했다. 이들이 이스라엘 정책에 반대하고 있음을 명백히 보여주는데도 정치적 입장은 당연히 유대인 정체성으로 결정된다고 간주되었던 것이다. 정체성에 대한 비난은 중립을 표방하고 편파성을 배격하는 인도주의단체에게는 매우 곤혹스러운 일이다. 이 경우, 팔레스타인 국경지대에서 이스라엘의 공격을 매일 목격하는 현장활동가들과 불편부당不偏不黨 정책을 유지해야 하는 중앙집행부 사이의 갈등이 의견 불일치로 나타난 예이다. 중앙집행부는 특히 유대인 기부자들에게 신경을 썼는데, 그중 일부는 팔레스타인에 경도되어 있다며 기금을 회수하겠다고 위협했다. 이 지역의 분쟁만큼 인도주의단체들에게 강렬한 영향을 미친 것은 없다. 그리고 이 분쟁이야말로 국제적 정치의식 속 매우 특별한 자리에 있음을 주지해야 할 사실이다. 특히 프랑스에서는 더욱 그러하다.

세계의의사들이 명시적으로 선언한 피해자 동등성의 원칙은 인도주의자들에게 널리 공유되고 있다. 이는 지난 150년간 전쟁현장에 개입하기를 정당화했던 원칙을 단순히 반복해 말한 것에 지나지 않는다. 그러나 세계의의사들 보고서가 촉발한 논쟁은 이 원칙의 해석과 관련된 것이었다. 이스라엘 상황과 팔레스타인 상황에 동일한 기준이 적용될 수 있는가? 인도주의자들은 예외 없이 이 문제에 직면한다. 코소보 사태에서도 관여했던 모든 인도주의단체들은 그리스팀을 제외하고는, 알바니아 피난민만 지원하고 폭격받는 세르비아인을 지원하지 않은 것은 '균형적 지원' 원칙을 어기지 않는다고 생각했다. 그러나 제2차 인티파다 당시 세계의의사들은 힘의 불균형, 이스라엘의 불법 점령, 폭력적인 팔레스타인 억압에 문제를 제기하는 대신 양측 모두의 피해자가 받는 고통에 초점을 맞추어 비판했다.

이런 관점에서 오로지 의학적, 심리적 후유증과 연관하여 전쟁을 고발하는 것은 엄밀하게 인도주의적이다. 국경없는의사회 회장 장에르베 브라돌Jean-Hervé Bradol이 지적했듯이, 전쟁 고발은 분쟁을 일으킨 측의 수사법에도 사용된다. "한쪽에는 팔레스타인이 저지른 테러의 피해자가, 다른 쪽에는 이스라엘의 식민지화로 고통받는 피해자가 있습니다. 이 피해자들에 대한 이야기가 전쟁을 선전하는 중심어가 되어 두 개의 상징적 모습을 만들어냅니다. 하나는 영원한 피해자이고, 다른 하나는 영원한 피해자로 인한 피해자입니다." 세계의의사들의 보고서가 보여준 공평한 시각은, 전쟁 양측 모두로부터의 피해자 착취에 대항하고 평화를 촉구하기 위한 것이었다. 그리고 실제로 전쟁의 와중에 살해된 아이들의 부모들 사이의 만남을 주선했던 일을 양측의 화해를 도모하기 위한 지역 사업의 예시로 거론했다.

그러나 분쟁의 현실을 고려할 때, 무엇에 근거하여 대칭적 분석이나 일부에서 요구하듯 '균형'을 잡을 수 있을까? 세계의사들이 제공한 첫 번째 문서는 팔레스타인 영토에서 벌어진 국제인도주의법과 인권침해에 초점을 맞추었다. 그 문서는 국제인권연맹International Human Rights Federation과 공동작업한 것으로서 그 내용은 본질적으로 법률에 관한 것이다. '응급처치 장애요인', '부상자 치료의 열악함', '살인과 신체훼손', '인간 방패의 사용', '대규모 임의적 체포', '재산과 소유물 파괴' 등을 다루었다. 이스라엘 국가 및 개인, 모두의 책임을 명시했고, 가해행위를 '전쟁범죄'로 기술함으로써 국제형사재판대에 오르게 했다. 두 번째 문서는 국제인권연맹이 관여하기를 거절하여 세계의사들 단독으로 작성되었다. 사상자 통계를 제시하기는 했으나, 내용은 대부분 피해자들의 일련의 '증언'과 공격으로 인한 '의료적 후유증' 분석이었다. 꽤 길게 기술한 '정신건강에 미치는 영향'은 오직 짧막한 보고서에 근거했는데, 생존자뿐만 아니라 목격자, 구조요원, 경찰, 언론인, 그리고 '사회 전체'에 PTSD의 형태로 영향을 미쳤다고 기록되어 있다. 결국 이런 식의 분석으로 인해 테러공격이 '대중살해demo-cide'라는 법적 타당성 없는 신조어로 묘사되었다. 그럼에도 특정 인구를 겨냥한 새로운 형태의 인간성에 대한 범죄로 인식해주기를 촉구하고 나섰다.

따라서 이 두 개의 보고서가 균형 잡힌 분석을 했다는 말은 피상적인 시각에 지나지 않는다. 각각의 보고서에 담긴 주장은 완전히 서로 다른 전제에서 만들어졌기 때문이다. 정치적 분석은 조화로운 균형을 허용하지 않고, 법적 측면에서는 국가에 의한 박해와 개인이 저지르는 공격행위를 동등하게 비교하는 것이 부적절하기 때문이다. 사망자 통계자료를 사용할 수는 있으나 한쪽으로 기울어진 통계치는 단체가 강조하는 공평성을 무색하게 만들 수 있다. 결국 심리적 후유증과 개인의 외상 후 스트레스를 제시하는 것만이 공평성을 지킬 수 있는 길이었고, 특히 양쪽 진영 모두가 피해자라고 제시할 때 더욱 효과적으로 그렇게 할 수 있었다.[16] 정치적 평가는 인도주의의 합법적 범위를 벗어나 자칫 논란을 일으킬 소지가 있으므로, 이와 상관없는 심리 분야는 두 나라가 똑같이 불행에 처해 있다고 말할 수 있게 해준다. 이렇게 해서, 외상 후 스트레스에 해당하는 모든 임상범주를 아우르는 정신의학 진단과 심각한 사건으로 정신적 외상을 입은 경험에 관한 대중의 생각 사이의 경계에서 트라우마는 궁극적으로 고통의 보편성을 증언하고, 나아가 피해자 간의 동등성을 증언하게 되는 것이다.

한 심리학자는 제1차 인티파다 이후 국경지대에서 정신건강 프로그램이 많이 등장했다고 말했다. 그녀는 비르자이트Bir Zeit 대학에서 강의하면서, 근동 지역 팔레스타인 난민을 위한 유엔난민구호사업기구United Nations Relief and Works Agency, UNRWA의 일도 한다. "NGO들은 특히 알아스카 인티파다 이후에 수많은 트라우마 관련

---

16 여기에서 확인되는 것은, 트라우마 개념이 개인에서 집단으로 확장되었다는 점이다. 이는 앤 캐플런(Anne Kaplan)이 여러 사건과 연관하여 지적한 바와 같다(2005). 그중에서도 미국의 9.11 사건에 주목했다.

프로그램을 만들었습니다. 기부자들이 좋아하는 방식으로."그녀가 말했다. 그 이유는 금방 파악할 수 있다. 국제적 언론이 조성한 공감을 실천행위로 옮기기에는 심리 분야가 외과 분야보다 훨씬 수월할 뿐만 아니라 심리적 트라우마는 피해자를 중심으로 여론을 모을 수 있기 때문이다. 함께 놀던 친구의 죽음을 목격한 아이들에게는 그 죽음이 이스라엘 총알에 의한 것이든 팔레스타인 폭탄에 의한 것이든, 고통은 매한가지라는 것을 누가 부인할 수 있겠는가? 그러나 이 대치 상황을 '탈정치화'하려던 시도는 현실에서는 부분적으로 실패했다. 어느 쪽의 트라우마를 보여주는가에 따라(이를테면 국경없는의사회는 팔레스타인 쪽을, 세계의사들 보고서는 이스라엘 쪽을), 한쪽에서 환영하면 다른 쪽에서는 비난했고, 단체마다 공평성과 선의를 과시하고 정치적 의도가 없다는 성명서를 발표하면서도 이 대조적인 태도는 계속 되었다.

트라우마를 돌보겠다고 나선 단체는 국제 지원단체들이 유일하지도 처음이지도 않다. 팔레스타인과 이스라엘 현지팀도 참여하고 있다. 가자지역사회정신건강프로그램Gaza Community Mental Health Programme(이하 GCMHP)[17]은 1979년 옥스퍼드에서 수련을 받은 정신과의사가 만들었다. 그는 설문지와 측정척도를 사용하여 PTSD 통계에 관한, 특히 어린이의 PTSD 이환율을 평가하는 역학연구를 주로 해왔다. 나탈이스라엘트라우마센터Natal Israel Trauma Center for Victims

---

17 GCMHP을 소개하는 최적의 표현은, 네 개의 지역사회센터에서 전문가들을 최초로 그리고 최우선으로 한 곳으로 모은 정신건강 의료단체라는 것이다. 회원들은 스스로를 이렇게 표현했다. "전통적인 심리상담 업무를 수행"하면서도, "팔레스타인 지역 현실에 맞게 서양식 접근방식을 접목하여, 문화적으로도 섬세한, 지역사회 중심의 방식으로 치료한다."

of Terror and War는 1998년에 설립되어,[18] 피해자뿐 아니라 트라우마 병사의 전쟁 경험담을 모으고 있다. 각기 웹사이트 및 기사와 강연을 통해 증언을 공개하고 있는데, 이들은 트라우마를 통해 트라우마를 만들어낸 사건을 읽어낼 수 있다고 공통적으로 확신하고 있다.

그러나 이 두 단체가 발표하고 해석하는 것은 서로 다르다. GCMHP가 통계적으로 뒷받침된 연구결과를 제공하는 것에 반해 나탈센터는 주로 개인 사례를 제공한다. GCMHP는 예를 들어 "무작위로 추출한 944명의 아동 중 94.6%가 장례식을 보았고, 83.2%가 충격을 경험했으며, 61.66%는 부상당한 친구나 이웃을 목격했다. 97.5%가 급성, 혹은 중등도나 경도의 'PTSD'를 나타냈다"라는 식으로 발표한다. 반면 나탈센터는 개인들의 사례를 나열하는데, 군인의 설명에 '마을의 악몽'이라는 제목을 달고 아랍인 마을의 막다른 골목에서 자동차 안에 갇힌 채 돌 던지는 사람들에게 포위되었던 경험을 보여준다. 그 군인은 그때 일을 회상하면서 "3년 전에 내 일부가 죽어버렸습니다"라고 말했다고 한다. 또한 GCMHP의 경우 팔레스타인 국가의 기나긴 고난의 역사적 맥락 속에서 트라우마를 설명하는 반면, 나탈센터는 이스라엘 사람들이 직면한 폭력의 현 시점에서 트라우마를 제시한다. 따라서 팔레스타인인 측에서 보면 갈등의 연대기는 시간을 거슬러 올라가서, 때로는 아브라함의 신화까지 올라

---

[18] '나탈(Natal)'은 그 단어 자체가 '민족적 심리 트라우마의 희생자'를 의미하는 히브리어 문구의 약어이다. 팔레스타인의 공격에 직면한 사람들을 돌보는 것을 소명으로 하는 이 조직은 '테러리즘 희생자를 그룹 단위로 모아서' 돌본다. 비상전화 연락망을 활용해서 '민족적 트라우마의 희생자들에게 즉각적이고 구체적인 지원'을 제공하고 있다. 미국의 유대인 조직으로부터 재정의 대부분을 지원받는다. 홈페이지는 http://www.natal.org.il

갈 때도 있지만, 대개는 1948년 추방 사태에서 2000년 제2차 인티파다에 이르기까지 일련의 비극적 사건들을 아우르면서 '매일의 스트레스, 좌절, 모욕 등의 정신건강 문제'를 일으키는 폭력적 사건을 부각한다. 이와는 대조적으로 이스라엘 측은 '테러공격'의 즉각적 시점으로 사건을 제시한다. 일례로 2004년 3월 14일 아시도드 항구에서 '근무자 교대 시점'에 발생한 공격을 묘사한 것을 들 수 있다. 객관적 통계가 주관적인 이야기와 대비되고, 고통의 역사화가 폭력의 즉각성과 대조된다. 트라우마는 정치적 목적에 따라 다양하게 독해될 수 있다. 증언은 트라우마를 자원으로 이용하고, 트라우마의 정확한 정의는 명분보다 중요하지 않다. 국경없는의사회와 세계의사들을 비난하는 글에서 몇몇 사람이 지적했듯, 전쟁 상황에서 중립이라는 개념은 표피적일 뿐이다. 피해자 동등성을 확립하기 위해 트라우마를 사용하는 전략은, 그 전략 자체로 인해 계속 무너져 내리고 있다. 그럼에도 트라우마는 여전히 세상을 이해하는 새로운 지평을 열어준다.

역사성 없는 역사들

"정말로? 팔레스타인 사람들이 트라우마와 불안으로 고통받고 있다고?" 2001년 3월 25일 자 이스라엘 일간지 〈하레츠〉Ha'aretz의 일면 기사는 제목에서부터 이렇게 빈정댔다. 팔레스타인 어린이와 청년들은 돌을 던지고, 다른 아이들은 집 근처에서 평화롭게 놀다가 이스라엘 군인이 겨냥한 총탄에 치명적 부상을 입는다고, 국경없는의사회

정신건강 전문가들의 활동을 전하며 기자는 이렇게 보도했다.

팔레스타인 사람들은 어디든 이스라엘 무력권 안에 있기 때문에, 항상 생명이 위험하다는 사실을 받아들이고 있는 것처럼 보였다. 얼굴 표정, 상황을 표현하는 우스갯소리, 그리고 늘 웃음 짓는 모습에서는 공포나 불안을 찾아볼 수 없고, 어떠한 상황에라도 적응하는 놀라운 능력을 증언하기라도 하는 것 같다. IDF에서 예비 요원으로 일하던 심리상담사가 동료인 에르베 란다Hervé Landa의 이야기를 듣고 놀란 이유이다. 팔레스타인 사람들이 기관총, 탱크, 헬리콥터, 박격포 등의 포화에 오랜 시간 시달리면서 정서적 고통을 안고 있다는 이야기였다. "팔레스타인 사람들은 트라우마나 불안으로 고통받지 않는다고 확신했었습니다." 두 심리상담사는 가자지구 검문소에서 우연히 만나 이야기를 나눴다. 란다는 국경없는의사회에서 일하고 있다. 최근 체첸, 보스니아, 코소보에서 활동하던 이 단체는 신체적 부상을 치료하는 의료진 파견만으로는 충분하지 않다는 사실을 깨닫게 되었다. 정서적 스트레스는 흔하고, 결코 육체적 고통보다 덜하지 않음을 알게 된 것이다.

분쟁 지역에 인도주의자들이 머물면서 예기치 않게 양측 지도자들을 한 자리에 모았다. 상대측도 자기편만큼 트라우마로 고통받을 수 있다는 사실을 서로 이해하기 시작한 정도의 의미가 있었다.

이 순진한—혹은 냉소적이라고 해야 할까—이스라엘 심리상담사가 그 대화에서 깨닫게 된 것은 팔레스타인 사람도 고통받는다는 사실이었고, 그러한 인식 자체는 인도주의 정신의학을 정당화하는 것일 수도 있다. 팔레스타인 청년에 대한 인식의 변화, 즉 이스라엘 군인에게 돌을 던지는 대담한 청년에서 밤에 이부자리에 오줌을

싸는 아이로의 인식의 변화는 용맹한 전투요원에서 트라우마를 입은 개인으로의 인식의 전환이며, 궁극적으로는 타자성을 흐릿하게 만듦으로써 적군을 다시 인간으로 느끼게 하는 일일 수 있다. 덜 영웅적으로 보일지는 몰라도, 트라우마를 가진 이 청년들은 이제 정서적으로 더 가깝고 친숙하게 보일 수 있을 것이다. 심리상담사와 정신과의사는 전쟁 지도자들도 개인적으로는 고통받고 있음을 확인시켜줌으로써 그들의 개인성을 복원하여 그 이미지를 변화시켜왔다는 사실은 보편적으로 인정되고 있다. 트라우마는 바로 이러한 보편화의 미덕을 가지고 있다. 물론 이미 본 바와 같이, 그 미덕이라는 것은 여전히 이론적이어서 실제에서 구현하기 어려운 것은 사실이다. 〈하에츠〉의 기사는 결론적으로 낙관론을 견제한다. 지역주민과 국경없는의사회 심리상담사 사이의 토론을 기술하면서 그 언론인은 이렇게 적었다. "라피아Rafiah 의 교사 K씨는 트라우마의 원인이 되는 주변 상황이 바뀌지 않는데 이런 친밀한 대화가 무슨 소용이냐고 의문을 제기했다. 아이들이 매일 부상당하고 살해되는데 대체 변할 수 있는 것이 무엇이냐고 물었다." 인도주의자들도 이 사실을 익히 알고 있다. 그들은 고통을 덜어주려 할뿐, 전쟁을 끝내지는 못한다. 상황을 널리 알려서 전쟁을 종식시키는 데에 도움이 되길 원하기는 하지만.

의료적 활동이 제한되어 있기에 문제가 되는 것은 K씨의 질문만이 아니다. 증언이 인도주의활동에서 중요한 부분이라면, 이때 일차적으로 해야 할 질문은 증언이 분쟁에 관한 생각을 어떻게 변화시키고 있는가이다. 어찌 보면 이 두 가지 질문은 본질상 동일할 수 있다. 트라우마 혹은 정신과적 질환이라는 언어로 돌봄과 증언을 말한다면, 사건과 그 심리적 후유증에는 어떤 의미가 부여될 것인가? 이 질문에는 두 가지 수준의 답을 할 수 있다. 개인의 수준, 따라서 주체화가 진행되는 과정의 수준이 그 하나이고, 다른 하나는 집단적 수준의 표현 논리이다.[19] 인도주의단체가 사람들을 돌볼 때, 그리고 상황을 보도할 때 강조하는 트라우마의 증언이 어떤 부가적 의의를 만들어내는지 파악할 필요가 있다. 그러면 이제 두 가지 관점, 개인적 관점과 집단적 관점을 살펴보자.

우선 개인적 관점에서 정신건강 전문가들은 분쟁 경험을 해석하는 다양한 방식 중 어느 한 가지에만 타당성을 부여하거나 심지어 강요하기까지 하는 경향이 있다. 그 방식에는 세 가지 특성이 있다. 첫째, 개인의 역사를 개인화시킴으로써 비록 유일하지만 불완전한 설명을 제시한다. 둘째는 폭력적 상황과 관련된 개인적 측면에 초점을 맞추어서 심리적 영역을 탐색한다는 것이고, 셋째는 정서적 측면을 강조하여 즉각적으로 공감을 불러일으킬만한 요인을 부각한다는 점이다. 팔레스타인 거주민이 겪는 모든 일은 트라우마의 경험 및 고통과 연관된 것이고, 그 경험과 고통은 부인할 수 없는 사실로 묘사된다. 인도주의자들의 목표는 환자의 증상과 감정을 통해 환자의 진실에 도달하는 것이다. 이 진실은 증언에 기반을 둔다. 증언은 그 정의상 정치적 혹은 편파적 목적으로 반박하거나 재해석이 용인되지 않기 때문에 환자에 관한 진실은 아무도 이의를 제기하지 않는 진실이 되어버리는 것이다.

그러나 다양한 형태의 억압과 테러, 지배와 강탈에 노출된 사람

---

[19] 에스텔 달루앵의 보고서(2001)가 제시하는 이해와 성찰은 이 쟁점을 파악하는 데 유용하다. 그녀는 인도주의단체의 활동에 관한 지원활동가들의 관점과, 팔레스타인 사람들의 관점을 비교했다.

들은 제각기 상이하고 복잡한 다의적 경험을 한다. 팔레스타인의 경우, 사람들은 자신을 피해자가 아니라 투사로 스스로 규정할지 모른다. 실제로 많은 청년이 피해자로 규정되는 것을 거부하고 있다. 그들은 일상의 삶을 굴복이 아닌 저항으로, 정신적 고통이 아닌 정치적 폭력으로 생각할 수도 있다. 게다가 그들의 삶에는 전쟁만 있는 것이 아니다. 그들이 말하는 과거와 기대하는 미래는 트라우마의 지평에 고정되어 있지 않다.[20] 그러나 정신건강 전문가들이 고통에 관해 말해달라고 청할 때는, 트라우마 이야기만 되풀이하도록 요구할 뿐만 아니라(일부 전문가들은 이러한 과정이 증상을 만들어낼 위험이 있다고 비난한다), 국제사회에 그 상황을 알리려면 그것만이 유일하고 가장 효과적인 방법이라는 믿음을 주려 애쓴다. 전문가들 스스로도 그렇게 확신하고 있기 때문이다.

인도주의운동은 다양한 형태의 경험을 단일한 메시지로 통일하여 하나의 목소리로 전하는 경향이 있다. 그럼으로써 명분을 단순화하고 합의된 것으로 표현할 수 있다. 사람들이 듣게 하려면 공감을 불러일으키는 부분을 부각하고 인도주의단체의 합법성과 관련된 사실들을 끌어 모아야 한다. 따라서 고통받는 육체는 물론 이제는 고통받는 영혼도 점차 강조되고 있다. 이렇게 숙고하고 상세한 근거가 붙여진 주장은, 트라우마가 시대정신Zeitgeist의 일부라는 말에도 놀라울 만큼 과도한 반응을 이끌어낸다. 오랫동안 팔레스타인에서 일한

---

20 두 가지 상황에서 이야기하는 경험의 유형을 비교해보면 알 수 있다. 청소년들과 청년들이 심리상담가들을 상대로 자신이 심리적 스트레스로 고통받고 있다는 이야기할 때와 고통을 이겨내기 위해 자기 나름대로 행하는 의식에 대해 인류학자들을 상대로 이야기 나눌 때를 비교해보라. 제1차 인티파다에 대한 연구는 줄리 페티트의 연구 참조(1994).

심리상담사도 그러한 일이 사실임을 확인해주었다. "NGO는 충동적으로 상황에 뛰어들고는 디브리핑을 계획하는데, 피해 가족들을 방문하는 계획도 이에 포함됩니다. 이를테면 내 집에 박격포가 떨어졌다고 가정해봅시다. 그러면 이러저러한 NGO 소속 '상담사들'이 찾아와서는 '무슨 일이 있었나요?' 하고 묻습니다. 그러면 제 이야기를 해주겠지요. 이틀이 지나서 다른 NGO가 찾아와 문을 두드립니다. 그런데 이렇게 열다섯 차례나 되풀이해야 한다면, 아무리 자기 이야기를 한다고 해서 사람들 기분이 좋아질 리가 없겠지요." 고통의 시장을 떠돌아다니는 부풀려진 트라우마와 어설픈 전문가들만이 문제가 되는 것은 아니다. 인도주의자들이 증언에 사용하려는 증상은 불특정하고 부정확하다. 발간물 속의 임상사례를 보면 인도주의자들 스스로도 심리 상태를 충분히 이해하지 못하고 있어서, 이들의 역설적 무능력 또한 문제가 된다. 더 확실한 사실을 증언하려고 노력함에도 피해자들과 상황에 관한 진실은 말하지 못하게 되는 것이다.

현장에서 일하는 자원봉사자들도 비록 인도주의 정신의학의 기본정신에 위배되는 것은 아닐지라도 무언가 미묘하게 다른, 해석하기 힘든 불협화음이 있음을 알고 있다. 예를 들어 국경없는의사회 구성원들이 쓴 연대기를 보면, 한 젊은이가 전날 사망한 친구의 죽음에 관해 "슬퍼하지 않고 이야기"한다든지, "그가 두려움을 느꼈다고는 말하기 어려워"서 심리상담사가 "난감"해했다는 대목이 있다. 한 난민 캠프에서는 난민들이 "웃고, 소리 지르고, 과도하게 흥분한 아이들이 있는" "활기찬" 상태여서 이곳을 찾은 한 방문자가 놀라 이들이 "가벼운 조증 상태"에 있는 것 같았다고 묘사한 대목도 있다. 그러나 이런 반응이 흔한 것은 아니다. 팔레스타인 사람들은 대체로 질문하는 사람에게 맞추어준다. 심리상담사에게는 고통에 관해 말해주고, 구호사업가들에게 불행을 드러낸다.[21] 사실 이렇게 자신과 불행에 관해 이야기하는 것이 그 개인의 심리적 주체성을 어떻게 변화시키는지는 아무도 알 수 없다. 물론 개인차도 있을 것이다. 그럼에도 질문이 이들을 정치적 주체로 변화시킨다는 사실만은 분명하다. 그들도 자신이 순수한 피해자로 보인다는 것과, 그들의 정체성은 오직 그것으로만 규정된다는 사실을 알고 있다. 이 인식이 스스로 만들어낸 이미지와 남들이 보는 이미지는 물론, 현실의 정치적 해석에 작용하고 있다.

개인과 집단의 경계가 때때로 모호해진다는 점을 고려하면 사회적 수준에서도 유사한 과정이 일어난다. 특히 지역단체에서 더욱 그러한 경향이 두드러진다(인도주의단체는 흔히 개인과 집단을 분리해서 본다). 이를테면 지역단체인 나탈센터는 '국가적 트라우마'에 관해 이야기하는 반면, GCMHP는 '정신에 미친 영향과 개인의 삶에 미친 영향, 그리고 전체 공동체에 미친 영향'은 분리하여 생각할 수 없다고 단언한다.[22] 이런 식의 수사는 개인과 집단의 경계에 양다리를 걸치고 있

---

[21] 난민은 인도주의자가 정의하는 것과는 배치되는 습관을 만들어낼 뿐만 아니라, 아주 미묘하고 일상적인 방식으로 자신들을 희생자로 보는 시각과 모순되는 사회적 관계를 구성하기도 한다. 미셸 아기에(Michael Agier)가 이를 다른 수용소를 배경으로 제시했다(2004). 이런 점에서 볼 때 그들은 '저항적 삶의 정치'를 활성화한다.

[22] 분쟁과 그 정신적 후유증에 대해 설명하는 심리학적 이론들이 모두 트라우마를 언급하는 것은 아니다. 팔레스타인 지역 정신건강 프로그램 조정자 두 명은 국경없는의사회 소속으로서 제2차 인티파다를 다른 패러다임으로 해석한다. 마리로즈 모로와 크리스티앙 라살에 따르면, 팔레스타인 사람들이 처한 상황은 팰로앨토 학교(Palo Alto School)의 '이중구속이론(double bind theory)'으로 해석할 수 있다(2003, pp.222~224). 두 행위자들이 등장하고, 반복되는 일차 경험, 처벌을 수반하는 일차적 부정적 제재가 이어지고, 일차적 제재

을 뿐만 아니라 심리학적 이론과 상식적 생각 사이를 넘나들므로, 양쪽에서 쓰는 '트라우마', '고통', '스트레스'와 같은 단어는 일상적 어휘로써 과학용어와 부딪치게 되는 것이다. 이러한 이중의 양가성兩價性, 즉 개인과 집단 사이, 심리학 이론과 대중적 의견 사이의 양가성이야말로 외상 후 스트레스 패러다임과 그 아류들을 성공시킨 열쇠이다.

세 개의 과정, 즉 개인화, 심리화, 정서적 반응 생산의 과정은 앞서 말한 개인의 수준은 물론 집단 수준에서도 관찰되는데, 그 과정은 다른 차원의 것으로 증폭된다. 인도주의 정신의학의 개입활동은 구체적인 사회적 사실로 귀착되어버려서 여태까지의 역사는 사라지고 그 자리에는 피해자와 가해자 모두 주어진 역할에 갇힌 요지부동의 시나리오가 들어선다. 예를 들어, 수년 간 팔레스타인 접경 지역에서 일한 심리상담사는 어린 무함마드 엘도라가 사망한 후 GCMHP가 학교에 도입한 역할극 때문에 크게 분노했다고 말했다. 한 아이는 무함마드의 역할을, 다른 아이는 아버지 역할을, 그리고 나머지 1,500명 학생들은 이스라엘군 역할을 하는데, 마치 로봇처럼 자기가 맡은 대사를 반복한다. "그걸 보고 경악했습니다." 그녀의 말이다. "심리상담사가 시켰구나 하는 생각이 들었습니다!" 이는 분명히 극단적인 경우이기는 하나, 정신건강 전문가들이 말하는 이스라엘-팔레스타

와 상충하는 이차적 제제가 뒤따른다. 그리고 피해자가 상황을 빠져나갈 수 없게 하는 삼차적 제제를 준다. "이중구속 상황은 양쪽 집단에 모두 강력하다. 해결책은 전쟁이다. 전쟁은 이중구속을 대결로 전환시키고 정신적 생존을 허용한다." 그러나 모로와 라살도 한 보 양보하여, "만일 이것이 유일한 설명이라면, 알아크사 인티파다가 심리적 또는 심리사회적 해법의 한 종류라고 주장하는 것은 당연히 과장된 것"이라고 했다.

인 분쟁의 '일화'를 보면, 모든 참여자에게 역할이 주어짐은 물론 관여하는 사람 모두가 이를 받아들이고 있음을 알 수 있다. 역사적 과정은 분석하기 어렵고, 그 자리에는 감정이, 때로는 서사적 틀이 들어서서 과거를 신화로 바꾸어버린다.

요약하자면, 인도주의 정신의학이 기록한 증언은 개인의 것이든 집단의 것이든 역사성이 없는 역사이다. 분쟁 양측으로부터 개인적 전기(傳記)와 경험들을 모아서 조각난 단편들을 이리저리 조합하여 인도주의자들의 필요성에 따라 전하려는 메시지에 끼워 맞춘 것이다. 이렇게 구성된 것 중 분쟁 당사자의 입장을 가장 빨리 이해시킬 수 있는 것은 단연코 외상 후 스트레스 반응을 일으키는 사건들이다. 1980년 DSM-III에 등록된 PTSD가 목표한 것은, 오직 결과만 인식하고 원인에 관한 모든 흔적은 제거하는 것이었다는 점을 생각하면 이는 놀라운 일이 아니다. 재난 생존자든 전상자든, 비행기 사고의 피해자든 성학대 피해자든, 베트남 참전군인이든 민간인이든 간에 이들은 모두 동일한 증상을 가지고 있고 같은 진단명을 얻는 셈이다. 그러므로 트라우마를 인정한다는 것은, 엄밀하게 말하면 개인과 집단의 역사 속에 있어야 할 경험의 유일성과 공통성을 모조리 폐기함을 의미한다. 물론 인도주의자들도 이러한 한계를 인정한다. 앞서 보았듯이, 그들은 심리적 범주를 벗어난 증언을 하는 경향이 있다. 팔레스타인 사람들의 이야기를 엄격한 진단의 틀에 맞추려 하기보다는 삶의 순간과 편린을 전달하는 데에 초점을 맞춘다. 그러나 이 진단명이 가지는 근거로서의 힘이 너무도 강력하여 지역적으로든 국제적으로든 그 틀에서 벗어나기는 매우 어렵다. "인도주의활동을 궁극적으로 정당화하는 것은 그 구성원이 현장에 있다는 사실"이라고 뤼크 볼탄스키Luc Boltanski는 말했다. "현장에 두 발을 디디고 있는 것이야 말로 활동의 효력과 진실성을 보장하는 유일한 길이다."[23] 그런데 마치 민족지학자의 현지연구처럼 단지 현장성만으로 효력과 진실성을 증명하기에 충분한가? 오늘날 인도주의 정신의학은 트라우마와 고통의 언어를 통해 폭력을 증언하는 것으로 개입 효과와 진실성이 입증된다고 가정한다. 그러나 피해자의 명분을 좀 더 구체적으로 가시화하여 대중의 인지도를 높이고 다가가기 쉽게는 했으나, 순수한 이해로부터는 멀어지게 했다. 트라우마의 사회적 효과가 반드시 피해자의 역사적 진실과 이어져 있는 것은 아니다.

• • •

여태까지 살펴보았듯이, 20년도 채 안 되는 사이에 인도주의 정신의학이라는 새로운 분야가 고통의 현장에 자리를 잡았다. 1988년 아르메니아 지진부터 2004년 동남아시아 쓰나미까지, 루마니아 고아원에서부터 코소보 난민촌에 이르는 생생한 현장까지, 인도주의 정신의학은 세상의 아픔을 새로운 언어로 표현했다. 오늘날 우리는 트라우마라는 단어와 그 증상들을 당연한 것으로 여기고 있으나, 흔히 생각하는 바와는 반대로 트라우마는 발견된 것이 아니다. 재난과 분쟁

---

23 뤼크 볼탄스키(1993, pp.258~261)는 저서 《저 먼 곳의 고통》(Distant Suffering)에서 '인도주의적 단체와 그 적들'에 대해 기술한다. 인도주의활동을 비판하는 자들은 '현장의 활동'을 비난하는 것이 아니다. '미디어의 재현' 때문에 비난하는 것이다. …… "인도주의단체는 미디어를 통해 피해자의 고통을 재현하며 대중의 관심을 끌려고 한다." 필자들은 이런 구분 자체가 허상이라고 생각한다. 재현활동 역시 현지활동이라고 본다. 필자들은 이념이 아니라 실태를 연구하기 때문이다.

의 정신적 후유증 또한 새삼스럽지 않다. 타인의 정신적 고통은 다가가 손을 내밀 때 알아볼 수 있다. 이것이 인도주의의 본질이다. 그 고통을 트라우마로 해석한 것은 후일의 일이다. 더욱이 타자인 피해자가 나와 똑같은 감정과 증상을 가질 수 있다고 생각하려면, 그 전에 피해자는 완전한 타자성을 벗어나 어떤 면에서는 또 다른 '나'로 생각할 수 있어야 한다. 정신건강 전문가 자원봉사자들은 처음에 문화적 거리를 존재론적 거리―이제는 사라졌으리라고 생각했던, 인종말살로 이끄는 완전한 타자로서의 거리―로 생각했다. 이제 피해자는 심리적 돌봄을 필요로 하는 사람이 되었다.

그리하여 인간사회의 공동의 고통을 마주하며 휴머니티가 새로이 재건되고, 인도주의 정신의학은 스스로에게 새로운 사명을 부여했다. 정신의학의 임무는 여전히 위로와 치료이고 더하여 새로이 부여된 임무는 매우 제한될 수밖에 없었다. 응급상황에서, 임시 천막진료소에서, 폭격현장에서, 그리고 부서진 집안에서 수행하는 일은 효과적인 진료를 하는 데에는 한계가 있다. 이로 인해 분쟁 지역에서 활동하는 정신건강 전문가에게 여태까지와는 전혀 다른 새로운 길이 열렸다. 그 임무는 인도주의 정신의학만이 할 수 있는 것으로, 정신적 증상은 폭력이 남긴 지울 수 없는 흔적이라고 증언하는 일이다. 인도주의 정신의학의 전문성은, 인도주의자들이 한 목소리로 강조하듯 모든 피해자를 대상으로 한다. 이렇게 트라우마는 피억압자의 방어막이자, 가해자를 고발하는 논증이 된 것이다.

피해자의 명분을 정신의학적 증언으로 개명改名하려는 캠페인은, 인도주의단체들이 여태까지 대변해온 개인의 경험과 집단적 역사의 중요한 부분을 놓치게 한다. 그러나 필자들은 이 사실을 개탄하기보다는, 이 정신의학적 설명을 피해자들 스스로 어떻게 재전유再專有해 왔는지에 초점을 맞추었다. 처한 상황에 따라 어떻게 달리 받아들이고 혹은 우회하는지, 또 어떤 방식으로 주장하는지, 아니면 거부하는지에 초점을 맞추고자 했다. 트라우마는 인도주의 증언의 정치적 수단으로서, 새로운 형태의 정치적 주체화와 새로운 시대적 관계를 구성하는 데에 기여하고 있다.

4부 **입증의 정치**

2002년 11월 9일, 여러 지원단체 소속 회원들이 파리 인근에서 모임을 가졌다. 이들은 프랑스 국내와 해외에서 이민자를 대상으로 의료-심리지원활동을 해왔다. 그 날 모인 목적은 수년간 고민했던 문제를 어떻게 해결할지에 관한 공동의 입장을 찾으려는 것이었다. 프랑스로 정치적 망명을 원하는 사람은 고문 피해 사실을 입증해줄 임상심리확인서를 제출해야 했는데, 심리확인서의 수요가 폭증한 것이 문제였다. 확인서는 난민 자격 신청인 본인이 원할 때도 있고, 신청인을 돕는 변호사나 단체가 요청하거나, 주장하는 내용의 적절성을 심사하는 기관들이 신청할 때도 있었다. 기관으로는 신청인 자격을 초심初審하는 난민및무국적자보호국French Office for the Protection of Refugees and Stateless People(이하 난민보호국)이 있고, 초심에서 거부된 건을 재심再審하는 난민소청심사위원회Refugees Appeals Commission(이하 재심위원회)가 있다. 망명 자격조건에 새로운 조건을 또 부가하는 것은 '환대의 윤리ethics of hospitality' 개념을 손상하는 것으로 여겨졌다.[1] 비공개로 열린 회의에는 세 개의 단체—망명의료위원회, 프리모레비센터, 리옹에 있는 의료서비스권리와윤리센터Center for Rights and Ethics in Healthcare—대표들이 참석했다. 이민자의 정신건강 문제 진료를 전문으로 하는 프랑수아즈민코프스카센터Françoise Minkowska Center는 몇 개월 전에 시작된 논의에는 참석했으나 정작 이 회의에는 참석할 수 없었다. 박해받은 사람들의 정신건강 문제를 전문으로 하는 또 다른 NGO인 억압피해자망명인협회Association for Victims of Repression in Exile 역시 초대받지 못했다.

지난 수년 동안 망명 규제정책이 강화되면서, 단체들은 난민 권리 보호를 위해 서로 연대 투쟁해왔음에도 불구하고, 회의 초반부터 갈등의 조짐이 드러났다.[2] 토론의 초점은 임상심리확인서 요구가 증가하며 발생하는 문제에 맞추어졌다. 우선 보고서 작성으로 인해 전문가의 일차 업무인 진료에 집중하기 어렵다는 문제가 제기되었다. "행정 논리와 치료 논리는 양립하기 어렵습니다." 망명의료위원회 대표가 주장했다. "보고서 일은 치료적 관계에 지장을 줍니다." 프리모레비센터의 심리학자가 덧붙였다. 두 번째 문제는, 보고서 작성은 공적 권위를 세워주기 위한 일일 뿐이지 단체에게는 전문가 증인이

---

1 환대에 대해 다섯 번째 세미나를 하면서, 자크 데리다(Jacques Derrida, 1997)는 모순점이 다음과 같다고 말했다. "한편으로는 '무한한 환대의 법칙' 즉, 새로 온 사람에게 자기 집과 자기 자신 모두를 주는 것, 이름도 묻지 않고 보상도 없이, 혹은 아무리 작은 조건도 내걸지 않고 자기나 자기들이 소유한 것을 주는 것과, 다른 한편으로는 그리스-로마 전통 및 유대-그리스교 전통에 따라, 모든 법과 모든 법철학이 정하는 대로, 언제나 조건부로 인정하는 권리와 책무에 관한 법들(복수형) 사이에는 결코 변증이 불가능한 이율배반이 있다." 의학 진단서의 요구와 의무기록에서 트라우마가 급부상하게 된 데에는 이러한 모순의 배경이 있다.

2 Fassin & d'Halluin(2005).

라는 애매한 역할을 강요한다는 것이었다. "제가 하는 일은 환자 상담이므로 제 역할은 치료라고 생각합니다." 프리모레비센터 심리상담사가 항의했다. "보고서 작성을 거부하는 것은 정치적 의사 표명입니다. 공공의료시설 직원처럼 행동하지 않겠다는 말입니다." 그러자 망명의료위원회 심리상담가가 이렇게 반박했다. "법체계 전부를 다 문제 삼으려는 것입니까? 진단서와 심리상담 보고서 문제에 관해 의논하자고 모여서는 정작 그것에 관해 얼마나 얘기했습니까?" 마지막으로 보고서의 효력에 관한 문제가 제기되었다. "우리가 알기로는 그렇게 도움이 되지 않습니다." 프리모레비센터의 심리상담사가 주장했다. "우리가 보고서를 써준 사람 중 몇 명이나 허가를 받았습니까? 법적으로 우린 아무것도 아닙니다. 우리는 실제 전문가 증인과는 비교도 안 됩니다." 그럼에도 망명의료위원회의 한 이사는 심리상담 보고서의 가치에 희망을 가지고 있는 것 같아 보였다. "그런 식으로 아예 없애버려서는 안 된다고 생각합니다. 보고서가 유용하다고 느낀 사례도 있었으니까요. 환자, 변호사, 난민협회로부터 그렇다고 들었습니다." 그러나 결국은 동일한 질문으로 다시 돌아왔다. 의사에게는 환자의 말이면 충분한데, 왜 난민보호국이나 재심위원회 사무관은 그렇지 않을까? 보고서 자체의 문제도 있지만, 그보다 더 큰 문제는 이 단체들이 계속 보고서를 발급해야 하는지에 관한 것이었다. 단체의 운동가들은 이 문제로 10년 이상 골머리를 앓아왔다. 심사 당국의 도구로 사용되어서는 안 된다는 생각과 망명신청인에게 최대한의 기회를 주어야 한다는 과제 사이에서 단체들은 심하게 갈등했다. 사실 이에 대해 실제로 결정을 내린 적은 없었다. 보고서 발급을 유보하자는 안이 제시된 적도 있지만 빈말에 그치는 위협일 뿐이었다. 유보할 경우 심사 당국이 상당 부분 기여하는 단체 재정 문제와 망명신청인들이 겪을지도 모르는 곤란함에 대해 아무도 예측할 수 없었기 때문이다.

그날 밤 회의의 분열 양상은 더욱 심해졌다. 프리모레비센터 대표는 심사당국에 맞서서 공동의 전략을 채택하기를 원했다. "우리는 치료센터입니다. 계속 보고서를 발급해야 할지에 관해 지금껏 정치적 논의를 해왔습니다. 수요가 증가했기에 이런 문제가 제기된 것입니다. 갈수록 더 조종당하는 느낌을 받습니다. 지금 우리 센터의 입장은 향후 보고서를 발급하지 않는 것입니다." 다른 사람이 나서서 이런 결정의 이면에 있는 의도를 설명했다. "보고서를 더는 발급하지 않겠다고 말하는 것만으로는 부족합니다. 이 결정과 함께 모든 단체가 모여 정치적 공동선언을 해서, 고문받았음을 입증할 수 있다는 전설 같은 생각을 비판하고 망명 권리를 촉구해야 합니다. 물론 난민보호국, 단체들의 파트너들, 환자들에게는 우리의 입장을 먼저 설명해야겠지요." 그러나 회의에 참석한 다른 단체들은 말을 아꼈다. 의료서비스권리와윤리센터 소속의 한 의사가 애매한 발언을 했다. "우리가 이렇게 논쟁하고는 있지만 그것이 그들을 돕는 방법 중 하나라고 생각하는 것이지요? 그렇습니까?" 망명의료위원회에서 그의 동료가 동의했다. "도움이 될 가능성이 항상 있다는 사실만으로도 보고서 발급은 합당합니다." 결국 아무것도 결정되지 않았다. 격한 발언이 오가는 와중에 한 참석자는 공동의 입장을 결정하지 못한 점에 항의하며 회의장을 박차고 나가는 일도 벌어졌다. 그 시점에는 향후 회의 일정도 잡히지 않았다. 양측 입장은 조정하기 어려워서 각자 자기 길을 갈 것처럼 보였다. 그러나 몇 개월 후 알아보니, 보고서 발급을 실제로 중단한 단체는 하나도 없었다. 발급 중단의 위협은 이행되지 못했다. 여전히 의견의 차이가 있지만 분열은 피한 셈이었다.

보고서 발급을 둘러싼 논쟁은 지난 20년간 집요하게도 주기적으로 일어났다. 최근에 새로 추가된 요소는 임상보고서에서도 심리적 후유증을 언급하게 되었다는 사실이다. 트라우마가 이렇듯 여러 서류에 흔히 나타나다 보니 이 사실이 눈에 띄지 않을 수 없었다. 그간 보고서 발급의 쟁점은 고문에 의해 몸에 남은 흔적을 입증하는 것이었으나, 이제 정신에 남은 흔적도 문제가 되기 시작했다. 전문가들이 박해의 증거로서 외상 후 스트레스를 찾게 된 것이다. 따라서 심리상담사의 역할은 이 새로운 증후에 집중하여, 병적 증상이 아니라 겪어온 폭력적 사건에 비추어볼 때 정상적이라고 간주되는 정신적 고통을 밝혀내는 일이 되었다. 이 새로운 분야의 역량을 갖추었다고 주장하는 전문가들로 구성된 단체들이 만들어지고, 이 단체를 통해 이른바 '정신건강'은 '병리적 증상의 유무' 그 이상의 것으로 재정의되었다. 심사 당국도 정신건강 전문가들이 보고서에서 어떤 식으로든 폭력의 근거에 해당하는 정신적 증상을 말하는 것이 당연하다고 여기게 되었다.

이런 증거는 망명신청서에 점차 자주 등장하고, 변호사까지 이를 요구한다. 많은 사례 중 하나인 다음 편지를 살펴보자.

친애하는 귀하

지난 11월 16일 제 사무실에서 만나 뵌 후, 귀하가 겪은 학대와 신체적 상처가 일치한다는 확인서를 받기 위해 전문가와의 상담을 시도하신다는 사실을 알게 되었습니다. 또한 귀하의 주치의가 학대와 관련하여 심리검사를 권했다는 사실도 알고 있습니다. 저는 귀하께서 망명의료위원회나 프리모레비센터, 혹은 법의학 전문의와 접촉하시기를 권하는 바입니다.[3]

따라서 폭력의 심리적 후유증 역시 몸의 상흔처럼 망명신청인의 말의 진실성을 증명해줄 수 있다. 전문가가 관찰한 증상과 환자가 주장하는 박해의 경험 사이에 인과관계를 지어주면, 박해가 실제로 일어났다는 증거가 만들어진다. 이는 난민보호국 사무관 혹은 재심위원회 판사에게 말의 진실성을 판단하는 데 필요한 확실한 증거가 된다. 지난 25년 동안 망명인에 대한 의심이 커져가는 상황에서 트라우마는 진실성 검증의 일부가 되었다. 근거를 관리하는 방식의 변화는 난민정책의 흐름에 역행하며 변화되어왔다. 의료적 심리적 근거가 더 신뢰받게 된 반면, 정치적 망명에 대한 신뢰도는 점차 줄어들었다.

고문 피해자가 신체적, 정신적으로 트라우마 후유증을 겪을 수 있다는 사실을 의심하는 사람은 없다. 의사와 정신과의사, 그리고 심리상담사들이 그러한 고통을 더 잘 이해하고 치료하려 애쓴다는 사실을 생각하는 사람도 의외로 없다. 우리가 강조하려고 하는 특기할 만한 사실은, 오늘날 난민보호국과 재심위원회에 제출하는 서류 중 정신건강 전문가의 트라우마 입증이 관례가 되었다는 점이다. 20년 전만 해도, 트라우마는 심사 절차에서 아무런 역할을 하지 못했다.

---

3 변호사의 편지는 2001년 11월 16일 자로 되어 있는데, 난민보호국이 심사한 망명지원서와 관련 있다. 출처는 망명의료위원회 회장 아르노 베세(Arnaud Veïsse)의 파일.

이제는 프랑스 심사기관이 난민 자격심사에 필수적인 증거의 하나이다. 트라우마는 또 다시 사회적 영향권을 확장하고 있다. 물론 정신건강 전문가들은 폭력과 박해의 피해자를 돕는 단체와 협조하여 망명인을 지원하고 치료한다. 그들은 치료가 핵심 업무이자 궁극적인 목표로서, 치료야말로 자신의 기술을 제대로 활용하는 길이라고 생각한다. 그러나 박해의 심리적 흔적을 입증하기 위한 보고서 작성과 증언을 요구받는 사실은, 치료가 결국은 망명 승인기관의 보조 업무로 변질된다는 의미이므로 이들에게는 문제가 될 수밖에 없다는 것이다. 그러나 그들은 본말이 전도됨을 비난하면서도 신청인과 변호사 혹은 단체를 위해 계속 더 많은 보고서를 써주고 있다. 이러한 근거관리 방식의 변화는 최소한 두 가지 수준에서 분석해볼 수 있다.

첫째, 정신건강 분야에 어느 정도는 자율적이고 구분된 새로운 영역이 나타나서 그 대상을 망명의 정치와 고문에 초점을 맞추었는데, 비록 공식 명칭은 없으나 추방자의 심리외상학이라 불리는 것이 그것이다. 그 영역의 사람들은 전문가이자 운동가이며, 대상의 중심에는 망명신청인과 고문 피해자라는 새로운 사회적 인물상이 있다. 그들은 새로운 인물상이 아니고, 환대와 폭력이 항상 존재해왔음도 낯선 사실이 아니다. 그러나 그들이 반영하는 이미지와 반영되는 방식은 분명 새롭다. 참석자들의 토론과 참석자와 불참자 사이의 관계를 짐작해보면, 앞에서 기술한 회의는 문제의 핵심을 지적한 셈이다.

둘째, 지난 20년 간 망명신청인에게 발급된 보고서에 특별히 초점을 맞추어 어떻게 트라우마가 진단서에 침투해 들어왔는지 상세히 알아보고자 한다. 심리검사의 역할과 의학용어의 변경 내용을 살펴보면, 폭력의 표시가 어떻게 난민 자격을 입증하는 진리의 시련이 되었는지 이해하는 데에 중요한 실마리를 찾게 될 것이다. 그러나 필자들은 (실제 판정에 영향을 미치는 데에는 한계가 있음을 경험적 연구가 보여주고 있음에도) 흔히 망명의 문을 여는 열쇠로 간주되는 보고서의 효력에 대해 미리 판단하지 않으려 한다. 트라우마는 단일하지도 직선적이지도 않은 경로로 진리의 왕국에 입성하여 불확실하고 모호한 과정으로 진리의 한 부분이 되었으며, 진단과 치료보다는 도덕과 정치적 이해관계를 더 많이 함의하는, 모순으로 가득 찬 주제이다.

| 9장 | 추방자의 심리외상학 |

1996년 4월 30일, 파리 항소심법원 소속 변호사는 재심위원회에 출두할 망명신청인과 관련하여, 망명의료위원회 의사에게 서신을 보냈다. 그는 신청인의 주장을 뒷받침할 구체적 증거를 찾으려는 의도 외에도, 심리확인서를 좀 더 체계적으로 만들 가능성이 있는지 알아보고자 했다.

> 망명의료위원회에서 보내주는 의학적 범위에 국한된 진단서를 재심위원회가 어떻게 보는지 저희 변호사들은 매우 놀라워하고 있습니다. 물론 저희는 복잡한 내막을 간접적으로 들여다보는 증인에 불과하고, 진단서가 사건의 진실을 명백히 확인 또는 부정하기가 어렵다는 점을 이해하고 있습니다. 그러나 신청인에 대한 심리검사에 이어 망명신청이 과연 합당한지 의견을 제시하는 의료적 절차를 만드는 일은 가능하지 않을까요?

법의 다른 영역과 비교하면서, 그는 파악한 내용을 자세히 설명했다.

형법 절차에서는 많은 정신건강 전문가가 실제 목격자는 아니지만 사실 관계를 판단하고 있습니다. 전문가들의 분석은 그 특성상 피조사자의 말의 신뢰성과 직결됩니다. 따라서 망명신청과 관련해서도 고유의 의학적 검사와 순수한 심리검사를 병행할 수 있지 않을까요? 그 가능성에 관해 알고 싶습니다.

변호사는 그렇게 할 경우 심사에 영향을 미칠 수는 있다고 인정하면서도 이렇게 결론 내렸다. "안타깝게도, 위험성이 없는 해결책은 없습니다. 그러나 심리검사가 있으면 심사 과정에서 의학적 진단서에 더 무게가 쏠리지 않을까 생각합니다."

이 서신에서 트라우마 문제가 언급되지 않은 이유는 트라우마 개념이 아직 망명신청심사 영역에 도입되지 않았던 때였기 때문이다. 당시 변호사들은 비록 트라우마라는 단어를 마음대로 사용하지는 않았지만, 이미 증거가 될 수 있다고 생각하고 있었고, 이 증거를 제공하는 데에는 정신과의사나 심리상담사의 역할이 있으리라고 보았다. 위의 서신이 제안한 사안은 명백히 정신건강 전문가가 인정 혹은 무효화할 수 있는 진실성 판단의 새로운 제도였다(나중에 암묵적으로 인정하게 될 내용을 어떻게 표현했는지 보여준다는 점도 이 서신의 가치 중 하나이다). 그러나 이 제안에서 불분명한 부분은 심리적 보고서의 주제가 신청인의 성격인지(신청인의 말을 얼마나 신뢰할 것인지 결정하기 위해), 아니면 폭력의 후유증인지(신청인이 말한 폭력과 일치하는지 결정하기 위해)에 관한 점이다. 최근 전개 상황을 보면 후자 쪽일 가능성이 더 크고, 조사 목적 또한 박해받았음을 입증하는 심리적 후유증과 관련되어 있다. 정신건강 전문분야의 최근 연구는 망명인의 기억이 일관적이지 않음을 제시하고 있어서, 신청인 주장의 타당성을 평가하는 것은 어느 정도 필요한 일이다. 그런데 오늘날 조사의 주된 표적은 분명 트라우마이기에 위 변호사가 당시 희망했던 범위를 넘어서 있다. 몇 년 후에 쓰인 아래의 서신은 전全기독교상호지원국Ecumenical Mutual Support Service 시마드Cimade 담당자가 병원 의사에게 보낸 것인데, 흥미로운 사실을 보여준다.

> D여사가 방문했습니다. 영토 내 망명territorial asylum 신청서를 제출했는데 결과는 보증할 수 없습니다. 뒷받침할 증거가 필요합니다. 정신과의사에게 진찰받으면 도움이 될 것입니다. 진찰을 하면 심리적 트라우마에 관한 진단서를 발급해줄 수 있을지도 모릅니다.

증거를 얻을 목적으로 정신건강 전문가를 찾는 유사 사례는 많다. 파리의 변호사 서신에서는 가설 정도에 지나지 않았던 일이 불과 10년 만에 일상적 관행이자 당연한 의례가 되었다. 이제 트라우마라는 근거가 결정적인 증거로 여겨지면서 새로운 분야가 생겼으니, 그것이 바로 추방자의 심리외상학psychotraumatology of exile이다. 그 출현을 이해하려면 이민자를 위한 의료제도의 역사적 배경을 살펴보아야 한다.

이민자의 위치, 원주민과 외국인 사이

이민정신의학psychiatry of immigration은 그 전후로 타자성의 이미지가 완전히 달라진 1950년대에 발달하기 시작했다. 식민지 시대에는 원주민의 이미지가, 후식민지 시대에는 외국인의 이미지(공적 신분 소지 여부와 상관없이 구직 중이든 망명신청 중이든 간에)가 발달했다. 그리고 이 두 이미지를 시간적으로, 사회적으로 이어주는 제3의 이미지는 이민자로서, 프랑스를 비롯한 전 유럽 경제의 노동력 수요에 따른 결과이다.

원주민에서 외국인으로 그 이미지가 바뀌는 동안, 당시 겨우 활기를 되찾아가던 일반 정신의학 주변부 및 식민정신의학 의사들은 이민자의 정신건강에 점차 관심을 가지게 되었다.[1] 당시 프랑스는 보편주의 모델에 입각한 정신보건제도와 당시 지배적이던 정신병리학 패러다임으로 인해 문화적 독자성에 관한 견해는 모두 거부당하던 상황이었다. 따라서 이민자라고 해서 특수한 정신건강 클리닉이나 다른 치료법이 필요하다고 생각되지 않았다. 이들에게 프랑스 사회는 무관심했다. '외국 출신' 프롤레타리아 계급에 속한 이민자는 기껏해야 정신의학 진보그룹이 개발한 사회의학적 치료로 간접적인 혜택을 받았을 뿐이다. 다른 한편으로 식민제국의 정신의학정책과 진료방식은 문화적, 인종적 편견으로 가득 차 있었다. '아프리카인의 성격'이나 '이슬람인의 정신성'의 특징을 구별하려는 시도는 그 지역 특유의 정신병리를 탐색하기보다는 식민주의적 편견을 조장했다. 탈식민지화 시대에 이런 식의 해석에 진보적 대응도 있었지만 식민지

---

1 Fassin & Rechtman(2005b).

정신의학이라는 기획의 이면에 있는 이념을 비판하는 데 치우쳐 있어서, 식민지 주민의 정신질환에 대한 본질주의 이론과는 별 상관이 없었다. 이민자에 관심 있는 정신건강 전문가 대부분은 자기 분야의 이런 역사에 입을 다물고 있지만, 떠올리고 싶지 않은 어두운 그림자로 남아 있다. 이제 이 두 가지 역사를 자세히 살펴봄으로써 추방자의 심리외상학이 어떻게 태어났는지 알아보려 한다.

제2차 세계대전 말, 독일군 점령 하에서 극도로 황폐해진 정신병원을 발견하고 프랑스 정신의학계는 경악했다. 당시 수용 환자의 40%가 방치되어 기아로 사망했다.[2] 의료기관의 한 종류인 정신병원의 비극적 사태에 대해 몇몇 선도적 정신과의사—프랑수아즈 토스켈François Tosquelles, 뤼시앵 보나페Lucien Bonnafé, 조르주 도메종Georges Daumezon 등—는 정신의학의 관행을 집단적으로 비판하기 시작했다. 이렇게 개혁의 바람이 불어온 지 10년이 지나면서 새로운 영역 설정에 관한 첫 실험이 1970년대 초에 이루어졌다. 그것은 어빙 고프먼Erving Goffman의 '전체주의적 정신병원'[3]과는 정반대로, 의사들을 병원 밖으로 이끌어 환자와 더 가까워지게 할 새로운 의료구조를 설계하려는 실험이었다. 보편주의적 사고를 바탕으로 정신의학의 질병분류와 감금의 관행에 의혹을 던지고, 지배권력과 기존 질서에 협력해온 역사에 질문을 던진 것이다. 과거에 식민지 원주민을 대상으로 했던 분리주의적 접근방식differentialist은 이제 더는 용인되지 않았다. 도시 외곽의 수용소, 호스텔, 빈민가 등에 거주하여 보이

---

2 Robert Castel(1976), Jean Ayme(1996), Max Lafont(2000).

3 Erving Goffman(1968).

지 않던 이들 이주노동자에게 정신의학이 주목하게 된 까닭은, 노동과 관련된 상해를 치료하는 동안 발견된 정신병리적 증상 때문이었다. 반세기 전의 시니스트로시스sinistrosis가 다시 조명을 받게 된 것이다.[4] 이주노동이 국가경제 발전에 필수적이던 시대에 노동자의 병가는 못마땅한 일이었고, 특히 작업환경과 연관 지어 병을 주장할 때면 강력한 의심을 받았다. 따라서 이런 증상은 더는 유용하지도 않고 보상금까지 요구하는 이민자의 불법성만 강조할 뿐이었다. 예외적으로 정신의학 주변에서 일어나는 이런 일 이외에, 타자성이 인정되는 경우는 오직 정신질환으로서의 타자성을 경험했을 때뿐이었다. 문화적 타자는 존재하지 않았다.

식민지인은 근본적으로 다르다는 전제 하에 발전한 식민지정신의학에서는 상황이 전혀 달랐다. 건강한 사람일지라도 아프리카인이라는 것 자체가 타자성의 전형으로 묘사되었다.[5] 이 시기에 괄목할만한 연구가 나왔는데, 영국인 정신과의사 존 콜린 캐러더스John Colin Carothers가 WHO의 요청을 받아 '건강과 질병에 관한 아프리카인의 사고방식'[6]이라는 보고서를 작성한 것이다. 그는 임상자료, 뇌파검사와 해부병리 자료를 기반으로 하여 아프리카인의 열등함에 관한 이론을 개발해냈다. 아프리카인은 '전두엽성 게으름frontal laziness'을 가지고 있어서 전두엽을 절제한 유럽인과 유사하게 행동한다는 것이었다. 이러한 분리주의적 이론을 1920년대 알제리 학파가 '북아

---

4 Abdelmalek Sayad(2004).

5 René Collignon(2002), Richard Keller(2001, 2007).

6 Carothers(1954), Jock McCulloch(1995).

프리카 원주민'에게 적용하고 '이슬람 정신의학'의 패러다임을 주조했다.[7] 이 학파를 세운 앙투안 포로에 따르면, '이슬람 원주민의 심리구조'는 '나약함'이 특징이고, 이는 지적 자극의 결여, 즉 '정서적으로 도덕적으로 낮은 수준의 활동성'과 이어져서 인간의 생명을 존중하지 않는 증상으로 나타난다고 했다. 이 두 가지 요소를 합쳐 '원주민'의 '범죄 충동'을 설명할 수 있다고 주장했다. 캐러더스와 포로 양자에게 타자성은 궁극적으로는 문화적이기보다는 인종적인 것으로서, 그 원인을 캐러더스는 전두엽의 발달부전에서 찾았고, 포로는 간뇌diencephalon의 두드러진 활동성이라 보았다. 더욱이 그러한 차이는 문화적 특성이라기보다는 열등함의 표식으로 이해되었다. 질병을 주술-종교적인 것으로 보기 때문에 정신이 미개발되어 있다고 포로는 주장했고, 반면 캐러더스는 양심이 결여된 탓으로 돌렸다. 프란츠 파농의 신랄한 식민지정신의학 비판은 이해할만하다. 파농이 강조했듯이, 영국과 프랑스 제국에서는 수십 년 동안 이러한 내용을 의과대학과 보건대학원에서 가르쳐왔다.[8] 따라서 '민족정신의학ethnopsychiatry'으로 불린 이 신생 분야는 애초부터 정신의학과 민족지학의 융합 분야가 될 수 없었다. 이는 세네갈 주둔군의 의료팀장이자 프랑스령 서아프리카의 정신질환자를 조명한 프랑크 카자노브Franck Cazanove가 1912년 출간한 저서에서 주장했던 내용이다.[9] 민

---

7 Antoine Porot(1918, 1932), René Berthelier(1994).

8 식민지 주체에서 확인된 심리적 특이사항에 대한 인종차별주의적 설명을 언급하면서, 파농은 "알제리 의대생들은 이런 교육을 받았고, 처음에는 식민주의에, 다음에는 엘리트들이 알제리인에게 씌우는 고유한 낙인에도 자신도 모르게 적응이 되어갔다"고 말했다(2002).

9 Cazanove(1912).

족정신의학은 출발 당시부터 타자성에 대한 근본주의적인 극단적 해석에 바탕을 둠으로써 진정으로 타자를 인정할 여지는 조금도 남기지 않았다.

일반 정신의학과 식민지정신의학은 이렇게 평행선을 유지하면서, 비록 겉으로 갈등을 드러내지는 않았지만 타자성을 대조적으로 해석했는데, 각기 전쟁 트라우마에 부여한 의미는 특히 주목할만하다. 아프리카인들은 이중의 고통을 겪어야 했다. 머나먼 타국에서 양차대전 동안 유럽 열강의 군에 복무하면서, 또 고향에 돌아와서는 식민지 점령에 저항하여 독립투쟁을 하면서 엄청난 인명 손실을 입었기 때문이다. 일반 정신의학에서 가장 두드러진 사실은 유럽 대륙 전쟁에 참전한 식민지인에 대한 문헌이 실제로 없다는 점이다. 문헌으로만 판단하자면, 프랑스와 독일의 정신과의사들 사이에서 가장 많이 논의된 주제인 참호쇼크는 유럽 군인만 겪는 일이었다. 식민지인 군인에게서 이상이 발견되면 정신병으로 해석하고 본국으로 이송함으로써 유럽인 병사라면 얻는 보상 문제나 이차적 이득 관련 문제를 피해갔다. 다시 말해, 아프리카 군인들은 훨씬 더 많이 전쟁폭력을 접했음에도 트라우마를 가지게 되지 않는다고 보았던 것이다. 이와 대조적으로 식민지정신의학은 전쟁에 대한 식민지인의 반응을 매우 다양하게 해석해냈다. 특히 꾀병을 정신질환으로 설명하면서 여러 형태의 민족정신의학이 발달했다. 비유럽인의 꾀병은 세 가지 면에서 유럽인 병사와 차이가 있었다. 이중성이 분명히 나타나고, 모든 군인이 다 꾀병을 부려 병이라고 볼 수 없을 정도이며, 무의식의 작업dreamwork으로 다듬어지지 않아 조잡하게 발현된다는 것이 그 세 가지 특징이었다. 식민지배에 적대하여 무기력에 빠지거나 폭력행동을 나타낼 때도 의사들은 그 원인을 개인의 정신병리로 해석했다. 정치적 상황의 심리화psychologization를 예로 들면, 아프리카인의 단식을 투쟁이나 저항행동으로 보기보다는 식민지인 특유의 부정적 태도나 고집스러움으로 묘사했다.[10] 다시 말해, 식민지정신의학에서는 일반 정신의학과는 대조적으로 전쟁 트라우마 증상에 관한 해석이 넘쳐나고 있었다.

의학적 보편주의를 구실로 세워 현실을 부정하는 경향과 식민지 인종차별주의의 발판 위에서 과잉 해석하는 성향 사이에서 이주정신의학psychiatry of immigration의 성격을 엿볼 수 있다. 제2차 세계대전이 끝나고 탈식민화가 시작되기 전의 시간대에 출현한 이주정신의학은 누구나 말하던 인종평등과 통합을 앞세운 공화주의 모델이 가진 모순과 모호함 속에서 발전해왔다. 이주정신의학이 이들 전통을 받아들였든 아니든 간에 그 궤적은 매우 뚜렷하다. 한편 이주정신의학 또한 그 유형이 매우 다양하여, 공중보건의 주변부에서 어떤 단체가 지지하는지에 따라 다른 방향으로 발전했다. 이제 난민의 진료 양상을 통해 이주정신의학을 자세히 살펴보려고 한다. 여기서 난민이란 추방자의 고통에 더하여 폭력의 기억을 가진 사람들이다.

---

10 Antoine Porot(1918). 포로는 "자주 사고를 일으키고 히스테리아 증상을 보이는 빈도와 경향(즉 꾀병)"에 주목하고 "이를 전쟁 트라우마에 적용할 때, 이러한 소질은 수없이 다양한 결과로 이어지고, 과장과 반복을 보인다. 무슬림 원주민에서 나타나는 뚜렷한 성향은 수동적으로 살아간다는 점이다. 다소 거칠고 한 가지만 생각하는 경향이 있어서, 무기력하다가 즉시 트라우마 증상과 기능 정지상태에 빠진다." 이런 일반적 성향이 병리적으로 증폭될 때 어떠한지를 그는 이렇게 기술했다. "전쟁 시 이슬람인 고유의 정신병리는 단순하다. 혼돈에 빠지고 거의 항상 멍하게 지내는 것이다. 이슬람인은 꿈을 거의 꾸지 않는데, 감염이나 중독 증상이 있을 때만 꿈을 꾼다."

수용소의 진료관행

프랑스 이민자를 대상으로 한 최초의 정신과 진료기관은, 20세기 초 격변을 고스란히 겪은 정신과의사가 설립했다. 유진 민코프스키 Eugene Minkowski는 러시아에서 태어나 폴란드에서 자랐고 독일에서 교육받은 후 제1차 세계대전이 일어나던 때 파리로 왔다. 1951년 당시 동유럽 이민자들에게는 심리적 돌봄이 절실히 필요했으나 공적 의료체계에서는 적절한 도움을 받을 수 없었다. 이에 민코프스키는 파리의 민중공동체클리닉The People's Community Clinic(제2차 세계대전 동안 빈민을 치료하기 위해 티옴킨Tiomkine이 세운 병원) 내에 정신건강 진료과를 만들었다. 그로부터 10년 후, 민코프스키의 클리닉은 다수의 난민 지원 민간단체와 공적기금으로부터 재정을 지원받는 독립적 단체 협회가 되었다. 이 클리닉은 환자의 역사를 고려하여 그들의 모국어로 진료했다. 그렇다고 환자 모국의 문화를 중심으로 했던 것은 아니고, 그들의 경험(추방의 고통과 추방에 이르게 된 사건의 경험)에 중점을 두었다. 민코프스키가 개발한 현상학적 방식은 경험의 개별적 해석이 아닌, 보편주의 모델에 기반을 둔 것이다. 통역사를 두지 않고 환자의 문화권에 속하는 정신과의사—러시아인, 폴란드인, 독일인, 프랑스인 등—가 직접 진료했기 때문에 치료자와 환자의 관계도 돈독했다. 클리닉은 환자가 사용하는 언어에 따라 구분했다. 1965년에는 이주인구의 변화에 발맞추어 새 클리닉이 더 열렸는데, 처음에는 스페인어와 포르투갈어 클리닉이, 이후에는 아랍어와 터키어 클리닉이 생겼다. 언어보다는 지역 위주로 하는 클리닉도 있어서, 예를 들면 사하라 사막 이남의 아프리카 이민자를 위한 곳이나 동남아시아 난민들을 위한 곳도 생겼다. 따라서 클리닉의 구조는 첫 치료소가 표방했던 보편주의를 융통성 있게 유지하는 한편, 이민인구 변화에도 적응해나갔다. 클리닉 초기에는 직접 전쟁과 그 여파를 겪거나 박해받았던 환자를 대상으로 했지만, 진료의 초점이 트라우마였던 적은 없었다는 사실은 눈여겨볼 만하다. 이는 클리닉의 현재 강령이 지적하는 '이주민의 정신건강'에 대한 보편주의적 모델과는 반대되기 때문이다. 두 개의 역사와 두 개의 세계 사이에 갇혀 있는 환자의 경험을 정의하는 것은, 이곳 정신과의사의 관점에서는 트라우마가 아니라 추방이었기 때문이다.

망명의료위원회도 유사한 방식으로 응급상황에 대처하기 위해 만들어졌다. 난민 인구의 증가, 특히 동남아시아인 난민 신청이 갑작스럽게 증가하면서 이들에게 무료상담을 해주려는 정신건강전문가 네트워크가 생겼고, 두 개의 인권단체가 이 네트워크를 지지하면서 난민위원회가 설립될 계기가 만들어졌다. 1979년, 크메르 루주 정권을 피해 수많은 캄보디아 난민이 모국에서 도망쳤다. 일 드 뤼미에르 Ile de Lumière 병원선이 이 상황을 프랑스 사회에 알리자 난민은 대중의 공감과 지지를 얻었다. 그로부터 3년 후, 이들을 지원하던 센터는 상시기구로서 망명위원회로 개편되었고, 그 진료소를 파리 남부 크렘린 비체트르Kremlin-Bicêtre 병원 내에 세웠다. 망명의료위원회의 배경은 민코프스카센터의 설립과는 전혀 다르다. 1968년 이후 정치적 격동이 진정되면서, 한정된 대상으로 덜 급진적인 새로운 형태의 사회운동이 출현했다. 그동안 격렬한 논란에 휩싸였던 정신의학 내에서도 프랑스의 식민지적 유산에 대한 비판이 특히 외국인 거주지역의 질병유발 환경과 관련하여 제기되었고, 이러한 흐름으로 '이주자의 건강을 위한 의료위원회'가 만들어진 것이다. 망명의료위원회는 망명신청인이라는 특정인을 대상으로 국내 의료제도에서 배제된 사람들에게 진료를 제공한다는 구체적 목표를 가지고 출발했다. 초대 회장 중 한 명인 필리프 마뉴Philippe Magne는 망명의료위원회가 '스타급 반체제인사'가 아닌 '평민 추방자'에게 봉사할 것이라고 말한 바 있다. 이 기구가 전문화되고 자원봉사자 대신 정식직원이 자리를 잡고 조직체계가 갖추어지고 공적 기금으로부터 지원받게 되자, 역설적이게도 대중의 인지도가 점차 높아졌다. 특히 프랑스망명 권리조정위원회French Coordinating Committee for the Right of Asylum의 주목을 받게 되었다. 이 위원회는 점점 강화되는 망명규제정책에 반대하는 스무 개 단체의 활동을 조정하는 역할을 했다. 망명의료위원회는 애초부터 심리상담과 정신과 치료를 포함하는 넓은 범위의 요구에 부응하는 의료적-사회적 서비스를 제공했다. 처음에는 라틴아메리카 난민 출신이, 이후에는 급격히 증가한 민족정신의학 훈련을 받은 아프리카 출신 정신과의사가 운영했다. 망명의료위원회는 망명신청인에 대한 지원을 전문으로 했다. 이는 세계의의사들이 동일 시간대인 1980년대에 파리의 뤼 뒤 쥐라rue du Jura에 있던 선도적인 지역사회 클리닉에서 불법체류자를 지원하던 것과는 대조적이다. 그리고 점차로 고문 피해자라는 특수한 문제에 직면하게 되었다. 소수에 불과한 이 환자들을 트라우마의 특성상 따로 구별해야 할 것인가, 아니면 고통을 도덕적으로 구별할 경우 망명신청인 사이에 암묵적 위계가 생길 테니 다른 신청인과 똑같이 취급할 것인가? 이 난제로 인해 이 기구는 둘로 갈라지게 된다.

억압피해자망명인협회는 1984년, "고문 피해자는 다른 환자와 다르므로 특별한 종류의 치료가 필요하다"는 전제 하에 설립되었다. 이듬해 파리 크루아생시몽Croix-Saint-Simon 병원에 클리닉을 열었다.[11] 설립자인 의사 엘렌 자페Hélène Jaffé 는 망명의료위원회에서 일하던 당시, 고문 피해자에게는 다른 치료법이 있어야 한다고 주장했으나 지지를 얻지 못한 바 있다. 1984년 기니의 세쿠 투레Sékou Touré 대통령 사망 후, 수도 코나크리의 국경없는의사회에서 수용소 등에서 해방된 사람들을 대상으로 일을 하며 그녀의 확신은 더욱 강해졌다. 귀국 후 그녀는 의사와 심리상담사로 구성된 소규모 팀으로 억압피해자망명인협회를 창립했다. 이 단체는 망명인의 프랑스 사회로의 통합을 촉진하기 위해 교사 연수를 지원하고 진료서비스도 제공했다. 재정은 주로 프랑스와 유럽 공적 기금에서 지원을 받고, 보건부의 고문 피해자 실무팀장을 맡기도 하는 등 정부와도 긴밀하게 협조했다. 이들의 정치활동은 대체로 국제사회를 겨냥한 것이었다. 국제무대에서는 독재자에 대한 시민의 집단고발을 이끌었지만, 국내에서는 망명 권리 캠페인에 참여하지 않았다. 이들의 가장 큰 모순점은 트라우마에 대한 입장이었다. 고문 피해자의 경험과 그 '정신적 후유증'이라는 독특함을 내세운 프랑스 최초의 단체인 한편, 다른 한편으로는 의도적으로 심리상담사를 참여시키지 않았다는 특징이 있다. 심리상담사는 이들을 진료할만한 능력을 갖추지 못했다고 본 반면, 진료 경험이 있는 의사야말로 환자의 말을 '경청할 수 있는' 진정한 능력을 갖추었다고 보았기 때문이다. 트라우마라는 주제는 억압피해

---

[11] 억압피해자망명인협회 회장은 정부와 협력하여 여러 프로그램을 진행했다. 카리스마를 가진 회장이 퇴임한 후, 억압피해자망명인협회는 2006년에 해산되었다.

자망명인협회 내에서 거의 거론되지 않았다. 정신분석보다는 약물치료를 선호했다. 부수적인 역할만 하고 신뢰도 받지 못하던 심리치료사들은 이 단체를 결국 떠나게 되었다.

이 분열은 1995년 프리모레비협회Primo Levi Association의 설립으로 이어진다. 프리모레비협회는 억압피해자망명인협회에서 탈단한 회원 일곱 명이 만들었는데, 처음에는 '트레브Trêve[휴전]'라는 명칭의 작은 단체로 시작되었다.[12] 세계의의사들, 국제사면위원회, 국경없는변호사회 및 고문폐지를위한기독교실천회 등의 지원을 받아 트레브는 프리모레비센터로 개편되었다. 처음에는 이들 민간단체로부터 지원받다가 점차 공공기관 보조금 지원이 증가하면서 1995년에는 전체 예산의 80%를 공공기금에서 받게 되었다. 센터는 환자에게 진료와 사회적 지원도 하지만, 그 핵심 업무는 심리치료이다. 단체의 명칭이 말해주듯이 트라우마 진료로 특화하여 '고문과 정치적 폭력의 피해자에 대한 진료와 지원'을 주요 업무로 삼았지만, 폭력 장면을 접했던 사람에게도 다른 지원단체를 통해 도움을 제공하거나 법률 지원단체와 함께 사건의 서술을 도왔다. '디브리핑'을 하는 정당한 이유라고 보았기 때문이다. 이외에도 망명 권리를 옹호하고 '고문으로 심리적 트라우마를 입은' 사람들의 고통에 대한 인식을 높이고자 공공캠페인을 했다. 1990년대 후반, '트라우마스트레스연구를위한프랑스언어협회French Language Association for the Study of Traumatic Stress'와 결연관계를 맺게 되는데, 이는 피해정신의학의 창설자이자

---

12 프리모레비센터는 재정의 80%를 프랑스 공공기관(총리실, 인구이민국, 지방 재정, 파리시 당국 등)에서 지원받고, 그 외에 세계의의사들을 포함한 다수의 NGO에서도 지원받고 있다.

인도주의 정신의학 분야 후발주자인 군의관 루이 크로크가 설립한 것이다. 프리모레비센터가 설립되면서 이주정신의학이 마침내 트라우마 치료에까지 이르게 된 것이다. 이러한 변화는 프랑스 너머로까지 확장되어, 고문 및 인권침해 피해자 치료재활센터 유럽네트워크 The European Network of Treatment and Rehabilitation Centres for Victims of Torture and Human Rights Violations에 서른여덟 개 단체 중 하나로 참여하게 되었다. 프리모레비센터 센터장인 시벨 아그랄리Sibel Agrali와 유럽네트워크 프랑스 단체 회원 중 한 사람이 네트워크의 사명을 다음과 같이 설명했다. "피해자들은 박해의 경험에 대한 치료만이 아니라 더 많은 도움이 필요합니다. 새롭게 삶을 시작하고 과거를 인정받기까지 겪는 어려움 이외에도 끊임없이 기억에 시달리고 지나온 여정과 추방 때문에 트라우마를 받기 때문입니다. 이러한 트라우마에 관해 전문적으로 훈련하는 과정이 없습니다. 고문 피해자의 이야기를 들으면서 감정이 흔들리지 않고 충격받지 않는 사람은 없습니다. 이런 상황을 견디고 잘 다룰 수 있도록 배워야 합니다. 이것은 전문의사의 일만은 아닙니다. 고문은 질병이 아닙니다. 해결은 치료만으로 되지 않습니다." 고문과 트라우마는 항상 동반하고 모두 전문적 진료를 필요로 하는, 정신의학보다는 심리적 문제가 되었다. 이제 고문과 트라우마는 유럽 전체가 공조해서 조치하는 대상이 된 것이다.

지난 반세기 동안 난민에 대한 신체적, 정신적 치료의 프랑스 역사를 보면 두 단계로 발전해왔음을 알 수 있다. 대상 집단이 점진적으로 재규정되어왔다는 것이 그 한 가지이다. 민코프스카센터는 이민자를 대상으로 했고, 1970년대 후반 망명의료위원회는 망명신청인을 대상으로 했으며, 1980년대 중반의 억압피해자망명인협회와

1990년대의 프리모레비센터는 고문 및 박해 피해자를 대상으로 했다. 극단적 상황과 관련된 진료 분야는 전문화되고 다양해졌다. 다른 한편으로는 치료 시기의 구성에도 변화가 있었는데, 민코프스카센터는 과거의 고통도 인정했지만, 추방의 경험이 진료의 중심이 된다. 망명의료위원회 내에서는 정치 폭력을 주제로 이주하기 전과 후를 구별하는 문제로 갈등이 생기기 시작했다. 이 갈등에서 억압피해자망명인협회가 생겼는데, 이 협회는 모국에서 경험한 폭력의 종류에 따라 환자를 구분하려는 구체적인 목표를 가지고 출발했다. 트라우마 자체에 진료의 초점이 맞춰진 것은 프리모레비센터에 이르러서이다. 그리하여 추방의 고통(과거로부터 단절된 현재)을 부정하지 않으면서도, 폭력의 유산(과거가 현재로 들어온 것)이 새로운 치료 대상이 된 것이다.

지금 필자들이 말하고자 하는 것은 환자의 유형이 바뀌어야 한다거나 시간의 틀을 달리 해야 한다는 의미가 물론 아니다. 그보다는 망명과 폭력의 문제로 초점이 이동하면서 진료상의 어려움이 한 단계씩 더해져 갔음을 말하려는 것이다. 그러면서 문제의식이 희박해지기는커녕 단체들의 지형도는 풍성해지고 전문분야 또한 복합적으로 진화되어갔다. 이러한 이중의 변화, 즉 이민자에서 박해 피해자로, 추방에서 트라우마로의 초점 이동이 추방자의 심리외상학이라 불리는 분야의 출현 배경이 되었다. 이중의 변화라는 단어를 사용한 이유는 우선 망명인과 고문 피해자를 둘러싸고 전문화가 발달했다는 점, 또한 그 초점이 망명인지 트라우마인지 그 사이에서 일어나는 긴장이 지속되고 있다는 점 때문이다.

패러다임의 변화

"자발적 이민자들의 외적 내적 세계는 난민이나 망명인의 세계와 현격하게 다르다." 정신과의사이자 정신분석가인 바믹 볼칸Vamik Volkan은 트라우마에 관한 그의 첫 저서 《전쟁과 고문의 피해자들》 War and Torture Victims 에서 이렇게 말했다.[13] 그러나 그 차이는 겉으로 보이는 것보다 훨씬 더 복잡하다. "자발적으로 고국을 떠난 '평범한' 이민자와…… 도망쳐 나올 수밖에 없었던 트라우마 이민자에게는 공통적인 요소가 있는 반면…… 한곳에서 다른 곳으로의 이동은 상실, 즉 자신의 나라, 친구, 그리고 이전의 정체성 상실을 의미하므로 모든 이주 경험은 애도 혹은 애도에 저항하는 심리적 능력의 측면에서 연구할 수 있다." 다른 한편으로는 난민과 망명인의 경우, "트라우마의 경험으로 인해 애도 과정은 복합적이다. 이들은 실제 트라우마의 후유증을 극복해야만 보통의 '평범한' 이민자가 될 수 있다." 추방으로 인한 애도 반응과 폭력의 트라우마가 대조된다는 사실에 대해서는, 이 둘은 근본적으로 다른 경험이므로 '평범한' 이민자와 '강요된' 이주자에게는 다른 치료적 전략이 필요하다고 말한 볼칸의 주장은 요즘 널리 인정받고 있다. 오늘날 이민자의 고통으로는 박해 피해자의 고통을 다 설명할 수가 없다. 박해 피해자에게는 이민자에게 적용되기 어려운, 트라우마라고 명명된 다른 것이 있기 때문이다. 트라우마 개념은 사회적 진보가 이루어낸 결실인데, 이러한 진보의 과정은

---

13 Volkan(2004).

임상진료가 망명 문제에 연관되어온 역사를 보면 알 수 있다. 애도에 관한 의료적 모델은 트라우마 모델로 점진적으로 변화되어왔고, 트라우마는 애도 패러다임을 대체하기보다는 풍부하게 만들고 부분적으로는 그와 겹쳐진다.

민코프스카센터는 창립하면서 국외이주emigration, 즉 추방에 중점을 두었다. 이민자immigrant 대신 당시 경멸적인 의미의 국외이주자emigrant라는 단어를 사용했다는 사실은 중요하다. 이주인migrant이 더 낮게 여겨지고('이곳'에서 잉여인간이라기보다는 '그곳'에서 사라진 사람이자 '그곳'을 그리워하는 사람이고), 어딘가에 소속되어 있다는 점을 더 낮게 본다는 것을 의미한다. 이주인은 '이곳'에 정착해야 할뿐만 아니라 자신에게 계속 의미 있는 '그곳'에서 분리되어야 한다. 망명의료위원회라는 명칭 자체가 바로 이 연관점을 지적한다. 망명의료위원회가 외국인을 진료할 때는 여전히 '이전'과 '이곳', 떨어져 있는 거리와 현재 있는 곳, 분리의 고통과 정착의 어려움, 이 양 측면을 통합하려 한다. 민코프스카센터와 망명의료위원회에서 난민은 근본적으로 추방이라는 복합적이고 다면적인 경험 안에 속해 있는 사람으로 간주된다. 그렇다고 박해로 인한 개인적 고통을 고려하지 않는 것은 아니나, 개인적 역사도 결국은 보편주의 틀에 속한 역사로만 본다. 1950년대에 트라우마신경증 모델에 기초하지 않은, 망명의 의학적 해석이 출현한 사실에는 명백한 역설이 있다. 당시 주된 진료 대상은 동유럽 출신의 환자들이었고, 그중 다수는 제2차 세계대전과 나치 수용소의 만행, 또는 소련의 압제를 직간접적으로 경험했다. 그러나 우리가 이를 반박하거나 부인하려는 것은 아니다. 필자들이 주목하는 것은 고통의 정도와 경험의 형태를 구별하지 않으려는 윤리적 입장에 관한 것이다.

억압피해자망명인협회가 설립되자 다른 모델의 출현도 예견할 수 있었다. 프리모레비센터가 설립되면서 박해 피해자는 처음으로 트라우마의 심리치료 대상이 되었다. 고문을 겪는다는 것은, 더 일반적으로는 정치적 폭력을 견디며 살아간다는 것은 다른 경험으로 대체할 수도, 남과 소통할 수도 없는 경험이다. 이러한 형언할 수 없는 경험은 치료적 개입은 물론 직관적 공감, 달리 말해서 정신치료를 필요로 한다고 그들은 주장했다. 박해 피해자의 삶의 조각에도 하나의 이름이 붙여졌고, 심리치료의 대상이 됨으로써 더는 소통 불가능하지 않게 되었다. 이 접근방식의 새로운 점은 박해가 실제로 일어났던 시간을 구분하여 트라우마의 원인으로 지목했다는 데에 있다. 이는 오늘날에는 당연한 일이라고 여겨진다. 그러나 이 또한 의미 있는 변화의 증거이다. 추방의 개념이 모호한 만큼 유연한 포괄성을 지닌다는 점에서 정치폭력 경험이 다른 모든 경험보다 상위의 중요성을 가지게 된 것이다. 이러한 개념은 검증되거나 입증할 수 있는 가설도 아니었고, 다른 분야에서 선입견을 가질만한 편견의 산물도 아니었다. 당시에 그것은 억압피해자망명인협회와 프리모레비센터의 구체적인 활동에 한해서만 사용되는 가설이었다.

이들 단체의 클리닉에 환자가 도착하면 우선 치료에 적합한지 확인하기 위한 선별 과정을 거친다. 억압피해자망명인협회는 엄격하게 고문 피해자로 국한한다. 협회 소속 의사는 이렇게 말했다. "우리는 오로지 고문 피해자 혹은 고문 피해자라고 주장하는 사람들만 봅니다. 이 점에 대해 이념적 논쟁을 하고 있습니다. 대학살을 목격했거나 사랑하는 사람이 면전에서 고문당하는 것을 목격했던 사람도 고문의 피해자입니다. 그러나 이는 협회로서는 논의해야 할 문제입니다. 죽음에 대한 공포는 고문이 아니라는 겁니다." 분명한 점은 실제 일어난 사건에 따라 환자를 구별하는 것은 명백히 트라우마 개념을 거부하는 일이라는 점이다. 사건의 성격과 그 진실성 여부는 진단 기준이 아니기 때문이다. 반면 프리모레비센터에서는 트라우마 여부가 환자를 받아들이는 기준이다. 한 예로, 병원에서 서른 살쯤 된 알제리인 환자를 센터에 의뢰했는데, 그 환자는 목숨이 위험하다는 이유로 영토 내 망명을 신청한 상태였다. 그는 경찰이었는데 무장단체에게 위협받고 있었고 지시 내용에 동의하지 않아서 직위 해제된 상태로, 군의 보복을 두려워하고 있었다. 센터에 의뢰된 이유는 심각한 심리적 문제가 있었기 때문이다. 첫 내원에서 알려진 것은 알제리에서 신경증과 알코올 중독으로 정신과 치료를 받았다는 사실이고, 그로 인해 지역사회 정신병원에 의뢰된 적이 있었다. 정치적 환경과 박해로 인해 증상이 악화되었다는 사실은 고려되지 않았다. 기존의 정신과적 증상이 있어서 외상에 의한 증상만 분명히 가려내는 것이 불가능했기 때문이었다.

요약하면, 프랑스 심리외상학의 역사에서는 고문이 난민에게 특수한 현실임을 인정하는 것은 트라우마의 확인보다 우선했다. 1950년대와 1960년대에는 고문도 트라우마도 민코프스카센터의 주요 관심사가 아니었다. 1980년대 초가 되자 고문 피해자에게 특별한 치료가 필요한지에 관해 논란이 일며 단체들 간에 이견이 생겼다. 진료가 구분되어야 한다는 입장에 선 사람들은, 그들의 폭력 경험이 너무나 극한적이므로 일반적 트라우마와 달리 특별치료가 필요하다고 주장했다. 1990년대 초에는 심리치료사의 역할을 둘러싸고 갈등이 일어났다. 그때까지도 트라우마 개념은 널리 인정되지 않았고, 당시 선도적인 치료 모델은 귀 기울여 듣고 공감하는 것과 사회적 지지를 제공하는 것이었기 때문이다. 프리모레비센터가 만들어지면서 비로소 고문이 트라우마와 연관되었다. 〈르몽드〉 1997년 12월 31일 자에 '고문 피해자의 정신적 트라우마'라는 제목으로 실린 센터의 역사에 관한 특별 보고서도 이런 방향의 변화를 지지했고 지지기반도 급속하게 확장되어갔다. 그로부터 몇 년 후, 치료자의 경험이 유럽 차원에서 공유되면서 트라우마는 망명과 난민 평가에서 공통 항목이 되었다. 트라우마의 실재가 모두에게, 특히 심리치료사에게 인정받았던 것이다.

이러한 패러다임의 변화—추방의 경험에서 폭력의 경험으로의 전환, 또한 애도에서 트라우마로의 전환—는 어찌되었든 동일한 관념의 세계에서 일어난 것이다. 추방의 고통이든 폭력의 후유증이든 그 이야기는 보편적으로 인정되는 생각의 영역 안에 있다. 이주인과 박해 피해자 개인의 역사에 공동체의 역사와 문화가 어떻게 새겨져 있든 간에, 추방자의 애도와 폭력의 트라우마를 말하기 위해서는 공통의 정신세계를 전제해야 한다. 그 안에서 이 개념들은 비로소 의미를 가지며 사회적 반응을 불러일으킬 수 있다. 공통의 정신세계라는 개념은 증상이 역사적으로도 문화적으로도 편차가 있음도 수용하며, 마찬가지로 사회적 대응의 일부인 정신치료의 변용도 배제하지 않는다. 그러나 경험은 잠정적으로는 보편적이라고 본다. 이러한 암묵적 가정에 필연적으로 따라오는 결과는 공감 혹은 역전이counter-transference인데, 이에 관해 트라우마스트레스연구국제협회International Society for Traumatic Stress Studies를 창설한 존 윌슨John

Wilson 등의 심리외상학자들은 다음과 같이 말했다. "생존자들의 이야기는 보편적 트라우마 원형의 이형異形이다."[14] 외상 후 스트레스 진단을 지지하는 사람들과 트라우마 개념을 사용하는 사람들이 보기에 이 범주들은 국경 없는 고통, 문화 장벽 없는 고통을 의미하는 것이다.

서로 차이가 있음에도 지난 반세기 동안 민코프스카센터에서부터 프리모레비센터에 이르기까지 이주와 폭력에 관한 이른바 보편주의 해석에서 다양한 접근방식이 발전해나왔다. 이들의 지적 계보는 분리주의 해석에 토대를 둔 당대의 민족정신의학과는 다르다. 민족정신의학은 포로와 특히 캐러더스가 문화주의와 심리학을 결합하여 식민 질서를 정당화하려는 과학적 시도로 탄생한 것이다. 1980년대와 1990년대에는 생드니Saint-Denis 조르주 드뵈레 센터Georges Devereux Center에 있던 토비에 나탕Tobie Nathan을 중심으로 원주민보다는 이민자에 초점을 맞추는 다른 종류의 민족정신의학이 발전했다. 드뵈레 센터의 '보완주의적 민족정신분석complementarist ethnopsychoanalysis'과 단절하고 나온 이 새로운 민족정신의학은, 타자성에 대한 근본주의 해석을 지지함으로써, (모든 문화는 민족적으로 정의하자면 닫힌 공동체이므로) 공통적인 고통의 경험을 거부하고, (각 민족의 근원은 분리되어 보존되어야 하므로) 공통의 시민의식이라는 개념도 거부했다. 정신과 진료 분야, 사회사업계, 심지어 법조계 내에서도 일어난 이러한 변화는 당시 부상하던 추방자의 심리외상학에도 영향을 미

---

[14] Wilson(2004).

쳤다.[15] 망명의료위원회, 억압피해자망명인협회, 프리모레비센터에서 일했던 심리상담사와 정신과의사 다수가 과거 민족정신의학 학파를 거쳐나갔고, 어느 시점에선가는 이 학파의 문화 해석에 동조했다. 그러나 대부분은 그들 스스로 그 학파와 거리를 두고 공통의 경험을 인정하는 새로운 사고방식을 받아들이게 된다. 한때 나탕의 사상을 따랐던 한 심리상담사는 이런 말을 했다. "제가 보기에는, 민족정신의학은 환자 개인이 아니라 문화가 말하도록 하는 것 같습니다. 주체는 없고 환자라고 불리는 연구대상만 있을 뿐입니다." 그녀는 이를 현재 자신이 사용하고 있는 정신분석적 방법과 비교했다. "정신분석에서는 환자가 환자 자신의 역사 및 다른 환자들과 연관되어 있음을 강조합니다. 이렇게 함으로써 환자는 자신의 역사를 광범위한 역사적 맥락 안에 둘 수 있습니다. 문화적 맥락으로는 자신에게 어떤 일이 일어날지 예견할 수 없습니다." 경험의 보편성은 개인의 개별성을 기반으로 한다.

보편주의와 분리주의는 차이가 있음에도 이론적으로나 이념적으로 타협의 가능성이 없는 것은 아니다. 양립 불가능해 보이는 두 세계는 의외로 소통이 가능하다는 사실이 입증되었다. 심리외상학과 민족정신의학 사이에 교량을 놓은 사람들이 있다. 가장 중요한 인물로는 프랑수아 시로니Françoise Sironi를 들 수 있는데, 그녀는 억압피해자망명인협회의 일원이자 프리모레비센터 설립자 중 한 사람이고, 이후 드뵈레 센터의 센터장이 되었다. 혼합형 방식도 발전해왔는데, 일례로 보비니Bobigny의 아비센Avicenne 병원에서 정신과 진료팀을

---

15 Fassin(1999, 2000).

이끄는 마리로즈 모로는 트라우마 임상진료를 하면서 횡문화정신의학을 교육한다. '트라우마 그룹'은 심리상담사와 정신과의사들이 주도하는데, 이들은 여러 나라 출신의 '치료보조원'과 함께 집단세션을 운영한다. 보편주의 대 문화주의 논쟁의 일부이자, 임상진료 대 급진적 민족정신의학 논쟁의 한 부분을 차지하는 난민의 정신건강 문제는 프랑스 특유의 역사적 현상이다. 물론 다른 분야에서도 관찰되지만 논쟁이 가장 뚜렷이 드러나는 영역은 이민 문제(따라서 타자성에 관한 것) 대 정신치료 영역(따라서 주체성에 관한 것)의 사이에 있다.

프랑스의 독특한 이 특성은 국가적 양가감정으로 인해 강화되었다. 관계 당국은 이주 문제는 염두에 두지도 않은 의료제도를 만들어 보편주의 사고를 확산시킨 한편, 다른 한편으로는 차이에 초점을 둔 지원제도를 운영함으로써 문화주의적 접근방식을 지지했다. 따라서 필자들이 임의로 이름 붙인 '추방자의 심리외상학'은 공적 보건의료제도의 주변부에서 민간단체 및 비영리단체들이 이끌어가고 있다. 그러나 공공과 민간의 구분으로는 정부정책과 민간의 실천운동의 역동적 관계성을 충분히 설명할 수 없다. 그 이유는 첫째, 민간조직의 재정 중 공적기금에 의존하는 비율이—직접적 재정지원이든 아니면 사회복지 프로그램을 통해 환자를 지원하든지 간에—계속 증가하고 있어서, 단체의 전체 예산에 필적할 정도가 되었기 때문이다. 회원기부금이나 다른 단체들(역시 공공보조금을 받는)의 보조금 지원으로 모금한 액수의 비율은 실질적으로 재정에 기여하기보다는 상징적 의미를 지닐 뿐이다. 두 번째 이유는 국가기관이 민간단체와 협력관계를 늘려가는 추세라는 점이다. 공공병원이 민간의료기관으로 환자를 의뢰하고 있는데, 민코프스카센터의 경우 사실상 공공의료제도를 보완

하는 역할을 하고 있다. 민간단체들은 정부 요청에 따라 망명의료위원회가 제공해야 할 이민자 진료안내서 등의 문서를 작성해준다. 민간단체는 정부사업의 위원회에서 활동하고(예를 들어 억압피해자망명인협회는 고문 관련 사업위원회에 참여했다) 정부는 민간단체의 활동을 공적으로 승인해주는데, 예컨대 2004년 프리모레비센터에 인권상을 수여했다. 따라서 심리외상학은―이민자들, 특히 그중에서도 가장 취약한 사람들의 정신건강 진료를 통해서―국가와 민간이 복합적인 방식으로 상호교류하는 장이 되었다. 민간단체가 주도권을 쥐고 국가가 이들을 지원함으로써 국가는 박해 피해자를 인도주의적으로 관리할 책임으로부터 스스로 면제된 듯하다. 이런 관계가 문제가 되는 경우는, 특히 정부가 엄격하게 이민정책을 제한할 때, 동시에 이 정책으로 가장 큰 타격을 받을 사람을 지원하는 민간단체에 재정지원을 할 때이다. 단체 입장에서 안게 되는 문제는 정부정책에 이의를 제기하면서도 정부 지원금이 있어야 단체가 운영된다는 점이다. 이러한 갈등이 가장 확연히 드러난 부분이 진단서를 둘러싼 논란이었다.

몸이 보여주는 증거

"고문을 증명하는 서류가 필요하십니까?" 프리모레비센터의 계간 회보인 〈회고록〉Memoir 특별호 저자들이 묻는다.

난민보호국 및 재심위원회의 기준이 점차 엄격해지면서, 망명신청인은 고문의 상흔이 자신의 말과 일치함을 증명해줄 진단서를 받기 위해 필사적으로 의사에게 매달렸다. 이 현상은 우려할 정도인데, 대체 무슨 일이 일어나고 있는가? 말로 표현하기도 어려운 시련을 겪은 사람들에게 서류 한 장은 왜 그토록 절실할까? 의사는 그들에게 무슨 일이 일어났는지 알지도 못하고, 어떤 경험을 했는지 보지도 못했으면서도 사후事後 증인으로 나선다. 의학적 기술을 갖추고 들을 준비가 되어 있다고는 하나, 신청인 자신보다 결코 더 잘 알 수 없는 사람이 작성해주는 서류 한 장에 매달리는 이 현상은 어떻게 일어난 것일까? 오늘날 진단서가 없는 망명신청인은 거주 승인을 받을 수 있을지 확신할 수도 없고 아무도 자기를 믿어주지 않으리라고 생각한다.

신체적 증거를 제시하라는 압력은 단체의 진료방식에 직접적인 영향을 미쳤다. 일례로 연간 약 5,000명의 환자를 진료하는 망명의료위원회의 전문가 보고서가 급증한 것을 들 수 있다. 진단서는 1984년에 151건, 1994년에는 584건, 2001년이 되자 1,171건으로 증가했다. 이 기간에 이들 진료센터의 전반적 활동량이 증가했기 때문에, 실제 업무량을 알아보기 위해서는 실제 의뢰 건수와 발급된 진단서의 건수를 비교해보아야 한다. 1984년부터 2001년 사이에 의뢰 건수 대비 진단서 발급 건수의 비가 다섯 배 증가했다. 이는 의사가 전문가 의견을 작성하는 데에 상당 시간을 쏟았음을 보여준다. 업무시간의 28%를 폭력과 고문의 후유증을 확인하는 진단서 작성에 쓰는데, 이 중 절반 이상인 19%는 중병환자(인도주의 차원에서 망명이 정당화된다)의 진단서이다. 2005년부터 진료센터가 진단서 발급을 일일 다섯 건으로 제한하면서 그 건수는 급감했다. 이 정책으로 망명신청인은 진단서를 얻기 위해 더 오래 기다려야 했다. 일이 지체되자 신청인들은 난민보호국이나 재심위원회에 출두할 때면 예약통지서를 제출하고는 진단서 발급 과정이 진행 중임을 입증하는 방편으로 썼다. 재심위원회는 이를 그들에게 유리하게 해석해주기도 했다.

이리하여 불과 20년 만에 진단서 혹은 임상심리확인서는 망명의 문을 여는 열쇠가 되었다. 아무튼 망명 과정에 관련된 사람들은 이 서류를 그렇게 인식하고 있다. 특히 변호사는 의뢰인을 변론하기 위해 수집해야 할 증거로 본다. 다음은 변호사가 망명신청인에게 보낸 서신이다.[16]

> 친애하는 의뢰인 귀하
> 재심위원회가 전화로 제게 알려준 바로는 귀하의 신체에 있는 흔적이 귀하의 이야기와 일치한다는 것을 입증해주는 진단서가 제출된 경우에만 결정을 내릴 수 있다고 합니다. 진단서를 얻기 위해서는 억압피해자망명인협회 의사, 그리고 망명의료위원회 의사와 가능한 빨리 예약을 해야 합니다. 이들 두 의사에게 진단서를 받으시면 가능한 신속히 제게 팩스로 보내주십시오. 그러면 제가 재심위원회에 제출하겠습니다.

다른 많은 경우와 마찬가지로, 두 명의 의사가 이중으로 입증해줄 진단서가 매우 중요하고 필수적이라는 것에 초점이 맞춘 이 편지를 보면 변호사가 얼마나 진단서에 신경을 쓰는지 알 수 있다. 망명신청인의 운명은 확실해 보인다. 진단서가 없으면 구원도 없다!

---

16 2001년 12월 7일 자 서신. 망명의료위원회 회장인 베세의 수집 파일 중에서 발췌.

심사를 맡은 기구의 진단서 요구까지 증가하다 보니 난민보호국과 재심위원회에도, 심지어는 의사협회에도 계속 항의가 들어올 정도였다. 일례로 단체의 '윤리에 위배될 정도로 압력'이 들어오면서, 망명의료위원회 회장이 난민보호국 국장에게 서신을 보내 사무관들에 대한 불만을 표시했다.[17]

> 망명의료위원회로 직접 전화해서 진단서를 받도록 속히 약속을 잡아 달라고 말하는 경우도 있습니다. 환자는 진단서가 있어야만 거주 승인을 받을 수 있다는 말을 들었다고 우리에게 말하곤 합니다. 진단서를 받았어도, 때로는 저명한 전문가가 써주었어도, 망명위원회의 확인을 받으라고 요구한다고 합니다.

난민보호국과 재심위원회가 진단서를 중히 여긴다는 말은 사실이지만, 망명의료위원회와 프리모레비센터 모두 함께 공모한다는 말은 이치에 맞지 않다. 점차 강화되어가는 망명 규제정책을 집행하는 기관들과 난민의 권리옹호 임무를 가진 단체들의 관계는 확실히 복잡하다.

입증해야 할 것이 비가시적인 경우 그 어려움은 더욱 크다. 고문

---

[17] 1994년 5월 5일 자 편지에, 난민보호국 국장 프랜시스 롯(Francis Lott)이 1994년 6월 15일 자로 보낸 답신(일련번호 392번 공문)에서 "어떤 이유나 어떤 방식으로든 망명의료위원회의 업무에 간섭하는 것"은 금지되어 있다는 사실과 "법의학적 진단서의 요청은 예외적인 경우로 제한할 필요가 있다"는 것도 상기시켰다. 예외적인 경우란 의사의 의견이 사례를 이해하는 데 필수적일 때로 한정하고, 그조차도 신청인의 말을 보충하는 것이지 대체하는 것이어서는 안 되며, 난민보호국 사무관과의 세밀한 면담을 대체하는 것이어서도 안 된다는 사실을 재확인했다.

의 신체적 흔적은 금방 사라진다. 유엔 안내서에는 다음과 같은 말이 나온다.[18]

> 전문가는 추정 피해자에게 의학적 검사를 시행해야 한다. 이와 관련해서 시간 요인이 특히 중요하다. 고문 이후 얼마만큼 시간이 지났든 간에 검사는 해야만 하는데, 만일 고문이 지난 6주 이내에 일어난 일이라면 확연히 눈에 드러나는 흔적이 사라지기 전에 가능한 빨리 검사를 해야 한다.

그러나 프랑스에 온 모든 망명인은 사실상 고문당한 지 몇 개월 혹은 몇 년이 지나서 의사를 만나게 된다. 따라서 유엔고등인권위원회가 언급한 '심리적 증거'가 더욱 중요하게 되었다. 전문가의 말처럼 "고문을 당한 사람은 대부분 우울 증상을 가지고 있지만", 그래서 치료의 대상은 되지만 폭력의 증거는 보여주지 못한다. 반대로 "외상 후 스트레스가 고문의 주된 후유증이라는 단순하고도 잘못된 믿음"에는 문제가 있다고 보는 한편, 이 흔치 않은 증상이 박해로 인한 후유증임을 입증하려 할 때 도움이 된다는 이유로 주목할 필요는 있다고 전문가들은 주장했다. 결국 사건의 흔적이 더는 신체에 남아 있지 않은 경우, 정신에 남은 흔적은 막연하게나마 사건을 증언하는 가장 주관적인 흔적이 된다.

이 시점에서 망명인과 고문 피해자를 대상으로 형태를 갖추어 가던 추방자의 심리외상학은 새로운 사회적 의미를 갖게 되었다. 박

---

18 유엔고등인권위원회(2001).

해라는 독특한 경험과 그 트라우마는 특별치료가 필요하다고 인정되면서 이 분야가 만들어진 것이다. 심리외상학은 환자의 말의 진실성을 판가름할 도구로서 난민 심사기관에 유용한 분야가 되었다. 의사와 심리상담사들은 진료를 목적으로 인도주의 명분에 참여해왔다. 그런데 이제는 증언을 요구받게 되었다. 망명 문제를 다루는 NGO의 전문가들은 이 새로운 역할을 탐탁해하지 않았는데, 증언할 준비도 되어 있지 않았던 데다가 증언은 진료 이외의 업무로서 4중의 위험이 있다고 보았기 때문이다.

첫째, 고문을 증언한다는 것은 망명 권리에 관한 원칙을 축소해야 함을 의미했다. 1951년 제네바 협정 제1조에 따르면,[19] 난민은 "인종, 종교, 국적, 특정 사회집단에 소속되었다는 이유 혹은 정치적 견해로 인해 박해받게 되리라는 근거 있는 두려움을 가지고 있고, 현재 자기 국적의 국가를 벗어나 있으며, 그 국가의 보호를 받을 수 없거나 두려움 때문에 보호를 받을 의향이 없는 사람, 또는 사건의 결과로 국적이 없거나 국가의 밖에 있으며 귀국할 수 없거나 두려움 때문에 돌아갈 의향이 없는 사람"이라고 정의되었다. 따라서 그 두려움이 합당하다고 인정되기만 하면 자격 판정의 핵심에 놓이게 되는 것이다. 난민 자격을 얻는 데 반드시 고문을 당했어야 할 필요는 없다. 위협받은 것만으로도 충분하다. 그리고 진단서에서 찾는 증거는 본질적으로는 신체에 남은 상흔이다. 신체적 상흔으로 증거를 국한시키는 것은 위험에 처했다고 느끼거나 폭력을 피할 수 있었던 사람은 배

---

19 1951년 7월 28일에 채택된 난민 신분에 관한 협정. 유엔고등인권위원회 http://www.unhchr.ch

제되는 것이므로 망명제도의 정신을 제한함을 의미한다. 지원단체의 누군가는 이를 '고문 보너스'라고 불렀다. 심리전문가들은 박해의 공포와 연관되는 고통의 징후를 확인해서 망명의 문을 조금 더 열어줄 수는 있지만, 그간의 경험으로 볼 때 유용성은 거의 없다.

둘째, 의사는 치료자의 역할과 증인의 역할을 분리해야 한다는 법을 진단서는 위반하고 있다. 프랑스 공공의료법 제105항에 따르면 이런 내용이 나온다. "모든 의사는 동일한 환자에게 전문적 평가인의 역할과 치료인의 역할을 겸할 수 없다. 의사는 개인적 이익과 관련되거나 혹은 자신이 보는 환자, 친인척, 친구, 혹은 자신의 의료서비스를 상시 이용하는 집단의 이익과 관련되는 전문가 평가를 해서는 안 된다." 그러나 제3의 이해관계 집단의 존재는 지적해야겠다. 이들은 운동가 의사activist doctor로, 이들이 평가할 때는 엄격한 객관성을 유지하지 않을 수 있다. NGO가 벌인 논쟁 조건에 국한해서 말한다면, 문제는 전문가의 공정성과 관련된 것이 아니라 망명신청인들이 진단서를 얻기 위해 의사를 '도구화'하는 일이다. 따라서 이들은 실질적으로 치료받을 기회를 날려버리게 된다. 정신건강 전문가들은 환자와의 치료적 관계에서 이탈하게 하는 이 상황에 좌절을 느낀다고들 한다. 진단서를 발급받으면 사람들은 돌아오지 않는다. 단체의 임무를 비켜가는 이러한 일을 방지하기 위해 첫 내원 시에는 진단서를 발급하지 않고 있다. 진단서를 받기 전에 신청인은 한 번 더 "자신을 증명해야만" 한다.

셋째, 진단서는 망명신청인의 말을 대체하는 기능을 한다. 프리모레비센터의 한 일원이 이 이야기를 해주었다. "어느 날 난민보호국 사무관이 전화를 했습니다. 강간당한 것이 사실이라고 적어주시면 그녀의 망명을 승인하겠다고 하더군요. 그런데 거주권 승인을 위해 그녀가 강간당했다는 일을 왜 내가 확인해주어야 합니까?" 이 사례가 중요한 이유는 강간은 드문 경우를 제외하고는 몇 주 이내에 신체적 흔적이 사라지기 때문이다. 강간의 심리적 후유증은 그 양상과 심각성이 매우 다양하고 흔히 강간 피해자 스스로 침묵한다는 사실이 잘 알려져 있음에도, 심리상담가가 신체적 침해의 정신적 흔적을 찾아내고 증거로서 트라우마를 확인하여 피해자 말의 근거를 마련해주리라고 사람들은 기대한다. 그러나 특수 사례를 제외하고는, 피해자가 겪은 일의 신체적 증거를 전문가에게 요구한다는 것은 피해자의 말은 아무런 가치가 없거나 진위 여부는 고려사항이 아니라는 것을 새삼 신청인에게 상기시키는 것이다. 전문가 보고서를 통해 증언할 것을 동의할 때, 증언하는 전문가는 망명신청인의 신뢰성을 보증하면서도, 의도치 않게 그들이 하는 말의 가치를 평가절하하게 되는 것이다.

    마지막으로 많은 사람이 진단서는 유용하지 않다고, 심지어는 위해하다고까지 생각한다. 개인 차원에서는 진단서가 유용하다는 근거가 거의 없다. 전문가는 신청인이 진술이 진실하다고 인정해줌으로써 승인의 기회를 높인다고 생각하지만, 통계가 보여주는 사실은 그렇지 않다. 이와 관련된 프랑스 내부의 조사 결과는 없지만, 스위스가 조사한 52건의 사례에서는 전문가 보고서와 망명 승인 간에 통계적 상관관계가 없었다.[20] 또 신청인의 75%가 PTSD임이 확인되었음에도 승인 비율은 달라지지 않았다. 그 조사를 한 연구자들은 다음

---

20 Forsman & Edston(2000).

의 결론을 내렸다. "고문과트라우마생존자센터Center for Torture and Trauma Survivors는 신뢰할만한 공정한 정보를 스위스 당국에 제공함에도 때로 무시받는 듯하다." 집단적 차원에서 진단서 관행이 보여주는 사실은, 진실성을 확보한 신청인과 확보하지 못한 신청인은 차별을 받는다는 것이다. 그렇다면 후자의 경우 진단서는 역설적으로 망명인에 대한 의심을 키우는 데에 일조하고, 따라서 명분의 정당성을 훼손한다고 볼 수 있다. 이것이 바로 프리모레비센터의 두 원로회원이 염려하는 문제이다.[21] "과감하게 입증의 분야로 뛰어든 의사들은 이념의 도구가 되어버립니다. 손에 넣기가 불가능한 증거를 요구한다는 것은 사회가 원치 않는 사람들을 국가가 제거할 수 있게 허용하는 것입니다." 결론적으로 진단서는 누구에게도 득이 되지 않는다. 네 종류의 비판—정치적, 의무론적deontological, 윤리적, 평가적evaluative—이 있음에도 진단서가 계속 발행되고 있다는 점은 놀라운 일이다. 여기에는 세 가지 이유가 있다. 첫째, 진단서를 요구할 권리가 있는 사람에게 발급을 거절할 수 없기 때문이다(이는 의사에게만 명문화되어 있고 심리상담사는 해당되지 않는다). 둘째, 진단서를 적어주는 것은 의사가 신청인에 대한 신뢰를 보여주는 일이므로 그런 식으로라도 지지를 표하는 것은 치료적 가치가 있다고 보는 이가 많기 때문이다. 셋째, 이 모든 상황에도 진단서가 좋은 결과를 가져다줄 것이라고 여전히 희망하고 있기 때문이다. 신청인에게 미심쩍은 부분이 있더라도 선의로 해석될 여지를 준다고 믿기 때문이다. 좌절하고 분노하고 있음에도 계속 진단서를 발행하고 있는 것이다. 그러나 모두 한

---

21 Henriques & Agrali(2005).

목소리로 비난하는 것은 아니다. 망명의료위원회와 프리모레비센터가 진단서의 남용을 가장 비난하는 축에 속하는 반면, 민코프스카센터와 억압피해자망명인협회는 이를 두고 논란하지는 않는다.[22] 망명인협회 소속의 어느 심리상담사는 이렇게 설명했다.

> 처음에는 몇몇 환자에게만 확인서를 발급해주었는데, 이제는 거의 모두에게 다 해주고 있습니다. 일단 환자와 치료적 관계가 맺어지고 진심으로 대한다면 확인서 발급에 문제는 없다고 생각합니다. 난민보호국 사무관과 만나면서 불안과 공포를 느끼고 트라우마가 생길 수 있다는 점을 고려하면 장점도 있다고 생각하고, 그리 나쁜 일만은 아니라……. 직접적이지도 않고……. 그렇지만 환자가 증상을 꾸며내거나 회피하려는 것이 아니라 실제로 고통스러워하는 것임을 알려줄 수도 있습니다.

민코프스카센터의 한 정신과의사는 훨씬 더 분명하게 표현했다.

> 제가 작성하는 진단서는 치료가 필요하다고 확인한 증상에 관한 것입니다. 이건 꽤 애매한 말이지요. 그러나 저는 표준용어를 사용해야 합니다. 표준용어는 증상의 의미를 기호로 표현하고 제가 하는 일을 법적으로 타당하게 만들어주므로 거기에 맞추려고 노력합니다. 합법적 범위 안에서 진단서를 발행하는 의사로서의 윤리를 지키는 동시에, 시민의 한 사람으로서 생각하건대 제가 발행하는 진단서가 변호사나 다

---

22 Baubet et al.(2004).

른 누군가에게 무언가를 확인하는 데에 사용된다면 발행을 꺼릴 이유가 없습니다. 우선 저는 정신과의사로서 제 능력껏 일하고 있고, 이 사회가 어떻게 움직이는지 이해합니다. 이 일은 진단서냐 죽음이냐의 문제입니다.

두 전문가 모두, 진단서제도에 대한 숙고하거나 비판하고 있지는 않다. 이들이 말하는 것은 심리적 고통이 존재한다면 그것을 증언해야 한다는 것이다. 이들은 전문가 증인의 역할을 넘어 명분이 아닌, 인간에게 헌신하는 운동가로서 망명인에게 서비스를 제공한다는 생각을 하고 있다.

요컨대, 프랑스의 추방자 심리외상학은 두 개의 축을 따라 설명할 수 있다. 한 축에서 두 가지 경향을 읽을 수 있는데, 그 한 가지는 의료가 정치적 입장을 지지하는 것이다(망명의료위원회와 프리모레비센터). 다른 하나는 오로지 진료에만 집중하고 정치와는 거리를 둔다(민코프스카센터와 억압피해자망명인협회). 다른 축에도 두 가지 입장이 있는데, 그 하나는 추방의 경험을 분할되지 않는 전체로 본다(망명의료위원회, 민코프스카센터). 다른 입장은 트라우마 경험은 선별될 수 있는 유일한 경험으로 본다(억압피해자망명인협회, 프리모레비센터). 따라서 어디까지 관여하는지에 따라, 그리고 주관성의 인식 수준에 따라 네 가지 조합이 가능한 것이다. 도면 위에 이 두 개의 축을 그려나가면 이민자와 외국인의 모습이 망명인과 고문 피해자로 바뀌어왔음을 알 수 있다. 그러한 흐름 속에서 정신건강 분야는 난민 유입을 규제하는 도구로 쓰였고, 트라우마는 진실을 입증하는 최고의 증거로 부상한 반면, 추방의 의미는 희미해져왔다. 신체의 상흔에서 찾던 증거를 이제 정신에서 찾게 된 것이다.

10장   **난민**

아래 진단서는 2002년 망명의료위원회가 발행한 수천 개의 서류 중 하나이다.[1]

> 본인은 의사로서 이하 기술이 사실임을 확인하고 서명한다. 금일 진료한 G씨는 터키 국적으로 출생일 OOO, 출생지 OOO이며, 망명신청에 필요한 진단서 발급을 위해 진료를 받았다. 바르토Varto 출신의 쿠르드인인 G씨는 남편과 함께 쿠르디스탄 자유를 위한 무장독립운동에 참여했다고 말했다. 남편은 1998년 한 모임에 참석했다가 구속되어 고문을 받았고, 구속된 지 며칠 후 행방불명되었다고 한다. 곧이어 군인들이 그녀를 구타하고 자식들 앞에서 강간했다고 주장했다. 강간의 결과로 딸을 출산했다고 한다. 진찰 결과, 좌내 측 손목에 칼날에

---

[1] 저자들은 망명의료위원회 기록물 중 1987년, 1992년, 1997년, 2002년 자료에서 각각 50개씩 무작위적으로 선택하여 총 200개의 사례를 분석했다. 망명의료위원회 기록물 파일 번호는 2002/04-PC2(34).

의한 것으로 보이는 세로로 봉합된 상흔이 있고, 우측 사타구니에 넓게 자리한 상흔이 있는데, 이는 복부를 강타할 때 생기는 후유증 소견과 일치한다. 환자는 불안을 동반한 우울장애를 특징으로 하는 외상 후 스트레스 신경증 증상을 보이고 있으므로, 심리치료와 장기간의 향정신성 약물치료를 요한다. 위 소견을 종합하면 환자의 설명과 일치한다. 본 사례에 관한 결론을 포함한 진단서가 작성되어 본인에게 전달되었다.

망명신청인은 근거자료와 함께 모은 이 몇 줄의 진단서를 난민보호국 사무관이나 망명 여부를 판정하는 재심위원회 판사에게 제출해야 한다. 진단서 내용은 삭막하다고 할 정도로 간결하고, 증상은 설명 없이 죽 열거되어 있다. '……했다고 주장하고……', '……했다고 한다' 등의 간접화법은 환자와 객관성의 거리를 지켜야 하는 전문가 증언[2]의 특성이다. 신체적 진찰소견은 아주 간명하게 표현되고, 망명신청인이 주장하는 폭력의 흔적('세로로 봉합된 상흔')과 조심스럽게 연관 짓는다('칼날에 의한 것으로 보이는'). 범주화된 정신과 진단이 제시되고('외상 후 스트레스 신경증 증상', '불안을 동반한 우울장애'), 치료가 필요하다고 평가한다('심리치료와 장기간의 향정신성 약물치료'). 결론은 신중하고도 명확하게 내려진다('위 소견을 종합하면 환자의 설명과 일치한다'). 임상심리학

---

2 [역자주] 판결과 관련된 사람들(배심원, 판사 등)이 '사실을 알아내는 데에' 도움이 되도록, 해당 분야의 전문지식과 숙기 및 경험이 검증된 사람으로 하여금 해당 주제에 관해 교육을 하거나 평가하도록 한 제도이다. 교육을 맡은 전문가 증인 외에도, 법정에서 증언을 하는 전문가 증언, 증언은 하지 않는 전문가 증인, 보고서만 제출하는 전문가 보고서 등 여러 형식이 있다. 전문성과 객관성은 전문가 증인의 기본 윤리이다.

인서도 전문가 보고서 작성규칙에 따라 모두 똑같은 복사판이 되어 가고 있다. 해당 기관이 규정한 표준 기술방식에 맞는 용어를 사용해야 하며, 판정하는 데에 필요한 기대치에 최대한 맞추려고 한다.

난민심사 유엔난민고등판무관The UN High Commissioner for Refugees은 망명이 거부된 신청인의 탄원서를 담당하는데, 한 판무관은 이런 형식의 서류에 대해 다음과 같이 말했다. "재심위원회에는 증거, 근거, 그 외의 어떤 것들도 다 제출할 수 있습니다. 판사는 신청인이 말하는 내용의 일관성, 신뢰성, 설명의 모순 여부를 근거로 개인적 견해를 제시하는데, 이는 지금까지도 핵심 요소입니다. 그 후 형사재판 판결과 마찬가지로 망명신청인의 진술과 변호사가 제출한 진단서가 결정적 증거로 작용합니다."[3] 그러나 그는 즉각 자신이 한 말을 수정했다. "그러나 항상 이렇지는 않습니다. 사람마다 다를 수 있습니다. 진단서만으로 충분한 것은 아닙니다. 신청인의 말에 신뢰성과 일관성이 없을 때는 진단서의 영향력이 사라집니다. 이를 뒷받침하는 진단서가 있다면 진술의 무게가 확실히 더해지는 것이지요. 의심스러운 사례에서 진단서는 결국 신청인의 편을 들게 될 겁니다."

그러나 모든 진단서가 다 같은 비중으로 받아들여지지는 않는다. "판사들은 작성자가 누구인지 고려합니다. 도시 외곽의 개원의보다는 재심위원회 등의 유관기관에서 오래 일한 의사를 더 신뢰하지요. 문체도 고려 대상입니다. 진단서를 잘 쓰는 의사들은 '신체적 후유증은 신청인이 말하는 내용과 일치한다'라는 식으로 쓰지요. 신청인이 우리에게 진술한 것과 똑같은 내용을 의사에게도 말했는지는 알 수

---

3 2002년 8월 5일 면담.

없습니다." 그는 결론적으로 말했다. "문제는 우리가 일하는 이 분야에는 문서화된 근거자료가 거의 없다는 것입니다. 판사는 신청인이 주장하는 말에만 의지해서 결론을 내려야 할 때가 많습니다. 따라서 신청인의 말을 뒷받침할만한 서류가 있다면 판정할 때 도움이 되니 우리로서는 그게 편합니다. 아무 증거도 없는 서류를 판사에게 내미는 것은 우리도 내키지 않습니다."

이 말에는 몇 단계의 의미가 내포되어 있다. 첫째, 판사에게도 망명신청인에게도, 진단서는 일종의 애호품과 같아서 본래의 가치보다 더 크게 받아들여지고 있다는 점이다. 둘째, 서류 검토 과정에서 진단서는 상대적 가치를 나타낸다는 점이다. 진단서는 신청인의 주장을 뒷받침하기는 하나 주장을 대신하지는 못한다. 진단서는 판사가 자신의 견해를 확인하는 역할을 할 뿐 판정 결과를 좌우하지는 않는다. 셋째, 규칙에 따라 작성된 진단서와 유관기관의 인증 서류가 망명신청인을 옹호할 합법성을 가지고 있음을 사회가 인정한다는 것이다. 따라서 정신건강 전문가의 확인서는 공식 서류 그 이상의 무게를 지니고 있다. 이 서류는 망명인 개인의 역사이자 현대 세계사의 일부분이 되었다.

이 새로운 입증방식이 어떻게 출현했는지, 정신건강 분야에 부여된 새로운 권한이 어떻게 사용되어왔는지 이해하기 위해서는 유럽 여러 나라의 망명에 관한 역사를 살펴보아야 한다. 그래서 트라우마가 진단서 안에서 어떻게 그 존재감을 드러내게 되었는지, 그리고 그 과정에서 어떤 인류학적 질문이 제기되는지 살펴보려 한다.

난민

망명의 타당성을 평가할 때, 트라우마와 폭력이 남긴 상흔을 제시하는 것이 중요해진 이유는, 난민의 신분이 과거와 달리 정당성을 잃어가고 있기 때문이다. 끊임없이 몸의 증거를 탐색하는 이유를 이해하기 위해서는 서구사회의 의심이 어디에서 비롯되었는지 알아야 한다. "애초에 난민은 시험대 위에 서 있었습니다." 밸런타인 대니얼Valentine Daniel과 존 크누센John Knudsen이 말했다.[4] "난민은 믿을만하지 않았고, 무슨 일에서든 항상 불신을 자아내게끔 행동했습니다. 넓게 보자면, 난민은 원래 거주지에서 도망쳐 나오기 전부터 이미 난민이었고, 망명처를 제공받고 새로운 장소에 가서도 계속 난민으로 있습니다." 그러나 개인의 삶은 집단의 역사적 맥락에서 결정된다는 점을 염두에 두어야 한다.

난민의 역사는 짧고도 길다. 미카엘 마뤼스Michael Marrus는 역사문헌 연구에서 난민을 이른바 '쓸모없는 자unwanted'라고 명명한 뒤 난민에 관해 다음과 같이 서술했다.[5] "전쟁이나 박해 때문에 살던 곳을 떠나 자국 외에서 피난처를 찾던 난민은 우리가 기억할 수 없는 먼 옛날부터 유럽대륙에 발을 디뎠다. 그들의 존재가 유럽국가에서 심각한 국제적 정치 문제로 대두된 것은 20세기의 일이다." 예전

---

[4] Daniel & Knudsen(1995).

[5] 마뤼스는 그의 저서 《쓸모없는 자》(The Unwanted, 2002)에서 오늘날과 같은 의미의 '난민'이라는 단어는 1796년 엔사이클로피디아 브리태니커(Encyclopedia Britannica) 개정3판에서야 등장했음을 지적했다. 그전에는 프랑스 왕의 박해를 피해 도망간 청교도를 지칭했다.

의 난민과 현대의 난민은 세 가지 점에서 차이가 있다고 마뤼스는 지적했다. 수적인 면에서 그 어느 때보다 많아진 점이 그 첫 번째 특징이다. 두 번째는 극적이고도 특이한 방식으로 시민사회에서 배제되었다는 점이고, 세 번째는 이주기간이 놀랄 만큼 길어졌다는 점이다. 우리는 여기에 네 번째 특징을 추가하려 한다. 과거에 난민은 정치적 비가시성非可視性으로 인해 법적 지위가 없는 임시적 존재였다. 따라서 지방정부나 자선기관의 재량에 맡겨져 있었다. 그러나 20세기에 들어와 난민은 한 국가 안에서, 그리고 국제적으로는 국가의 정치적 실체를 포장하는 데에 중요한 요소로 부상하게 되었다. 난민은 처한 상황과 그 수에서 비록 주변부에 머물러 있지만, 세계 질서를 말할 때면 항상 논쟁의 중심에 놓인다.

고국에서 도망쳐 나왔으나 다른 나라에서도 보호를 거부당한 사람들의 무리를 일컫는 난민집단은 그 존재만으로도 유럽의 근대 민족국가 모델을 시험대에 오르게 하고, 넓게 보면 국가들로 이루어진 세계 공동체의 법적 토대에 질문을 던진다. 알렉산더 알레니코프 Alexander Aleinikoff는 이렇게 말한다. "난민의 개념은 국가들로 구성된 국제체계의 존재 의미를 문제 삼고 표면화한다. 국제체계는 법적으로 평등한 주권 국가들로 구성되었다는 전제 하에 존재한다. 이 국제체계 안에서 개인이 안전을 확보하고 보호받을 권리를 보장받기 위해서는 어느 한 국가에 소속되어야 하고, 동시에 어느 국가가 어느 개인을 책임질 것인지(혹은 통제할 것인지)를 나눈다. 한마디로, 근대 이후의 세계는 '모든 개인을 위한 국가이자, 모든 개인은 어느 한 국가'라는 표어에 따라 운영된다."[6] 그러므로 국경을 넘나드는 난민의 움직임은 이 질서를 교란하는 일이자 국제체계의 기반을 흔드는 일이다. 따라서 자기 나라 외의 다른 나라에서 안식처를 구하는 난민은 불신과 적개심의 대상이 될 수밖에 없다. 마찬가지로 조르조 아감벤[7]은 이렇게 말했다. "난민이 근대 민족국가의 질서를 동요시키는 존재라면, 그 이유는 자연적 인간과 시민으로서의 인간이 불일치하고 태생과 국적이 불일치하는 존재로서 주체성이라는 것이 허구임을 폭로하는 존재이기 때문이다"라고 했다. 여기에서 주체성이라 함은 국가 안에서 태어났다는 사실만으로 주체적 존재가 된다는 개념이다. 난민은 자신을 박해하는 국가의 자주권을 더는 공유하지 못하는 사람이고, 다른 나라에 도착하여 그 보호를 요청하고 있으나 그 나라의 자주권도 공유할 수 없는 사람이다.

20세기 난민의 정치적 이미지는 위협적이자 연민의 대상이기도 하다. 이러한 이중적 이미지를 배경으로 이중적 목적의 지원체제가 만들어졌다. 그것은 바로 국가에 잠재적 위협이 되지 않게 하려는 안전장치이자 증가하는 난민을 보호하는 체제이다. 첫 단계로 1921년 국제연맹 하에 최고난민위원회를 창설하고, 이 위원회는 특히 소비에트 연합의 박해를 피해 러시아로 몰려든 난민 문제를 해결하고자 했다. 원래 국제 문제의 조정 역할을 맡은 국제연맹도 그때까지는 난민 문제를 해결할 권한이 없었고, 난민은 그저 개별 국가의 관대함에 기댈 수밖에 없었다. 국제연맹은 난민이 연맹의 사법권 관할 대상이

---

6 Aleinikoff(2005). "난민은 국가체계의 실패를 예증하는 것으로서, 해결해야 하는 문제이다. 비자발적 이주민인 난민은 모국의 국가-시민권 관계를 파괴하고 나온 자이다. 그 결과, 논리적 모순에 빠지게 된다. 즉, 국가의 기존 체계로 난민 문제를 해결하려면 그 체계의 최우선 원칙(외부인의 유입을 통제하는 것)을 위배해야 하기 때문이다."

7 Georgio Agamben(2000). "난민은 정부-국가-국경의 3요소를 교란한다는 점에서 정치적 역사상 주변부에 머물 수밖에 없다."

아니라고 보았기 때문이다. 그러나 곧 자선기관(특히 적십자사)과 몇몇 국가(특히 스위스)의 압력으로 국제연맹은 어쩔 수 없이 이 역할을 맡게 되었다. 결과적으로 1943년 국제연합구호부흥기관UNRRA이 설립되어 처음에는 전쟁 난민을, 나중에는 나치 수용소 난민을 관할하게 되었다. 1946년 말, UNRRA는 국제난민기구IRO로 대체되어, '강제이주자'라는 행정용어 하에 최후의 전쟁 이주민 1백만 명의 인도주의적 지원 책임을 맡았다. 그 시점까지도 난민 문제는 유럽에만 초점이 맞춰져 있었다. 강제이주와 관련된 사람이 유럽인이고, 관련 국가가 유럽이었다는 점에서 그러했다. 1947년 인도가 독립하고, 1948년 팔레스타인인이 거주 영역에서 축출된 후 난민은 다시 전 세계적 문제가 되었다. 비극적 사건을 겪는 이 두 지역이 유럽과 연관되어 있음은 국제적 이익을 이해하는 데에 결정적인 요인이다. 난민이 전 세계로 퍼져나가면서 세계적 인구 문제로 대두되고 있음에도, 난민 문제가 서구 입헌국가 관점으로만 정의되고, 유럽과 북미간의 역사적 권력관계로만 해석되기 때문이다.

    1949년 유엔최고난민위원회사무소 개소, 1951년 위원회 설립에 이어, 1951년 난민에 관한 제네바 협정(1954년 발효)이 체결된 것은 세계적으로 난민의 분포가 불균형적이라는 맥락에서 이해할 수 있다. 이 두 가지 조치는 망명의 현대적 정치성이라고 부를만한데, 그 첫 번째 조치는 난민보호에 관한 유엔의 권위를 확인하려 한 것이다. 실제로 최고난민위원회의 역할은 계속 커지고 있다. 민간기구에게 재정지원만 하던 단순한 구조에서 이제는 100여 개 국가에 지부를 둔 기관이 되었다. 제네바 협정은 난민이 신분과 권리를 획득하는 데에 필요한 기준을 확정하여 문서화함으로써 향후 공식 참조기준이 되었다. 그러나 이 기준에 구속력이 있다고 해석하는 정부와 기준에 구애받지 않는다고 보는 인권옹호기구의 해석이 다르기는 하다. 물론 존립을 위협하는 정치적 위협과 실질적인 제한이 분명히 존재하기는 했지만, 이미 1950년대 초에 망명과 관련된 국제기구도 있었고 규정도 뚜렷이 확립되어 있었다. 제2차 세계대전은 유럽에 깊은 상처를 내고 피해자와 생존자에게 부채와 책임을 지게 했는데, 이 기구는 그 부채에 확인도장을 찍는 역할을 한 셈이다.

1951년 협정은 모든 사람을 포용하는 인도주의의 첫걸음으로 보였으나, 현실은 조금 달랐다. 사전 협상에서 보인 프랑스 정부의 행태는 여러모로 현재의 분란을 예견케 했다. 프랑스 정부는 유엔의 개입으로부터 자국의 주권을 방어하기 위해 문서화된 난민의 권리뿐만 아니라 정부에게 요구되는 규정까지 조정하기를 원했다. 프랑스는 출입국 비자로 난민 유입을 통제하고, 난민 자격의 정의를 유럽인으로 제한하며, 1951년 1월 1일 이전의 사건은 제외하겠다고 주장했다. 제네바 협정은 제외 조건에만 동의하고, 난민을 그들의 모국에 따라 정의할지 여부는 개별 국가의 재량에 맡기기로 했다. 그 결과, 예상대로 프랑스 정부는 의회 투표를 통해 유럽국가 중 가장 엄격한 정의를 만들었다. 이에 더하여 난민과 외국인 고용자의 구분을 거부하고, 프랑스 시민에게 우선권을 주었다.

따라서 흔히 가정하는 바와는 달리, 난민 보호를 위한 현대 체계의 핵심에는 국가의 전제가, 더 엄밀하게는 국가의 이익이라는 전제가 자리 잡고 있다. 프랑스 외교대표가 제네바 협정을 작성하고 비준하던 그 시각, 프랑스는 난민보호국과 재심위원회 설립 여부를 투표에 부쳤던 것이다. 프랑스는 망명에 관한 보편적 모델과는 반대로 가장 완고한 정의를 채택했다. 이 결정으로 두 가지 추세가 이후 수년간 지속되었다. 두 가지 추세란 난민을 의심하는 추세와 난민이 이주노동자와 경쟁하게 되는 추세이다. 경제성장이 지속되던 1970년대까지는 이 경향이 두드러지지 않았다. 난민이 다른 외국인과 어울려 융합하는 데에 문제가 없었고 국가의 부를 생산하는 데에 기여했기 때문이다. 심지어 망명신청인에게 고용계약으로 거류 자격을 주어 망명신청을 취소하게 하는 일도 많았다. 1974년 프랑스 정부는 경제이민 차단정책을 시행하여 출입국을 강력히 통제함으로써 난민의 유입을 점차 줄여나갔다. 실제로 망명신청이 증가함에 따라 더 강력한 규제가 필요하다는 주장이 당위성을 얻어갔다. 1974년 망명신청은 2,000여 사례에 불과했으나, 2년 후에는 1만 5,000건을 넘었다. 1989년 정점에 그 수는 6만 1,000건에 달했다. 1976년에는 전체 신청인의 95%가 거류자격을 얻었지만, 이 비율은 계속 감소하여 1989년에는 28%였다. '가짜 난민' 색출은 주된 공론 주제가 되었고 가혹한 판정을 정당화하는 구실이 되었다. 1990년대에는 더욱 엄격해져서 1996년에는 망명신청이 1만 7,000건으로 감소했음에도 승인되는 비율은 20% 이하로 떨어졌다. 21세기 초 신청 건수는 다시 증가하고 기각 건수도 늘어났다. 2003년 평가한 5만 2,000건 중 첫 단계인 난민보호국에서 10% 정도 승인되었고, 재심위원회에 탄원서를 제출한 비율은 5%였다. 25년이라는 기간 동안 난민에 대한 관대함은 극적으로 줄어들었다. 과거 20명 중 19명이었던 승인 비율은 이제 20명 중 3명으로 줄었다.

 망명신청 과정에서 증거평가가 왜 그렇게 중요한 일이 되었는지 이제 명백해 보인다. 25년 전에는 망명신청인 모두가 다 신뢰할만하다고 선先 추정되었다. 그러나 오늘날 망명인은 의심의 대상이고, 평가기관이 선先 판정하여 기각해놓고 이를 소급하여 정당화하기도 한다. 제라르 누아리엘Gérard Noiriel이 말했듯이, 망명정책은 항상 타당성을 뒷받침하도록 설계된 관료장치에 기반을 둔다.[8] 1930년대에는 국경 특별수사관이 당시 규정에 따라 난민을 평가하고 그들의 주장이 정당한지 알아보기 위해 면담을 했다. 1950년대 이후 한동안은 망명신청인의 말에 비중을 둘 수 있도록 검증 절차를 세분화하기도 했다. 근거 서류가 없는 상황에서 신청인은 진실성을 보이기 위해 자기 이야기의 세밀한 부분까지 다듬어야 했다. 따라서 1970년대 말까지는 망명신청인이 스스로 근거를 마련해온 셈이고, 그들의 이야기는 무조건 신뢰할만하다고 보았던 것이다. 규제정책이 강화됨에 따라 신청인의 증언은 덜 신뢰해야 했다. 그들의 이야기는 의심의 눈으로 체계적으로 분석되기 시작했고, 신체적 증거가 더 중요해졌다. 신청인의 말이 점점 신뢰를 잃어감에 따라 그들의 말을 대변해줄 사람이 필요해졌다. 이리하여 심리 상태에 관한 진단서는 이 두 과정, 즉 신체적 근거의 입증과 대변인으로서의 전문가 증인제도로 귀결된 것이다.

그러나 정밀히 진찰해도 몸에서 찾아낼 수 있는 것은 거의 없다. 상흔을 일일이 묘사하고 열거하는 일은 장황하기도 하고 입증 효과도 거의 없다. 상해가 있었음을 말할 수는 있겠으나 그 상처가 어떤 상황에서 생겼는지까지는 말해주지 않기 때문이다. 평가자 입장에서 진단서는 대부분 신뢰하기 힘들고, 작성자도 실망스러운 것은 마

---

8   Noiriel(1991).

찬가지였다. 조금 비약해서, 요즘에는 고문이 점차 그 흔적을 남기지 않게 되었다는 점도 말해야겠다. 흔적을 남기지 않는 고문기술이 발전했거나, 그것도 아니면 흔적이 남은 몸은 아예 눈에 띄지 않게 처리하는지도 모르겠다. 여하튼 요즘 가해자들은 범죄의 흔적이 남지 않도록 조심한다. 가해자가 고문 사실을 부인하면 그 고문의 효과는 더 커진다. 기소될 것을 우려하여 사실을 부인함으로써 자신을 보호할 뿐만 아니라 피해자를 의심받게 하고 침묵하게 만든다는 점에서 고문의 효과가 배가 되는 것이다. 전에는 고문이 가시화될 수 있었다면, 이제는 비밀이 되었다. 예전의 고문은 몸에 각인되었다면, 현재의 고문은 정신적이다. 이렇게 본다면 그레브 광장[9]은 아부 그라이브[10]의 대척점에, 왕족 암살미수자 로베르 다미앵Robert Damiens의 처형[11]은

---

9 프랑스 혁명 이전의 공개 처형장.

10 [역자주] 2003년 3월 시작된 이라크 전쟁 기간 동안 이라크 아부 그라이브 감옥에서 미국 군인과 CIA에 의해 저질러진 고문, 강간, 살인 등의 범죄행위를 2003년 말 국제사면위원회와 미국 연합통신사가 폭로했다. 조지 부시 정권은 이것이 개별적 사례라고 강변했으나, 실제로는 아프카니스탄, 관타나모 강제 수용소 등에서도 일어나고 있음이 여러 인권단체에 의해 밝혀졌다. 2004년 5월부터 2006년 3월 사이에 열린 재판에서 11명의 군인이 직무유기, 가혹행위 등으로 최장 13년의 감옥형을 받았고 관련자들은 불명예제대 및 직무해제되었다. 수년 후 일명 '고문 메모'라고 밝혀진 서류가 발견되었는데, 이는 이라크 전쟁 발발 직전 사법부가 준비한 것으로서 외국인 수용인의 심문방법과 고문에 관한 것이었다.

11 [역자주] 1757년 프랑스 왕 루이 15세를 암살하려다 실패하고 공개처형당했다. 다미앵은 예수회 학교 하인으로 시작하여 여러 곳을 전전하다가 불량행위로 '악동 로베르'라는 별명을 얻었다. 1757년 1월 5일 루이 15세를 태운 마차가 베르사유 궁으로 들어가던 순간, 시위를 제치고 왕에게 달려들어 주머니칼로 찔렀으나 두꺼운 겨울 외투 때문에 바늘에 찔린 정도의 상처만 내고 말았다. 현장에서 잡힌 다미앵의 심문 결과, 모든 불운을 왕의 탓으로 돌렸을 뿐 배후세력은 찾을 수 없었다. 고문은 불에 달군 집게부터 시작하여 끓는 밀랍이나 납 등을 들이붓기, 상처에 끓는 기름 붓기 등으로 이어졌다. 이후 그레브 광장으로 끌려나와 네 마리 말에 사지를 묶고 찢어 사형시키려 했으나 쉽게 이루어지지 않

관타나모 포로[12]의 대척점에 놓인다. 새로운 형태의 고문은 모욕, 인간성 말살, 사랑하는 사람들을 강간하고 살해하는 것이고, 이는 물고문이나 성기에 가하는 전기고문보다도 그 흔적을 남기지 않는다. 탈랄 아사드Talal Asad의 말처럼, 고문기술이 세련되게 진화한다는 사실을 보여주기도 하지만, 또한 보이지 않는 형태로 가하는 개인의 존엄성에 대한 폭력[13]에 우리 시대의 감수성이 둔감해지고 있음을 반영하는 것이기도 하다. 이렇게 새로 발명되는 고문기술은 의사가 찾아내기 어려울 정도로 거의 신체적 흔적을 남기지 않는다. 따라서 증거로서의 몸의 흔적이 절실해질수록 그 흔적은 더욱 사라져간다는 잔인한 역설이 지금의 현실이다.

자, 도끼로 사지관절을 찢은 후 다시 말에 묶었다고 한다. 몸통만 남은 후에도 살아 있어 이를 말뚝에 꽂고 화형에 처했다. 다미앵이 자주 거론되는 이유는 왕이 입은 상처에 비해 극도로 잔인한 형벌과 처형은 전제국가의 횡포를 드러내는 사례로 언급되기 때문이다. 다른 한편으로는 잔혹한 처형을 지켜보며 흥분하고 즐기던 관중의 광적 심리에 관한 극명한 예이기 때문이다. 푸코의 《감시와 처벌》을 비롯해 철학서 및 소설과 영화에도 나온다.

12 [역자주] 관타나모는 쿠바 남동쪽에 있는 만으로, 미국이 쿠바로부터 땅을 무기한 임대하는 형식으로 그 땅에 해군기지를 건설했다. 이 기지 안에 2002년 1월 캠프 델타 수용소를 건설, '테러와의 전쟁'을 벌이던 시기에 테러 용의자로 추정되는 중동인, 주로 아프카니스탄, 이라크, 아프리카 북동부인, 남부 아시아인을 수용했다. 처음 20명을 시작으로 약 750여 명이 수용소를 거쳐 갔다. 쿠바 영토 내에 있다 보니 미국 법이나 국제법의 적용을 받지 않았고 2006년 6월까지 제네바 협정도 적용되지 않았다. 격리된 곳에서 장기간 구금되어 온갖 종류의 고문과 학대가 자행되었고, 그 후유증의 관리에 의료인도 도움을 주었다. 자살, 단식 등의 저항행위는 강제급식 등으로 이어졌고, 이에 세계의사회는 '단식에 관한 의료인의 윤리선언'을 하기에 이르렀다. 2005년 적십자사는 관타나모 수용소를 '우리 시대의 굴락 수용소'라고 표현했다. 미국 대통령 오바마는 캠프 델타를 폐쇄하고 수용인을 미국 본토로 이송할 것을 선거공약으로 내세웠으나 의회의 반대와 예산 등의 문제로 아직 실현되지 않고 있다. 테러와의 전쟁이라는 이름으로 자행된 비인간적 집단폭력의 상징적 사건으로, 기록영화로도 만들어졌다.

13 Talal Asad(1997).

이렇게 변화된 현실을 배경으로 트라우마는 새로운 중요한 증거로서 존재감을 드러내게 되었다. 몸이 더는 보여주지 못하는 것을 정신에서 찾을 수 있게 되었기 때문이다. 일반 의사가 발견하지 못하는 흔적을 정신과의사와 심리상담사가 발견하게 되었다. 폭력의 기억은 무형의 것으로 더 깊이 자리하고 더 오래 지속될 수 있다. 신체적 상해는 흔적을 남기지 않고 치유될 수도 있지만, 정신적 상처는 보이지 않게 가려질 수는 있으나 지워지기 어렵고, 이를 탐색하는 데에 숙련된 사람들은 이제 그 흔적을 찾기 시작했다.

트라우마는 증거가 될 수 있는가

2000년 망명의료위원회가 기획한 전시회 〈망명인의 고난〉The ills of Exile은 흑백사진과 개인적 이야기로 구성되어 있다.[14] 사진과 이야기를 따로 전시하여 이야기의 주인공이 누구인지 알 수 없게 하였다. 전시된 사진 중 하나는 등에 있는 둥근 모양의 상처를 드러내려고 셔츠를 걷어 올린 알제리 남자였고, 다른 사진 역시 기다란 상처가 난 목을 보여주기 위해 턱을 치켜든 알제리 남자였다. 그 두 사람의 역사는 알 길이 없으나, 그들의 상흔은 폭력의 역사를 보여주고 있다. 이야기는 조각조각 나뉘어 적혀 있다. 후투족 병사에게 고문당한 후 투트시 법정에서 사형선고를 받은 한 르완다 남자는 자신의 아내가

---

[14] 사진: 올리비에 파스퀴에(Olivier Pasquiet), 이야기: 장루이 레비(Jean-Louis Levy), 망명의료위원회/바르 플로레알(Bar Floreal, 2000).

강간당한 일과 행방불명된 다섯 명의 자식에 관해 이야기했다. 이 남자의 망명신청은 거부되었다. 앙골라해방인민운동MPLA 일원이었던 어느 앙골라 남자는 앙골라독립전국연맹UNITA에 잡혀 감옥에 수감되고 고문과 강간을 당했다고 했는데, 그 역시 망명이 거부되었다. 다른 많은 사람의 이야기가 사무관에게 가 닿지 못한다. 그러나 외상후 스트레스 증상이 알려지면서, 언젠가는 자기 이야기를 들어주리라는 새로운 희망이 이들 마음속에 자리잡기 시작했다.

그럼에도 트라우마 개념이 의사의 전문가 증언 속에 자리 잡기까지는 긴 시간이 필요했다. 일례로, 1987년 발행된 35세 칠레 남자의 진단서를 들여다보자.

D씨는 만성통증, 기억장애, 집중력 장애, 수면장애 등의 증상으로 여러 차례 망명의료위원회를 방문했다. 그에 따르면, 1979년부터 수차례에 걸쳐 체포와 구타를 당한 이후 이 증상들이 생겼다고 한다. 여러 번의 면담에서 D씨는 그 폭력이 어떤 상황에서 일어났는지 정확히 짚어내지 못했고, 자신이 기억하지 못한다는 사실로 더욱 혼란스러워 하는 듯했다. D씨는 다양한 통증 때문에 여러 차례 촬영한 방사선 검사 자료를 제출했다. 검사 결과에 골절 흔적은 나타나 있지 않다(두개골, 비골, 손, 손목, 척추, 무릎, 우측 발목 등). 단 오래전 트라우마의 흔적과 일치하는 경도輕度의 비중격 편곡nasal bone deviation이 관찰되었다. 그가 호소하는 문제를 다각도로 조사하기 위해 심리상담사와 수차례 면담했고, 특히 구금과 가혹행위를 경험한 사람에게서 흔히 관찰되는 일련의 증상(두통, 기억장애, 집중력 장애, 수면장애)을 조사했다. 개별 증상들만으로는 특정 경험을 했는지 여부를 추정할 수 없다. D씨는 정신치료와

함께 의학적 치료를 받으라고 권고받았다.

이 기록은 적어도 두 가지 측면에서 의의가 있다. 망명신청인은 몸의 증거를 보여줄 수 없고, 의사는 입증할 방법을 찾지 못한다. 반복적인 방사선 촬영으로도 고문의 흔적은 찾을 수 없다. 단 하나 의의 있는 소견은 비중격 편곡인데, 이것은 매우 흔해서 고문의 증거가 될 수 없다. 이 진단서에서 트라우마라는 단어가 단 한 번 나오는데, 이는 명백히 신체적 상해를 뜻한다. 또 다른 측면으로는, 이 기록에는 정신적 기호언어가 풍부한데, 의사는 경험상 폭력의 후유증을 짐작하지만 공식적으로는 타당성을 입증할 수 없다는 점이 있다. 비록 환자의 증상이 구금과 고문의 후유증과 자주 연관된다고 지적하기는 했으나, 명명되지 않은 증상군이므로 인과관계를 지을 수 없다는 점을 의사도 강조한다. 현대적 의미의 단어 '트라우마'를 사용한 것은 아니었으나, 이 환자가 보이는 양상은 PTSD에 해당한다.

이로부터 15년 후인 2002년, 터키 국적의 22세 남자에 관해 발행된 진단서와 비교해보자.

Y씨는 쿠르디스탄노동당PKK과 관련 있었다는 이유로 터키 당국의 박해를 받았다고 주장했다. 1998년 12월에 5일 동안, 1999년 1월에는 15일 동안 두 차례에 걸쳐 구금되었다고 말했다. Y씨는 당시에 받은 고문을 상세히 묘사했다. 담뱃불로 지지기, 성기와 엄지발가락에 전기쇼크, 전신 구타, 자동차 타이어 안에 몸을 우겨넣은 뒤 엉덩이 차기, 발바닥 때리기 등. 그는 고문을 받고 의식을 잃었다고 했다. Y씨는 좌측 흉부 통증, 빈맥과 오심, 악몽과 몽유병 등의 증상과 함께 입면入眠

수면장애를 호소했다. 진찰 결과, 등에는 담뱃불 자국과 일치하는 두 개의 둥근 상흔이 있었고, 허벅지 앞쪽에도 서너 개의 상흔이 보였다. 또한 공황발작을 동반하는 트라우마신경증 증상이 있었는데, 이는 심리치료가 필요하다. 상기 진찰 결과는 Y씨가 설명하는 트라우마 사건과 일치한다.

이 사례의 경우, 신청인의 말을 뒷받침하는 상흔이 남아 있었다. 또 중요한 점은 폭력의 흔적으로 정신적 증상을 가지고 있어 이를 트라우마로 집어낼 수 있었다는 점이다. 이 단어는 그 자체로 증언의 가치가 있다고 간주되어 고문의 진실을 입증하는 것으로 보인다.

거의 20여 년의 기간을 두고 발행된 위 두 진단서를 비교하면, '트라우마'라는 단어의 의미가 변화되었음을 발견할 수 있다. 1980년대에서 1990년대에 이르기까지 트라우마는 신체적 상해를 의미했다. 정치적 반대 집단에 속한 한 카메룬 남자[15]는 '구타와 주먹질'을 당했는데, '척추와 골반에 트라우마의 자국'이 있다고 기록되어 있다. '구금과 구타'를 당한 자이르 남자는 '트라우마와 연관된 뼈의 다발성 병리' 소견을 보여서 '외상 후 증후군post traumatic syndrome'으로 판단되었는데, 이 용어는 '두개골-천골 변위cranio-sacral displacement'를 의미하는 것으로서, 심리적 스트레스와는 무관한 용어이다. 감옥에서 고문당했다는 한 스리랑카 남자는 '두개골 트라우마에 기인하는 청각장애', 다른 스리랑카 남자의 경우, '요골신경의 감각 이상

---

15 망명의료위원회, 1992. 사례 34,156(1), 36,911(7), 36,246(46), 31,549(50), 35,820(38), 35,411(37).

은 오래전 손목에 가해졌던 트라우마 소견과 일치'한다고 진단되었다. 1992년에 작성된 이 진단서에서 트라우마란 신체에 발생한 근골격계의 사건을 의미한다. 고문당한 어느 터키 남자의 경우, '호소'하는 증상에는 '잠을 잘 수 없고 악몽에 시달린다'는 것이 있었지만, 의사는 결론에서 이 증상을 다시 언급하지 않고 단지 신체 증상에만 초점을 맞추었다. "가느다란 상흔은 칼에 의한 트라우마로 보인다. 양쪽 다리에 있는 둥근 상흔은 신체조직을 으깰 수 있는 뭉툭한 도구로 가격한 트라우마로 인한 것으로 보인다." 근거로서의 가치가 거의 없어 보이는 정신적 후유증에 관해서는 언급조차 되어 있지 않다. 폭력과 관련된 사례에서 특별히 눈에 띄는 질병기술학적 형식은, '주관적 두개골 트라우마 증후군subjective cranial trauma syndrome'이라는 모호한 진단범주가 있다. 이는 잠시 나타났다 사라진 의학용어인데, 머리에 충격을 받은 후 두통이 발생했다고 환자는 주장하나, 객관적 근거가 없는 경우에 적용했다. 이 증상은 전쟁쇼크에 의한 시니스트로시스sinistrosis를 의미했던 것으로 추정된다. 다른 터키 남자는 라이플총 개머리판으로 머리를 맞았는데, 다음과 같이 기록되어 있다. "측두부의 상흔은 신청인이 주장하는 폭력의 피해 내용과 일치한다. 그가 호소하는 두통은 주관적인 두개골 트라우마 증후군의 가능성을 시사하며, 수년간 지속될 수도 있다." 교육적인 설명을 덧붙인 이 표현은 다른 진단서에도 자주 나타났다.

오늘날이라면 PTSD로 진단될만한 정신 증상들은 모호하게 기술했고, 대개는 우울 증상이나 불안에 기인한다고 간주되었다. 다른 예로 1992년 한 앙골라 남자[16]는 고문 내용을 자세히 열거했는데, "그들은 담뱃불로 지지고, 걷어차고, 주먹과 몽둥이로 때리고, 널판지로 얼굴을 때렸으며, 심문받는 동안 나는 여러 번 의식을 잃었다"고 했다. 그는 "침대에 누우면 고문 당시가 생생히 떠오르고, 자기 때문에 구속된 누이에 대한 죄책감으로 잠을 잘 수 없다"고 호소했다. 그는 다른 사람들과 마찬가지로 '모국에서 경험한 사건에 대한 반응성 우울증'으로 진단되었다. 이 진단은 특별한 의미가 있는 것이 아니므로 그가 말한 이야기가 사실이라고 증명하는 데에 아무런 도움이 되지 못했다. 어떤 경우에는 의사가 망명신청인의 현재 거주 환경이 불안정하여 증상이 생겼다고 기록하는 바람에 과거의 폭력과 증상을 연관 짓기 더 어렵게 만들기도 한다. 한 자이르 남자는 "시위 도중 구속"되었는데, "감옥에서 그는 손목과 발목이 묶인 채로 매달려 의식을 잃을 때까지 잔인하게 구타당했다." 의사는 이 환자 상태를 이렇게 기록했다. "스트레스와 심한 불안을 보였고…… 매우 예민한 감정 상태가 되었고…… 악몽으로 소스라쳐 놀라 깨며…… 자이르에서 겪은 일을 말할 때마다 흐느껴 울었다. 그리고 기억과 집중력 장애가 있었다." 진단서의 결론은 역시 '모국에서 겪은 트라우마 사건에 대한 반응성 우울증'이었다. 달리 말해서 '외상 후 스트레스'를 말하는 언어적 기호는 존재했으나, 진단명에 해당하는 진단범주는 없었다. 이 기록에서 형용사로 쓰인 '트라우마'는 대중적 단어일 뿐 전문용어는 아니다. 주목할만한 점 한 가지는, 애도나 죄책감, 수치심 등은 그 당시 진단서에 자주 쓰이던 단어로, 이러한 감정으로 인해 우울 증상이 생겼다고 설명한 점이다. 고통을 겪는 모습은 묘사되어 있지만, 오늘날의 트라우마 양상은 아니었다.

---

16 망명의료위원회, 1992. 사례 34,985(30), 38,310(21), 2002; 사례 74,333(12), 70,457(19).

이로부터 10년 후, 증상에 대한 해석은 달라졌다. '인도와 스리랑카 당국의 박해를 받았다고 주장하는' 스리랑카의 타밀 남자는 라이플총 개머리판과 몽둥이로 구타당했다며, '잠을 자지 못할 정도로 심한 두통을 호소'하면서 무기력 상태에 빠졌다고 했다. 진찰 결과, '심리치료를 요하는 외상 후 신경증(광장공포증, 수면장애, 악몽)'으로 진단되었다. 두통이 더는 '주관적 두개골 트라우마 증후군'으로 진단되지 않고, 수면장애와 악몽도 '반응성 우울증'으로 진단되지 않았다. 이제 의사는 트라우마 후유증을 시사하는 증상을 찾아내려 하기 시작했다. 정신병리의 새로운 지평이 펼쳐진 것이다. 간혹 '외상 후'라는 용어가 생략되기는 하였으나 기술하는 방식은 분명 PTSD를 설명하는 방식이다. 어느 방글라데시 여자는 경찰에 의해 감금, 구타, 강간 및 화상을 입었는데, 의사는 이렇게 기술했다. "그녀는 잦은 두통을 호소한다. 수면장애, 잦은 악몽, 그녀와 가족이 겪어온 사건들이 반복적으로 떠오르는 정신적 문제를 겪고 있다." 그러나 결론은 사무적이다. "그녀의 심리적 문제는 그녀가 주장하는 경험과 일치한다." 불면, 악몽, 반복적 회상은 쉽사리 알 수 있는 증상이나 그에 대한 명칭이 당시에는 존재하지 않았던 것이다.

그럼에도 심리적 문제는 진단 과정에서 핵심이 될 수 없었고, 트라우마가 난민의 지위를 보증해주지도 않았다. 2002년 망명의료위원회에서 발행한 50개의 진단서 중, 오직 일곱 개(14%)만이 심리적 문제를 기술했고, 이 중 세 개는 '외상 후 신경증'으로, 나머지 네 개는 단순히 '악몽'을 나타냈다고만 기술되어 있다. 1992년의 것과 비교하면, 당시 여섯 개의 정신과 진단명이 적혀 있었는데, 대부분 '반응성 우울증'이고, 열세 명에게 '수면장애'(전체의 38%)가 진단되었다.

10년 후에는 단 6%에서만 외상 후 후유증이 뚜렷이 적혀 있었다(그러나 사례 1,119건을 조사한 다른 한 연구에서는 해당 연도에 22%에 '정신적 트라우마'가 언급되었다고 한다). 전체 신청인 중 오직 4%만 망명의료위원회의 심리상담사와 면담했는데, 통상적으로 심리상담사는 진단서를 발행할 수 없다(반면 진단서의 14%는 심리적 문제를 언급했다). 달리 표현하면, 진찰받은 사람의 25%는 외상 후 스트레스를 겪는 것으로 추정되는데, 이들은 여섯 명 중 한 명꼴로 심리상담사와 상담했고, 상담받은 사람 네 명 중 한 명의 기록에만 그 용어가 기록되어 있다.

의사의 진단서에는 망명신청인이 말한 것과는 현저히 대조적인 내용이 적혀 있고, 심리평가에 관한 내용은 일체 언급되어 있지 않다. 이런 양상은 지금까지도 이어진다. 29세 터키 국적 남자의 진단서가 그 예이다. "이 쿠르드족 남자는 자신이 억압의 피해자라고 한다. 그는 부당한 구타, 고문, 성적 학대를 당했다고 주장한다. 쿠르디스탄노동당에 강제로 협조해야 했고, 그들이 만족할만한 정보를 제공하지 않자 아내를 강간했다고 한다. 또 그도 강간과 고문을 당했다고 주장했다." 어떤 정신적 고통이 있었는지는 전혀 기술되지 않았다. 피부에 여섯 개의 상흔이 있다고 했고, 결론은 냉정했다. "종합하면, 진찰소견은 S씨가 주장하는 바와 일치한다." 우리가 지금 알고 있는 바와 같은 폭력의 후유증을 인정하기까지는 앨런 영이 말한 'PTSD 진단기술diagnostic technology'[17]이 등장할 때까지 더 기다려야 했다. 이 진단서들로 추정하면 망명에 관한 의료인의 전문가 보고서 작성에 그때까지는 트라우마 개념이 큰 영향을 주지 않았다.

---

17 Allan Young(1995).

실제로 망명의료위원회는 진단서에 심리적 측면이 기술되었는지 거의 주의를 기울이지 않는다. 심리적 증상을 믿지 않거나, 증거가 되지 못한다거나, 혹은 정신적인 증상보다 신체적 증상이 더 신뢰할 만하다고 여기는 듯하다. 재심위원회 판사가 한 말에서 이를 확인할 수 있다. "흔히 판사들은 심리적 소견보다는 신체적 소견을 더 신뢰합니다. 잘은 모르겠지만, 신체 증상이 더 확실해 보입니다. 신청인이 말하는 내용과 신체적 소견이 얼마나 부합되는지 판단하는 것이 더 쉽다고 여기는 것일지도 모릅니다." 우리가 주목한 바로는, 난민 건강과 연관되는 억압피해자망명인협회의 경우 전문가 증언에 실질적으로 기여하는 바가 없는 심리상담사 고용을 극도로 꺼리고, 프리모레비센터는 임상심리확인서에 강한 의구심을 품어서 심리상담사의 확인서 발행을 몇 차례나 금지하려 했다. 그러나 최근 망명신청 서류에 다시 정신적 트라우마가 등장했음은 역설적이기도 하다. 추상적이거나 대중적인 언어로는 트라우마를 인정하면서도 전문적 진단 차원에서는 인정하지 않고 있다. 프랑스 상황 역시 마찬가지이다. 고문 및 인권침해 피해자 치료재활센터 유럽네트워크의 서른여덟 개 회원 단체는 21세기 이후로 어느 나라에서든 트라우마의 판정이 공정하지 않다고 끊임없이 불만을 토로해왔다.[18] '근거'가 명백히 입증될 수 있는 자료를 뜻한다면 근거로서의 정신적 트라우마는 대중적 개념으로는 강력히 믿어지지만, 전문적 수준에서는 진단범주로서의 신뢰성이 낮다. 특히 판정사무관과 판사도, 아마도 법조인과 의사까지도 일

---

[18] Cécile Rousseau et al.(2002). 캐나다의 이민 및 난민 부서 역시 동일한 경향을 가지고 있어서, 의학 진단서 및 정신의학 진단서에 일정한 수준 이상의 비중을 두지 않는다.

반 시민과 마찬가지로 고문과 폭력이 트라우마를 야기한다는 데에 공감하고는 있지만, 실제 판정근거로 사용하기는 꺼리고 증거로서도 부족하다고 여긴다.

진단서는 진실을 말하는가

지난 20년 동안 심리 상태에 관한 진단서는 그 초점이 심사절차의 효율적 진행에, 다시 말해서 난민보호국 사무관과 재심위원회 판사의 기대를 충족시키는 데에 집중되어 있었다. 이들 기관은 명시적으로든 암묵적으로든 규칙을 정해놓았고, 윤리규범을 말로 표명하거나 기안하기도 했다. 예를 들어 영국의 전문가 세 명은 평가의 신뢰도를 높이기 위해 '의사가 하는 역할'에 관한 규범[19]을 제안한 바 있다.

> 규범의 핵심은 임상의사는 자신의 의견을 임상 주제에 국한해야 한다는 점이다. 사법 영역에서 의사가 지켜야 할 첫째 원칙은, 임상 지식과 전문성 안에 머물러야 한다는 점이다. 환자의 모국이나 법제도에 관해 한마디 추가언급하고 싶을 때도 있을 것이나, 전문지식 외적인 것을 말하는 것이야말로 보고서의 신뢰성을 가장 크게 떨어뜨린다. …… 전문가는 자신이 효과적으로 기여할 수 있는 적절한 전문지식으로 조언해야 하며, 전문지식이 뒷받침되지 않는 언급은 피해야 한다.

---

[19] Herlihy, Ferstman & Turner(2004).

따라서 보고서를 작성할 때는 의사, 정신과의사, 심지어 심리상담사까지도 신청인의 말에 강한 확신을 보이는 일은 자제해야 한다. 이때 가장 경계해야 할 것은 선한 의지이다. 의사가 신청인의 말을 확신하고 그 나라 사정을 잘 안다 할지라도, 의사는 이를 보고서에 반영해서는 안 된다. 전문가가 자신의 전문분야에 근거한 내용을 주장할 때만 정당하다. 다시 말해서, 폭력의 탓으로 나타나는 정신적 상흔이 그것이다.

그러나 많은 사례 환자를 담당하는 의사는 어쩔 수 없이 혹은 임의로 전문가 증언을 하는 경우가 있고, 때로는 자신의 전문 영역을 벗어나 역사와 정치를 언급하기도 하고, 신청인에 대하여 아무런 근거도 없이 신뢰하는 경우도 있다. 1987년 발행된 다음 진단서의 결론이 그 예이다.

> B씨가 N감옥에서 구금과 학대를 겪었다고 때로 감정이 격해져서 말하는 내용은 특히 상세하고 논리적이다. 임상적 근거로는 한계가 있다. 그러나 여러 가지를 종합하면, 그가 주장하는 바는 사실이라고 믿을만하다.

이 결론은 의사의 전문가적 관찰에 근거한 객관적 임상소견이라기보다는 신청인이 하는 말에 근거하여 진실하다고 보증해준 것이다. 결국 이 진단서는 신청인의 감정과 의사의 신념에 기초하여 내린 결론에 지나지 않는다. 이것은 의사와 심리상담사에게 요구되는 일이 아니다. 신청인의 서사적 설명보다 의학적 진단에 더 무게를 두는 상황에서 진단을 뒷받침할 "임상적 근거로는 한계가 있"으므로 진단서 역시 한계에 부딪힐 수밖에 없다. 피부의 상흔이나 골절 흔적도 일상적 사고로 생길 수 있으므로 박해의 증거가 되지 못한다. 만일 이 상황에서 트라우마 개념이 적용된다면, 비록 신체적 상흔보다 임상 양상은 훨씬 모호하고 난민보호국이나 재심위원회에서도 덜 신뢰받겠지만 어느 정도 근거로써의 효력은 가질 수 있다. 그리하여 악몽, 반복적 이미지, 회피 반응과 과잉각성 상태는 원인적 사건을 증언한다고, 적어도 몇 년 동안은 그렇게 여겨져왔다.

망명인의 정신적 트라우마를 증언하는 전문가 보고서는 과거의 산재 노동자나 트라우마신경증에 시달리는 병사에 대한 시각과 비교하면 사뭇 대조적이다. 과거에 군 정신과의사와 법의학자가 기꺼이 증언대에 올랐다면, 오늘날 의사 대부분은 이 역할을 하고 싶지 않아 한다. 과거에 군의사들이 트라우마 증상을 확신하지 못했다면, 오늘날의 관련 전문가들은 트라우마 증상을 전적으로 지지한다. 끝으로, 과거에는 증상이 의심의 대상이었다면, 오늘날은 그 반대로 트라우마 증상이 신청인의 말을 보증해준다고 보는 경향이 있다. 그러므로 트라우마 개념이 일반 사회에서 보편적으로 용인되고 있는 현실을 고려하면 전문가 증언이 더는 필요하지 않음에도 망명에 관한 한 다시 위력을 나타내는 것이다. 새로운 형태로 돌아온 전문가 증언은, 그럼에도 잘못된 인식에 기반을 두고 있다. 망명지원단체에서 일하는 의사, 정신과의사, 심리상담사는 자신이 누구보다도 헌신적이라고 생각하고 있고, 자신의 전문기술로 피해자의 명분을 뒷받침해준다고 생각한다. 그러나 난민에 대한 의심과 진단서 요구가 늘면서 이들은 난처한 입장에 놓이게 되었다. 환자를 돌보기 위해 지원활동에 참여했는데, 이제는 전문가 증인으로 법정에 소환되고 있기 때문이다.[20] 그들은 스스로 운동가라고 생각하지만, 실제로는 법의학 전문가가 되어가고 있는 셈이다.

이 기껍지 않은 역할을 수행하려면 보고서 작성법을 배워야했다. 1990년대 초 전문가 보고서에 관한 정책을 검토하기 위해 망명의료위원회 내에 소위원회가 만들어졌다. 소위원회는 문서 작성법을 뜻하는 '진단서의 기술적 측면'은 물론, 진단서가 계속 필요한지, 또 어떤 조건에서 필요한지, '진단서의 의미'는 무엇인지 토의했다. 그 결과, 작성법에 관한 일련의 권고사항이 만들어졌다. "환자가 호소하는 증상을 쉬운 비의학적인 단어로 바꿔 써야 하고", "폭력 후유증이 관찰되면 이 증상들을 환자가 말하는 사건과 가능한 한 밀접하게 연관 짓는 것"이 중요하다고 했다. 비록 입증할만한 의학적 소견이 없다 해도 그것이 반드시 박해가 없었음을 의미하지는 않으므로, 진단서를 근거로 망명신청이 기각되지 않도록 '빠진 요소'는 지적하지 않도록 주의해야 했다. 일반적 진단서의 표준 형식에 따라 초안이 점차 형태를 갖추어갔다. 개인정보, 그다음에는 본인의 '주장' 혹은 '설명', '주요 호소 증상' 혹은 '호소하는 문제' 등은 거의 증거와 무관하므로 간략하게 기술하도록 했다. 그다음에는 신체적 소견과 때로는 정신적 증상을 찾기 위한 '진찰' 과정을 매우 상세하게 기술해야 했다. 마지막으로 '결론'에는 다양한 요소를 종합하여 특히 임상소견이 환자

---

20 초기에 전문가 증언을 했던 의사들은 피해자에게 정당한 이유가 있다고 지지하고 트라우마 현실을 알리던 사람들이었다. 또한 이 의사들은 피해자 지원단체 운동 측에게는 하나의 수단이었다. 그러나 망명의 경우, 이 관계는 반대가 되어 공공기관의 '지시'에 따라 전문가 증언 보고서를 만들게 되었다.

의 말과 부합하는지를 적어야 했다.[21] 이렇듯 건조하기 짝이 없는 표준화된 진단서의 사례는 37세 스리랑카인 보고서를 들 수 있다.[22]

G씨는 자기 나라에서 군인에 의해 구타당했다고 한다. 그는 몇 차례 구금되었는데, 1984년 3월에는 23일 동안, 1988년 10월에는 3개월 동안, 그리고 1999년부터 2000년 사이에 한 차례 더 구금되었다고 한다. 그가 주장하는 바에 따르면, 1999년 12월 군인이 아들을 살해하고 아내를 고문하고 강간했다고 한다. 형제 한 명과 처남 역시 살해되었다고 한다. 군인은 그의 좌측 귀를 주먹으로 때리고 우측 허벅지는 담뱃불로 지졌으며 왼팔을 펜치로 집었다고 한다. 그는 좌이의 청력 저하, 삼출액, 통증을 호소했다. 진찰 결과, 많은 상흔이 관찰되었다. 턱 아래에 3cm 직경의 원형 상흔, 펜치로 집혀 생겼다는 좌완 전면에 4cm 직경의 타원형 상흔, 우측 상지 전면에 직경 2.5cm의 원형 화상자국이 있다. 좌측 고막이 천공되어 있고, 국소적 감염과 삼출액이 보였다. 임상진찰소견은 환자가 말하는 설명과 일치한다.

---

21 Elisabeth Didier(1992). "그 원인을 ~의 탓으로 전가할 수 있는(imputability)'은 '법적' 용어이다. …… 의사가 관행적으로 사용하는 용어 '일치(consistency)'는 인과관계를 찾기 위한 개연성 추론의 틀에서 나온 것으로서 법적 용어와는 아무런 상관이 없다. …… 의사는 판사에게 명확한 자료를 제출해야 하나, 그렇다고 법적 판단으로 이끄는 어떤 결정을 해주지는 않는다. 의사가 전문가 증언의 법적 내부 논리에 따르지 않은 이유는 명백하다." 의사들은 사법제도에 휘둘리지 않는 독립적 전문성을 유지하려는 의지와, 망명신청인에게 해를 끼치지 않으려는 의지를 모두 갖고 있다. 이는 다음 문구에서 뚜렷이 드러난다. "의사의 진찰소견과 신청인이 주장하는 사건이 일치하는지 그 여부를 의사가 말한다고 해도, 이것으로 신청인이 진실 혹은 거짓을 말하는지를 증명할 수는 없다." 이 이중논법은 신청인의 말이 의심받는 상황에서 이를 보호하려는 의도를 가지고 있다.

22 망명의료위원회 사례 72.736.

객관적 기술방식('~라고 한다', '주장하는 바~')과 증상의 세밀한 묘사에서는 직업 전문성과 중립성을 고수하려는 의사의 극단적인 노력이 엿보인다.

이러한 조건에서 정신과적 평가가 비집고 들어갈 자리는 없었다. 앞서 살펴보았듯이, 1990년대 초까지 이들의 증상은 일반 증상과 따로 구분하지 않았고 과거의 폭력 경험과 연관 짓는 경우도 드물어서 도움이 되지 않았을 뿐더러, 심지어는 전문가 보고서에 부정적 영향을 끼쳤다. 어느 모리타니 흑인[23]은 감옥에서 폭력과 모욕을 당했는데, 심리상담사는 '극심한 불면, 반복적인 악몽 및 참을 수 없는 두통 등으로 스트레스와 심리적 고통이 나타난다'고 기술하면서도 이를 PTSD의 특징과 연관 짓지 않았다. 스리랑카 여자의 경우, 정신과의사는 '극심한 불안과 공포 증상'이 '스트레스를 받으면 나타나는 일련의 신체적 증상'과 함께 나타난다고 기술했으나, 이는 '아마도 이차적 이득을 기대하는 히스테리성 성격'에서 기인되었으리라고 서슴없이 결론 내렸다. 이 진단서가 난민보호국 사무관의 판단에 결정적인 영향을 미쳤으리라는 것은 쉽게 짐작이 된다. 이 문서는 당시 의사에게 요구되던 작성 지침을 따르지 않았음이 명백하고, 망명인을 지원하는 여러 단체의 암묵적 도덕규범도 존중하지 않았음이 확실하다. 더욱 충격적인 것은 트라우마를 인지하지 못했다는 사실과 박해 피해자에 대한 불신이다. 당시는 PTSD 진단명의 등장으로 의심의 시대가 종식된 지 이미 10년이나 지난 후였다. 역사적으로 다른 시대적 현상에서 보았듯이, 신청인의 지위가 증상의 신뢰성에 영향을 미

---

23 망명의료위원회, 1992. 사례 S.B., H.K., 일련번호 없음.

쳤던 것이다.

몇 년 후 프랑스 질병분류에 트라우마가 포함되면서 피해자는 신뢰받게 되었다. 전문가 보고서에는 '신체적' 증상을 뒷받침하는 '심리적' 요소가 쓰이기 시작했다. 표준 보고서는 점차 의사의 진단서 형식에 맞추어졌다. 29세 앙골라 남자[24]는 구금되어 '가시가 가득 찬 도랑에 던져져 맨발로 걸어야 했다'며, '머리와 어깨를 걷어차이고 의식을 잃을 때까지 몇 시간 동안 채찍질을 당해서' '현실감을 잃고 환상과 망상에 시달렸다'는데, 진단서의 결론은 다음과 같았다. "D씨는 심각한 심리적 트라우마로부터 아직 회복되지 않았고, 학대에 따른 이차 증상인 혼돈 상태에 있다." 여기에서 사용된 '트라우마'는 일상용어로 사용된 것이나, 진찰시의 증상과 과거의 폭력이 연관될 가능성을 언급했다. 41세 방글라데시 남자는 '정치적 활동을 했다는 이유로 몇 년 동안 박해를 받았고' 반대 당파의 군인에게 공격받아서 '온몸을 칼에 찔리고 죽게 내팽개쳐졌다'고 하는데, 의사는 그가 '공황발작, 불면, 두통, 복부 통증, 그리고 지속적인 불안감을 동반하는 반응성 우울증'을 앓고 있다고 적었다. 그리고는 '오랫동안 자신과 가족이 당한 박해와 연관되는 외상 후 스트레스 상태'라고 결론지었다. 이 진단서에는 임상진단의 하나로서 트라우마 단어가 등장했고, 따라서 폭력의 후유증과 연관시킴으로써 의사는 폭력을 증언해준 것이다. 이 남자는 이미 난민보호국으로부터 망명을 거부당하고 재심위원회에 탄원해야 하는 상황이었기 때문에 이 진단서가 매우 유용했을 것이다. 따라서 잘 다듬어진 진단서는 피해자라고 주장하는 사

---

24 망명의료위원회, 1997. 사례 44.204, 54.306.

람의 말을 입증하는 데까지 이를 수 있다. 정신건강 전문가들이 피해자를 위한 진단서 작성 요령을 학습하면서 트라우마는 확고한 위치를 점하게 된 것이다.

진단서의 형식적 문제가 해결되어갔음에도 의미의 문제는 계속 남아 있었다. 진단서는 어디에 사용되는가? 그 요점은 무엇인가? 그 대상에게 어떤 이득을 가져오는가? 정치적으로 무엇에 소용되는가? 이 질문들은 특히 국제단체마다 각기 다른 방식으로 제기되었다. 2006년 3월 30~31일 파리에서 양일간 열린 4차 고문 및 인권침해 피해자 치료재활센터 유럽네트워크 총회에서 임상심리전문가 보고서가 논쟁의 초점이 되었다. 총회에 참석한 서른여덟 개 단체 중 프랑스 대표와 프리모레비센터의 입장은 독특하다기보다는 도리어 괴상하게 보였다. 프랑스 대표는 전문가 보고서의 위험과 문제점을 지적했고, 프리모레비센터는 원칙의 문제라고 반대했기 때문이다. 다른 단체들은 보고서의 필요성이 증가하고 있다고 주장했고, 영국 단체들은 견고한 실용주의에 의거하여 만일 보고서가 유용하고 트라우마가 근거로 사용될 수 있다면, 문제가 되는 건 보고서의 질이므로 임상심리 전문가의 전문가 증인으로서의 능력이 중요하다고 말했다. 심지어 그리스 대표는 '트라우마 전문가'가 정부로부터 인정받을 수 있도록 추천서를 써달라고 주변 단체에 요청하기까지 했다. 난민 자격을 얻기 위해 반드시 트라우마가 있어야 하는가? 정신과의사의 진단서나 심리상담사의 확인서가 신청인이 하는 말의 진실성뿐만 아니라 사건의 진실까지도 입증해야 하는가? 이 질문들에 답하기 위해서는 숙고해야 하는데, 이는 윤리의 문제이자 정치적인 문제이기 때문이다.

언어의 무게에 관하여

망명의료위원회가 발행하는 의학 보고서는 시간이 지남에 따라 점점 더 짧아지고 임상 측면에 국한되어갔다. 마침내 서사적 설명이나 해석도 사라져갔다. 신청인에 대한 신뢰도 없어졌다. 서류 평가자는 물론 변호사와 의사도 판에 박힌 어구와 무미건조한 해석을 쓰고, 심지어 의심하고 있음을 숨기려 하지도 않았다. 폭력 피해자들은 자신의 경험을 들어줄 곳을 찾을 수 없었다. 의사의 진단서에도 그들의 자리는 없었고, 난민이 하는 말은 신뢰받지 못했다. 2002년 망명의료위원회에서 발행한 두 개의 전문가 보고서가 그 예이다.[25] 첫 번째는 타밀 남자에 관한 것으로, "간호사이자 컴퓨터 프로그래머인 이 남자는 정치적 활동으로 1998년 구금되었다. 그는 구타, 주먹질 및 고문을 당했다고 한다. 2002년 한 차례 더 구금되어 고문을 당했다고 주장했다." 두 번째는 모리타니 남자에 관한 것으로, "S씨는 당국에 의해 수감되어 고문당했다고 주장하는데, 주먹과 몽둥이와 라이플총 개머리판으로 구타를 당했고, 특히 우측 어깨를 많이 맞았다고 한다." 위 두 사례의 진단서에는 신청인이 주장하는 바에 부합하는 상흔이 상세히 기술되어 있다. 그렇다면 이 진단서는 정치적 폭력에 관해 무엇을 말하는가? 폭력이 자행된 그 상황의 무엇이 진단서에서 재구성될 수 있는가? 과테말라에서 일어난 '더러운 전쟁'의 피해자에 관한 연구에서 마르셀로 수아레스오로스코 Marcelo Suárez-Orozco는 '말하지 못했던 자의 말하기 speaking of the unspeakable'와 '자기 목소리를 내지

---

25 망명의료위원회 2002; 사례 71,919, 74,148, 74,010, 72,188, 1992; 사례 37,406, 35,989.

못했던 자에게 목소리를 돌려주기giving a voice to the voiceless'의 변증법에 관해 썼다. 의사의 전문가 증언은 이 괴리를 이어주는 다리가 될 수 있다. 그러나 진단서는 말하지 못한 자를 위해 흔히 아무것도 말하지 않고, 목소리를 내지 못한 자에게서 도리어 목소리를 빼앗는다. 그리하여 때로는 망명에 관한 진실 그 어떠한 것도 말하지 않으면서 '증언'을 하고 있는 것이다.

말은 고문을 증언하는 데에 거의 무게가 없다. 보고서에 있던 '강타했다'라는 단어는 우리에게 무엇을 말하는 것일까? 1943년 7월 게슈타포에 체포되었던 장 아메리Jean Améry는 "고문에 관해 말할 때는 말을 덧붙이지 않기 위해 매우 조심해야 한다"고 썼다.[26] 어느 진단서는 "1996년 5월 28일부터 6월 2일까지 군 수용소에 구금되어 수없이 구타당했다"고 되어 있다. 다른 진단서에는 "1989년 강제추방되기 전, 군인들이 몽둥이와 나무판으로 구타하고 칼로 찔렀다고 주장했다"고 기록되어 있다. 이 문서가 말하는 것을 이해하기 위해서는 아메리가 말한 벨기에 감옥에서 얻어맞은 '첫 주먹질'이 그에게 어떤 의미였는지 다시 읽어보아야 한다.

> 처음 얻어맞는 순간, 수인은 어떠한 도움도 받을 수 없는 공간에 내던져졌음을 깨닫는다. 앞으로 닥쳐올 일들의 싹은 이미 그 첫 주먹 안에 모두 들어 있다. 감옥에서의 고문과 죽음이 어떠한지 당신들은 기록으로 읽었을 수도 있다. 그러나 그것은 회색의 지식에 지나지 않는다. 처음

---

[26] 오스트리아 출신의 1938년 벨기에로 이주하여 종전 후 벨기에 국적을 취득하고 한스 마이어(Hans Maier)에서 아메리로 개명했다. 브린동크 나치 수용소 수감의 경험을 바탕으로 고문의 분석 등(1998)에 관한 저서들을 출간했다.

얻어맞는 순간, 생생한 현실로, 확실한 필연으로 다가온다. …… 한 번도 얻어맞지 않았던 사람은 첫 주먹질에 강타당하는 순간 인간의 존엄성을 상실해버리는 수인에 대해 윤리나 연민을 말하기 어렵다.

전문가 보고서가 외상 후 증상이 있음을 기술했다 해도, 그 경험이 무엇을 의미하는지는 말하지 못한다.

다른 진단서에는 "발가벗겨져 모욕당하고 구타를 당했다고 한다. 3일 동안 손목이 묶여 대들보에 매달려 있었고 아무것도 먹지 못했다고 주장했다"고 기술했다. 다른 사례의 진단서에는 "손목과 발목이 묶여 천정에 매달린 채 몽둥이로 계속 얻어맞았다고 주장했다. 몇 번이나 의식을 잃을 때까지 '짐승처럼' 구타당했다고 말한다." 이 기록의 의미를 이해하려면, 손목이 뒤로 묶여 양 어깨가 탈골된 채 대들보에 매달려 있었던 아메리의 이야기를 다시 읽어보아야 한다.

내 몸의 무게 때문에 어깨가 탈구되고…… 나는…… 내 머리 위로 높이 들려 뒤틀어진 두 팔로 매달려 있었다. 채찍질이 소나기처럼 쏟아져 내리고, 1943년 7월 23일 그 날 내가 입고 있던 얇은 여름바지를 찢고 살로 파고드는 채찍을 느낄 수 있었다.

지금 그때의 고통이 어떠했는지 말로 표현하는 것은 무의미하다. …… 고통이 어떠했는지 말하는 것은 언어의 차원이 아니다. 나의 언어는 단지 고통이 무엇이었는지 대략을 말할 수 있을 뿐이다. 그 무엇이라는 것들은 경찰의 구타 등에 관해 이미 말로 표현된 것들이다. 타인에 의해 자아의 경계를 침범당했다거나, 도움을 기대할 수 있거나 저항한다고 해서 고통이 덜해지지 않는다거나 하는 말들은 단지 언어적 표현일 뿐이다. 고문은 그 모든 언어적 표현 너머에 있다. 한 인간을 완벽한 살덩어리로 전락시키는 것, 그 변형을 완전히 이루어내는 것, 그것이 바로 고문이다.

망명처를 구하던 사람들—타밀인, 모리타니인, 쿠르드인, 앙골라인 등은 아메리처럼 유려한 언어로 고문 경험을 말하기 어려웠을 것이다. 그들은 그러한 언어를 가지지 못했고, 설사 가졌다 할지라도 그 말을 할 시간과 장소가 주어지지 않았다. 두 명 중 한 명만이 난민보호국 사무관과 면담할 수 있고, 재심위원회 판사 앞에는 한 명씩만 설 수 있다. 사무관은 판에 박힌 평가 과정과 지루한 설명에 주의가 흐트러져 있다. 언어와 시간과 장소가 주어졌다 하더라도 신뢰해주리라는 기대를 하기는 어렵다.

그러므로 다음과 같이 가정해볼 수 있다. 경험을 언어로 말하지 못한다면, 몸은 어느 정도 그 경험을 측정 가능하게 한다. 고문에 사용된 기구나 그 고통이 어떠했는지 아무리 늘어놓는다 해도, '구타를 당했다고 말했다'는 식의 기록은 그 무엇도 알려주기 어렵다. 그러나 상흔이나 골절흔은 아무리 그 고문의 경험을 뼈와 살에 국한시킨다 할지라도, 폭력을 구체적으로 재현해준다. 그럼에도 곧 이중의 한계에 부딪치게 된다. 몸의 흔적은 곧 사라져버린다는 것이 그 하나이고, 다른 하나는 몸의 흔적을 신청인의 설명과 겨우 연결 지었다 할지라도 기껏해야 '일관성이 있다'는 기술에 그칠 뿐 그 원인을 설명해주지는 못한다는 점이다. 이 대목에서 정신적 상흔은 확실한 영역인 동시에 불확실한 영역임이 명백해진다. 확실한 이유는 정신에 남은 폭력의 흔적은 지속적이고도 비교적 특수하다는 가정을 전제하기 때문이고, 불확실한 이유는 정신적 상흔은 증거로서는 신뢰성이 빈약하고 해석에 따라 달라지며, 때로는 그냥 묻히거나 보이지 않게 되기 때문이다. 이 점이 트라우마를 증거로 내세울 때의 모호함이다. 무언가로 인해 고통을 겪었고, 인격이 짓밟혔고, 자아의 경계가 침해당했음을, 말하자면 아메리가 묘사한 그 통렬함의 일부는 보고서에 제시될 수 있을지 모른다. 그런데 그 대가는 무엇인가?

1992년에 발행된 이 진단서는 32세 모리타니 여자의 진단서[27]로, 당시는 아직 서사적 설명이 유지되던 때이다.

S씨는 1989년 4월 모리타니 폭동 당시, 백인 모리타니인white Mauritanians이 군인인 남편을 집에서 끌고 나갔다고 말했다. 그녀는 누아디브Nouadhibou에서 끔찍한 장면을 목격했다고 한다. 베이단인들Beydanes은 아이, 여자, 남자할 것 없이 칼로 목을 그었고, 아기들을 벽에 내동댕이치고 비명을 지르는 엄마들의 젖가슴을 잘랐다고 한다. 그녀 역시 네 명의 어린 자식과 함께 경찰서에 끌려가서 갇혀 있던 6일 동안, 발에 끓는 물을 맞고 칼로 찔리고 구타당하는 등 고문을 받았다고 주장했다. 특히 그녀가 강조해서 말한 것은 공포에 울부짖는 아이들 앞에서 강간당했던 일이다. 그녀가 저항하자 계속 칼로 찔러댔다고 한다. 그녀와 아이들은 짐승 취급을 당했고, 바닥에 던진 음식을 주워 먹어야 했고 끔찍한 갈증과 모욕에 시달렸다고 말했다.

---

27 망명의료위원회 1997, 사례 50.757.

이 보고서에서 주목할 점은, 당시 표준 진단서는 의사에게 임상 소견에 국한하여 결론을 내도록 요구했는데 이 진단서에는 설명이 덧붙음으로써 읽는 사람을 설득하려고 노력했다는 점이다.

S씨의 설명에는 일관성이 있다. S씨는 자기 경험을 말하는 것이 아직도 고통스러워 보였고, 기억하는 것만으로도 심한 스트레스를 느낀다고 말했다. 그녀는 난민보호국이나 재심위원회 앞에서 직접 말할 기회가 없었다. 임상진찰 결과 그 소견은 심한 학대에 의한 것으로 보인다. 몸에 있는 상흔은 그녀가 주장하는 고문의 경험과 일치한다. 무엇보다도 S씨의 정신적 후유증은 우려할만한 수준이다. 그녀가 목격한 장면과 경험한 사건들, 특히 자녀들 앞에서 강간당한 일 때문에 트라우마 쇼크 상태에 있었다. 사건의 정신적 후유증으로 급성 정서적 고통을 겪고 있는데, 망명의료위원회와의 첫 면담에서 말하지 못했던 이유도 이러한 심리 상태에서 기인한 것으로 보인다.

이 전문가 보고서는 프랑스 정부 사무관과 판사에게 명료한 근거 이상의 것을 제공한다. 전문가 보고서는 망명신청인의 목소리를 대신할 수도, 침묵케 할 수도 있다.

・・・

1951년 제네바 협정이 약속한 정치적 망명에 대한 보호정신은 지난 25년 동안 점점 사라져갔다. 인류학적 관점에서 볼 때, 망명에 대한 포용과 적개심 사이의 갈등은 높아져왔고, 관대함과 의심 사이의 갈등에서 승리한 것은 후자이다. 한때 혼란스러운 세상에서 불운하게 고통받는 자로 인식되었던 난민은 오늘날 사기꾼이라는 의심을 받고 악폐로 간주된다. 한동안 국제이민 억제정책에서 제외되었던 망명 문제는, 이제는 이민정책의 골칫거리인 경제 문제, 이념 문제와 똑같은 함정에 빠지게 되었다. 망명처를 찾는 사람은 잠정적 사기꾼이 되어가고, 난민 신분을 얻으려면 자신이 보호받을만한 사람임을 스스로 입증해야 한다. 망명인의 말이 신뢰받지 못할수록 더욱 더 그 근거를 몸에서 찾아야 한다. 말이 무게를 잃어갈수록 의사와 심리상담사의 전문성에 더 의존해야 한다.

인구학적 변화로 경제이민이 감소하고, 망명처를 찾는 사람은 증가해왔다. 또한 정치적 폭력과 그 정신적 후유증에 대한 인지도가 확산되면서, 고문과 박해 문제는 점점 대중사회에서 가시화되어가고 있다. 공공정신건강제도는 이민자와 외국인의 권리보호에는 거의 관심이 없다. 그리하여 이들 집단에게 심리적 지원을 제공하는 단체들이 제도권 변두리에서 생겨나고, 유럽네트워크가 만들어지고, 국제기구도 이 단체들을 지원하기에 이르렀다. 이렇게 만들어진 새로운 지형 안에서 트라우마는 폭력과 정신적 고통 사이를 연결하고, 정치와 정신의학 사이를, 폭력의 경험과 돌봄 사이를, 기억과 진실 사이를 연결하는 고리로 떠오르게 된 것이다. 이민자를 돌보던 의사의 활동은 추방자를 대상으로 하는 심리외상학에 그 유산을 물려주었다. 과거에 몇몇 의사가 했던 활동에서 그 대상만 고문 피해자와 난민으로 바꾸어 새롭게 부활한 것이 피해정신의학이다. 새로운 치료 분야이기는 하나, 부분적으로는 전쟁과 재난의 생존자에 대한 기존의 활동성과에 고무된 것이기도 하다. 그러나 이 신생 분야 전문가들은 환자를 치료하기 위해서가 아니라 전문가 증언으로 나서야 된다는 점에서 자신들이 이루어온 성공의 피해자이기도 하다. 트라우마의 역사적 궤적에서 보았듯이, 이들은 자신도 모르는 사이에 거짓말과 꾀병을 추적하던 옛 관행을 새로이 부활시켜버렸다. 과거에는 상처받은 병사와 부상당한 노동자의 진실성이 문제가 되었다면, 이제는 난민의 진실성을 추적해야 할 열쇠가 의사 손에 쥐어졌다. 난민의 말은 더는 진실로서 유효하지 않고, 의사는 몸에서 폭력의 진실을 찾고, 정신과의사와 심리상담사는 정신에서 진실을 찾으려 한다. 누군가는 이 새로운 분야에 열광적으로 동승하려 하고, 누군가는 달가워하지 않는다. 그러나 트라우마 정신장애는 결국은 사건을 증언하는 것으로 받아들여질 것이다. 적어도 원칙적으로는 그러하다.

망명신청서의 평가자들—난민보호국 사무관과 재심위원회 판사, 변호사와 의사—의 업무를 살펴보면, 정치적 폭력이 정신에 위해를 끼친다는 생각은 의외로 일반인 차원에서는 쉽게 받아들여지고 있다. 신청인 개인의 개별적 사례에서는 그렇지 않다 할지라도 보편적으로는 그러하다. 폭력으로 트라우마를 받는다고 생각하기는 쉬운 반면, 트라우마가 사건의 진실성을 입증한다고 생각하기는 그리 쉽지 않다. 특히 트라우마가 진실을 말한다고 미리 가정하여 당연하게 연관 짓는다면, 그것은 법을 우롱하는 태도로 비친다. 그러므로 트라우마가 최초로 세상의 무대에 등장한 이후로 항상 그래왔듯이, 사회가 피해자의 진실에 귀 기울일 준비가 되었을 때야 트라우마는 제 목소리를 낼 수 있을 것이다.

결론

트라우마의 도덕경제

지난 20년 간 시대적 관점은 변화되어왔다. 확신으로 가득 찼던 오만의 시대를 지나 이제 우리는 불안과 고통의 시간을 대면하고 있다. 시인 위스턴 휴 오든Wystan Hugh Auden의 말대로 '불안의 시대'[1]인 것이다. 집단의 역사든 개인의 역사든, 역사 감각도 크게 변해왔다. 코젤렉이 예견했듯 정복자의 역사 기록이 이제 '피정복자의 역사 기록'[2]으로 그 관점이 변했다. 과거 한때는 승리의 축전이 이어졌다. 장엄하게 빛나던 영광의 역사는 프랑스 혁명 200주년으로 그 정점을 찍고, 이제 우리는 상처받은 시선으로 과거를 뒤돌아본다. 돌아본 그곳에는 노예무역과 식민제국이 있고, 역사 논쟁은 끝없이 옛 과

---

1 W. H. Auden(1991). 오든은 〈불안의 시대〉라는 긴 시를 1944년 7월 쓰기 시작하여 1946년 11월 완성했다.
2 Reinhart Koselleck(2002). 독일 철학의 관점에서, 그는 단기간의 역사는 정복자의 관점에서 저술되나, 장기간의 역사는 피정복자의 역사이고, 결국에는 이 관점이 받아들여진다고 했다.

오를 맴돈다. 그리 오래지 않은 옛날, 유럽 공산주의는 머지않아 종식될 것 같았고 마지막 식민지 해방과 갓 태어난 민주주의는 밝은 미래를 약속하는 듯했다. 그러나 확신은 점점 사라져가고, 확실성은 단념할 수밖에 없게 되었다. 그리하여 우리는 소리 없이 불안의 시대로 한걸음씩 침잠하며 예방과 안전정책에 매달리기 시작한다. 질서정연한 새 세상에 대한 기대로 부풀었던 희망은 이제 환멸로 바뀌고 있다. 세상은 위험으로 가득하고, 우리는 그 위험이 오랜 지배와 억압의 역사적 유물이라 이해한다. 망각되리라 여겼던 과거는 잠시 묻혀 있었을 뿐, 언제든 다시 튀어나오려 한다.[3] 시대를 굳이 평가해보지 않아도 우리는 다른 시간을 살고 있음을 깨달을 수밖에 없다. 역사에 대한 관계가 비극으로 변해버린 것이다.

근본적으로 변화된 역사적 관점이라는 새로운 맥락에서 트라우마는 시대적 경험에 새로운 의미를 부여한다. 트라우마 개념에는 정신적, 은유적으로 지나온 길의 궤적이 새겨져 있다. 정신적 궤적은 트라우마신경증에서 지금의 PTSD에 이르는 궤도이며, 이 PTSD는 정신건강 전문가들이 개입해 들어올 발판 구실을 했다. 은유적 궤적은 배상과 입법을 요구하는 노예와 원주민의 후손이 지나온 궤적이자, 학살과 인종말살 피해자가 만들어온 궤도이다. 한순간에 새겨진 각인이 끈질기게 기억으로 살아 있기에 이를 지워지지 않는 흔적이라고 부르는 사람들도 있다. 생의학 연구자들은 기억이란 뇌의 신경세포 간 연결이고 일정 부위에 새겨진 물질적 현실[4]이라고 주장하지

---

3 Nora(1997), Fassin(2006a).

4 Bessel Van der Kolk(1996).

만, 인지과학과 정신의학이 연합한 이 영역은 필자들의 연구의 초점이 아니다.

트라우마는 비유적으로 이해될 수도 있고, 문자 그대로 물리적 상흔으로 이해될 수도 있다. 정신분석가는 '정신적 상처'로 인한 신경증 증상이라고 말하고, 신경생리학자는 '정서적 기억'을 구성하는 대뇌피질의 병소라고 주장하며, 이 모두가 불면과 불안장애로 표출되는 것일 수도 있다.[5] 그러나 이 역시 우리의 연구주제는 아니다. 여태까지 정신과의사, 역사가, 철학자, 인류학자들의 트라우마 연구결과와는 반대로, 트라우마의 진실은 정신에도 마음에도 뇌에도 존재하지 않는다. 필자들은 이 진실이 현대사회의 도덕경제[6]에 있다고 확신한다. 트라우마 담론이 지금처럼 사회에 만연하게 된 요인은, 정신의학이 이 개념을 발명하고 확산시켜 사회적 불행의 공간에 투입하는 데에 성공했기 때문은 아니다. 그것은 새로이 만들어진 관계성의 산물이다. 시대와 기억 사이의 관계, 애도와 책임의 관계, 불운과 불운한 자 사이에 새로운 종류의 관계성에서 트라우마 개념이 만들어졌다. 트라우마라는 심리적 개념은 이 관계성에 명칭을 부여할 수 있게 한 것이다.

이 책에서 우리는 정신의학적 지식의 역사가 아닌, 상식을 인류학적으로 고찰하고자 했다. 클로드 레비스트로스Claude Lévi-Strauss가 멜라네시아의 '마나mana'에 관해 말한 것처럼, 트라우마는 '부분적으로는 과학적 사고에 의해 통제되나⋯⋯ 떠다니는 기표로써 모든 정

---

5   Cathy Caruth(1995).

6   [역자주] 23쪽 역자주 참조.

형화된 사고를 무력화[7]하는 개념이다. 트라우마는 이 시대의 관심사, 가치관, 미래의 희망 등의 시대정신을 반영한다. 물론 트라우마라는 단일 기표 안에 다양한 기의가 포함되어 있음에는 주목해야 한다. 그리하여 아동 성학대를 겪은 성인과 대지진 생존자를 하나의 범주에 포괄하는 것이 과연 합당한지, 전쟁범죄자인 귀향군인, 가족을 학살당한 시민, 조상의 노예사를 알아버린 자손과 독재정권 하에 고문당한 정치활동가 등 이들을 모두 하나의 범주에 쓸어 넣는 것이 과연 합리적인지 의문을 던질 수는 있다. 그러나 이 모든 상태가 오늘날 트라우마의 이름에 포괄되고 있다는 사실은 현대사회에서 비극을 어떻게 이해하고 있는지를 가리키는 중요한 표식이라고 생각한다. 그러나 그 이유는 흔히 생각하듯 의학적 논리에 의한 것이 아니다. 북미 정신의학은 비극적 상황을 경험한 후 나타나는 증상의 유사성을 근거로 PTSD 진단명을 만들었고, 이 진단명으로 모든 트라우마를 설명할 수 있다고 주장한다. 그러나 인류학적 관점에서는 다양한 경험을 가진 사람들을 동일한 용어로 떠올린다는 단순한 이유 때문이다. 과거의 불운과 폭력은 현재에 상흔으로 남고, 장래에 지장을 주지 않기 위해 때로는 현장에서 즉각적 조치를 해야 할 때도 있다. 앤 캐플런의 '트라우마 문화' 혹은 론 아이어맨의 '문화적 트라우마'[8]를 말하는 것은 중요하다. 그러나 동시에, 이 세상에서 벌어지고 있는

---

[7] Lévi-Strauss(1987). 영적 힘을 말하는 마나는 화자가 채워 넣을 수 있는 '0의 상징적 가치'를 가지고 있는 것이라고 인정하기만 하면, 마나와 관련된 모순과 다양성 문제를 설명할 수 있다고 보았다.

[8] Caplan(2005), Eyerman(2001). 트라우마 문화(trauma culture), 문화적 트라우마(cultural trauma) 각각은 식민제도와 노예제도의 기억을 근거로 집단 트라우마에 관해 고찰했다. 극적 사건이 개인의 역사와 집단의 설명에서 어떻게 드러나는지 그 흔적에 주목했다.

폭력과 그 경험에 관해 그 어느 때보다도 크게 말할 수 있게 해준 트라우마 개념이 과연 무엇을 의미하는지 들여다보는 것도 중요하다.

마이클 허츠펠드Michael Herzfeld는 '사회인류학, 문화인류학은 상식에 관한 연구'라고 했다. 이는 '세상이 어떻게 돌아가고 있는지에 관한 일상의 이해'[9]를 의미한다. 이 정의에 따라 이 책이 목표하는 바는 실로 인류학적인 것이다. 흔히들 트라우마는 그 자체로 자명하므로 트라우마를 말하는 사람은 경험한 현실을 있는 그대로 보여준다고 오해한다. 이 책의 의도는 그와는 반대로, 정신의학 전문용어에서 일상의 대화 속으로 들어온 트라우마 개념을 통해 이 세상의 병리를 해석하려 할 때 무엇이 작동되는지를 알아보고자 했다. 트라우마 범주가 어떻게 구성되고 사용되는지, 어떻게 현실을 묘사하고 또 현실을 왜곡하는지, 트라우마의 관행은 미리 정해진 규칙에 따라 이루어질 뿐만 아니라 시간을 소급하기까지 해서 어떻게 트라우마를 정당화하는지 이해하기 위하여 필자들은 익숙지 않은 낯선 길을 택했다. 우리가 연구하고자 한 것은 트라우마가 실재하는지에 관한 것도 아니고 심리치료가 과연 이로우냐 아니냐의 문제도 아니다. 그보다는 트라우마라는 용어로 폭력을 읽어내고자 할 때 사회와 도덕공간에 어떤 일이 벌어지는지를 알아보고자 했다. 따라서 이 책은 상식적 생각에 대한 비판에서 출발할 수밖에 없었다. 이는 틀린 점을 밝히기 위함이 아니라 그 상식이 생산되도록 배후에서 작동되는 가설과, 그것이 무엇으로 귀결되는지를 분석하기 위함이었다. 앞서 살펴보았듯

---

[9] Herzfeld(2001). 그는 인류학이 '상식으로 받아들여지는 것들을 비판하는 분야'라고 정의했다.

이 트라우마 개념이 만들어낸 이념적 혁신은 상처받은 병사와 사고 생존자들을 의심의 시선에서 벗어나게 해주었고, 더 넓게는 불운을 경험한 모든 사람을 합법적 피해자로 바꾸어놓았다. 우리는 이 극적 반전현상을 보고 있다. 트라우마 병사가 권리를 주장하고, 심지어 전쟁범죄자가 스스로 저지른 범죄의 피해자라고 주장하며, 오직 당사자의 주장만으로 성학대의 진실성이 인정받게 된, 이 반전을 가능케 한 것은 바로 트라우마라는 새로운 개념이다. 마침내 의심의 시대는 종지부를 찍었다. 이 변화는 현대사회를 이해하는 데에 핵심적인 새로운 표상을 생산하고 또 한층 견고히 만들어왔다. 그것은 바로 피해자라는 새로운 표상이다.

• • •

오늘날, 특히 프랑스에서는 인종격리정책, 식민제도, 혹은 노예무역 등으로 피해자 자격을 요구하면 '피해자 사이의 경쟁'을 부추기려 한다고 비난받는다. 마찬가지로 직장상사나 동료의 성희롱으로 괴롭다는 여성, 피부색깔 혹은 가족으로 인해 직장 면접을 볼 때 차별받았다는 젊은이, 더 넓게는 불평불만을 권리 주장으로 변질시키려는 사람에게 흔히 '피해자화victimization'[10] 성향을 가지고 있다고 조롱한

---

[10] '피해자 사이의 경쟁'이라는 말은 장미셸 쇼몽(Jean-Michel Chaumont)이 사용했다(1997). 그의 저서가 출간된 후 이 말은 논쟁적인 주제에 널리 사용되기 시작했고, 특히 역사성을 근거로 노예와 원주민 후손들이 권리 주장하는 것을 무력화하는 데에 사용되었다. 프랑스를 배경으로 하는 '피해자화(化)'라는 용어는 더 유동적으로 쓰였다. 처음에는 폭력과 범죄 피해자가 자신을 피해자로 인식하는 것을 기술할 때 쓰였는데, 그 후 더 부정적인 의미로 사용되기 시작하여 올리비에 몽쟁(Olivier Mongin)의 경우, 현대사회의 강박 증상으로

다. 이 말은 비非정의, 불평등, 폭력을 그저 우아하게 부인하는 전형적인 태도인데, 우리는 이 단어를 거부한다. 이런 식의 태도는 이 책이 주장하는 도덕경제에 또 다른 도덕적 평가를 덧씌우는 것에 지나지 않는다. 화자話者의 주관적 생각만으로 피해자들 사이에 정당성의 순위를 결정하는 것이기 때문이다. 우리는 피해자들의 우선 순위명단을 작성하기보다는, 푸코식 표현을 빌리면 현대사회가 당면한 문제들을 어떻게 '문제화'하는지에 초점을 맞추려 했다.

피해자가 더는 수동적이지 않듯이, 트라우마 역시 고정된 비활성 주제가 아니다. 산업재해 피해자들은 세상의 여론이라는 법정에서 피해학 전문가 보고서의 뒷받침을 받아 대의명분을 마련하기 위해 트라우마 논쟁을 활용한다. 망명처를 찾는 사람들은 심리외상학 전문가의 지원을 받아 트라우마를 이용하여 박해당했음을 인정받으려 한다. 그리하여 배상의 정치, 증언의 정치, 입증의 정치는 소송에서 트라우마가 적용되는 세 가지 대표적 실용 방법이 되었다. 각각의 방식에서 초점이 맞추어지는 것은 공감을 얻어내거나 환자 자격을 얻고자 함이 아니라, 단지 권리를 주장하기 위함이다. 지금의 트라우마 개념은 우리 시대의 특징인 연민의 에토스를 바탕으로 등장했지만, 정의를 주장하는 수단으로도 사용되고 있다.[11] 이 주제는 조금 더 살펴볼 필요가 있는데, 모든 피해자가 과연 자신을 피해자라고 생각하는지는 파악할 수가 없다는 점 때문이다. 툴루즈 사고 생존자가 자신을 불량주택사업의 피해자로 인식하고 있는지, 팔레스타인 젊은이

보기도 했다(2003).

11 Fassin(2006a). '연민의 시대사조'라는 개념은 타인의 고통에 극단적인 관심을 쏟고 고통의 호소에 지나치게 열광적으로 귀 기울이려는 사회의 문화적 분위기를 의미한다.

가 스스로 민중이념의 수호영웅이라고 생각하고 있는지, 혹은 망명신청인이 자신을 정치활동가라고 생각하고 있는지는 알 수 없다. 그들이 과연 피해자로서의 주관성 혹은 내적 정체성을 가지고 있는지에 대해서 알지 못한다. 단, 그들의 소리를 들리게 할 수 있는 유일한 길이 '피해자'라는 페르소나를 채택하는 것임은 확실하다. 그렇게 함으로써 피해자는 자신이 누구인지 말하기보다는 자신의 자리를 우리 시대의 도덕경제 안에서 찾으려 하는 것이다.

조금 더 구체적으로 말해보자. 피해자의 주관적 경험은 파악하기 어렵지만, 그들에게 부여된 트라우마라는 이름의 대중적 인식에 대해서는 인류학적 접근이 가능하다. 인류학적 접근이란, 우선 사람의 마음은 속속들이 파악할 수 없다는 미망迷妄을 버리고, 트라우마가 주관화主觀化되는 정치적 과정에만 초점을 맞추어 해석하는 것을 의미한다. 그럼 비판의 화살을 상식적 의미에 조준하는 동시에, 어떠한 판단도 내리지 않음으로써 도덕화의 함정에 빠지지 않고도 이 주제의 도덕경제를 분석할 수 있을 것이다. 그런데 규범적 생각에서 온전히 자유로울 수 있을까? 어떠한 가치관도 작용하지 않을 정도로 거리를 두는 것이 과연 바람직한가? 이 두 가지 질문에 대한 필자들의 대답은 '아니오'이다. 우리는 정치와 철저히 무관한 생각은 존재하지 않는다고 본다. 마찬가지로 도덕과 완전히 무관한 관점도 존재하기 어렵다.[12] 도덕을 가장 맹렬히 공격한 니체의《도덕의 계보》Genealogy 역시 도덕적 행위였다. 동일한 논리로, 인류학 연구에서 도덕의 영역을 회피하는 일은 지적 자포자기라고 필자들은 믿는다. 비트겐슈타

---

12 Fassin(2008b).

인은 도덕철학의 급진적 해체를 통해, 결국은 사람들이 인식하며 살아가는 있는 그대로의 도덕세계를 말하는 것이 불가능하다는 결론에 도달할 수밖에 없었다. 과연 그러한가?

도덕적 생각을 완전히 배제하는 것이 바람직하지도 가능하지도 않다는 두 가지 생각을 전제로, 우리는 사회적 현실을 만들어내는 실제 조건을 비판하고자 했다. 우리는 선악의 구별을 목표로 하지 않았다. 예컨대 PTSD 질병명을 발명하게 된 근본적 이유를 예로 들어서, 생존 피해자와 학살 범죄자를 동일한 진단범주에 넣어버린 현재의 트라우마 개념은 '선한' 피해자와 '악한' 피해자를 구별할 수 없게 만들었다고 비판하는 것은 아니라는 의미이다. 대신, '전쟁범죄자'라는 명칭을 '트라우마 피해자'로 개명한 것이 무엇을 의미하는지 묻고자 했다. 이 개명을 통해 가해자에게는 사회적 용납과 배상금을, 미국은 사회 전체를 화해와 속죄로 이끌 수 있었다. 피해자와 그들의 명분이 어떻게 생산되는지 그 생산방식에 대한 비판적 분석은 매우 중요하다. 이렇게 생산됨으로써 피해자 자신의 판단을 대체하고, 명분의 타당성에 대한 판단도 대체해버리기 때문이다. 필자들은 피해자를 도덕적 판단에 따라 구분하려 하지 않았다. 툴루즈 사고 생존자와 공장 노동자, 팔레스타인 피해 거주민과 이스라엘인 목격자, 고문피해 망명인과 고문 가해자를 구분하는 대신에, 이들을 구분하기에 실패한 정신건강 의료체계가 어떤 결과를 초래했는지 살펴보고자 했다. 더욱이 대중사회가 말하는 트라우마라는 단어조차 이들을 구분하지 못하면서, 사회적 관계를 모호하게 만들고 역사적 현실과 정치적 상황마저도 모호하게 만들어왔음을 설명하고자 했다. 이제 이 핵심적 문제를 더 명확하게 조명해보려 한다.

대부분의 사회과학 연구는 피해자에 대한 연민의 관점에서 출발하고, 이는 충분히 이해할만한 일이다. 피해자가 경험한 폭력은 이를 조사하는 연구자에게도 폭력적이며, 연구자는 피해자의 고통에 사로잡히기 쉽다. 그래서 어떤 연구자는 피해자를 오직 연구대상으로만 보고 트라우마를 받지 않을 만큼 거리를 두는 것이 당연하다고 생각하기도 한다. 그렇다면 지나친 연민에도, 지나친 비난에도 빠지지 않고 어떻게 분석할 수 있을까? 이 목적을 이루기 위해 우리는 질문방식을 바꾸었다. 대개 과학 연구는 흔히 '그것이 무엇인가'를 묻는다. 이와 반대로 필자들은 '그것은 무엇이 아닌가'를 물었다. 다시 말해, 대부분의 연구와 달리 우리의 연구는 트라우마와 피해자가 생산되는 과정에서 관찰되는 두 가지 측면에 초점을 맞추었다. 이 생산 과정에서 허용되지 않는 말은 무엇이며, 그 말을 배제하도록 허용하는 자는 누구인가? 말하자면, 트라우마는 외면적으로는 피해자를 설명하는 중립적이며 보편적인 언어처럼 보이나, 의미심장하게도 특정 기의記意와 특정 주체에 대해서만큼은 해명하지 못한다. 따라서 외면과 실제 사이의 간극을 확인함으로써 트라우마가 그려내는 피해자의 모습을 파악할 수 있을 것이다.

우선, 트라우마는 경험의 본질을 말소시킨다. 트라우마는 사건을 그 맥락으로부터 차단하는 스크린으로 작동되는 한편, 피해자 자신이 상황에 부여하는 의미와 대상 사이를 가로막는다. 전문용어든 일상용어든 간에, 트라우마는 '일어난 사건'과 '경험한 사건' 사이를 일련의 증상으로 연결지음으로써 경험의 다양성과 복잡성을 은폐해버린다. 심지어는 '트라우마를 받았다'고 미리 단정함으로써 경험의 주관성을 모두 동일한 '트라우마'로 환원시킨다. 경험은 집단의 역사

안에서, 개인의 역사 안에서, 또 생생한 삶의 순간 안에서 다양한 의미를 지니는데, 트라우마는 이를 가리는 기능을 한다. 툴루즈 폭발사고에서 살아남은 사람, 팔레스타인 폭격으로 집이 파괴된 사람, 스리랑카에서 박해받은 사람, 혹은 다른 어떤 사건을 겪은 사람이든 간에 그 사람의 경험은 그 사건만으로 제한되지 않는다. 피해자 본인이 그렇게 국한하기를 원할지라도 현실은 그렇지 않다. 실제로 피해자들은 남들에 의해 '피해자'라고 정의되는 바, 의무적으로 부여된 이 표식에 최대한 자신을 맞춘다고 한다. 이 표식이 그들에게 피해자의 자격을 부여하기 때문이다. 주어진 상황에서 보상금과 대중의 공감, 혹은 난민의 자격을 얻기 위해서 이러한 인증 과정은 필히 거쳐야 하지만, 그렇다고 그들 모두가 자신에게 지워진 피해자 이미지에 동의하는 것은 아니다.

그렇다고 트라우마를 사회적 구성물로 보는 것도 충분한 설명은 아니다. 쓰나미에 휩쓸리기 이전에도 그 후에도, 아체Aceh의 생존자들은 이미 피해자였다. 정치적 지배, 군부의 억압, 경제적 소외 등으로 그들은 오랫동안 피해를 받아왔다. 허리케인 카트리나가 덮치기 이전에도, 그 후에도 뉴올리언스 사람들은 이미 인종차별과 계급 불평등, 그리고 빈곤의 피해자였다. 트라우마라는 단어는 현실을 침묵시키고 실제로 은폐하는 기능을 한다. 사회적 합의에 초점을 둔 트라우마는 개인의 모습을 제거한다. 따라서 피해자는 그 사회가 정의해주는 피해자의 모습을 자신이라고 주장함을 이해할 수 있다. 트라우마는 과거의 상처—노예제도, 식민지 경험, 인종격리 등—를 말할 수 있는 언어를 제공한다. 그 언어로 주장되는 트라우마는 기억의 다양성을 인정받으려는 투쟁의 장에서 또 하나의 주장이 되었다. 설사 그 기억이 역사적 현실을 침해할지라도 그러하다. 그러므로 트라우마가 왜 선택적으로 인정되고 있는지 알 수 있다.

둘째, 개인이 트라우마를 가졌다고 인정하는 사회적 과정은 사실상 피해자를 선택하는 과정이다. 트라우마 개념을 적극 홍보하는 사람들은 사건이 할퀴고 간 흔적이므로 보편적 현상이라고 주장하지만, 실제 조사 결과가 보여주는 것은 불평등의 비극적 현실이다. 툴루즈 산업재해 이후, 그 지역에 거주하던 사람들, 더 나아가 그 도시 전체 인구가 피해자로 간주되었다. 그러나 공장 노동자에게는 의심의 낙인이 찍혔고, 당시 정신병원에 입원해 있던 환자들은 피해자 지위를 얻지 못한 채 그저 잊혀져갔다. 전 세계에서 활동하는 인도주의 정신의학은 아르메니아인, 루마니아인, 크로아티아인은 쉽사리 지원 대상으로 받아들였던 반면, 르완다인, 라이베리아인, 콩고인에 대해서는 그러하지 않았다. 무장세력 간의 분쟁이 있는 곳에서 양편 모두를 치료하고자 할 때, 어느 쪽이 고통을 받는 편인지, 예컨대 코소보 사람인지 세르비아인인지, 혹은 팔레스타인 사람이나 이스라엘 사람인지에 따라 갈등이 일어나곤 했다. 고문과 박해 피해자를 대상으로 활동하는 단체는 국적과 상관없이 공평하게 대하고자 하나, 고문 가해자와 공범자들이 망명을 원할 때는 어떤 태도를 취해야 할지 항상 고민해야 한다. 도덕적 갈등과 무관한 상황에서도, 이전부터 정신과 질환이 있어서 치료를 받는 사람은 정치폭력의 피해자라 할지라도 거부해야 하는 경우가 있다.

이러한 긴장과 모순을 고려하면, 트라우마의 배경에는 항상 도덕을 구분하는 경계선이 작동되어왔음을 강조하고 싶다. 파키스탄에 지진이 일어났을 때보다 태국에 쓰나미가 일어났을 때 국제적 지원활동은 더 활발했다. 그 이유는 단순했다. 태국 쓰나미 사건현장에는 서구 여행객이 있어서 심리지원팀이 즉각 지원활동에 나섰던 반면, 파키스탄 지진현장에는 서구인이 없었기 때문이다. 트라우마를 인지하고, 이에 따라 피해자를 구분하는 일은 대체로 두 가지 요인으로 결정된다. 정치인, 지원활동가, 정신건강 전문가가 피해자와 자신을 얼마나 동일시할 수 있는지가 그 하나인데, 달리 말하면 피해자의 타자성이 불러일으키는 거리감이다. 다른 하나는 문화적, 사회적, 심지어는 존재론적 근접성이다. 원인의 타당성, 불운 혹은 고통에 관한 타당성이 미리 선험적으로 평가되고, 이 평가에는 명백히 정치적, 때로는 윤리적 판단이 내포되어 있다. 트라우마를 조장하는 사람들이 때로는 부지불식간일지라도, '선한' 피해자와 '악한' 피해자를 재발명해내는 것이다. 적어도 피해자들 사이에 합법성의 순위를 매긴다고 말할 수 있다.

그럼에도 오늘날 트라우마 은유가 당연하게 받아들여지는 이유는, 트라우마가 개인과 집단 사이를 미묘하게 구별하여 개인에게는 통제를, 집단에게는 응집력을 부여하기 때문이다. 배상, 증언, 입증의 정치. 이 세 가지는 트라우마 은유에 모두 포함되는 것이 명백하지만, 장소에 따라, 사건의 종류에 따라, 그리고 개인에 따라 다르게 분배된다. 트라우마 개념이 고통받는 모든 사람의 평등한 인간성을 주장하지만, 또한 집단적 기억은 그 집단에 속한 개개인의 운명의 총합이라고 말하지만, 그리고 배상, 증언, 입증의 과정은 모든 경우에 반드시 적용된다고 말하지만, 실상은 그렇지 않다. 트라우마 개념은 사람들 사이에 새로운 분열을 만드는 데에 사용되고 있다. 치료 과정 중 배상, 증언, 입증의 세 패러다임 중 무엇을 우선할 것인지는 사건의 성질, 피해자의 삶에 미리 부여된 가치, 다른 사회적 집단을 희생하는 한이 있더라도 특정 집단을 우선적으로 보호해야 할 필요성에 따라 결정된다.

배상에서, 어떤 인증 절차와도 상관없이 모든 피해자 개인에게 수여되는 법적 권리는 사건으로 인해 조각날 위기에 있는 집단단일성의 환상을 유지할 필요가 있을 때 생긴다. 반박의 여지가 없는 폭탄공격이나 툴루즈 사고가 일어났을 때도 그러했다. 이때 배상은 피해자 모두에게―사회적 주변부 사람 일부를 제외하고는―보장되므로 집단 전체를 위로하는 기능이 생긴다. 증언의 경우는 이와 반대이다. 옹호해야 할 집단명분은 각 증언의 개인적 요소가 공급하고, 이 개인적 요소의 총합이 집단운명의 서사를 만들어낸다. 이때, 트라우마 개념을 사용하여 보호하려는 집단의 이상은 개인의 경험을 모호하게 만들고, 개별성은 집단이념에 종속된다. 끝으로 난민 증명서와 관련하여, 주장하는 경험의 진실성을 정밀조사를 하다 보면, 난민이 속했던 집단이나 국가에서 그런 사건이 실재했는지 의심하거나 부인하게 될 수도 있다. 더 나아가 먼 나라의 특정 집단이 겪은 사건 전체를 부인하게 될 경우, 국제적 책임을 방기하는 시발점이 될 수도 있다. 이 시점에 이르면, 불확실한 운명의 난민은 자신을 구성하는 모든 준거요소를 집단의 역사 속에 내버려두고 와야 한다. 이는 난민을 수용하는 국가가 소위 국가공동체라는 자국의 공익을 보호하기 위하여 요구하는 일이다.

분명 트라우마 개념은 이러한 다중적 뉘앙스에 매우 잘 맞게 개조되어 있고, 심지어는 거의 보이지 않게 사회적 불평등에 기여한다. 이것이 트라우마 개념의 강점 중 하나임에는 의심의 여지가 없다.

⋯

트라우마는 19세기 말 신체손상에 관한 의학적 설명과의 유사성에 근거하여 심리적 범주로 태어났다. 이 계보의 흔적은 오늘날까지도 남아, 정신적 상흔은 흔히 신체적 상흔에 비유된다. 20세기 말 트라우마는 정신의학 질병분류로 재등장하여, 한동안 임상진료 분야에 국한되어 있었으나, 곧 그 영역은 확장되어갔다. 임상 분야에서는 트라우마로 남을만한 사건을 경험한 사람은 환자가 아니어도 반드시 진료대상에 포함시키게 되었고, 질병분류 영역에서는 최소한의 현상학적 설명만으로 PTSD라는 진단명이 만들어졌다. 이렇게 만들어진 새로운 실재實在는 오직 증상학에만 근거한 것이어서 어떠한 도덕적 판단도 배제한 것처럼 보였다. 사건의 진실에 관해서도, 가해자에 대해서도 일견 아무런 도덕적 판단을 하지 않는 것으로 보였다. PTSD를 정의하는 것은 오직 증상군이었기 때문이다. 강간, 고문, 사고 등의 서로 다른 사건도 구별되지 않고, 심지어 가해자, 피해자, 목격자도 구별할 수 없었다. 단 하나의 고려 대상은 사건이 남긴 상흔이라고 했다.

그러나 도덕적 평가가 온전히 배제되었다는 주장은 허구임이 드러났다. 현관은 닫혔을지 모르나 창문을 통해 도덕 판단이 숨어들어 왔기 때문이다. 어쩌면 도덕 판단이 부재했던 적은 한 번도 없었는지 모른다. 실제로 오늘날 트라우마는 심리적 범주보다는 도덕성의 범주로 더 많이 사용되고 있다. 툴루즈 사고의 생존자, 팔레스타인 젊은이, 혹은 정치적 난민의 트라우마는 널리 알려져 있고, 정신과의사나 심리상담사가 타당성을 인정하기 훨씬 이전부터 이미 사회적 인식의 형태로 자리매김하고 있다. 게다가 정신건강 전문가에게 PTSD 인증을 요청할 경우, 상대적으로 빈도로 낮고 타당성이 제한되어 있다는 이유로 의견 제시를 거절하거나 PTSD 진단을 부인하기도 한다. 트라우마는 임상적 실체라기보다는 도덕적 판단에 더 가깝다.

바로 그 이유로 집단 트라우마와 개인적 트라우마 사이의 경계를 구별하기 어렵고, 마찬가지 이유로 역사적 트라우마가 다음 세대로 전달되기 어렵다. 그렇다고 역사를 한 단계씩 되돌아볼 필요까지는 없다. 마치 살부의례殺父儀禮처럼 유대민족이 자신들의 사회적 기원을 파괴하면서 민족적 정당성을 획득했다는 프로이트이론으로까지 되돌아갈 필요도 없다. 홀로코스트 생존자 자손의 경험과 아르메니아와 르완다의 인종청소의 생존자나 노예무역과 인종격리 피해자 자손의 경험을 연결하여 트라우마라는 이름을 부여하고, 거기에 기꺼이 타당성을 부여하고 있으나, 그 타당성은 임상의학적 타당성이 아니라 역사의 판단에 대한 타당성이다. 달리 말해서, 오늘날의 트라우마는 피해자의 합법성을 보강해주는 진단범주라기보다는 합법적 피해자를 확인해주는 도덕의 지평이다. 트라우마는 현재와 과거를 이어주는 가슴 아픈 연결고리를 말하고 있다. 트라우마는 불평을 정당화해주고 그 명분이 정당하다고 인증해준다. 궁극적으로 트라우마는 이 세상의 고통에 대해 현대사회가 짊어진 도덕적 책임의 의미를 어떻게 문제화할 것인지 그 실증적 방법을 정의해주는 것이다.

옮긴이의 말

1995년 6월 29일, 오후 6시경 강남성모병원(현재 서울성모병원) 사거리에서 파란불을 기다리고 있을 때 지축을 흔드는 쿵 소리가 들려왔다. 이 소리는 외상 후 스트레스 장애PTSD가 우리 대중사회에 처음으로 존재감을 드러내는 소리였다. 얼마 후, 특별한 증상을 가진 환자들이 정신과 외래에 나타나기 시작했다. 꽉 막힌 공간과 어둠에 대한 공포로 창문을 열어놓고 환히 불을 밝혀야 잠들 수 있다는 사람, 엘리베이터 공포로 아파트에 살지 못하게 된 사람 등 다양한 증상을 호소하며 정신과를 찾은 그들은 삼풍백화점 붕괴 당시 매몰되었던 피해자들이었다.

이후 PTSD에 대한 해설 요청이 연이어졌음은 그때까지 PTSD가 얼마나 우리 사회에 알려져 있지 않았는지를 반영한다. 정신과 의사들도 이 진단의 타당성에 대한 의구심을 말끔히 지우지 못하고 있던 때였다. 임상현장에서는 폭력사건을 당한 불운한 개인에게, 특히 성폭력 피해자에게 주로 진단되거나, 때로는 배상금을 올리려는 사고 후유증 환자에게 마지못해 붙여주는 수상쩍은 진단으로 간주되고 있었기 때문이다. 미국에서 영화 〈배트맨〉을 본 어린이가 야뇨증을 보이자 PTSD라고 진단했다는 등, 배상법과 보험회사의 농간에 의사들이 장단을 맞추고 있다는 등, 냉소적인 의사가 많았다. PTSD의 등장이 미국의 사회적 위기와 무관하지 않다는 사실은 '정신의학의 과학화'라는 모토와 괴리가 있었기에 시니컬해지기에 충분했던 것이다.

미국사회라고 다르지 않았다. PTSD 등장 이후 삶의 온갖 영역에서 '피해자'가 대량 양산되고 있었던 것이다. 대학 신학기 철에 '어디에서 왔니?'라는 일상적 물음조차 '인종차별적 트라우마'로 회자되곤 했기 때문이다. 급속히 퍼져나가는 사회적 현상은 분석의 대상이 된다. 1990년대에 '피해자 의식victimhood'에 관한 저술이 쏟아져 나온 것도 이 때문이다.[1] 찰스 사이크스Charles Sykes는 《피해자들의 나라》A Nation of Victims, 1992에서 피해자 집단에 속했다는 사람들을 모두 합치면 전체 인구의 네 배가 될 것이라면서 학계에도 비판의 칼을 겨누었다. 피해자 문화가 유행처럼 번져가고 있음에도 '피해자 비난하기'로 인식될까 봐 학계는 연구를 기피하고 있다고 사이크스는 주장했다. 그 뒤를 이은 많은 학자 역시 당시 미국은 소위 피해자를 부추기고 이념화함으로써 이득을 취하는 '피해자 기업victim industry'이

---

[1] Wendy Kaminer, *I'm Dysfunctional, You're Dysfunctional: The Recovery Movement and Other Self-Help Fashions*, Perseus Books, 1992.
Charels Sykes, *A Nation of Victims: The Decay of the American Character*, St. Martin's Griffin, 1993.
Saundra Davis Westervelt, *Shifting The Blame: How Victimization Became a Criminal Defense*, Rutgers University Press, 1998.
Tana Dineen, *Manufacturing Victims: What the Psychology Industry Is Doing to People*, Robert Davies Pub, 1998.

번성할 풍토를 만들고 있어서, 그 피해는 고스란히 피해자에게 돌아간다고 주장했다. 피해자의 주장이 강박적으로 되풀이되고, 정치화된 흑백논리만 남아 그 주장이 독선적으로 느껴질 때 대중은 급격히 '공감의 피로'를 느끼고 학계는 '거리두기'를 하게 된다고 했다. 그 결과 진짜 피해자는 등한시되고, 사회적으로는 무책임과 남 비난하기가 성행하여 분열만 일어날 뿐이라고 보았다. 비판적 시각은 정신과적 관행에도 겨눠졌는데, 치료 과정에서 되풀이되는 언설은 트라우마를 각인시키는 효과가 있어 도리어 치유로의 길을 방해할 수 있다고 보았기 때문이다. 1장에 나오는 서머필드 관련 언급은 이 비판의 연장선에 있다. 트라우마 개념의 역사가 의심과 확신 사이를 오갔듯이, 공감의 피로도가 쌓이거나 트라우마 사용방식과 정치화가 어느 수준을 넘어가면 공감은 언제든지 의심으로 바뀔 수 있음을 보여준다. 이 의심과 공감 사이의 진자는 2001년 9월 11일 미국 세계무역센터 사건 이후에도 계속 작동되고 있다.

    9.11 사건은 1990년대의 논란과 수상쩍음을 단번에 날려버리는 듯했다. 연기를 뿜어내며 무너지는 거대한 건물, 공포에 질려 우왕좌왕 도망치는 군중, 수백층 높이에서 추락하는 사람들의 처절함은 마치 가시처럼 뇌리에 박혔고, 이는 PTSD에 대한 확신으로 이어졌다. 당시 천여 명의 정신건강 전문가들이 의료봉사를 자원하고 '간접 트라우마'와 '원거리 트라우마'가 정의되는 과정과, 미국 전체가 집단적 트라우마를 앓고 있다는 결론에 도달하기까지의 급류와도 같은 일련의 과정이 서문에 기술되어 있다. 프랑스에서는 6장에 나오는 2001년 9월 21일 툴루즈 화학공장 AZF 폭발사고가 미국의 9.11처럼 PTSD의 현신을 대대적으로 알리는 계기가 되었다. 연대기적으로

볼 때, 2001년은 신구 양 대륙에서 집단 트라우마의 범람 시대를 열어젖힌 해로 기록된다.

9.11 피해자에 대한 공감의 물결이 전 세계로 퍼져나가는 동안, 그 사건을 지켜본 모든 미국 국민에게 트라우마의 이름으로 의료적, 물질적, 법적 혜택이 뿌려졌다. 개인의 트라우마가 설명되고 다시 설명되면서 사건과 관계없는 사람들에게로 퍼져나가고, 이것들에 다양한 가치가 덧붙여지고 뭉쳐지면서 트라우마의 집단적 서사가 만들어졌다. 어떤 틀의 서사가 만들어지느냐는 짜인 맥락에 따라 달라질 수밖에 없다. 9.11 사건 직후 공표된 APA의 지침에서는, "피해자들은 정부의 테러 대응과 국민안전 보장정책으로 위로를 얻을 수 있을 것이다"고 했는데, 이는 트라우마 서사가 정치적 프레임 안에 자리 잡았음을 의미한다. 트라우마를 가졌다고 생각하는 사람은 "개별적으로 언론과 접촉하지 말고", "숙련된 전문가에게 자기 문제를 말하라"고도 했다.[2] 친지와 이웃, 혹은 자신이 속한 집단의 사람들에게 위로 받고 그 속에서 힘을 얻어 스스로 일어설 것을 장려하기보다는 전문가에게 규격화된 '치료'를 받고 회복 자체를 정부에 맡기라는 말과 다르지 않았다. 누군가는 당시를 "트라우마는 마치 우리가 숨 쉬는 공기와 같았다"고 표현했다. 비극적 사건은 이렇게 정치화되어 세상을 절대선과 절대악으로 이분하면서 전쟁을 향하여 나아갔고, 그 이후의 시간은 전 세계적으로도 제로섬게임과 같았다.

그러나 트라우마로 뭉쳤던 연대의식도 흐려지고 사회 분위기도 달라졌다. 사건 당시 유독가스를 마셔서 10여 년 후에 암이 생겼다며

---

2 APA(2001).

치료비와 배상을 주장하는 사람, 사건 당시 태내에 있던 아이가 성장하여 보이는 사회공포증이 9.11 테러의 원격 후유증이라고 주장하는 사람 등이 나와 조롱을 받았다. 한편으로는 세상 어디에선가는 끊임없이 재해가 일어나고 우리네 삶은 뜻밖의 불운으로 넘쳐나는데 왜 9.11만 트라우마냐, 미국은 9.11에 대해 무죄하지 않았다는 등의 볼멘소리도 나왔다. 의심과 공감 사이를 오가는 진자의 추는 시대적 변화와 이익 계산을 동력으로 언제든 다시 움직일 수 있음을 알 수 있다.

이 현상은 우리나라에서도 동일했다. 2014년 세월호 사고는 이 땅에 PTSD의 현신을 선포했던 사건이다. 300여 명이 넘는 '내 자식과 친지들'이 생매장당하는 순간을 생중계로 지켜보며, 마음속에서 무너져내린 것은 기존의 도식圖式이었다. '우리의 사회체계는 합리적으로 짜여 있고, 각자 제 임무를 다할 것이며 위험에 처한 사람을 외면하지 않을 것'이라는 도식이 깨지는 순간, 그리고 여태껏 그 무엇도 우리를 지켜주지 않는 각자도생의 정글에 있었다는 깨달음이 들던 순간의 공포는 무능한 해경과 지휘체계, 비윤리적인 선원을 향한 분노와 궤를 같이했다. 우왕좌왕하던 구조체계와는 달리 의료적 대응은 신속했다. 병원으로 옮겨진 피해자들은 신체적 진찰 이후에는 트라우마 예방을 위한 '응급조치'와 이어지는 정신 치료를 받았다. 얼마 지나지 않아 무능한 행정조치를 보상이라도 하듯 텔레비전 화면의 하단에는 트라우마센터로 연락하라는 알림 자막이 나타났다. 피해자 개개인은 언론에 나오지 않은 채 피해자들의 고통은 트라우마라는 단일한 이름으로 거론되었다. 미국의 9.11 테러 대처방식이 세월호 사건에 그대로 적용된 것이다.

그렇게 피해자 개인의 서사는 보편주의 트라우마 담론에 흡수되어 사라져버렸다. 단일한 담론이 차지한 그 자리를 정치적 구호가 덮어나가기 시작했다. 트라우마 극복과 자아 성장에 필요한 성찰의 기회는 소위 '전문가'의 손에 넘어가고, '나와 우리'를 이야기하며 공동체로부터 받아야 할 위로와 지지는 곧장 정부 주도의 트라우마센터로 이관되었으며, 이슈를 정치화할 기회를 잡은 정치인들은 트라우마를 정치권력의 말로 바꾸어 드높이 외쳐댔다. 이 삼각형의 구도 안에서 정작 피해 생존자의 자리와 희생자 가족의 자리는 어디에 있었던 걸까? 그리고 피해자들의 고통에 함께 울고 걱정하며, 어린싹을 위한 새 질서와 안전한 '우리나라'의 재건을 기대하던 대중은 왜 극심한 피로를 느끼게 되었을까?

이 책의 번역은 이 피로감에 대한 의문에서 비롯되었다. 얼마 전까지만 해도 한마음으로 기도하던 우리 사회가 언제부터 '세력'과 '이념'으로 나뉘고 광화문을 뒤덮는 시위와 폭력에 진절머리를 치게 되었을까? 트라우마라는 단어에는 왜 서로 상반되는 이중의 가치관이 포함되어 있을까?

이 책은 이 질문에서 출발한다. 트라우마로 재난과 고통을 말할 때 그 결과가 개인적으로, 사회적으로, 정치적으로 어떻게 귀결되는지, 이때 문제되는 것이 무엇인지, 즉 트라우마의 현대 정치성과 피해자 의식을 인류학적 관점에서 풀어낸 책이다. 저자 중 한 명인 디디에 파생Didier Fassin은 인류학자이자 내과의사이고, 다른 한 명인 리샤르 레스만Richard Rechtman 역시 인류학자이자 정신과의사다. 둘 다 인도주의 활동단체에서 활동해왔고 여러 난민 관련 프로젝트에 참여했다는 점에서 스스로 '참여적 관찰자'가 아니라 '관찰적 참여자'라고 여긴다. 저자들의 의도는 트라우마가 자연적 산물이 아니라 구성된 것으로 본다는 점에서 '탈자연화'를 꾀하는 것이고, 트라우마의 태생에 함의된 정치성이 지금에 이르러 어떻게 정치화되어 있는지를 살피며, 그 속에서 왜곡되고 소외되는 피해자를 재해석함으로써 새로운 트라우마 정치성의 가능성을 가늠해보고자 한 것이다. 광대한 분량의 의료 문헌과 관련 기관의 자료를 섭렵하여 인도주의 단체의 내부 상황과 현장활동가들의 목소리를 담아냈으며, 재난과 분쟁의 현장에서 피해자들과 나눈 경험의 구체적 자료가 이 책의 배경에 깔려 있어서 생생한 현실감을 더한다. 이 책은 영어로 번역되어 프랑스보다는 영미권에서 더 큰 호응을 얻었다.

 총 4부로 구성된 이 책의 1부는 역사적 관점에서 출발한다. 불과 몇십 년 전만 해도 사기꾼이나 겁쟁이로 간주되던 사람들이 지금은 인간성의 핵심을 구현한 사람으로 인식되고 있다. 한때는 거짓이었던 것이 어떻게 진리의 영역으로 들어와 질서와 규율을 갖추게 되었을까? 저자들은 이 답을 찾으려 두 개의 계보를 따라 역사를 훑어나갔다. 하나는 정신분석을 거쳐 정신의학에서 트라우마를 정의해나간 지식의 계보이고, 다른 하나는 피해자에 관한 사회적 인식과 사용방식에 초점을 맞춘 사회적 계보이다. 이 두 개의 계보가 서로 얽혀 상호 영향을 주고받으며 이어지는 과정에서 트라우마는 철저하게 서로 상반되는, 그러나 동등한 무게의 이중의 가치관을 품게 되었다고 해석했다. 19세기 말 '열차 척추'에서 시작하여 산재사고 노동자의 '보상금 청구 신경증'을 거쳐 제1차 세계대전의 '겁쟁이 병사'에 이르기까지 트라우마는 의심의 대상이었다. 그 이론적 틀을 제공한 것은 정신분석과 법정신의학이었고, 배경에는 보상금 문제와 보험산업의 발달이 있었다. 제2차 세계대전 시에는 주로 정신분석 이론이 적용되었는데, 무의식을 탐색하여 '나약함'의 병소를 찾으려는 자기고백방식은 제1차 세계대전의 '전기어뢰' 못지않게 잔혹했던 것으로 평가된다. 20세기 후반 트라우마 개념에 획기적인 전환을 불러온 것은 인류사를 뒤흔든 홀로코스트였다. 그때까지 환자의 성격과 소인의 문제로 보던 트라우마 병인론은 비로소 개인에 대한 의심을 거두고 사건의 특성에 관심을 돌리게 되었다.

또 다른 전환점은 미국정신의학협회의 PTSD 개념의 발명이다. PTSD의 발명은 베트남 전쟁의 패전으로 위기에 처한 미국사회의 화합과 위로의 계기가 되었다는 중대한 의미가 있다. "시대적 상황하에서 PTSD는 최초로 피해자와 가해자의 공동 작품이 되었고 제1차 세계대전 이후 신구 양 대륙에서 유래된 의학적 패러다임과 사회적 규범이 만나 비극적 사건에 대한 정치적이고도 보편적인 새로운 언어가 탄생했다." 그럼에도 PTSD가 도덕적 판단을 배제했다고 자칭하는 것에 저자들은 못마땅함을 감추지 않으며 이렇게 묻는다. "정신과적 평가는 임상 증상의 특징을 구별하는 데에만 국한해야 했을까? 끔찍한 전쟁 범죄 행위에 대한 도덕적 비판과 상관없이 오로지 정신과적 증상이 동일하다 하여 피해자와 가해자를 한 진단범주에 들어가게 했어야 했을까?"

2부는 트라우마를 탄생시킨 배지胚地이자 현대 정치성의 가장 중대한 관심사인 배상의 정치를 다루었다. 저자들이 특히 공을 들여 기술한 부분은 1980년대 후반에 시작된 피해자 권리운동이다. 동정의 언사를 거부하고 정의를 요구하기 시작한 권리운동은 프랑스 정부기관 내에 피해자를 위한 행정체계를 만드는 데에 기여했고 피해정신의학이 탄생하는 계기가 되었다. 미국의 1970년대 피해자 권리운동이 정신의학에 정당성을 부여했다면, 프랑스의 경우는 정신의학의 틀에서 트라우마를 빼내는 것이어서 두 나라 정신의학의 정치성이 뚜렷이 비교된다. 1995년 파리 폭탄테러는 응급의료체계에 처음으로 심리지원활동을 포괄시키는 동기가 되었다. 9.11 테러 열흘 후에 터진 툴루즈 화학공장 폭발사고는 트라우마가 정신의학의 통제를 벗어나 대중사회에서 전유할 기반을 만드는 계기가 되었다. 트라우마는 더는 PTSD의 원인에 국한되지 않고, 일반적 의미의 정신적 충격이자 그 은유로 사용되기 시작한 것이다. 이를 저자들은 이렇게 표현한다. "간접적으로도 폭발사고와 전혀 연관되지 않은 여덟 살 아이가 교사의 눈물에 트라우마를 가지게 되었다." 정치적 대응은 명확했다. 툴루즈 시민 모두가 보상을 받게 된 것이다. 그러나 사고 직후 '비극 공동체'가 되어 '신성한 연대'로 뭉쳤던 툴루즈 시가 보상을 둘러싸고 어떻게 나뉘었는지, 그리하여 기존의 불평등을 어떻게 재생산했는지 "트라우마의 역사는 전유와 강탈의 역사"라고 말하는 저자들의 목소리는 분노에 가깝다.

   3부는 재난과 국제 분쟁 현장에서 피해자를 대신하는 증언에 함의된 정치성에 관한 것이다. 의료활동이 제한되는 현장에서 대안으로 등장한 것이 증언이었다. 증언을 인도주의의 또 다른 모습으로 설명하는 것은 분명 신선한 아이디어이다. 그럼에도 대리 증언의 문제점을 저자들은 외면하지 않는데, 이를 극명하게 보인 곳이 팔레스타인-이스라엘 분쟁현장이었다. 저자들은 피해자를 묘사하는 일과 대리증언 모두 '공감의 분출'을 유도하도록 정해진 구도에서 이루어지고, 이러한 증언에서 사연은 개인화되어 불완전해지고 더 나아가 민족의 역사마저 소실됨을 강조하며, 이를 '역사성 없는 역사'라고 비판했다. 동시에 이러한 대리증언을 피해자들 스스로 어떻게 재전유하는지를 분석했다. 그럼에도 현지인과 외지인 사이에서 서로의 타자성을 극복하게 해주는 것이 트라우마 개념이라고 했다. 또한 어떤 상황에서도 피아와 선악을 나누는 도덕적 판단이 배제되지 않는다며 트라우마는 도덕의 범주라고 주장한다. 저자들이 활발한 현장활동을 했기에 3부는 풍부한 사례로 가득 차 있어서 가장 생생하고 절실하게 읽힌다.

4부는 난민과 망명인이 박해를 입증하는 데에 전문분야가 어떻게 이용되고 있는지 그 정치성을 파헤친다. 한때 산업 인력으로 환대받던 난민은 현대에 들어와 강력한 규제의 대상이 된다. 그 규제의 초점에는 입증이 있는데, 이때 정신적 상흔으로서 트라우마가 부상했다. 이를 배경으로 전문가 증언과 진단서의 중요성이 대두되고 추방자의 심리외상학이 태어났다. 그러나 피해자 본인의 입을 통하지 않은 입증 과정의 문제점과 이 과정에서 19세기 말의 의심의 시선이 부활하고 있음을 지적한다. 임시적 존재였던 난민이 20세기에 들어와 국가의 정치적 실체를 포장하는 데에 중요한 요소로 부상하였다는 점과, 한편으로는 위협이자 연민의 대상이기도 한 난민의 이중적 이미지를 배경으로 한 이중적 지원체제의 모순을 비판했다.

결론에서 저자들은 오늘날 트라우마라는 단일 기표 안에 피해자와 가해자, 목격자와 간접경험자 등이 시공간을 아우르며 모두 포괄되고 있음은 현대사회에서 비극이 어떻게 이해되고 있는지를 가리키는 것이라고 말했다. 그럼에도 저자들은 트라우마의 어두운 면을 지적한다. 트라우마는 '일어난 사건'과 '경험한 사건' 사이를 일련의 증상으로만 연결함으로써 개별적 경험의 다양성을 은폐하고 개인성을 사라지게 만든다는 것이다. 또한 트라우마의 세계에는 불평등을 재생산하는 기전이 숨어 있음을, 그리하여 사람들 사이에 새로운 분열을 조장하는 기능이 있음을 비판했다. 책의 말미에 적힌 문장은 의미심장하다. "분명 트라우마 개념은 이러한 다중적 뉘앙스에 매우 잘 맞게 개조되어 있고, 심지어는 거의 보이지 않게 사회적 불평등에 기여한다. 이것이 트라우마 개념의 강점 중 하나임에는 의심의 여지가 없다."

이 책의 제목인 '트라우마의 제국'은 암시적이다. 우리 시대의 아픔을 표현하는 언어와 피해자 의식을 대변하는 트라우마는 온갖 고통의 세계를 독점하며 점차 그 영역을 넓혀가고 있기 때문이다. 트라우마의 세계에서는 앞세울 명분에 따라 질서가 만들어지고, 피해자 자격을 인정받기 위해서는 그 질서에 따라야만 한다는 점 또한 제국적이다. 이렇게 트라우마는 특유의 가치와 가치체계를 만들어냄과 동시에 새로운 진리와 규율을 스스로 생성해가고 있다는 점을 제목에 드러낸 것이다. '제국'에 관해 덧붙이고 싶은 점은, 미국의 PTSD 진단범주가 예상과 달리 전 세계로 확산되어 사회적 유용성을 독점하고 있다는 점 또한 트라우마의 '제국주의적 성격'이라고 말할 수 있을 것이다.

과거 신체적 상처를 의미하던 트라우마는 정신의학이라는 함선을 타고 정신 내적 세계로 들어와 피해자 의식을 낳았고, 이제 피해자의 함선을 타고 정신의학의 영토를 떠나가려 한다. 그 함선을 움직이는 정치성의 에너지는 온갖 소망과 욕구, 그리고 집단적이고도 사회적인 유용성의 바다 위를 떠다니며 탐욕스럽게 모든 불운을 집어

삼키고 있다. 트라우마는 단일 기표 안에 수많은 기의를 품은 '떠다니는 기표'로서 이제 시대적 현상이 된 것이다. 모두가 연결되는 지구촌 시대에 사람들이 '간접 트라우마'와 '원거리 트라우마'의 존재를 믿고, 그래서 '누구나 다 나름의 트라우마를 가졌다'고 말하는 세상에서는 모두가 다 피해자이다. 이런 세상에서는 어느 누구도 어느 누군가에게 '가해자됨'을 벗어날 수가 없다. 모든 사람이 서로가 피해자이자 가해자인 시대에 우리는 살고 있다.

    번역은 영어판을 참고했고, 애매한 부분은 불문학 전공자에게 프랑스판을 상담하여 뜻을 명확히 했다. 인내로 기다려준 바다출판사 김인호 사장님과 세심하게 교정하고 조언을 아끼지 않은 김원영 편집자에게 감사의 말을 전한다. 끝으로 강릉원주대학 강명신 교수에게 감사 인사를 드린다. 작업을 도와주고 나를 격려해준 것에 대해 큰 빚을 지고 있다.

최보문

참고문헌

Abraham, K., "Psycho-analysis and the War Neuroses," *Clinical Papers and Essays on Psycho-analysis*, London: Hogarth Press, 1955, pp.59~67.

Agamben, G., *Homo Sacer: Le pouvoir souverain et la vie nue*, Paris: Le Seuil, 1997. (édition italienne, 1995); *Homo Sacer: Sovereign Power and Bare Life*, Stanford, CA: Stanford University Press, 1998;《호모 사케르: 주권 권력과 벌거벗은 생명》, 박진우 옮김, 새물결, 2008.

―――, *Ce-qui reste d'Auschwitz*, Paris: Rivages, coll., "Bibliothèque", 1999. (édition italienne, 1998); *Remnants of Auschwitz: The Witness and the Archive*, New York: Zone Press, 1999;《아우슈비츠의 남은 자들: 문서고와 증인》, 정문영 옮김, 새물결, 2012.

―――, *Moyens Sans fins: Notes sur la politique*, Paris: Payot et Rivages, 1995; *Means without End: Notes on Politics*, Trans. V. Binetti and C. Casarino, Minneapolis and London: University of Minnesota Press, 2000;《목적 없는 수단: 정치에 관한 11개의 노트》, 김상운, 양창렬 옮김, 2009.

Agier, M., "Le camp des vulnérables: Les réfugiés face à leur citoyenneté nue", *Les Temps modernes* 59(627), 2001, pp.120~137.

Ahern, J., S. Galea, D. Vlahov and H. Resnick, "Television Images and Probable Posttraumatic Stress Disorder after September 11: The Role of Background Characteristics, Event Exposures and Perievent Panic", *Journal of Nervous and Mental Disease* 192(3), 2004, pp.217~226.

Aleinkoff, A., "State-Centered Refugee Law: From Resettlement to Containment," *Mistrusting Refugees*, V. Daniel and J. Knudsen, eds., Berkeley: University of California Press, 1995, pp.257~258.

Alexander, J., R. Eyerman, B. Giesen, N. Smeeser and P. Sztompka, *Cultural Trauma and Collective Identity*, Berkeley: University of California Press, 2001.

American Psychiatrie Association, *Diagnostic and Statistical Manual of Mental*

Disorders (DSM-III), 1983.
Améry J., *Par-delà le crime et le châtiment.Essai pour surmonter l'insurmontable,* Arles: Actes Sud, 1995. (1re édition, 1966); *At the Mind's Limits: Contemplations bya Survivor on Auschwitz and Its Realities,* Bloomington: Indiana University Press, 1988.
Andreasen, N. C., "Posttraumatic Stress Disorder: Psychology, Biology and the Manichean Warfare between False Dichotomies", *American Journal of Psychiatry* 152(7), 1995, pp.963~965.
Antelme, R., *L'Espèce humaine,* Paris: Gallimard, 1957; *The Human Race,* Trans. J. Haight and A. Mahler. Marlboro, VT: Marlboro Press, 1992.
Asad, T., "On Torture, or Cruel, Inhuman and Degrading Treatment," *Social Suffering,* A. Kleinman, V. Das and M. Lock, eds., Berkeley: University of California Press, 1997, pp.285~308.
Asensi, H., M. R. Moro and D. N'gaba, "Clinique de la douleur", *Une guerre contre les civils: Réflexions sur les pratiques humanitaires au CongoBrazzaville(1998-2000),* M. Le Pape and P. Salignon, eds., Paris: Médecins sans frontières-Karthala, 2001, pp.115~134.
Auden, W. H., "The Age of Anxiety. A Baroque Eclogue", *Collected Poems,* New York: Vintage International, 1991.
Augé, M., *Les Formes de l'oubli,* Paris: Rivages, 2001; *Oblivion,* Minneapolis and London: Minnesota University Press, 2004.
Austin, J. L., *How ta Do Things with Wards: The William James Lectures Delivered at Harvard University in 1955,* London: Clarendon Press, 1962.
Ayme, J., "La psychiatrie de secteur", *Encyclopaedia Universalis* 9, 1996, pp.198~200.
Bailly, L., "Le débriefing psychologique: Indications et limites," *Comprendre et soigner le trauma en situation humanitaire,* C. Lachal, L. Ouss-Ryngaert & M.-R. Moro, eds., Paris: Dunod, 2003, pp.147~157.
Balat, M., "Sur le pragmatisme de Pierce à l'usage des psychistes", *Les Cahiers Henri Ey* 1(Spring), printemps, 2000, pp.83~95.
Barrois, C., "Les rêves et cauchemars de guerre: une voie d'approche clinique et étiopathogénique des névroses traumatiques", *Annales médico-psychologiques* 142(2), 1984, pp.222~229.

──────. *Les Névroses traumatiques*, Paris: Dunod, 1988.

Baubet, T., T. Abral, J. Claudet et al., "Traumas psychiques chez les demandeurs d'asile en France: des spécificités cliniques et thérapeutiques", *Journal international de victimologie* 2(2), 2004. http://jidv.com.

Bayer, R., *Homosexuality and American Psychiatry: The Politics of Diagnosis*, Princeton: Princeton University Press, 1987.

Bayer, R. and R. L. Spitzer, "Edited Correspondence on the Status of Homosexuality in DSM-III", *Journal of Historical and Behavioral Science* 18(1), 1982, pp.32~52.

──────, "Neurosis, Psychodynamics and DSM-III: A History of the Controversy", *Archives of General Psychiatry* 42(2), 1985, pp.187~196.

Beck, U., *Risikogesellschaft: Auf dem Weg in eine andere Moderne, Suhrkamp Verlag, 1986; Risk Society: Towards a New Modernity*, London: Sage Publications, 1992;《위험 사회: 새로운 근대(성)을 향하여》, 홍성태 옮김, 새물결, 2006.

Benjamin, W., "On the Concept of History", *Selected Writings*, Cambridge, MA and London: Belknap Press, 1996; "Sur le concept d'histoire", *Œuvres III*, Paris: Gallimard, 2000, p.426~443.

Benslama, F., "La représentation et l'impossible", *L'Évolution psychiatrique* 66(3), 2001, pp.448~466.

Benthall, J., *Disasters, Relief and the Media*, London: I. B. Tauris and Company, 1993.

Berthelier, R., *L'Homme maghrébin dans la littérature psychiatrique*, Paris: L'Harmattan, 1994.

Bettelheim, B., *Survivre,* Paris: Hachette coll, Pluriel, 1979; *Surviving and Other Essays*, London: Thames and Hudson, 1979.

Bléandonu, G., *Wilfred R. Bion: La vie et l'oeuvre 1897~1979*, Paris: Dunod, 1990.

Boltanski, L., *Distant Suffering: Morality, Media and Politics*, Cambridge: Cambridge University Press, 1999.

Boscarino, J. A., S. Galea, R. E. Adams et al., "Mental Health Service and Medication Use in New York City after the September 11, 2001 Terrorist Attacks", *Psychiatrie Services* 55(3), 2004, pp.274~283.

Bourgeois, M., "Le DSM-III en France", *Annales médico-psychologiques* 142(4), 1984, pp.457~473.

Bracken, P., "Hidden Agendas: Deconstructing Posttraumatic Stress Disorder", *Rethinking the Trauma of War*, P. Bracken and C. Petty, eds., London: Free Association Books, 1998, pp.38~59.

Brauman, R., *L'Action humanitaire*(Revised and augmented edition), Paris: Flammarion, Dominos, 2000.

Breslau, J., "Globalizing Disaster Trauma: Psychiatry, Science and Culture after the Kobe Earthquake", *Ethos* 28(2), 2000, pp.174~197.

Breslau, N. and G. C. Davis, "Posttraumatic Stress Disorder in an Urban Population of Young Adults: Risk Factors for Chronicity", *The American Journal of Psychiatry* 149(5), 1992, pp.671~675.

Breslau, N., V. C. Lucia and G. C. Davis, "Partial PSD *versus* Full PTSD: An Empirical Examination of Associated Impairment", *Psychological Medicine* 34(71), 2004, pp.1204~1214.

Briole, G., F. Lebigot, B. Lafont et al., *Le Traumatisme psychologique*, Paris: Masson, 1993.

Brissaud, E., "La sinistrose", *Le Concours médical*, 1908, pp.114~117.

Brunner, J., "Will, Desire and Experience: Etiology and Ideology in the German and Austrian Medical Discourse on War Neuroses, 1914~1922", *Transcultural Psychiatry* 37(3), 2000, pp.297~320.

Canguilhem, G., *La Formation du concept de réflexe aux XVIIe et XVIIIe siècles*, Paris: Vrin, 1977.

Cario, R., *Victimologie: De l'effraction du lien intersubjectif à la restauration sociale*, Paris: L'Harmattan, 2006.

Carlier, I. V. E. and B. P. R. Gersons, "Partial Posttraumatic Stress Disorder(PTSD): The Issue of Psychological Scars and the Occurrence of PTSD Symptoms", *Journal of Nervous and Mental Disease* 183(2), 1995, pp.107~109.

Carothers, J. C., *Psychologie normale et pathologique de l'Africain. Étude d'ethnopsychiatrie*, Genève: Organisation mondiale de la santé, Paris: Masson, 1954.

Caruth, C., *La Gestion des risques: de l'antipsychiatrie à l'après-psychanalyse*, Paris: Minuit, 1980.

―――, "Trauma and Experience: Introduction", *Trauma: Explorations in Memory*, C. Caruth, ed., Baltimore and London: Johns Hopkins Unversity Press, 1995, pp.3~12.

―――, *Unclaimed Experience: Trauma, Narrative and History*, Baltimore: Johns Hopkins University Press, 1996.

Castel, R., *L'Ordre psychiatrique: L'âge d'or de l'aliénisme*, Paris: Minuit, 1976.

―――, @La Gestion des risques: de l'antipsychiatrie à l'après-psychanalyse, Paris: Minuit, 1980.

Cazanove, F., "La folie chez les indigènes de l'Afrique-Occidentale française", *Annales d'hygiène et de médecine coloniales* 5, 1912, pp.894~897.

Cesoni, M. L. and R. Rechtman, "La 'réparation psychologique' de la victime: une nouvelle fonction de la peine?" *Revue de droit pénal et de criminologie* (February), 2005, pp.158~178.

Chaumont, J.-M., *La Concurrence des victimes: Génocide, identité, reconnaissance*, Paris: La Découverte, 1997.

Collignon, R., "Pour une histoire de la psychiatrie coloniale française: À partir de l'exemple du Sénégal", *L'Autre* 3(3), 2002, pp.455~480.

Collins, J., *Occupied by Memory: The Intifada Generation and the Palestinian State of Emergency*, New York: New York University Press, 2004.

Collovald, A., "L'humanitaire expert: le désencastrement d'une cause politique", *L'Humanitaire ou le management des dévouements*, A. Collovald, ed., Rennes: Presses universitaires de Rennes, 2003.

Costedoat, D., "Les névroses post-traumatiques", *Annales de médecine légale* 15, 1935, pp.495~536.

Courbet, D. and M.-P. Fourquet-Courbet, "Réception des images d'une catastrophe en direct à la télévision: étude qualitative des réactions provoquées par les attentats du 11 septembre 2001 aux États-Unis au travers du rappel de téléspectateurs français", *European Review of Applied Psychology* 53(1), 2003, pp.21~41.

Cremniter, D., "L'intervention médico-psychologique: Problèmes actuels théoriques et pratiques", *L'Évolution psychiatrique* 67(4), 2002, pp.690~700.

Crippen, D., "The World Trade Center Attack: Similarities to the 1988 Earthquake in Armenia. Time to Teach the Public Life-Supporting First Aid?" *Critical Care* 5(6), 2001, pp.312~314.

Crocq, L., *Les Traumatismes psychiques de guerre*, Paris: Odile Jacob, 1999.

Crocq, L., S. Doutheau, P. Louville and D. Cremniter, "Psychiatrie de catastrophe:

Réactions immédiates et différées, troubles séquellaires. Paniques et psychopathologie collective", *EncyclOPédie médico-chirurgicale, s.v. "Psychiatrie"*, 1998, pp.37~113(D-10).

Crocq, L., M. Sailhan and C. Barrois, "Névroses traumatiques(névroses d'effroi, névroses de guerre)", *EncyclOPédie médico-chirurgicale, s.v. "Psychiatrie"*, 1983, pp.37-329(A-10).

Cygielstrejch, A., "Les conséquences mentales des émotions de guerre(I)", *Annales médico-psychologiques* 1(February), 1912a, pp.130~148.

─────, "Les conséquences mentales des émotions de guerre(II)", *Annales médico-psychologiques* 1(March), 1912b, pp.257~277.

Dab, W., 1. Abenhaim and L. R. Salmi, "Épidémiologie du syndrome de stress post-traumatique chez les victimes d'attentat et politique d'indemnisation", *Revue d'épidémiologie et de santé publique* 3(6), 1991, pp.36~42.

Daniel, V. and J. Knudsen, "Introduction", *Mistrusting Refugees*, V. Daniel and J. Knudsen, eds., Berkeley: University of California Press, 1995, pp.1~12.

Das, V., *Critical Events: An Anthropological Perspective on Contemporary India*, Oxford: Oxford University Press, 1995.

Das, V., A. Kleinman, M. Lock, M. Ramphele and P. Reynolds, eds, *Remaking a World: Violence, Social Suffering and Recovery*, Berkeley: University of California Press, 2001.

Das, V., A. Kleinman, M. Ramphele and P. Reynolds, eds., *Violence and Subjectivity*, Berkeley: University of California Press, 2000.

Dauvin, P. and J. Siméant, *Le Travail humanitaire: Les acteurs des ONG, du siège au terrain*, Paris: Presses de la Fondation nationale des sciences politiques, 2002.

De Almeida, Z., "Les perturbations mentales chez les migrants", *L'Information psychiatrique* 51(3), 1975, pp.249~281.

De Clercq, M. and F. Lebigot, *Les Traumatismes psychiques*, Paris: Masson, 2001.

Delaporte, S., *Les Médecins dans la Grande Guerre 1914~1918*, Paris: Bayard, 2003.

Derrida, J., *De l'hospitalité*, Paris: Calmann-Lévy, 1997; *Of Hospitality*, Trans. Rachel Bowlby, Stanford: Stanford University Press, 2000; 《환대에 대하여》, 남수인 옮김, 동문선, 2004.

De Soir, E., "Le débriefing psychologique, est-il dangereux?" *Journal International de victimologie* 2(3), 2004. http://jidv.com.

De Vries, F., "To Make a Drama out of Trauma is Fully Justified", *The Lancet* 351(May 23), 1998, pp.1579~1581.

Didier, E., "Torture et mythe de la preuve", *Plein Droit* 18~19, 1992, pp.64~69.

Doray B., *L'Inhumanitaire*, Paris: La Dispute, 2000.

Ducrocq, F., Vaiva G., Kochman F. et al., "Urgences et psychotraumatisme: particularités en psychiatrie de l'enfant et de l'adolescent", *Revue française de psychiatrie et de psychologie médicale* 3(24), 1999, pp.150~152.

Dumas, G., *Troubles mentaux et Troubles nerveux de guerre*, Paris: Félix Alcan, 1919.

Ehrenberg, A., *La Fatigue d'être soi: Dépression et société*, Paris: Odile Jacob, 1998.

Eissler, K., *Freud sur le front des névroses de guerre*, Paris: PUF, 1992; *Freud as an Expert Witness: The Discussion of War Neuroses between Freud and Wagner von Jauregg*, Trans. C. Trollope. Madison, CT: International Universities Press, 1986.

Ellenberger, H., "Relations psychologiques entre le criminel et la victime", *Revue internationale de criminologie et de police technique* 3(2), 1954, pp.103~121.

Ensenrink, M., "Bracing for Gulf War II", *Science* 299(5615), 2003, pp.1966~1967.

Evrard, E., "Les névroses traumatiques", *Congrès des médecins aliénistes et neurologistes de France et des pays de langue française*, Paris: Masson, 1954, pp.34~86.

Eyerman, R., *Cultural Trauma: Slavery and the Formation of African American Identity*, Cambridge and New York: Cambridge University Press, 2001.

Fanon, F., *Les Damnés de la terre*, Paris: La Découverte, 2002. (1re édition. 1961); *The Damned*, Trans. C. Farrington, Paris: Présence Africaine, 1963; 《대지의 저주받은 사람들》, 남경태 옮김, 그린비, 2010.

Fassin, D, "L'ethnopsychiatrie et ses réseaux: Une influence qui grandit", *Genèses. Sciences sociales et histoire* 35, 1999, pp.146~171.

―――, "Les politiques de l'ethnopsychiatrie: La psyché africaine, des colonies britanniques aux banlieues parisiennes", *L'Homme* 153, 2000, pp.231~250.

―――, *Des maux indicibles: Sociologie des lieux d'écoute*, Paris: La Découverte, 2004a.

―――, "La cause des victimes", *Les Temps modernes* 59(627), 2004b, pp.73~91.

─────, "Compassion and Repression: The Moral Economy of Immigration Policies in France", *Cultural Anthropology* 20(3), 2005, pp.362~387.

─────, *Quand les corps se souviennent. Expériences et politiques du sida en Afrique du Sud*, Paris, La Découverte, 2006a.

─────, "Souffrir par le social, gouverner par l'écoute: Une configuration sémantique de l'action publique", *Politix* 19(73), 2006b, pp.137~157.

─────, *When Bodies Remember: Experiences and Politics of AIDS in South Africa*, Berkeley: University of California Press, 2007a.

─────, "Humanitarianism as a Politics of Life", *Public Culture* 19(3), 2007b, pp.499~520.

─────, "The Humanitarian Politics of Testimony: Subjectification through Trauma in the Israeli-Palestinian Conflict", *Cultural Anthropology* 23(3): 531-558, 2008a.

─────, "Beyond Good and Evil? Questioning Anthropological Discomfort with Morais", *Anthropological Theory* 8(4): 333-344, 2008b.

Fassin, D. and E. d'Halluin, "The Truth in the Body: Medical Certificates as Ultimate Evidence for Asylum-Seekers", *American Anthropologist* 107(4), 2005, pp.597~608.

Fassin, D. and E. d'Halluin, "Critical Evidence: The Politics of Trauma in French Asylum Policies", *Ethos* 35(3), 2007, pp.300~329.

Fassin, D. and R. Rechtman, eds., *Traumatisme, Victimologie et Psychiatrie humanitaire: Nouvelles figures et nouvelles pratiques en santé mentale*, Paris: Cresp/Cesames, 2002.

─────, eds., *Les Usages sociaux du traumatisme psychique*, Paris: Cresp/Cesames, 2005a.

─────, "An Anthropological Hybrid: The Pragmatic Arrangement of Universalism and Culturalism in French Mental Health", *Transcultural Psychiatry* 42(3), 2005b, pp.347~366.

Fassin, D. and P. Vasquez, "Humanitarian Exception as the Rule: The Political Theology of the 1999 'Tragedia' in Venezuela", *American Ethnologist* 32(3), 2005, pp.389-405.

Fassin, E., "Trouble-genre, Préface", J. Butler, *Trouble dans le genre: Pour un féminisme de la subversion*, Paris: La Découverte, 2005, pp.5~19; 《젠더 트러블》

(조현준 옮김, 문학동네, 2008) 프랑스판 서문.
Fattah, E, *Towards a Criminal Victimo logy*, Basingstoke: Macmillan Publishers, 1992.
Feldman, A, *Formations of Violence: The Narrative of the Body and Political Terror in Northern Ireland*, Chicago: University of Chicago Press, 1991.
Fenichel, O., *La Théorie psychanalytique des névroses*, Paris: PUF, 1953.
Ferenczi, S., *Psychoanalysis and the War Neuroses*, London and Vienna: International Psychoanalytical Library, 1982. (Orig. pub. 1918).
―――, "Confusion of Tongues between Adults and the Child", *Final Contributions to the Problems and Methods of Psychoanalysis*, London: Hogarth Press, 1955, pp.156~167. (Orig. pub. 1932).
―――, "Deux types de névroses de guerre", *Oeuvres complètes* II(1913~1919), Paris: Payot.
Forsman, L. and E. Edston, "Medicolegal Certificates in Investigations of Asylum Applications", *Journal of Medical Ethics* 26, 2000, pp.289~290.
Foucault, M., "Table ronde du 20 mai 1978", *Dits et Écrits* 4, Paris: Gallimard, 1994, pp.20~34.
―――, *Les Anormaux: Cours au Collège de France, 1974~1975,* Paris: Gallimard-Le Seuil, coll, Hautes Études, Paris, 1999; *Abnormal: Lectures at the Collège de France* 1974~1975, Trans. G. Burchell, New York: Picador, 2003;《비정상인들》, 박정자 옮김, 동문선, 2001.
Frame, L. and A. P. Morrison, "Causes of Posttraumatic Stress Disorder in Psychotic Patients", *Archives of General Psychiatry* 58(3), 2001, pp.305~306.
Freud, S, *The Interpretation of Dreams,* Trans. A. A. Brill, New York: Macmillan, 1913; *L'Interprétation des rêves*, Paris: PUF, 1980;《꿈의 해석》, 김인순 옮김, 열린책들, 2004.
―――, "General Theory of the Neuroses", *A General Introduction to Psychoanalysis,* Trans. G. Stanley Hall, New York: Horace Liveright, 1920. (Orig. pub. 1916.); *"Théorie générale des névroses", Introduction à la psychanalyse*, Paris: Payot, 1962; 〈제3부 신경증에 관한 일반 이론〉,《정신분석 강의》, 임홍빈, 홍혜경 옮김, 열린책들, 2004.
―――, *Moses and Monotheism,* London: Hogarth Press, 1939; *Moïse et le monothéisme*, Paris: Gallimard, 1948.

―――, "Beyond the Pleasure Principle", *Beyond the Pleasure Principle: Group Psychology and Other Works*, Trans. J. Strachey, London: Hogarth Press, 1955. (Orig. pub. 1920.); "Au-delà du principe de plaisir", *Essais de psychanalyse*, Paris: Payot, 1968;《쾌락원리 너머》, 김인순 옮김, 부북스, 2013.

―――. *The Complete Letters of Sigmund Freud to Wilhelm Fliess*, J. Masson, ed., Cambridge, MA and London: Belknap Press, 1985.

Freud, S. and J. Breuer, *Studies on Hysteria*, Trans. J. Strachey and A. Strachey, London: Hogarth, 1956; *Études sur l'hystérie*, Paris: PUF, 1956;《히스테리 연구》, 김미리혜 옮김, 열린책들, 2004.

Friedan, B., *The Feminine Mystique*, New York: W. W. Norton, 1963;《여성의 신비》, 김현우 옮김, 이매진, 2005.

Galea, S., J. Ahern, H. Resnick et al., "Psychological Sequelae of the September 11 Terrorist Attacks in New York City", *New England Journal of Medicine* 346(13), 2002, pp.982~987.

―――, "Posttraumatic Stress Disorder in Manhattan, New York City, after the September 11th Terrorist Attacks", *Journal of Urban Health* 79(3), 2002, pp.340~353.

Galea, S., J. Ahern, D. Vlahov and H. Resnick, "Television Watching and Mental Health in the General Population of New York City after September 11", *Journal of Aggression, Maltreatment and Trauma* 9(1-2), 2004, pp.109~124.

Garrabé, J., *Dictionnaire taxonomique de psychiatrie*, Paris: Masson, 1989.

Gist, R. and G. J. Devilly, "Post-trauma Debriefing: The Road Too Frequently Travelled", *The Lancet* 360, 2002, p.741.

Goenian, A. K., A. M. Steinberg, L. M. Najarian et al., "Prospective Study of Posttraumatic Stress, Anxiety and Depressive Reactions after Earthquake and Political Violence", *American Journal of Psychiatry* 156(6), 2002, pp.911~916.

Goffman, E., *Asylums: Essays on the Social Situation of Mental Patients and Other Inmates*, Harmondsworth: Penguin, 1968.

Goldstein, J., *Console and Classify: The French Psychiatric Profession in the 19th Century*, Cambridge: Cambridge University Press, 1987.

Guinard, A. and F. Godeau, "Impact de l'explosion de l'usine AZF le 21 septembre 2001 sur la santé mentale des élèves toulousains de 11 à 17 ans", *Bulletin épidémiologique hebdomadaire* 38-39, 2004, pp.189~190.

Hacking, I., "The Making and Molding of Child Abuse", *Critical Inquiry* (Winter), 1991, pp.253~288.

―――, *Rewriting the Soul: Multiple Personality and the Sciences of Memory*, Princeton: Princeton University Press, 1995.

―――, *Mad Travelers: Reflections on the Reality of Transient Mental Illnesses*, Charlottesville: University Press of Virginia, 1998.

d'Halluin, E., *Guerre et Psychiatrie: L'intervention humanitaire en Palestine*, Master's Thesis, École des hautes études en sciences sociales, Paris, 2001.

d'Halluin, E., S. Latté, D. Fassin and R. Rechtman, "La deuxième vie du traumatisme psychique: Urgences medico-psychologiques et interventions psychiatriques humanitaires", *Revue Française des Affaires Sociales* 58(1), 2004, pp.57~75.

Hartog, F., *Régimes d'historicité: Présentisme et experiences du temps*, Paris: Le Seuil, 2003.

Héacan, H. and J. D. Ajuriaguerra, "Les névroses traumatiques: Problèmes théoriques", *Congrès des médecins aliénistes et neurologistes de France et des pays de langue française*, Paris: Masson, 1954, pp.3~32.

Henriques, C. and S. Agrali, "Certificat médical et logique de la preuve", "Justice et médecine", Special report, *Pratiques* 31, 2005, pp.33~36.

Hentig, H. von., *The Criminal and His Victim*, New Haven: Yale University Press, 1948.

Herlihy, J., C. Ferstman and S. Turner, "Legal Issues in Work with Asylum Seekers", *Broken Spirits: The Treatment of Traumatized Asylum Seekers, Refugees, War and Torture Victims*, J. Wilson and B. Drozdek, eds., New York: Brunner-Routledge, 2004, pp.641~658.

Herzfeld, M, *Anthropology: Theoretical Practice in Culture and Society*, Malden and Oxford: Unesco, 2001.

Horowitz, M, "Stress Response Syndrome: Character Style and Dynamic Psychotherapy", *Archive of General Psychiatry* 31, 1974, pp.768~781.

Institut national de veille sanitaire, "Les conséquences sanitaires de l'explosion de l'usine Grande Paroisse le 21 septembre 2001", *Rapport intermédiaire*, Toulouse: Ministry of Health, 2002.

―――, "Les conséquences sanitaires de l'explosion de l'usine AZF le 21 septembre 2001", *Rapport final*, Toulouse: Ministry of Health, 2006.

Jackson, G., "The Rise of Post-traumatic Stress Disorders", *British Medical Journal* 303(6802), 1991, pp.533~534.

Janet, P., *L'Automatisme psychologique: Essai de psychologie expérimentale sur les formes inférieures de l'activité humaine*, Paris: Félix Alcan, 1889.

Kantorowicz, E. H., "Pro patria mori in Medieval Political Thought", *American Historical Review* 56, pp.472~492; *Mourir pour la Patrie et Autres Textes*, Paris: Fayard, 2004.

Kaplan, E.-A., *Trauma Culture: The Politics of Terror and Loss in Media and Literature*, New Brunswick: Rutgers University Press, 2005.

Kardiner, A., *The Individual in His Society: The Psychodynamics of Primitive Social Organization*, New York: Columbia University Press, 1939; *L'Individu dans sa société. Essai d'anthropologie psychanalytique*, Paris: Gallimard, 1969.

―――, *The Traumatic Neurosis of War*, New York: Paul B. Hoeber, Inc., 1941.

Keegan, J., *The First World War*, London: Hutchinson, 1998; *La Première Guerre mondiale*, Paris: Perrin, 2003.

Keilson, H., "Sequential Traumatization of Children", *Danish Medical Bulletin* 27(5), 1980, pp.235~237.

―――, *Sequential Traumatization in Children*, Jerusalem: Magnes Press, 1992.

Keller, R., "Madness and Colonization: Psychiatry in the British and French Empires, 1800~1962", *Journal of Social History* 35(2), 2001, pp.295~326.

―――, *Colonial Madness: Psychiatry in French North Africa*, Chicago: University of Chicago Press, 2007.

Kempe, C. H., F. N. Silverman, B. F. Steele, W. Droegmueller and H. K. Silver, "The Battered Child Syndrome", *Journal of the American Medical Association* 181, 1962, pp.17~24.

Kirk, S. and H. Kutchins, *The Selling of DSM: The Rhetoric of Science in Psychiatry*, New York: A. de Gruyter, 1992; *Aimez-vous le DSM? Le triomphe de la psychiatrie américaine*, Le Plessis-Robinson, Synthélabo, Les Empêcheurs de penser en rond, 1998.

Kleinman, A., V. Das and M. Lock, eds., *Social Suffering*, Berkeley: University of California Press, 1997; 《사회적 고통》, 안종설 옮김, 그린비, 2002.

Koselleck, R., *L'Expérience de l'histoire*, Paris: Gallimard-Le Seuil, coll., "Hautes études", 1997; *The Practice of Conceptual History: Timing, History, Spacing,*

Concepts, Trans. T. S. Presner et al., Stanford: Stanford University Press, 2002;《코젤렉의 개념사 사전 1~10》, 안삼환 외 옮김, 푸른역사, 2010, 2014.

Krell R., "Holocaust Survivors and Their Children: Comments on Psychiatric Consequences and Psychiatric Terminology", *Comprehensive Psychiatry* 25(5), 1984, pp.521~528.

Lacan, J., "La psychiatrie anglaise et la guerre", *L'Évolution psychiatrique* 12(1), 1947, pp.293~318.

LaCapra, D., *Writing History, Writing Trauma*, Baltimore: Johns Hopkins University Press, 2001.

Lachal, C., "Bases de la psychiatrie humanitaire", *Comprendre et soigner le trauma en situation humanitaire*, C. Lachal, L. Ouss-Ryngaert and M.-R. Moro, eds., Paris: Dunod, 2003, pp.27~88.

Lafont, M., *L'Extermination douce: La cause des fous*, Latresne: Le Bord de l'eau, 2000. (1re édition, 1987.)

Lapierre-Duval, K. and V. Schwoebel, "Conséquences de l'explosion de l'usine AZF le 21 septembre 2001 sur la vie quotidienne et la santé des habitants de Toulouse", *Bulletin épidémiologique hebdomadaire* 38~39, 2004, p.188.

Latté, S., *La "Naissance" de la victimologie: Institutionalisation d'une discipline et ébauche d'une construction social d'un groupe improbable*, Master's thesis, École des hautes études en sciences sociales, Paris, 2001.

Laub, D., "Truth and Testimony: The Process and the Struggle", *Trauma: Explorations in memory*, C. Caruth, ed. Baltimore: Johns Hopkins University Press, 1995, pp.61~75.

Lebigot, F., "Le débriefing individuel du traumatisé psychique", *Annales médico-psychologiques*, 156(6), pp.417~420.

Leclerc, A., D. Fassin, H. Grandjean, M. Kaminski and T. Lang, eds., *Les Inégalités sociales de santé*, Paris: Inserm-La Découverte, 2000.

Leclerc, M., "1984: DSM-III ou la novlangue", *Psychiatries* 4(61), 1984, pp.59~65.

Levenberg, S. B., "Vietnam Combat Veterans: From Perpetrator to Victim", *Family and Community Health* 5(4), 1983, pp.69~76.

Levi, P., *Si c'est un homme*, Paris: Julliard, 1958; *If This Is a Man*, Trans. Stuart Woolf, London: Orion, 1959.

Lévi-Strauss, C., "Introduction à l'oeuvre de Marcel Mauss", in M. MAuss, *Sociolo-*

gie et Anthropologie, Paris: Presses universitaires de France, 1980. (orgi. pub. 1950); *Introduction to the Work of Marcel Mauss*, Trans. E. Baker. London: Routledge and Kegan Paul, 1987.

Leys, R., *Trauma: A Genealogy*, Chicago and London: Chicago University Press, 2000.

Lifton, R., *Death in Life: Survivors of Hiroshima*, New York: Random House, 1968.

———, *Home from the War: Learning from Vietnam Veterans*, Boston: Beacon Press, 1992. (Orig. pub. 1973.)

Lopez, G., *Victimologie*, Paris: Dalloz, 1996.

Loriol, M., *Le Temps de la fatigue: La gestion sociale du mal-être au travail*, Paris: Anthropos, 2000.

Manos, G. H. "Posttraumatic Stress Disorder in an Age of Televised Terrorism", *Primary Psychiatry* 10(8), 2003, pp.36~42.

Marcus, P. and L. Wineman, "Psychoanalysis Encountering the Holocaust", *Psychoanalytic Inquiry* 5(1), 1985, pp.85~98.

Marks, H., *La Médecine des preuves: Histoire et anthropologie des essais cliniques(1900~1990)*, Le Plessis-Robinson: les Empêcheurs de Penser en Rond, 1999.

Marrus, M., *The Unwanted: European Refugees from the First World War through the Cold War*, Philadelphia: Temple University Press, 2002. (Orig. pub. 1985.)

Masson, J. M., *The Assault on Truth: Freud's Suppression of Seduction Theory*, New York: Farrar, Strauss and Giroux, 1984.

Mbembe, A., *De la postcolonie. Essai sur l'immigration politique dans l'Afrique contemporaine*, Paris: Karthala, 2000; *On the Postcolony*, Berkeley: University of California Press, 2001.

McCulloch, J., *Colonial Psychiatry and "the African Mind"*, Cambridge: Cambridge University Press, 1995.

Mehl, D., *La Télévision de l'intimité*, Paris: Le Seuil, 1996.

Mendelsohn, B., "Une nouvelle branche de la science bio-psycho-sociale: la victimologie", *Revue internationale de criminologie et de police technique* 11(2), 1956, pp.95~109.

Micheli-Rechtman, V., *La Psychanalyse face à ses détracteurs*, Paris: Aubier, 2007.

Mongin, O., *La Peur du vide: Essai sur les passions démocratiques*, Paris: Le Seuil, 2003.

Moreau, M., "La question des névroses traumatiques et des névroses de guerre dans son état actuel", *Journal belge de neurologie et de psychiatrie* 41-42, 1941~1942, pp.97~124.

Moro, M. R. and C. Lachal, "Traumatisme psychique en situation de guerre: l'exemple de Palestine", *Comprendre et soigner le trauma en situation humanitaire*, C. Lachal, L. Ouss-Ryngaert and M.-R. Moro, eds. Paris: Dunod, 2003, pp.221~242.

Moscovitz J. J., "Trauma et histoire", *Figures de la psychanalyse.Logos-Ananké* 8, p.31~40.

Mosse, G., *Fallen Soldiers:Reshaping the Memory of the World Wars*,New York: Oxford University Press, 1990;*De la Grande Guerre au totalitarisme.La brutalisation des sociétés européennes*, Paris: Hachette, 1999;《전사자 숭배》, 오윤성 옮김, 문학동네, 2015.

Mueser, K. T., L. B. Goodman, S. L. Trumbetta et al., "Trauma and Posttraumatic Stress Disorder in Severe Mental Illness", *Journal of Consulting and Clinical Psychology* 66(3), 1998, pp.493~499.

Mulhern, S., "Embodied Alternative Identities", *Psychiatric Clinics of North America* 14(3), 1991, pp.769~786.

―――, "Le Trouble dissociatif de l'identité: *Commuto, ergo sum*", *Confrontation Psychiatrique* 39, 1998, pp.153~187.

Mylle, J. and M. Maes, "Partial Posttraumatic Stress Disorder Revisited", *Journal of Affective Disorders* 78(1), 2004, pp.37~48.

Nahoum-Grappe, V., "L'usage politique de la cruauté: L'épuration ethnique(ex-Yougoslavie 1991~1995)", *De la violence*, F. Héritier, ed., Paris: Odile Jacob, 1996, pp.275~323.

Neal, A. G., *National Trauma and Collective Memory:Major Events in the American Century*, Armonk, NY: M. E. Sharpe, 1998.

Nelson, B. J., *Making an Issue of Child Abuse:Political Agenda Setting for Social Problems*, Chicago: University of Chicago Press, 1984.

Noirel, G., *La Tyrannie du national:Le Droit d'asile en Euorpe, 1793~1993*, Paris: Calmann-Lévy, 1991.

Nora, P., *Les Lieux de mémoire*,Paris: Gallimard, 1997. (1re édition, 1984); *Realms of Memory:Rethinking the French Pasto*, New York and Chichester: Columbia

University Press, 1996.

Ohayon, M. and J. Fondarai, "Convergences et divergences entre DSM-III et pratique psychiatrique française", *Annales médico-psychologiques* 144(5), 1986, pp.515~530.

Olafson, E., D. L. Dorwin and R. C. Summit, "Modern History of Child Sexual Abuse Awareness: Cycles of discovery and suppression", *Child Abuse and Neglect* 17(1), 1993, pp.7~24.

Olivier-Martin, R., "Éditorial: DSM-III. Freud, Bleuler, Meyer et quelques autres", *Synapse* 5, 1984, pp.1~5.

Pechikoff, S., B. Doray, O. Douville and P. Gutton., *Toulouse/AZF: Essai sur le traumatisme et le tiercéité*, Paris: La Dispute, 2004.

Peteet, J., "Male Gender and Rituals of Resistance in the Palestinian Intifada: A Cultural Politics of Violence", *American Ethnologist* 21(1), 1994, pp.31~49.

Petryna, A., *Life Exposed: Biological Citizens after Chernobyl*, Princeton and Oxford: Princeton University Press, 2002.

Pfefferbaum, B., D. E. Doughty, S. M. Rainwater et al., "Media Exposure in Children One Hundred Miles from a Terrorist Bombing", *Annals of Clinical Psychiatry* 15(1), 2003, pp.1~8.

Pfefferbaum, B., R. L. Pfefferbaum, C. S. North and B. R. Neas., "Commentary on 'Television Images and Pyschological Symptoms after the September 11 Terrorist Attacks': Does Television Viewing Satisfy Criteria for Exposure in Posttraumatic Stress Disorder?", *Psychiatry* 65(4), 2002, pp.306~309.

Pichot, P., ed., *DSM-III et psychiatrie Française: Comptes rendus du congrès, Paris 1984*, Paris: Masson, 1984.

Pollak, M., *L'Expérience concentrationnaire: Essai sur le maintien de l'identité sociale*, Paris: Métailié, 1990.

Porot, A., "Notes de psychiatrie musulmane", *Annales médicopsychologiques* 74, 1918, pp.377~384.

Porot, A. and D. C. Arril, "L'impulsivité criminelle chez l'indigène algérien: Ses facteurs", *Annales médico-psychologiques*, ser. 14(2), 1932, pp.588~611.

Porot, A. and A. Hesnard, *Psychiatrie de guerre*, Paris: Félix Alcan, 1919.

Pulman, B., "Aux origines du débat ethnologie/psychanalyse: W.H.R. Rivers(1864~1922)", *L'Homme* 26(4), 1986, pp.119~142.

Rabinow, P., *Anthropos Today: Reflections on Modern Equipment*, Princeton and Oxford: Princeton University Press, 2003.

Rager, P., M. Bénézech and M. Bougeois, "Application du DSM-III en psychiatrie carcérale: à propos de 100 évaluations diagnostiques", *Annales médico-psychologiques* 144(1), 1986, pp.94-102.

Rechtman, R., "Les politiques minoritaires de la psychiatrie", *P.T.A.H.(Psychanalyse-Traversées-Anthropologie-Histoire)* 11-12, 1999, pp.143~149.

―――, "L'hallucination auditive: Un fondement paradoxal de l'épistémologie du DSM", *L'Évolution psychiatrique* 65(2), 2000, pp.293~309.

―――, "Être victime: généalogie d'une condition clinique", *L'Évolution psychiatrique* 67(4), 2002, pp.775-795.

―――, "L'ethnicisation de la psychiatrie: De l'universel à l'international", *L'Information psychiatrique* 79(2), 2003, pp.161~169.

―――, "Du traumatisme à la victime: Une construction psychiatrique de l'intolérable", *Les Constructions de l'intolérable: Études d'anthropologie et d'histoire sur les frontières de l'espace moral*, D. Fassin and P. Bourdelais, eds., Paris: La Découverte, 2005, pp.165~196.

―――., "The Survivor Paradox: Psychological Consequences of the Khmer Rouge Rhetoric of Extermination", *Anthropology and Medicine Journal* 13(1), 2006, pp.1~11.

Renneville, M., *Crime et Folie: Deux siècles d'enquêtes médicales et judiciaires*, Paris: Fayard, 2003.

Ricoeur, P., *Le Conflit des interprétations,* Paris: Le Seuil, 1969; *The Conflict of Interpretations*, Evanston, IL: Northwestern University Press, 1974.

―――, *La Mémoire, l'Histoire, l'Oubli,* Paris: Le Seuil, 2000; *Memory, History, Forgetting*, Trans. K. Blamey and D. Pellauer, Chicago and London: University of Chicago Press, 2004.

Rieff, D., *A Bed for the Night: Humanitarianism in Crisis*, New York: Simon and Schuster, 2002.

Rivers, W. H. R., "An Address on the Repression of War Experience", *The Lancet* 191(4927), 1918, pp.173~177.

Robin, R., *La Mémoire Saturée*, Paris: Stock, 2003.

Rosenthal, D. L., "On Being Sane in Insane Places", *Science* 179(70), 1973,

pp.250~258.
Roth, P., *The Human Stain*, London: Vintage, 2001; *La Tache*, Paris: Gallimard, 2002; 《휴먼 스테인 1, 2》, 박범수 옮김, 문학동네, 2009.
Roudinesco, E., *La Bataille de cent ans: Histoire de la psychanalyse en France* 2 vols., Paris: Le Seuil, 1986.
―――, *Le Patient, le Thérapeute et l'État*, Paris: Fayard, 2004.
Rousseau, C., F. Crépeau, P. Foxen and F. Houle, "The Complexity of Determining Refugeehood: A Multidisciplinary Analysis of the Decision Making Process of the Canadian Immigration and Refugee Board", *Journal of Refugee Studies* 15(1), 2002, pp.43~70.
Rousseau, F., "L'électrothérapie des névroses de guerre durant la Grande Guerre", *Guerres mondiales et Conflits contemporains* 185, 1997, pp.13~27.
―――, *La Guerre Censurée: Une histoire des combattants européens, 1914-1918*, Paris: Le Seuil, 1999.
Rudetzki, F., *Triple Peine*, Paris: Calmann-Lévy, 2004.
Rush, F., *The Best Kept Secret: Sexual Abuse of Children*, Englewood Cliffs, NJ: Prentice-Hall, 1980.
Sayad, A., *La Double Absence. Des illusions de l'émigré aux souffrances de l'immigré*, Paris: Le Seuil, 1999; *The Suffering of the Immigrant*, Trans. D. Macey, Cambridge and Malden, MA: Polity, 2004.
Scheper-Hughes, N., *Death without Weeping: The Violence of Everyday Life in Brazil*, Berkeley, Los Angeles and London: University of California Press, 1992.
Schlenger, W. E., "Psychological Impact of the September 11, 2001 Terrorist Attacks: Summary of Empirical Findings in Adults", *Journal of Aggression, Maltreatment and Trauma* 9(1-2), 2004, pp.97~108.
Schlenger, W. E., J. M. Caddell, L. Ebert et al., "Psychological Reactions to Terrorist Attacks: Findings from the National Study of Americans' Reactions to September 11", *Journal of the American Medical Association* 288(5), 2001, pp.581~588.
Schuster, M. A., B. D. Stein, L. H. Jaycox et al., "A National Survey of Stress Reactions after the September 11, 2001 Terrorist Attacks", *New England Journal of Medicine* 345(20), 2001, pp.1507~1512.
Scott, W., *The Politics of Readjustment: Vietnam Veterans since the War*, New York: A. de Gruyter, 1993.

Skultans, V., *The Testimony of Lives: Narrative and Memory in Post-Soviet Latvia*, London and New York: Routledge, 1998.

Spiegel, A., "The Dictionary of Disorder: How One Man Revolutionized Psychiatry", *The New Yorker* (January 3), 2005, pp.56~63.

Spitzer, R., "An In-depth Look at DSM-III: An Interview with Robert Spitzer by John Talbot", *Hospital and Community Psychiatry* 31(1), 1980, pp.25~32.

Steele, B. F., "Child Abuse and Society", *Child Abuse and Neglect* 1(1), pp.1~6.

Suarez-Orozco, M., "Speaking of the Unspeakable: Toward a Psychosocial Understanding of Responses to Terror", *Ethos* 18(3), 1990, pp.353~383.

Summerfield, D., "Legacy of War: Beyond 'Trauma' to the Social Fabric", *The Lancet* 349(9065), 1997, p.1568.

―――, "The Invention of Post-traumatic Stress Disorder and the Social Usefulness of a Psychiatrie Category", *British Medical Journal* 322, 2001, pp.95~98.

―――, "The Assault on Health and Other War Crimes", *British Medical Journal* 329, 2004, p.924.

Tausk, V., "Contribution à la psychologie du déserteur", *Œuvres psychanalytiques*, Paris: Payot, 1975, p.129~156. (1re édition, 1916.); "On the Psychology of the War Deserter", *Psychoanalytic Quarterly* 38, 1969, pp.354~381.

Taussig, M., *Shamanism, Colonialism and the Wild Man: A Study in Terrar and Healing*, Berkeley: University of California Press, 1987.

Terr, L., *Too Scared to Cry: Psychic Trauma in Childhood*, New York: Harper & Row, 1990.

Todesehini, M., "The Bomb's Womb: Women and the Atom Bomb", *Remaking a World: Violence, Social Suffering and Recovery*, V. Das, A. Kleinman, M. Loek, M. Ramphele and P. Reynolds, eds., Berkeley: University of California Press, 2001, pp.102~156.

Todorov, T., *Les Abus de la mémoire*, Paris: Arlea, 1995.

Trehel, G., "Victor Tausk(1879~1919) et la médecine militaire", *L'Information psychiatrique* 82(3), 2006, pp.239~247.

Vaiva, G., F. Lebigot, F. Ducroeq and M. Goudemand, eds., *Psychotraumatismes: Prise en charge et traitements*, Paris: Masson, 2005.

Van der Kolk, B., "The Body Keeps the Score: Approaches to the Psyehobiology of Posttraumatic Stress Disorder", *Traumatic Stress: The Effect of Overwhelming*

Experience on Mind, Body and Society, B. Van der Kolk, A. McFariane and L. Weisaeth, eds., New York and London: Guildford Press, 1996;《몸은 기억한다: 트라우마가 남긴 흔적들》, 제효영 옮김, 김현수 감수, 을유문화사, 2016.

Van der Kolk, B. and o. van der Hart, "The Intrusive Past: The Flexibility of Memory and the Engraving of Trauma", *Trauma: Explorations in Memory*, C. Caruth, ed., Baltimore: Johns Hopkins University Press, 1995, pp.158~182.

Van Emmerik, A. A., J. H. Kamphuis, A. M. Huesbosch and P. M. Emmelkamp, "Single Session Debriefing after Psychological Trauma: A Meta-analysis", *The Lancet* 360(9335), 2002, pp.766~771.

Vigarello, G., "L'intolérable de la maltraitance infantile: Genèse de la loi sur la protection des enfants maltraités et moralement abondonnés en France", *Les Constructions de l'intolérable: Études d'anthropologie et d'histoire sur les frontières de l'espace moral*, D. Fassin and P. Bourdelais, eds., Paris: La Découverte, 2005, pp.111~127.

Vilain, J. P. and C. Lemieux, "La mobilisaton des victimes d'accidents collectifs: Vers la notion de groupe circonstanciel", *Politix* 11(44), 1998, pp.135~160.

Volkan, V., "From Hope for a Better Life to Broken Spirits", *Broken Spirits: The Treatment of Traumatized Asylum Seekers, Refugees, War and Torture Victims*, J. Wilson and B. Drozdek, eds., New York: Brunner-Routledge, 2004, pp.7~12.

Wahnich, S., ed., *Fictions de l'Europe: La Guerre au musée*, Paris: Éditions des archives contemporaines, 2002.

Wieviorka, A., *The Era of the Witness*, Ithaca, NY and London: Cornell University Press, 2006.

Wilson, J., "The Broken Spirit: Posttraumatic Damage to the Self", *Broken Spirits: The Treament of Traumatized Asylum Seekers, Refugees, War and Torture Victims*, J. Wilson and B. Drozdek, eds., New York: Brunner-Routledge, 2004, pp.109~158.

Young, A., *The Harmony of Illusions: Inventing Post-traumatic Stress Disorder*, Princeton: Princeton University Press, 1995.

―――, "The Self-Traumatized Perpetrator as a 'Transient Mental Illness'", *L'Évolution psychiatrique* 67(4), 2002, pp.630~650.

Žižek, S., *The Sublime Object of Ideology*, London: Verso, 1989;《이데올로기의 숭고한 대상》, 이수련 옮김, 새물결, 2013.

찾아보기: 인명 및 지명

골드스타인, 얀Goldstein, J. 275

노라, 피에르Nora, P. 42, 422
누아리엘, 제라르Noiriel, G. 343

달루앵, 에스텔d'Halluin, E. 35, 328
대니얼, 밸런타인Daniel, V. 387
데리다, 자크Derrida, J. 340
델라포르트, 소피Delaporte, S. 78, 79, 81, 82, 83, 89
도레이, 베르나르Doray, B. 286
도메종, 조르주Daumézon, G. 187, 351
두빈, 파스칼Dauvin, P. 251, 304
뒤마, 조르주Dumas, G. 97

라우브, 도리Laub, D. 43
라이크로프트, 찰스Rycroft, C. 139
라카프라, 도미니크LaCapra, D. 40, 46
라캉, 자크Lacan, J. 117, 118, 187, 188, 190, 265, 291
라테, 스테판Latté, S. 35, 192~193, 199
랑테리로라, 조르주Lantéri-Laura, G. 187
러시, 플로렌스Rush, E. 136~137
레보비시, 세르주Lebovici, S. 190
레비, 프리모Levi, P. 43, 123, 129
레비스트로스, 클로드Lévi-Strauss, C. 423, 424
레이스, 루스Leys, R. 26, 60, 124
로스, 필립Roth, P. 157
로페즈, 제라르Lopez, G. 193, 197, 199, 201
루데스키, 프랑수아Rudetzki, F. 177~180, 198
루디네스코, 엘리자베트Roudinesco, E. 116
루소, 프레데릭Rousseau, F. 76, 77, 81, 82, 87, 104
르완다Rwanda 284~289, 291, 319, 396, 432, 436
리버스, 윌리엄Rivers, W. H. 94~95, 118
리프, 데이비드Rieff, D. 305
리프턴, 로버트Lifton, R. 123~124, 148, 151~152, 154
릭먼, 존Rickman, J. 117

마뤼스, 미카엘Marrus, M. 387~388
멀런, 셰릴Mulhern, S. 67, 147
메이슨, 제프리Masson, J. M. 66, 139
모로, 마르셀Moreau, M. 112~115
모로, 마리로즈Moro, M.-R. 259, 260, 332, 370
모세, 게오르게Mosse, G. 82, 290

몰리카, 리처드Mollica, R. 170
몽쟁, 올리비에Mongin, O. 426
민코프스키, 유진Minkowski, E. 356
밀라이My Lai 150, 153~155

바댕테르, 로베르Badinter, R. 180
바루아, 클로드Barrois, C. 23, 60, 69, 82, 116, 192, 278
반 데어 콜크, 베셀Van der Kolk, B. 26~27, 422
뱅상, 클로비스Vincent, C. 80, 83
베텔하임, 브루노Bettelheim, B. 123, 126~127
베트남Vietnam 30, 42, 48~49, 54, 124, 132, 147, 151, 153~154, 156~158, 241, 246, 318, 333
벡, 울리히Beck, U. 202
벤야민, 발터Benjamin, W. 40~41
보나페, 뤼시앵Bonnafé, L. 187, 351
보팔Bhopal 40
볼칸, 바믹Volkan, V. 363
볼탄스키, 뤼크Boltanski, L. 334
브래컨, 패트릭Bracken, P. J. 26, 55
브루너, 호세Brunner, J. 24, 79, 81, 82, 87, 91, 104, 106
브리소, 에두아르Brissaud, É. 71~72
브리올, 기Briole, G. 193, 278
비드뢰셰, 다니엘Widlöcher, D. 190
비언, 윌프레드Bion, W. R. 117~118

사부랭, 피에르Sabourin, P. 197
샤르코, 장Charcot, J. 60~63, 69, 71, 82
서머필드, 데릭Summerfield, D. 53~58, 316
세계무역센터World Trade Center, 18, 20, 169, 203
쇼몽, 장미셸Chaumont, J-M. 426
수아레스오로스코, 마르셀로Suarez-Orozco, M. 413
스피처, 로버트Spitzer, R. 143~145, 148
시바동, 폴Sivadon, P. 187

아감벤, 조르조Agamben, G. 129, 389
아기에, 미셸Agier, M. 331
아르토, 프랑수아Hartog, F. 42
아메리, 장Améry, J. 414~417
아브라함, 카를Abraham, K. 103~104, 107, 109~110, 324
아우슈비츠Auschwitz 43
아이어맨, 론Eyerman, R. 41, 424
알레니코프, 알렉산더Aleinikoff, A. 388, 389
앙텔므, 로베르Antelme, R. 123
앤드리아센, 낸시Andreasen, N. C. 55
에, 앙리Ey, H. 187
에렌베르그, 알랭Ehrenberg, A. 67
에르베르, 크리스토퍼Herbert, C. 199
에릭센, 존Erichsen, J. E. 61, 68
엘렌버거, 헨리Ellenberger, H. 196
엠마누엘리, 그자비에Emmanuelli, X. 175, 255
영, 앨런Young, A. 26, 55, 60, 66, 124, 148, 154~155, 403
오든, 위스턴 휴Auden, W. H. 421
오사레스, 폴Aussaresses, P. 47~48
오제, 마르크Augé, M. 42, 43

오펜하임Oppenheim, C. 61, 82, 114
위, 제라르Oury, G. 187
윌슨, 존Wilson, J. 368
음벰베, 아쉴Mbembe, A. 290~291
이스라엘, 뤼시앵Israël, L. 190
이슬러, 쿠르트Eissler, K. 92, 139
인티파다Intifada 31, 33, 40, 248, 254, 284, 293~294, 302, 306~310, 313, 319, 320, 322, 325, 329, 331~332

자네, 피에르Janet, P. 60, 62~67, 69, 82, 84, 97, 100
지젝, 슬라보예Žižek, S. 46
짐멜, 에른스트Simmel, E. 103

체르노빌Chernobyl 40
치기엘스트레흐, 아담Cygielstrejch, A. 82, 84~86

카디너, 에이브러햄Kardiner, A. 118, 121
카자노브, 프랑크Cazanove, F. 354
캐러더스, 존 콜린Carothers, J. C. 352~353, 368
캐루스, 캐시Caruth, C. 26, 45, 124, 423
코스테도트Costedoat, D. 69, 71, 72, 73
코젤렉, 라인하르트Koselleck, R. 41, 421
콜린스, 존Collins, J. 40, 307
쿠탕코, 롤랑Coutanceau, R. 197
크레펠린, 에밀Kraepelin, E. 113
크로크, 루이Crocq, L. 21, 60, 69, 82, 116, 175, 192, 199, 121, 216, 270, 278~279, 361
클라인, 멜라니Klein, M. 123

타우스크, 빅토르Tausk, V. 103~106, 110
토도로프, 츠베탕Todorov, T. 42, 43
톰키비치, 스타니슬라스Tomkiewicz, S. 267~268

파농, 프란츠Fanon, F. 48, 353
팔레스타인Palestine 29, 31, 33, 40, 162, 245, 250, 254, 271, 293~336, 390, 427, 429, 431, 432, 435
페렌치, 산도르Ferenczi, S. 103, 109, 110, 138, 192
포로, 앙투안Porot, A. 97, 99, 190, 353, 355, 368
포멜, 필리프Paumelle, P. 187
폰 야우레크, 바그너Wagner von Jauregg, J. 82, 91, 94, 103
폰 헨티히, 한스Von Hentig, H. 191, 192
폴락, 미하엘Pollak, M. 44, 126
푸코, 미셸Foucault, M. 24, 395, 427
프로이트, 지그문트Freud, S. 44, 62~67, 69, 82, 83, 92~94, 97~98, 100, 102~103, 116, 118, 134, 138~142, 186, 188~190, 192, 436
프리단, 베티Friedan, B. 133, 137
피쇼, 피에르Pichot, P. 186

해킹, 이언Hacking, I. 26, 49, 60, 62, 66, 68, 124, 134, 146, 156
허츠펠드, 마이클Herzfeld, M. 425
호로비츠, 마르디Horowitz, M. 123, 124, 127, 148
히로시마Hiroshima 40, 49, 123, 152

찾아보기: 주제

계보 29, 30, 53~75, 83~84, 156, 187, 195, 214, 278, 368, 428, 435
고문 23, 31, 35, 42, 47, 48, 54, 60, 77, 82, 152, 155, 167, 268, 280, 282, 339, 342~343, 365~366, 371~372, 375~377, 382~383, 394~405, 412~414, 416~419, 424, 429, 432, 435
고백 110~111, 129, 141
꾀병 29, 72~74, 79, 81, 83, 87~90, 92, 94, 97, 99~100, 104, 106, 110, 112, 115, 117, 119, 122, 146, 149, 160, 354~355

난민 23, 35, 41, 54, 170, 251, 257, 274, 282, 283, 285, 289, 293, 307, 322, 330, 331, 334, 339~342, 345, 356, 357, 358, 361~370, 366, 372~378, 380, 383~420, 434, 435

도덕경제 27, 28, 49, 149, 423, 427, 428
디브리핑 21, 166, 169, 208, 215~216, 221, 282, 330, 360

망명 29, 31~33, 54, 245, 339~346, 347~349, 357~382, 383~420, 427, 429
문제화 92, 427, 436

배상 33, 42, 46, 112, 113, 114, 137, 147, 158, 162, 178~180, 198, 234, 235, 240, 281, 422, 427, 429, 433, 434
불평등 51, 61, 75, 223~234, 240, 241, 427, 431, 432, 434

사고, 사건
  산재사고 61, 70~72, 84, 96, 112, 114
  산업재해 24, 29, 40, 68, 113, 239, 427
  열차사고 60, 61, 62, 69~69, 70~71
  자연재해 22, 85, 172, 215, 258~259, 270, 287
생존자 증후군 123, 128, 148
시니스트로시스 24, 71, 72, 73, 80~81, 84, 96, 99, 100, 352
심리외상학 21, 32, 33, 54, 56, 69, 161, 199, 345, 347~382, 419, 427

안전 165~168, 205, 281, 296, 388, 422
에토스 305, 427
외상 후 스트레스 장애(PTSD) 19, 23, 25~27, 29~30, 35, 39, 41, 49, 50, 53~55, 56~57, 67, 124, 131, 132,

143, 146~147, 148~150, 153,
155, 158~161, 166, 171~173,
185, 191~193, 200, 206, 215, 227,
234~237, 248, 269~271, 275,
279~280, 285, 291, 295~296,
313, 321, 323~324, 333, 379, 400,
402~403, 410, 422, 424, 429, 435,
436

위로 50, 58, 68, 121, 158, 235~241, 249,
275, 292, 335, 434

유혹이론 60, 63, 66, 138, 139, 142

응급

  응급의료 174~175, 204, 207, 223, 259

  응급의료-심리지원 20, 21, 31, 59,
165, 166, 168, 169, 172, 176, 193,
206~209, 212, 213, 216~222, 240

의심 24~25, 30, 33, 52, 58, 66, 68, 69,
70, 73, 74, 79, 80, 83, 84, 94~96,
98, 99, 103, 106, 109, 110, 111,
114, 117, 118, 129, 131~162, 172,
178, 182, 185, 192, 200, 206, 221,
235, 300, 319, 344, 352, 379, 385,
387, 392, 393, 394, 407, 409, 410,
413, 418, 419, 426, 432

이민 24, 28, 32, 71, 74, 101, 123, 227,
339, 340, 349, 350~352, 356, 357,
362~364, 368, 370~371, 381, 392,
404, 419

인도주의 개입활동 248, 332

인정

  난민 자격 인정 23, 339, 345, 376, 431

  트라우마와 인정 23, 234, 240, 267,
333, 345, 361, 367, 376, 386, 403,
404, 426, 427, 431, 432, 435

인종말살 43, 46, 122, 126, 129, 284,
298, 422

입증 29, 33, 49, 63, 73, 83~84, 116, 142,
144, 147, 159, 161, 173, 178, 196,
198, 218, 236, 314, 318, 334, 339,
342~345, 349, 365, 369, 373, 375,
379, 382, 386, 393, 398, 399, 404,
408, 412, 419~420, 427, 433

잔혹한 치료법 72, 81~91, 92~95, 97,
104, 111

전쟁

  걸프전 22, 157

  베트남 전쟁 54, 124, 148, 150, 153,
157~158

  알제리 전쟁 42, 47, 48

  제1차 세계대전 30, 67, 74, 76~77, 80,
81, 83, 89, 101, 102, 109, 110, 114,
116, 118, 149, 156, 160, 182, 278,
356

  제2차 세계대전 30, 43, 71, 104,
115~116, 119, 123, 142, 149, 160,
182, 195, 268, 351, 355, 356, 365,
391

전쟁신경증 80, 82, 84, 88, 92, 93, 96,
103, 106, 108~110, 113

정신분석 29, 47, 51, 65~66, 92~94,
97, 98, 101, 102~104, 116~118,
122~124, 144~145, 155, 159, 184,
187~191, 266, 360, 369

  민족 368

  전쟁 104~111, 116

페미니즘 134~142
정신의학
  군 69, 74~75, 86, 96, 97, 100, 105, 111, 116, 122, 269, 270, 272, 278, 279
  민족 280, 289, 353, 354, 355, 358, 368, 369, 370
  법 68, 74~75, 98, 100
  식민지 97, 100, 351, 353, 354
  응급 168, 282
  이민 350, 355
  인도주의 25, 31~33, 50, 54, 161, 246~249, 252~253, 255~292, 297, 326, 330, 332, 333, 335, 361, 432
  전쟁 82, 83, 84, 87, 90~91, 96, 99
  피해 25, 31~32, 50, 116, 118, 173, 174~202, 361, 419
증거 20, 23, 25, 57, 59, 136, 138, 140, 142, 157, 177, 281, 305, 318, 343, 344, 345, 347, 348, 349, 365, 371~382, 385~386, 387, 392~393, 396~405, 407, 408, 417
증언 29, 33, 35, 43, 45~47, 50, 56, 59, 60, 81, 103, 124, 125, 129, 130, 137, 140, 141, 142, 155, 156, 159, 178~179, 225, 230, 232, 234, 241, 249, 250, 252~254, 267, 283, 290, 292, 296~305, 308~314, 316, 318, 319, 321, 324~333, 335, 334, 375, 376, 378, 381, 384, 393, 399, 407, 414, 427, 433, 434
  전문가 증언 30, 35, 195, 197, 199, 236, 384, 397, 404, 406, 409

증인 92, 93, 110, 120, 129, 148, 278, 300, 304, 313, 347, 372, 377
  전문가 증인 29, 30, 196~198, 237, 341, 381, 384, 393, 407, 412
진단과 통계요람(DSM) 187
진단서 23, 29, 102, 236, 341, 345, 347~349, 371, 372~374, 377~381, 383~386, 393, 397~404, 405~412, 413~418
질병분류, 질병분류학 30, 55, 144, 146, 148, 149, 158, 186, 189, 200, 351, 411, 435
집단기억 39~52, 120, 125, 159

참전군인 25, 29, 30, 48, 49, 119, 120, 132, 147, 148~149, 153~158, 241, 333

테러공격 168, 170, 174, 176~177, 180~183, 203, 205, 214, 215, 222, 236, 262, 316, 318, 325
트라우마
  문화적 트라우마 39, 40, 41, 424
  트라우마신경증 61~75, 80, 81, 82, 84, 86, 87, 92, 94, 96, 97, 98, 99, 109, 111, 112~115, 121, 122~124, 131, 146~147, 178, 182, 192, 195, 197, 235, 265, 278, 364, 399, 407, 422
  트라우마와 해석 31, 46~47, 84, 120, 126, 157, 311, 334~335, 355

판타지가설 60, 66, 138~140, 142
페미니즘 134, 135, 136, 140

페미니스트 30, 49, 132, 134~138,
　　140~142, 146, 184, 192
피해자 동등성 320, 322, 325
피해학 69, 169, 175, 191, 192, 193,
　　195~197, 199~202, 213, 214,
　　216~218, 221~222, 240, 271, 427

학대
　관타나모 395
　성 60, 67, 136~141, 146, 185, 223,
　　426
　아동 64, 134~142, 424
　정치 406
홀로코스트 39, 43, 44, 45, 46, 49, 125,
　　127, 129, 138, 152, 159, 436
후유증 19, 23, 25, 47, 62, 70, 98, 106,
　　138, 153, 169, 173, 177, 179, 182,
　　184, 185, 209, 214, 226, 227, 228,
　　230, 235, 238, 241, 251, 252, 253,
　　256, 267, 280, 281, 283, 290, 308,
　　314, 317, 319~321, 327, 331, 334,
　　343, 344, 348~349, 363, 367, 372,
　　375, 378, 384, 385, 395, 398, 400,
　　402~403, 408, 411, 418~419
히스테리아 62, 63, 64, 68, 72, 73, 84, 88,
　　89, 94, 96, 97, 99, 138, 139, 355

트라우마의 제국

초판 1쇄 발행 | 2016년 4월 12일
개정판 1쇄 발행 | 2025년 7월 30일

지은이　　디디에 파생·리샤르 레스만
옮긴이　　최보문
책임편집　김원영
디자인　　주수현 정진혁

펴낸곳　　(주)바다출판사
주소　　　서울시 마포구 성지1길 30 3층
전화　　　02-322-3885(편집), 02-322-3575(마케팅)
팩스　　　02-322-3858
이메일　　badabooks@daum.net
홈페이지　www.badabooks.co.kr

ISBN　　979-11-6689-362-9 93510